NEW YORK &
PEOPLE

이 도서의 국립중앙도서관 출판시도서목록(CIP)은 e-CIP홈페이지(http://www.nl.go.kr/ecip)와
국가자료공동목록시스템(http://www.nl.go.kr/kolisnet)에서 이용하실 수 있습니다.(CIP제어번호 : CIP2012002946)

이현송 지음

뉴욕 사람들

NEW YORK &
PEOPLE

미국학자가 쓴 뉴욕여행

뉴욕을 꿈꾸는 독자들에게

처음 외국 여행을 떠나면 사람들은 유명한 관광지를 돌기 바쁘다. 그런 단계가 지나면 이제 자신과는 다른 방식으로 사는 사람들의 문화를 음미하는 단계로 접어든다. 문명에서 멀리 떨어진 오지 여행을 선호하는 사람도 있다. 필자의 여행 스타일은 익숙하지 않은 곳에 홀로 떠돌면서 우연히 마주치는 사람들의 사는 방식을 유심히 관찰하는 것이다.

미국의 그랜드캐니언과 같이 엄청난 자연의 장관은 보는 이의 감탄을 자아낸다. 그렇지만 사람만큼 재미있는 것은 없다. 다른 사람들이 살아가는 다양한 삶의 양식은 아기자기하고 어디에 가든 내가 사는 방식과 흡사하면서도 다른 면을 발견할 수 있다. 다른 문화를 접하면 우리 자신에 대한 자각도 높아지기 마련인데, 뉴욕은 세계의 모든 나라 사람들이 함께 어울려 사는 특이한 곳이기에 더 호기심이 발동한다.

이 책은 뉴욕을 모델로 미국 사람들의 삶의 방식에 대해 관찰한 글이다. 뉴욕 맨해튼을 돌아다니면서 보는 것들을 묘사하고, 뉴욕 사람들의 삶을 관찰하면서 그들은 어떤 희로애락을 겪으며 살아가는지 이야기한다. 덧붙여 그들이 왜 그렇게 살게 되었는지 설명한다. 미국 문화에 호기심을 느끼는 사람이라면 뉴욕에 대해 필자와 유사한 관심을 가질 것이다. 이 책은 관광 안내서는 아니다. 어디에 어떻게 가고, 무엇을 먹고 놀지에 대해 구체적으로 안내하지는 않는다. 대신 이 책에서는 뉴욕에 사는 다양한 사람들과 우리의 삶의 방식을 비교하고 뉴욕의 관광지뿐 아니라 그것을 포함한 뉴욕, 그리고 미국의 문화와 사회에 대한 자연스러운 이해까지를 도모한다. 필자가 학교에서 연구하고 강의한 미국학 관련 지식이 곳곳에 깔려 있기는 하지만 현학적 논의는 거의 들어가지 않았다. 이 책을 여가 시간에 재미있게 읽는 가운데 미국인과 미국 문화에 대한 이해가 깊어지면 좋겠다.

오랜 과정을 거쳐 책이 만들어졌다. 이 책의 아이디어는 2010년 교육부의 교육역량강화사업의 일환으로 새로운 교육 테마를 발굴하는 프로젝트에 참여하면서 시작되었다. 한국외국어대학교 교수학습개발원의 성경준 원장님께 감사한다. 연구 과정에서 한국외국어대학교 국제지역대학원의 김지환, 박주연, 한상민이 자료 조사를 도와주었으며, 뉴욕 현지에서는 박지영, 조남목이 도움을 주었다. 필자는 과거에 뉴욕에 살았지만 이 책의 집필을 위해 여러 번 뉴욕을 방문했다. 맨해튼 섬을 동서남북으로 걸어서 답사한 것만도 여러 번이다. 일반 독자를 대상으로 원고를 다듬어 출판하기까지 긴 길을 가야 했다. 도서출판 한울의 신희진 씨는 필자의 어색한 문구를 모두 고쳐주었다. 이 책의 출판을 위해 한국외국어대학교의 연구비 지원을 받았음을 밝힌다.

2012년 6월, 분당에서

이현송

C O N T E N T S

New York

01_ 뉴욕의 화려한 부활

New York & People

1. 우리가 뉴욕이라고 부르는 곳

NEW YORK CITY

뉴욕은 무엇으로 명성을 쌓아 올렸을까?
대답은 '돈'이다. 뉴욕은 장사꾼의 도시다.

우리가 흔히 뉴욕이라고 부르는 곳은 미국의 동북부에 위치한 뉴욕 주의 남쪽 끝에 있는 한 도시다. 공식적으로는 '뉴욕 시New York City' 혹은 '뉴욕, 뉴욕New York, New York' 이라고 표기한다. 미국에서 인구가 가장 많고 밀도가 높은 곳을 들라면 뉴욕 시를 따라갈 만한 곳이 없다. 뉴욕 시의 인구는 900만이지만 뉴욕 시 생활권을 모두 합치면 2,000만에 육박한다. 미국 사람 열다섯 명 중 한 명은 뉴욕에 산다. 이렇게 많은 사람이 뉴욕 시의 중심인 맨해튼 섬에서 일하기 때문에 이곳은 서울의 중심가보다 더 번잡하다. 뉴욕 시는 다섯 개의 자치구로 되어 있다. 맨해튼, 브롱크스, 브루클린, 퀸스, 스탠튼 섬의 다섯 개 구 중 맨해튼은 뉴욕 시의 역사적 출발점이며 중심지다. 맨해튼은 남북으로 길게 뻗은 타원형으로 길이 21km, 폭 3~4km의 조그만 섬에 불과하다. 규모는 작지만 이곳에 뉴욕 시의 모든 화려한 것이 집중해 있어 사람들은 뉴욕 시 하면 맨해튼을 먼저 연상한다.

뉴욕 시의 인구는 뉴욕 주 전체의 절반을 차지하지만, 막상 뉴욕 주의 수도는 뉴욕 주 북부에 위치한 올버니다. 뉴욕 시의 비중이 워낙 막강하기 때문에 일반적으로 뉴욕이라고 하면 뉴욕 주보다는 뉴욕 시를 의미한다. 이 책에서도 편의에 따라 뉴욕 시

뉴욕 시의 위성 사진

가운데 위에서 남서쪽으로 길쭉하게 무엇같이 나온 것이 맨해튼이다. 대서양의 거센 파도를 막아주는 섬이 맨해튼의 입구
양쪽에 버티고 있다. 오른쪽 아래의 큰 덩어리는 롱아일랜드 섬의 일부로 브루클린과 퀸스가 있다.

를 그냥 뉴욕이라고 부르겠다.

뉴욕 시는 광대한 영역을 포괄한다. 미국 인구통계국에서 집계하는 뉴욕 광역시는 뉴욕, 코네티컷, 로드 아일랜드, 뉴저지, 펜실베이니아의 다섯 개 주에 걸쳐 있다. '뉴요커'라고 칭하는 뉴욕 사람은 맨해튼 서쪽으로 허드슨 강을 건너 뉴저지 주와 동쪽으로 이스트 강을 건너 로드아일랜드와 코네티컷 주에까지 넓게 퍼진 교외 지역에서 산다. 특히 이웃한 뉴저지 주 주민 중 대다수는 뉴욕 시에 의지해서 산다.

뉴욕의 맨해튼은 지역에 따라 고유한 이름을 가지고 있다. 남쪽으로는 로어 맨해튼에서 북쪽으로는 할렘까지 다양하다. 오래전부터 전해오는 이름이 있는가 하면, 지역 주민들이 자신들만의 차별화된 특색을 주장하면서 새로운 이름을 짓기도 한다. 예컨대 북쪽에 있는 할렘은 맨해튼 섬에 최초로 정착한 네덜란드 인이 자신의 나라에 있는 하를럼이라는 도시 이름을 따서 지었다. 반면 맨해튼 남쪽에 있는 소호Soho라는 이름은 '사우스 어브 하우스턴South of Houston'이라는 영어의 앞 글자를 따서 근래에 지어진 것이다. 지역 주민들이 낙후된 이웃과 자신들을 구분하기 위해 새 이름을 짓기도 한다. 예컨대 맨해튼 남동쪽에 있는 이스트 빌리지는 원래 로어 이스트사이드의 일부였는데, 보헤미안풍의 젊은이들이 이곳으로 유입하면서 이웃 지역과 구분하기 위해 근래 새로운 이름을 붙였다. 그런가 하면 주민의 특성이 변하면서 기존의 지역 명칭이 사라지기도 한다. 로어 이스트사이드에 있는 파이브 포인츠Five Points는 역사책에도 흔히 등장하는 뉴욕의 대표적인 이민자 슬럼이다. 극심한 빈곤이 낳

뉴욕 맨해튼의 지역 이름

맨해튼은 각 지역별로 고유한 이름을 가지고 있다. 뉴욕 사람들은 지역의 이름만 들으면
그곳의 성격을 바로 안다. 마치 서울의 강남이나 일산과 같이.

은 불결함, 범죄, 매춘 등 19세기 뉴욕의 어두운 기억을 안고 있는 곳이다. 그러나 지금은 이 이름을 가진 지역을 찾을 수 없다. 한편 어퍼 이스트사이드에 있는 요크빌은 과거에 독일인이 많이 거주해 붙여진 이름이지만 지금은 특별히 독일인이 많이 살지는 않는다. 그 대신 동유럽 사람들이 근래 많이 거주하기 때문에 요크빌이라는 이름이 계속 유지되고 있다.

한국에는 정치, 경제, 사회, 문화의 모든 기능이 서울에 집중해 있다. 하지만 미국은 그렇지 않다. 미국 권력의 중심인 의회, 행정부, 법원은 모두 워싱턴 D.C.에 있어 미국을 취재하는 외신 기자나 외교관은 워싱턴에 주재해야 한다. 워싱턴 D.C.의 권부가 몰려 있는 '더 몰The Mall'이라고 불리는 광장은 삼엄한 경계망에 둘러싸여 있어 그곳에 가면 마치 제국의 중심부에 접근하는 느낌을 준다. 그러나 뉴욕은 어느 곳에서도 정치권력이 풍기는 피비린내나 긴장을 맛볼 수 없다. 미국 독립 운동의 산실인 보스턴에서는 식민지 시대부터 시작해 미국 건국사에 나오는 유서 깊은 건물과 사적을 곳곳에서 볼 수 있다. 보스턴 근처의 케임브리지에는 하버드 대학교를 필두로 오랜 전통을 자랑하는 명문 사립대가 많아서 케임브리지에서 마주치는 사람 중 절반은 박사라고 한다. 보스턴을 방문하면 저절로 역사의 무게와 지성의 고매함에 압도된다. 그러나 뉴욕에는 미국의 역사를 대표하는 곳도, 지성의 전당도 별로 없어 마음이 편하다.

그러면 뉴욕은 무엇으로 명성을 쌓아 올렸을까? 대답은 '돈'이다. 뉴욕은 장사꾼의 도시다. 뉴욕은 상업으로 출발해 사회와 문화 영역으로 영향력을 확장했다. 뉴욕은 미국에서 가장 큰 항구 도시다. 뉴욕에는 세계 금융의 중심인 월가가 있으며 미국에서 가장 많은 대기업의 본사가 위치해 있다. 뉴욕은 미국에 오는 이민자 중 가장 많은 수가 처음으로 발을 딛는 곳이고, 세계 모든 나라에서 온 다양한 인종과 민족이 산다. 뉴욕은 출판, 미디어, 광고, 패션, 예술 등 문화 산업을 지배한다. 뉴욕의 지역 신문에서 출발한 《뉴욕타임스》는 미국에서 가장 권위 있는 신문이며, 미국의 3대 텔레비전 방송국은 모두 뉴욕에 있다. 뉴욕에는 미국의 부자들이 가장 많이 살며, 동시에 불평등도 매우 심하다. 뉴욕의 빈민가는 도저히 믿어지지 않을 정도로 비참한 모습이다. 뉴욕의 사회 문제는 미국 대도시의 문제를 모두 품고 있다. 한국 사람들이 서울로 모여드는 것과 마찬가지로 미국 사람들은 뉴욕에서 활동하는 것을 꿈꾼다.

　　뉴욕 사람들이 사는 방식은 미국의 여타 지역과는 다르다. 높은 임대료를 내고, 다닥다닥 붙어 있는 비좁고 낡은 아파트에서 갑갑함을 참고 살아간다. 붐비는 버스나 지하철로 매일 직장과 학교를 오가며, 걸어서 혹은 버스를 타고 집 주변 슈퍼 혹은 가게로 장을 보러 가 쇼핑백을 양손에 들고 집으로 돌아온다. 뉴욕 시민 중 절반은 차를 소유하고 있지 않다. 뉴욕 사람들은 횡단보도에서 신호가 바뀌기를 진득이 참지 못하고 차도에 나가서 조급하게 기다리며, 무단 횡단을 일삼는다. 운전자들은 수시로 차선을 바꾸고, 무자비하게 경적을 울린다. 뉴욕 사람들은 하루 종일 맨해튼 곳곳에서 벌어지는 교통 체증을 당연하게 여기며 산다. 서울 사람들과 별로 다를 것 없이 빡빡하게 살아가는 것이다. 한국에서도 서울이 지방 소도시와 다르듯 뉴욕의 생활은 미국의 중소도시의 생활과는 전혀 다르다.

2. 세계인이 방문하고 싶은 도시 1위, 뉴욕

NEW YORK CITY

뉴욕은 1990년대 이래 미국에서 전개된 '새로운 경제'의
발전 속에서 가장 각광받는 도시다.

오늘날 뉴욕은 부흥하고 있다. 뉴욕은 미국의 북부 지역 대도시 중에서 유일하게 인구가 증가하고 있다. 이민자가 증가하는 것은 물론 출생률도 높으며, 평균 연령도 30대 중반으로 미국의 대도시 중 매우 낮은 수준이다. 뉴욕은 미국 대도시 중 총생산량 1위를 기록하고, 일인당 소득 또한 최고에 근접해 있다. 뉴욕은 미국의 대중문화에 가장 빈번히 등장하는 도시이며, 미국인은 물론 세계인이 방문하고 싶은 도시 중 1위로 지목되었다.

미국 내에서는 물론 세계적으로도 뉴욕이 인기를 누리고 있지만 과거에도 항시 그랬던 것은 아니다. 제2차 세계대전 후 엄청난 풍요와 번영을 누리던 미국 경제는 1970년대에 침체의 늪에 빠져 1990년대 IT 붐으로 되살아나기까지 매우 힘든 구조조정의 시기를 거쳐야 했다. 이 구조조정의 시기에 북부의 도시들은 쇠퇴했다. 뉴욕도 예외가 아니어서 인구가 감소하고 실업자가 넘쳐났다. 빈곤과 범죄가 창궐하는 곳으로 악명이 높았다. 디트로이트나 필라델피아 등 북부의 대도시들은 지금도 침체가 지속되며 도시가 축소되고 있다.

뉴욕은 어떻게 1990년대에 들어 되살아났을 뿐만 아니라 과거보다 더 큰 호황을

미드타운에 있는 뉴요커 호텔 빌딩

피라미드 모양의 43층 건물 옥상의 뉴요커 간판이 인상적이다. 뉴욕의 상징 중 하나로 통일교 재단이 소유하고 있다.
맨해튼에 있는 많은 건물의 실제 소유주는 외국 자본이다.

누리게 되었을까?

1990년대 이래 뉴욕이 번성하게 된 가장 큰 이유는 정보통신 기술의 발달과 세계화다. 1980년대에 경제 전반적인 구조조정을 거치면서 미국 북부의 제조업은 남부와 해외로 이전했다. 이에 따라 뉴욕 곳곳에 산재한 공장 건물은 버려졌고, 이곳에서 일하던 근로자들은 대량 실업에 처했다. 그러나 뉴욕은 북부의 어느 제조업 중심 도시들과는 다른 면을 가지고 있었다. 즉, 대기업 본사의 기획 기능, 금융 산업, 미디어나 디자인 등 정보와 지식을 다루는 일이 뉴욕에 위치해 있었다. 이러한 생산자 서비스 산업은 제조 현장이 남부와 해외로 이전한다 해도 일감이 계속 유지되거나 혹은 오히려 증가한다. 금융, 정보, 기획 등 고급 두뇌를 사용하는 사업에 뉴욕의 기능이 집중하고 이에 더해 전 세계의 시장이 통합되면서 뉴욕 시의 일자리는 이전보다 더 융성하게 되었다. 정보통신 기술의 발달로 뉴욕의 기업은 이전보다 더 세계 곳곳에 영향을 미치게 되고 더 큰 부를 획득했다. 1990년대 들어 기업 간의 흡수 합병이 큰 비즈니스가 되고, 새로운 금융 기법이 엄청난 부와 함께 위험을 높이고, 월가의 보너스 잔치가 구설수에 오르게 된 것은 모두 뉴욕 시의 새로운 번영의 수레바퀴가 내는 소음이다.

뉴욕은 1990년대 이래 미국에서 전개된 '새로운 경제New Economy'의 발전 속에서 가장 각광받는 도시다. 고급 두뇌를 필요로 하는 일자리는 물론 저임금 일자리도 대규모로 만들어내, 전 세계에서 뉴욕으로 사람들이 몰려들고 있다. 이 도시에서 엄청난 부가 창출되면서 이를 기반으로 한 문화 산업 또한 호황을 누리고 있다. 뉴욕의 패션과 디자인 업계는 프랑스 파리를 능가한다.

뉴욕 시가 부흥하게 된 두 번째 원인은 1980년대 이래 급속히 증가한 아시아와 중남미 이민자들 때문이다. 현재 뉴욕 시의 인구 중 외국에서 출생한 사람은 전체의 3분의 1을 넘는다. 1세대 이민자의 자녀까지 포함하면 뉴욕 사람 중 이민자와 그 가족이 차지하는 비율은 절반을 넘어선다. 1세대 이민자들은 평균 연령이 낮고 자녀를 많이 낳으므로 경제 활동 인구를 늘리는 데 크게 기여한다. 이들은 낮은 임금을 받고도 열심히 일하는 사람들이다. 이들이 없다면 뉴욕 시의 물가는 현재보다 훨씬 높아지고 심각한 인력난에 빠질 것이다.

고급 두뇌들이 활동하는 고부가가치 산업이 가동하기 위해서는 핵심 인력뿐 아니라 주변적이거나 단순한 업무를 맡는 보조 인력이 많이 필요하다. 사무실에서는 물론 그들의 가정에서도 이러한 단순직 인력이 광범위하게 뒷받침될 때 고부가가치 산업에 종사하는 사람들 또한 제대로 일할 수 있다. 뉴욕에 저임금의 단순직·임시직 일자리가 풍부한 것은 이러한 이유에서다. 청소, 레스토랑 서빙, 판매, 기타 단순 노동을 요하는 서비스 일자리가 증가하면서 이곳에서 최저 임금을 받고 일하는 하층 근로자들도 늘어났다. 뉴욕에 계속적으로 대규모의 새로운 이민자들이 유입되고, 그들이 이러한 노동력을 풍부하게 제공해주기 때문에 뉴욕의 산업이 잘 돌아갈 수 있다. 뉴욕에 불법 체류자들이 엄청나게 많은 이유도 바로 이들을 필요로 하는 싼 일자리가 풍부하기 때문이다.

뉴욕은 미국의 도시 중에서도 소득 불평등도가 매우 높은 도시다. 뉴욕에는 미국의 대도시 중 가장 많은 부자들이 있는 반면 빈곤율 또한 매우 높다. 맨해튼의 어퍼이스트사이드처럼 엄청난 부를 축적한 사람들이 사는 곳과 최소한의 생존을 염려하는 사람들이 거주하는 브롱크스, 브루클린, 퀸스 등 주변 지역 간의 격차는 매우 크다. 이렇게 불평등이 높은데도 뉴욕이 그런대로 잘 돌아가는 이유는 근래 들어온 이민자들이 하층 일자리를 채우기 때문이다. 지금까지 뉴욕의 폭동은 모두 흑인 슬럼 지역에서 일어났을 뿐 이민자들이 집중한 곳에서는 일어나지 않았다. 이민자들은 순종적인 성향을 지닌다.

뉴욕이 부흥하게 된 세 번째 원인은 1990년대 이래 범죄율이 급격하게 감소한 데 있다. 사실 범죄율의 감소가 경제 부흥의 원인인지 혹은 결과인지는 뚜렷치 않다. 여하간 1980년대까지만 해도 뉴욕은 미국에서 가장 위험한 도시였다. 강력 범죄 발생률, 살인율, 마약 범죄율 등 모든 면에서 뉴욕은 미국 최고의 기록을 보였다. 이렇게 높던 범죄율이 1990년대 중반 이래 지속적으로 낮아졌다. 현재 뉴욕은 범죄율이 비교적 낮은 안전한 도시에 속한다. 뉴욕의 범죄율이 이렇게 단기간에 낮아진 이유를 설명하는 두 가지 이론이 있다.

가장 흔한 설명은 1990년대 초반 줄리아니 시장이 선출되고 시행한 강력한 범죄

억제 및 범죄자 처벌 정책이 효과를 발휘했다는 주장이다. 줄리아니 시장은 뉴욕의 범죄 문제에 대해 전임자와는 다른 접근을 시도했다. 범죄 발생에 대해 과학적인 데이터를 수집하고 분석해 체계적으로 대응책을 강구하는 한편, 해당 지역의 치안 책임자의 책임을 엄격하게 물었다. 이는 체계적인 품질 관리 경영 기법인 '3 시그마 기법'을 치안 분야에 도입해 성공한 사례로 흔히 인용된다.

두 번째로 줄리아니 시장이 도입한 것은 소위 '깨진 유리창 이론'이라 불리는 것으로, 조그만 무질서 행위에 대해서도 엄격하게 대응함으로써 이것이 더 큰 범죄로 연결되는 경로를 초기에 차단한다는 접근이다. 예컨대 공공장소에 낙서를 하거나 공공시설을 파괴하는 행위, 지하철의 무임승차, 길거리 구걸, 방뇨, 교통 법규 위반 등과 같은 사소한 일탈 행위를 엄격히 처벌함으로써 법질서를 위반하는 것이 대수롭지 않은 것으로 용인되던 환경을 근절하고자 했다. 그는 시내 중심가에 창궐하던 섹스 숍을 일소했다. 범죄에 대한 법 집행을 엄격히 하기 위해 뉴욕 시 정부는 경찰 인원을 획기적으로 늘려 모든 범죄 다발 지역에 경찰을 상주시켰다. 요즘도 뉴욕 시가에는 유난히 경찰이 많고, 우범 지역에서는 길모퉁이마다 경찰이 지키고 있는 것을 쉽게 볼 수 있다.

그러나 정부의 강력한 범죄 억제 정책이 범죄율을 낮추었다는 설명에 대해 반론도 거세다. 왜냐하면 뉴욕의 범죄율이 감소하는 동안 미국의 다른 대도시에서도 범죄율이 동시에 낮아졌기 때문이다. 범죄율이 급격히 낮아진 원인을 뉴욕이 처한 사회 경제적인 환경 변화에서 찾기도 한다. 1990년대는 미국의 경제, 특히 뉴욕 경제가 크게 부흥한 시기다. 새로운 일자리가 늘어나면서 범죄를 저지를 가능성이 있는 사람이 줄어들었다. 뉴욕의 경우 다른 도시보다 부가 더 크게 늘어나면서 부동산 가치가 올라가고 도시 전체가 고급화되었는데, 이는 범죄 취약 지역을 감소시켰다. 소득이 증가하고, 고급 주택가가 늘고, 감시 카메라가 증가하면 범죄가 줄어드는 것은 당연하다.

3. 뉴욕을 찾는 사람들은 누구인가

NEW YORKERS

뉴욕은 다른 어느 대도시보다 다양한 면모를 보인다.
다양함 그 자체가 매력을 발산하는 것이다.

뉴욕 거리를 걷다 보면 문득 떠오르는 의문이 있다. 대체 뉴욕의 무엇이 그렇게 매력적이기에 세계의 사람들이 이곳으로 몰려들까? 어떤 사람들이 뉴욕에 오고 뉴욕에 와서 무엇을 하는지 해부해보자.

뉴욕 사람 중 가장 많은 수는 이민자와 그 가족들이다. 그들이 뉴욕으로 이민 오는 이유는 물론 아메리칸드림을 좇아서, 열심히 일해 성공하기 위해서다. 1세대 이민자 대부분은 낮은 임금을 받는 서비스 업종에서 일하지만, 미국에서 태어난 그들의 자녀 중 일부는 미국 대학을 나와 사무직이나 전문직에 종사한다.

뉴욕의 이민자들은 민족에 따라 1세대 이민자들이 주로 일하는 업종이 다르다. 중국인은 음식점에서 많이 일하며, 필리핀 여성은 병원에서 많이 일하고, 많은 파키스탄 인은 거리의 신문 판매대나 슈퍼마켓 점원으로 일하고, 동유럽인은 택시 운전수나 아파트 수위를 많이 한다. 중남미인은 가정부나 아이 돌보는 일, 호텔의 청소, 접시 닦이, 조경 관리, 공사장 인부 등 하급 서비스 직업에 많이 종사한다. 한인은 세탁소, 식품점, 손톱 미용점 등에서 많이 볼 수 있다. 한국에서 대학을 졸업하고 대기업에서 일하던 사람도 미국에 와서는 세탁소나 식품점에서 일한다. 1세대 한인이 뉴욕에서 미국인을 대상으로 하는 것 중에서 그래도 고급 직종은 아마 '델리deli'일 것이다. '델리'란 샐러드 종류의 다양한 요리를 뷔페 형식으로 파는 음식점으로, 근래 많이 보인다.

뉴욕에는 세계의 거의 모든 나라에서 온 이민자들이 살고 있다. 뉴욕은 이민자의 수도 많거니와 인종과 민족의 다양성에서 다른 어느 도시와도 비교가 안 된다. 미국에는 뉴욕 외의 도시에도 이민자가 많지만 대부분 특정 인종이나 민족에 한정된다. 반면 뉴욕에서는 거의 모든 인종과 민족을 볼 수 있다. '인종 전시장'이라는 말이 대변하듯 뉴욕은 정말 특이한 곳이다.

뉴욕 거리를 채우는 두 번째 부류는 관광객이다. 2008년 4,700만 명의 관광객이 뉴욕을 방문했다. 이중 미국 국내에서 온 사람이 80%를 차지하고, 나머지는 전 세계 각국에서 온 사람들이다. 뉴욕 시는 관광 수입으로 매년 300억 달러, 우리 돈으로는 34조 5,000억 원을 벌어들인다. 2001년 세계무역센터 테러로 관광 산업이 일시적으로 타격을 입기는 했지만, 불과 2년 후 다시 이전 수준으로 회복해 이후 관광객 수는 계속 증가하고 있다. 뉴욕은 특정 시즌 없이 일 년 내내 관광객으로 붐빈다. 여름휴가 때와 연말연시에 관광객이 가장 많이 몰리기는 하지만 봄과 가을에도 뉴욕의 거리는 관광객으로 넘쳐난다.

뉴욕은 영국의 런던, 프랑스의 파리, 이탈리아의 로마를 모두 한곳에 합쳐놓은 매력을 발산한다. 맨해튼에는 하나하나가 예술 작품이고 기념비적인 건축물이 셀 수 없이 많다. 엄청난 돈과 인력, 재능이 투입된 것들이 한곳에 몰려 있어 어리둥절할 정도다. 뉴욕에 오면 시골 사람이 서울에 왔을 때와 같은 어지러움과 활력을 동시에 느끼게 된다.

뉴욕은 세계 유행의 중심지로, 곳곳에서 새로운 것을 볼 수 있다. 거리를 돌아다니고 매장을 기웃거리는 것만으로도 새로운 정보를 소화하기 벅차다. 엄청난 정보와 상징의 폭탄 세례를 받는 것 같다. 뉴욕에서는 어느 곳에선가 항시 축제 또는 행사가 열리고 있다. 다양한 종류의 박물관과 전시회는 다 돌아보는 것이 불가능할 정도다. 뉴욕의 매력 중 빼놓을 수 없는 것이 다양성이다. 사람의 다양성, 음식의 다양성, 점포의 다양성, 장소의 다양성, 분위기의 다양성, 이벤트의 다양성 등 모든 면에서 뉴욕은 다른 어느 대도시보다 다양한 면모를 보인다. 다양함 그 자체가 매력을 발산하는 것이다. 뉴욕은 세계의 모든 사람과 산물이 한곳에 모이는 장터 같다.

　뉴욕에는 말로만 듣고 텔레비전에서 보기만 했던 유명한 것들이 너무 많다. 뉴욕의 미디어가 미국과 세계인의 눈과 관심을 장악하고 있기 때문에 사람들은 이곳에 오기 전부터 이곳에 대해 익히 알고 있었다. 사람들이 소비하는 미디어가 이곳을 동경하게 만든 것이다. 텔레비전과 영화관에서 보던 곳을 직접 가서 자신의 눈으로 보는 것만으로도 사람들은 충분히 이곳에 올 값어치가 있다고 생각한다. 미국 사람도 뉴욕에 오면 촌사람이 된다. 초강대국 미국에서도 가장 큰 도시인 뉴욕을 구경하러 많은 사람이 오는 것은 당연하다. 한국 사람이 서울에 와보고 싶어 하고, 영연방 사람이 런던에 와보고 싶어 하고, 프랑스 식민지 국가의 사람이 파리에 와보고 싶어 하는 것과 같은 이치다.

　뉴욕에서 흔히 만나는 세 번째 부류는 무언가를 배우고 새로운 커리어의 기회를 포착하려고 온 젊은 연령의 단기 체류자다. 뉴욕에는 학교와 사설 학원이 아주 많다. 대학교만 해도 수십 개가 있으며 패션에서 연극, 요리에 이르기까지 다양한 내용을 가르치는 학원도 많다. 외국인이 많이 모인 곳이므로 영어를 가르치는 학원도 수를 셀 수 없을 정도다. 학생으로 오는 사람뿐만 아니라 현장에서 연수를 하기 위해 뉴욕을 찾는 사람도 많다. 예컨대 뉴욕은 큰 병원이 많고 의료 서비스 분야에서 독보적인 지위를 차지하고 있기 때문에 연수를 받는 의사와 수련생이 많다. 뉴욕에 있는 기업의 입장에서는 연수생을 공짜에 가까운 임금으로 쓸 수 있으므로 이들의 채용을 선호한다. 미국 대학생들에게도 뉴욕의 인턴 자리는 꿈의 기회다. 비록 정규직으로 이어지지 않는다고 하더라도 뉴욕에서 지낼 수 있다면 무슨 일이건 마다하지 않는다.

　이들과 유사한 부류로 아무런 안정된 일거리도 갖지 못한 채 무작정 뉴욕에 머무는 사람도 흔히 만난다. 학교나 학원에서 공부하는 것도 아니고, 기업에서 연수생으로 일하는 것도 아니다. 이들은 최저 임금의 임시 일자리를 전전하면서 뉴욕에서 머무를 기회를 모색한다. 소위 무작정 상경한 사람들인데, 뉴욕에 최저 임금을 주는 임시직 일자리는 얼마든지 있기 때문에 마냥 시간을 끌며 엉거주춤 지내고 있다. 뉴욕

뉴욕 시청 앞 공원

맨해튼 시내에는 조그만 공원들이 곳곳에 있다. 고층 빌딩 사이에 있는 이 공원을 우연히 지나면서
도심 공원의 아름다움에 매혹되었다.

에 정착하는 것은 쉽지 않으므로 가지고 온 돈을 모두 소비하고 한 주 한 주 또는 한 달 한 달을 연명하며 어렵게 살아가는 경우가 대부분이다. 결국 지칠 때까지 버티다가 온 곳으로 다시 돌아간다. 이들을 만나면 안타까운 생각이 든다. 젊다는 것이 자산이기는 하지만, 처음에 벅차올랐던 희망이 시간이 지나 점차 가물가물해지면서 지쳐가는 것을 보면 씁쓸하다. 고향으로 돌아가 다시 힘을 내서 시작해보라고 말해주고 싶다.

뉴욕 거리에서 만나는 네 번째 부류는 뉴욕을 방문한 비즈니스맨이다. 뉴욕은 비즈니스의 중심이므로 비즈니스맨들은 이곳에 출장 올 기회가 많다. 비즈니스 미팅을 위해, 혹은 뉴욕 곳곳에서 항시 열리는 상업 전시회나 모임에 참여하기 위해 많은 사람들이 이곳을 찾는다. 뉴욕의 그 많은 호텔이 항상 꽉꽉 차는 이유는 관광객도 있지만 이들 비즈니스맨 때문이다.

요컨대 새로운 꿈을 좇아서, 일자리를 찾아서, 관광을 하려고, 비즈니스를 위해 엄청난 사람들이 뉴욕을 찾는다. 전 세계로부터 사람과 돈이 모이면서 곳곳에서 낡은 건물을 수리하거나 새로운 건물이 올라가고, 길거리 곳곳을 파헤치며 도로 공사를 하고, 부동산 값이 치솟는다. 〈프랜즈〉나 〈섹스 앤드 더 시티〉와 같은 텔레비전 드라마에는 뉴욕의 생활이 매력적으로 그려진다. 뉴욕의 브로드웨이 극장가는 전례 없는 호황을 누리고 있는데, 여기에는 관광객이 절반 이상의 자리를 채운다. 뉴욕의 유명세는 사람을 끌고 이것은 다시 더 많은 사람과 기능을 끌어들이는 집적 효과와 상승 효과를 낸다. 뉴욕은 할 일과 배울 것, 먹고 놀 것이 많고도 다양해 많은 사람이 찾아오며, 이는 다시 더 많은 사람들을 이곳에 오고 싶게 만든다.

뉴욕 시는 네덜란드 인으로부터 시작되었다

뉴욕 시는 네덜란드 인에 의해 시작됐다. 콜럼버스가 아메리카 대륙을 발견한 지 얼마 되지 않아 네덜란드 인이 맨해튼 섬에 상륙해 뉴암스테르담이라는 이름의 정착지를 개척했다. 이 정착지는 이후 영국군에게 점령돼 영국 식민지의 일부가 되면서 뉴욕이라는 이름으로 개명되었다. 뉴욕 시는 천혜의 자연조건을 가지고 있다. 맨해튼 섬의 바로 앞에 위치한 두 개의 큰 섬이 대서양의 파도를 막아주며, 허드슨 강의 하구에 위치해 북동 지역을 연결하는 내륙 운송의 출발점이 된다. 북동부의 내륙 지방과 유럽을 연결하는 교통의 중심으로서 지형적으로 유리한 조건을 가지고 출발한 것이다.

뉴욕이 속한 '중부 대서양 지역(Mid Atlantic Region)'은 북쪽의 뉴잉글랜드 지역이나 남부 지역과는 시작부터 성격을 달리한다. 뉴욕은 출발부터 개방적인 성향을 보였다. 보스턴을 중심으로 하는 뉴잉글랜드 지역은 청교도들이 정착을 주도해 종교적으로 폐쇄적이며 영국인 이외의 이민자에 대해 배타적이었다. 한편 버지니아를 중심으로 하는 남부 지역은 노예제와 농업 중심의 사회로 아프리카 노예와 영국인 이외에 이민자의 유입이 거의 없는 폐쇄적인 곳이었다. 반면 중부 대서양 지역은 정착 초기 단계부터 유럽의 다양한 민족의 이민자를 받아들였다. 이 지역은 뉴잉글랜드나 남부와 달리 개신교 이외의 다른 종교를 믿을 자유를 허용했고, 뉴욕 인구의 다양성이라는 특징은 오늘날까지 이어지고 있다. 뉴욕이 천혜의 항구 도시로서 해양 상업을 통해 발전했다는 점 또한 개방성과 다양성을 높이는 데 기여했다. 상업이 활발한 도시답게 다른 식민지 지역보다 언론의 자유도 더 허용됐으며, 영국 왕의 지배에 저항하는 밀수 무역이 활발하게 전개되는 등 식민지 시절부터 개방적인 분위기가 지배했다.

미국이 영국으로부터 독립할 당시 뉴욕은 동부의 여러 도시 중 하나에 불과했다. 독립운동의 주축 세력은 보스턴을 중심으로 한 뉴잉글랜드에 있었으며, 건국의 아버지로 불리는 조지 워싱턴이나 토머스 제퍼슨은 버지니아를 중심으로 한 남부에서 나왔다. 뉴욕은 뉴잉글랜드와 버지니아 사이에 위치한 덕분에 독립한 새 나라의 임시 수도가 되어 조지 워싱턴이 취임 선서를 하기도 했지만, 새 나라의 정치적 중심은 뉴욕이 아니라 완전히 새로운 곳에 건설되었다. 뉴잉글랜드와 남부의 중간 지점인 메릴랜드 주의 북쪽에 있는 황무지를 개간해 워싱턴 D.C.라고 명명하고 수도로 정했다. 워싱턴을 연방 정부의 수도로 정한 것은 뉴잉글랜드와 남부 세력 간 정치적 타협의 산물이다. 독립전쟁 시 뉴욕에서 영국군과 저항군이 충돌하면서 도시의 3분의 1이 불타기도 했으나, 독립을 주도한 세력이 뉴욕에서 나오지 않았기 때문에 뉴욕은 처음부터 정치적으로 중심이 될 수 없었다. 뉴욕은 정치적으로는 주도권이 없었지만 독립 초기에 경제적으로 확고한 기반을 마련했다. 새로 세운 나라의 초대 재무 장관이었던 알렉산더 해밀턴은 미국 최초의 은행을 뉴욕에 세웠으며, 미국에서는 최초로 뉴욕 주식 거래소가 설립되어 상업 주식이 거래되기 시작했다.

현재까지 뉴욕은 교통의 요충지로서 지배적인 지위를 계속 유지하고 있다. 19세기 중반 철도의 시대가 도래했을 때 뉴욕은 철도와 수상 운송을 연결하는 지점으로 부흥했으며, 20세기 항공의 시대에는 항공 운송의 중심지로 탈바꿈했다. 교통의 요충지에는 사람이 모여들고, 상업이 발달하고, 이를 뒷받침하는 제조업과 금융이 발달한다. 상업과 제조업이 발달하면서 다양한 서비스 산업과 정보를 중개하는 미디어 산업 또한 부가적으로 발달한다. 부가 축적되면 이를 바탕으로 문화와 예술 활동이 흥한다.

유럽과 미국을 연결하는 운송이 뉴욕에 집중되면서 유럽의 이민자들 또한 뉴욕을 통해 첫 발을 내딛는 경우가 많았다. 19세기 중반 아일랜드를 엄습한 감자 기근은 수백만 명의 아일랜드 이주민을 뉴욕 시에 쏟아놓았다. 이들은 뉴욕에서 가장 큰 민족 집단으로 강력한 세력을 결집해 오늘날까지 뉴욕의 정치와 경제계를 주무르고 있다. 1924년 유럽의 이민을 사실상 차단하는 법이 만들어지기 전까지 남유럽과 동유럽에서 들어온 1,000만 명 이상의 이민자들은 뉴욕을 기착지로 해서 미국 생활을 시작했다. 이 당시 미국인 열 명 중 한 명이 해외에서 출생한 사람이었다. 짧은 기간에 미국으로 건너온 엄청난 수의 사람들의 기착지였던 뉴욕의 모습이 어떠했을지는 쉽게 짐작할 수 있다. 뉴욕은 이들 유럽 이민자들로 그야말로 아우성이었다. 유럽의 이민자들은 각 민족이 밀집한 지역에서 살았으며, 그들의 언어를 쓰고 그들만의 교회에 다니고 그들끼리 사교 생활을 했다.

유럽 이민자들의 생활은 〈파 앤드 어웨이〉 같은 미국 영화에서 낭만적으로 묘사된다. 이들이 밀집한 지역은 가난하고 비위생적이었지만 젊고 활기가 있었다. 이들의 자식은 성공의 사다리를 타고 올라가면서 이후에 새로 유입되는 이민자들에게 그들이 살던 궁핍한 동네를 물려주었다. 그리고 이들은 넓고 풍요로운 교외 지역으로 이주했다. 19세기 중반 대규모로 건너온 아일랜드 인이 밀집해 거주했던 지역은 19세기 후반 대규모로 이주해 온 이탈리아 인, 유대인, 폴란드 인에게 물려졌다. 이 지역은 다시 20세기 후반에 이주해 온 사람들에게 넘어갔다. 이민자는 뉴욕에서 가장 힘들고 험한 일을 하는 사람들이었는데, 이들의 직업은 이후에 오는 새로운 이민자들에게 물려지고 자신은 한 단계 위의 일자리로 이동할 수 있었다. 뉴욕에는 계속해서 새로운 이민자들이 도착했으므로 사람들은 시간이 지나면 조금 더 사회적 지위가 나은 자리로 이동했다. 그 결과 뉴욕의 생활은 항시 역동적이고 기회가 넘치는 곳으로 인식되었다.

19세기 중반 인구 200만을 넘는 대도시로 성장한 뉴욕을 계획적으로 개발하는 도시 계획이 추진되었다. 도시 계획의 일환으로 두 가지 중요한 결정이 이루어졌다. 하나는 맨해튼 섬을 격자 모양의 블록으로 구분해 도로를 설계하고 토지 이용을 규제하는 것이었다. 다른 하나는 맨해튼 섬 중앙에 위치한 넓은 땅을 공원으로 조성하기로 결정한 것이었다. 현재 맨해튼은 남단의 일부를 제외하고는 동서로 애비뉴라고 이름 붙인 도로명과 남북으로 1번가부터 200번이 넘는 스트리트로 구분되어 이 두 개를 조합한 주소만으로 바로 위치를 확인할 수 있다.

19세기 말부터 20세기 초의 산업 부흥은 뉴욕의 모습을 바꾸어놓았다. 현재 맨해튼 곳곳에 보이는 벽돌 건축물은 그 당시 공장이 들어섰던 건물이다. 급속한 산업화로 떼돈을 번 대자본가들도 뉴욕에 터를 잡고 살았으며, 회사의 본부를 뉴욕에 두었다. 맨해튼 다운타운의 마천루 빌딩도 이 시기에 올라간 것이 많다. 당시 세계 최장의 현수교였던 브루클린 다리, 화려한 첨탑을 자랑하는 크라이슬러 빌딩, 세계 최고의 엠파이어스테이트 빌딩 등이 이 시기에 완성되었다. 20세기 초반 뉴욕 시의 인구는 이미 500만을 넘어섰으며 초고층 빌딩만 70개를 헤아리게 되었다.

20세기 초 뉴욕에는 유럽 이민자와는 다른 종류의 사람이 대규모로 유입되었다. 남부로부터 집단적으로 이주한 흑인이 그들이다. 20세기 초반 남부의 면화 재배 산업이 기계화하고 다변화하면서 농장에서 밀려난 흑인은 북부의 산업 도시로 대거 이주했다. 이들은 맨해튼 북부의 할렘이나 브루클린에 집단으로 흑인 거주지를 형성했다. 이들은 남부로부터 재즈를 가지고

● 크라이슬러 빌딩의 화려한 첨탑 지붕. 80년 전에 지어져 지금까지 사무실 빌딩으로 사용되고 있다. 미국의 기술 문명의 위용에 감탄하지 않을 수 없다.

와 '재즈의 시대'라고 할 만큼 1920년대 뉴욕 문화에 큰 붐을 일으켰으며, '할렘 르네상스'라고 해 흑인 문학과 예술이 꽃피는 시기를 맞기도 했다. 1930년대 대공황 기간 동안 주춤했던 이주 행렬은 제2차 세계대전 이후 재개되어 남부의 흑인이 다시 대거 북부로 이동했다. 뉴욕은 남부로부터 이주하는 흑인이 가장 선호하는 기착지였다. 이주 시기에 따라 흑인들의 운명은 갈렸다. 20세기 초반에 이주한 흑인 중에는 세대가 지나면서 성공의 사다리를 타고 중류층으로 부상해 흑인 밀집 거주지를 탈출한 사람이 많다. 오프라 윈프리, 콘돌리자 라이스, 미셸 오바마 등 미국의 성공한 흑인은 대부분 이 당시 북부로 이주한 흑인의 자손이다. 그러나 제2차 세계대전 이후 남부로부터 이주한 흑인 중 다수는 세대가 지나도 인종 차별의 벽을 넘지 못하고 빈곤과 범죄가 일상화된 흑인 슬럼가의 주민으로 주저앉았다.

1929년 증권 시장이 폭락하고 이어진 대공황은 뉴욕 시 곳곳에 실업자가 넘쳐나며 무료 급식소에 점잖게 입은 중년 남자들이 줄지어 있는 어두운 풍경을 만들어냈다. 그러나 곧이어 제2차 세계대전이 터지자 뉴욕은 유럽으로 병사들이 출병하고 전쟁에 필요한 군수물자를 만들고 실어 보내는 곳으로 다시 호황을 맞았다. 전쟁이 끝난 후인 1950년대에 뉴욕은 도심 재개발의 열풍에 휩싸인다. 로버트 모제스라는 도시 계획가는 무지막지한 추진력으로 도심 재개발을 밀어붙인 사람으로 전설적인 명성을 남겼다. 그는 이민자 집단 거주지에 살던 사람들을 강압적으로 쫓아내고 불도저로 밀어버렸다. 그 자리에 도로를 내고 고층 빌딩과 아파트를 짓고 공원을 만들면서 뉴욕 시가 가진 과거의 자취를 씻어내고자 했다. 덕분에 오래된 뉴욕 사진에 나오는 달동네의 모습을 현재의 뉴욕에서는 거의 찾아볼 수 없다. 그의 개발 우선 정책은 오래된 브라운스톤 건물을 파괴하고 역사적 가치가 있는 동네를 밀어버리는 데 반대하는 시민의 반발에 부딪혀 부분적으로 좌절되기도 했지만, 그가 남긴 재개발의 자취는 뉴욕 곳곳에 남아 있다.

1970~1980년대는 뉴욕의 암흑 시기다. 뉴욕도 북동부의 도시들이 겪는 공동화 현상에 휩싸이게 되었다. 산업 시설이 떠나고, 실업률이 높아지고, 인구가 감소하고, 주택과 건물이 버려지는 전형적인 도시 공동화 현상을 경험했다. 시의 세금원이 축소되면서 낡은 도시의 시설이 보수되지 못하고 공공 서비스가 제대로 제공되지 못한 반면 범죄율은 높아져, 뉴욕 시는 중류층이 살 만하지 못한 곳으로 악명을 떨쳤다. 백인은 교외로 벗어나고 가난한 흑인만 도심에 남으면서 이들의 지지 덕분에 최초로 흑인 시장이 선출되었다.

1970년대에 좋은 소식도 있었다. 뉴욕이 다시 한 번 이민자의 기착지로 각광받게 된 것이다. 1965년 이민법이 개정돼 비유럽권 사람들에게 이민의 문호가 개방되면서 아시아와 남미에서 이민자가 들어오기 시작했다. 100년 전 이민자로 붐볐던 뉴욕은 20세기 후반 다시 이민자로 붐비게 되었다. 이민자의 주역이 유럽계에서 아시아계, 중남미계, 동유럽계로 바뀌었다는 점이 다를 뿐이다. 사실상 세계 모든 나라의 사람들이 뉴욕에 온다. 이들은 과거의 이민자와 마찬가지로 자신들만의 커뮤니티를 형성하며 살아간다. 이들은 100년 전 유럽계 이민자들과 비교할 때 민족의 구성이 훨씬 다양해졌으며 유색인이 주종이라는 점에서 차이가 있다. 그러나 기본적으로 아메리칸드림을 품고 개미처럼 열심히 일하는 사람들이라는 면에서는 동일한 족속이다.

2001년 맨해튼 다운타운에 있는 세계무역센터가 테러의 피해를 당했다. 잠시 충격을 받기도 했지만 테러를 당하기 전보다 이후에 더 많은 세계 사람들이 뉴욕으로 운집하고 있다. 2002년 당선된 대기업 CEO 출신의 블룸버그 시장은 뉴욕의 경제 활력을 높이는 데 힘을 기울였다.

낙후된 시설을 개선하고, 관광 자원을 개발하고, 예술 활동을 후원하는 등 그의 정책은 뉴욕 시민의 지지를 크게 얻었다. 2008년 그는 재선까지만을 허용하는 선거법을 개정하고 세 번째 당선되는 데 성공해 오늘에 이르고 있다.

뉴욕의 역사를 훑어보면 오늘날의 화려한 뉴욕이 결코 우연이 아님을 확인할 수 있다. 뉴욕이 오늘날과 같은 모습으로 발전할 수 있었던 요인은 다음 몇 가지로 정리할 수 있다. 첫째, 뉴욕은 식민지 시대 천혜의 항구로부터 출발해 이후 운하의 시대, 철도의 시대, 항공의 시대를 거치면서 교통의 중심지로서의 지위를 계속 유지해왔다. 둘째, 미국 역사의 원동력이라고 할 수 있는 새로운 이민자의 유입이 오늘날까지 이 도시를 중심으로 계속 전개되었다. 셋째, 제조업과 상업을 통한 부의 축적이 보험과 금융 등 관련 산업은 물론 서비스와 문화 산업 전반에 파급적으로 발전을 가져왔다. 넷째, 미국을 유럽과 연결하는 지점으로서 뉴욕은 지리적으로 유리한 위치였다.

마지막 요인은 약간의 부연 설명이 필요하다. 20세기 중반까지 미국의 정치, 경제, 사회, 문화는 모두 유럽과 연관을 맺고 있었다. 인적 및 물적으로 미국의 역사는 유럽과 긴밀히 얽혀 있다. 20세기 중반까지 대다수의 미국인은 자신의 조상을 유럽에 두고 있었으므로 유럽과 심정적으로 떼려야 뗄 수 없었다. 조지 워싱턴을 비롯한 미국의 역대 대통령들이 유럽과 거리를 두려고 했음에도 미국은 20세기에 터진 두 차례의 세계대전에 휘말려 들 수밖에 없었다. 따라서 유럽과의 교류에서 지리적으로 근접한 뉴욕은 다른 어느 도시보다 유리한 위치에 있었다. 보스턴이 뉴욕보다 유럽에 더 가깝지만 보스턴은 배타적인 지역 성향 때문에 이민자의 기착지로 선호되지 않았다. 미국이 유럽과 밀접한 관계를 맺는 한 뉴욕은 서부의 어느 도시도 따라올 수 없는 우위를 차지하고 있다.

New York

02 문화 상징의 메카

1. 타임스 스퀘어, 세계의 교차로

TIMES SQUARE

타임스 스퀘어는 '세계의 교차로'라는 별칭이 말해주듯이
뉴욕 교통의 중심점으로 맨해튼에서도 가장 번잡한 곳이다.

큰 행사나 기념할 만한 일이 생겼을 때 사람들은 이곳에 모여 의미를 확인했다. 월드 시리즈 우승을 축하하기 위해, 전쟁의 종식을 축하하기 위해, 대통령 후보의 당선을 축하하기 위해, 시장 취임을 축하하기 위해 사람들은 이곳에 모였다. 텔레비전이 없던 시절 사람들은 이곳에 와서 뉴욕타임스 신문사가 제공하는 뉴스를 보고 기쁨을 함께 나누었다.

'세계의 교차로'라는 별칭이 말해주듯이 타임스 스퀘어는 뉴욕 교통의 중심점으로 맨해튼에서도 가장 번잡한 곳이다. 근처에 있는 뉴욕타임스 신문사의 이름을 따서 지은 타임스 스퀘어는 여러 개의 도로가 교차하는 곳에 만들어진 조그마한 광장이다. 타임스 스퀘어는 맨해튼 섬의 남북을 비스듬히 관통하는 브로드웨이와 맨해튼의 남북 수직 방향으로 난 7번가가 만나는 지점에 있다. 이 주변에서 여러 개의 지하철 노선이 교차하며, 근처에 있는 펜실베이니아 역과 그랜드 센트럴 역은 뉴욕의 교외 지역과 연결되는 통근 열차의 출발점이다. 또 전국으로 뻗어 있는 고속버스 터미널이 바로 옆에 있으며, 서쪽으로는 뉴저지 주와 연결되는 링컨 터널이, 동쪽으로는 퀸스와 연결된 터널이 인근을 통과한다. 이렇게 모든 교통망이 타임스 스퀘어 주변에서 교차하기

타임스 스퀘어의 모습

타임스 스퀘어를 둘러싼 홍보 전광판의 이미지는 현란하게 움직인다. 사람들은 이곳에서
'나도 마침내 이곳에 왔구나' 하는 표정으로 사방을 둘러보며 시간을 보낸다.

때문에 자동차고 사람이고 이곳에 몰릴 수밖에 없다.

사람이 모이는 중심지로서 타임스 스퀘어의 명성은 100년 이상 거슬러 올라간다. 19세기 중반 뉴욕 시가 맨해튼 섬 남단 다운타운 지역을 넘어 북으로 확장되면서 교통량이 많은 브로드웨이와 7번가가 교차하는 접점에 조금씩 사람이 모여들기 시작했다. 19세기 후반 전기가 발명되었을 때 타임스 스퀘어 부근에 있는 브로드웨이에서는 뉴욕 최초로 가로등이 밤을 밝혔다. 20세기 초 뉴욕타임스 신문사가 이곳으로 이사한 후 뉴욕 시장을 설득해 인근으로 지하철이 지나도록 하면서 사람들의 통행이 크게 늘었다. 뉴욕이 확장되면서 타임스 스퀘어는 서울의 시청 앞 광장처럼 시민들이 모이는 상징적인 장소가 되었다.

타임스 스퀘어 주변은 과거부터 유흥업의 중심지였다. 이곳은 공연장, 극장, 음식점, 술집, 호텔이 밀집한 유흥가로서 최초로 대중 소비문화가 시작된 1920년대 '재즈의 시대'에 흥청망청했던 곳이다. 1980년대 이곳이 재개발될 때까지 타임스 스퀘어 인근은 범죄가 빈발하는 위험한 곳이었다. 주변에는 포르노 극장, 성인용품 상점, 스트립쇼 공연장이 즐비했으며 밤이 되면 매춘부가 거리에서 손님을 끌었다. 불과 30년 전까지만 해도 이곳은 해가 지면 점잖은 사람이 출입해서는 안 될 곳처럼 여겨졌다.

그러나 1980~1990년대 진행된 재개발 사업으로 타임스 스퀘어는 전혀 다른 모습으로 바뀌었다. 쇠락한 건물을 헐어내고 고층 빌딩이 올라갔으며, 줄리아니 시장은 이곳을 깨끗이 하는 정책을 강력히 전개했다. 방뇨나 낙서 같은 사소한 범죄를 엄격히 처벌하고, 마약 거래자를 몰아내고, 포르노 극장과 성인용품 상점을 폐쇄하고, 극장에서 스트립쇼를 공연하지 못하도록 하고, 길 모퉁이마다 경찰을 배치해 치안을 강화했다. 월트디즈니가 이 지역 개발에 투자하고, 밀랍 인형 전시장이 들어서고, 아메리칸 이글스나 H&M 등 고급 브랜드 의류 매장, 플래닛 할리우드나 하드록 카페 등 중류층을 대상으로 한 레스토랑, 장난감 메이커인 토이저러스, 초콜릿 브랜드인 허시와 M&M 등 대중에게 친근한 소비재 기업이 이곳에 화려한 점포와 전시장을 열었다. 이러한 점포들이 들어오면서 과거의 음습했던 이미지는 일소되고 대신 볼거리와 재미를 찾아 관광객이 모여드는 건전한 관광지로 변모했다.

　타임스 스퀘어를 부흥시킨 요인으로 광장 사방을 둘러싸고 있는 휘황찬란한 홍보 전광판을 빼놓을 수 없다. 이곳은 미국에서 처음으로 전기로 밝히는 대형 간판이 들어선 곳이다. 지금처럼 타임스 스퀘어를 둘러싼 건물 외벽 전체를 모두 홍보 전광판으로 둘러싼 것은 뉴욕의 도시 계획 정책의 결과다. 재개발을 추진하면서 광장 주변의 건물 외벽에 모두 홍보 전광판을 설치하도록 의무화했기 때문에 현재와 같은 특이한 지역이 만들어졌다. 서울의 시청 앞 광장보다 좁은 지역에 홍보 전광판만 300개나 되며, 일 년에 거두는 광고료는 7,000만 달러, 우리 돈으로 800억 원이나 된다. 이곳은 도쿄의 긴자, 영국의 피카디리 극장과 함께 세계 삼대 옥외 광고지로 세계적인 브랜드의 각축장이다.

　타임스 스퀘어는 영화와 텔레비전에 자주 등장한다. 그리고 뉴욕을 찾는 관광객이 반드시 들르는 곳이다. 일 년에 이곳을 방문하는 관광객만 4,000만 명이나 되는데 이중 미국인은 14% 정도이고 나머지는 모두 외국인이라고 한다. 이곳에 광고를 하면 미국 내에서는 물론 세계적으로 엄청난 시선을 끌 수 있어 광고 효과가 매우 크다. 도시바, 코카콜라 전광판과 함께 삼성의 기업 이미지를 홍보하는 전광판이 이곳에서도 눈에 잘 보이는 위치에 항시 버티고 있다. 이는 삼성이 글로벌 기업으로서의 위상을 높이는 데 크게 기여하고, 세계의 눈이 집중되는 명소에 광고를 함으로써 국가 브랜드를 강화하는 데도 도움이 될 수 있다. 예컨대 이전에는 관심을 끌지 못했던 독도 문제가 타임스 스퀘어의 홍보 전광판에 나가자 미국과 많은 나라의 주요 신문에 독도 문제가 보도된 일도 있었다.

　세계의 사람들은 안방 텔레비전에서 이곳의 광경을 자주 본다. 미국인은 매일 아침 방영되는 ABC 방송국의 〈굿모닝 아메리카〉라는 인기 프로그램에서 타임스 스퀘어를 본다. 실황으로 전국에 중계되는 이 프로그램에 자신의 얼굴이 나올 수 있는 좋은 자리를 차지하기 위해 사람들은 매일 아침 일찍부터 타임스 스퀘어에 모여든다. 타임스 스퀘어에서는 연말 자정이 되면 '공 내리기'와 함께 색종이를 날리면서 새해 맞이 행사를 하는데 이는 우리에게도 낯익은 광경이다. 새해를 맞는 카운트다운이 시작되고 옛 뉴욕타임스 빌딩 옥상에서 크리스털 공이 천천히 내려오면 사람들은 서로 포옹하고 키스를 하며 새해를 맞은 기쁨을 함께 나눈다. 매년 약 100만 명의 사람들이 이 행사에 참가하며, 전 세계적으로 약 10억 명이 안방에서 이 모습을 시청한다.

타임스 스퀘어는 자유의 여신상과 엠파이어스테이트 빌딩과 함께 뉴욕을 상징하는 것으로 영화나 텔레비전 드라마에 흔히 등장한다. 매일 그곳에서 사람들이 환호하는 것을 보고 매년 그곳에 운집한 사람들이 기쁨에 넘쳐 서로를 포옹하는 장면을 보던 미국인과 세계 사람들이 자신도 그곳에 직접 가보고 싶어 하는 것은 당연하다. 텔레비전을 시청하는 사람들은 자신이 한 번도 가본 적 없는 타임스 스퀘어를 친숙한 상징으로 인식하도록 세뇌된다. 자신이 사는 옆 동네의 모습은 몰라도 타임스 스퀘어는 단박에 알아보며, 죽기 전에 이곳에 한번 와보고 싶어 한다. 세계인의 머릿속에 있는 타임스 스퀘어는 텔레비전 시대가 만들어 낸 최고의 상징이다.

그랜드캐니언과는 또 다른 이유로 타임스 스퀘어를 찾는다

　　웅장한 자연을 느끼기 위해 서부의 그랜드캐니언을 찾는 것과는 또 다른 이유로 사람들은 타임스 스퀘어를 찾는다. 순전히 사람들을 구경하고 에너지를 느끼기 위해서이다.

　　병풍처럼 둘러싼 홍보 전광판이 사방에서 어지러이 이미지를 쏘아댄다. 한순간 벽면 전체를 뒤덮은 섹시한 포즈의 여성이 비스듬히 기댄 채 아래를 내려다보는가 했는데 어느새 젊은 남녀 여럿이 행진하는 모습으로 바뀌어버린다. 파란 하늘을 배경으로 높이 나는 독수리의 모습이 비치다가 평화로운 전원의 목가적 풍경이 순식간에 펼쳐지기도 한다. 바로 머리 위에서 펼쳐지는 이미지가 워낙 역동적으로 변해 이미지의 폭격을 받는 느낌이다. 삼성과 코카콜라 광고는 추상적인 선과 면이 계속 교차하면서 온갖 색깔과 무늬를 만들어낸다. 한쪽에는 글자가 계속 옆으로 흘러가는 리본 형상의 전광판이 시야를 어지럽힌다.

　　타임스 스퀘어에는 세계의 모든 인종이 있다. 유럽 인, 아시아 인, 아프리카 인, 중동인, 남미인…… 지척에서 세계의 여러 언어들이 들려온다. 세계 각지에서 모인 사람들은 두메산골의 촌사람이 명동 거리에 처음 온 것 같은 표정으로 인파에 떠밀려 간다. 광고판을 배경으로 기념사진을 찍는 사람들, 광장을 가로지르는 자동차들 사이로 제멋대로 걸어 다니는 사람들, 버스 지붕에 앉아 사방을 구경하도록 만든 관광버스에서 연신 카메라 셔터를 누르는 사람들, 하나같이 에너지 가득한 풍광이다.

　　타임스 스퀘어에는 조그만 광장이 있는데, 사방이 자동차 도로로 둘러싸여 있다. 사람들은 그 한편에 놓인 계단에 걸터앉아 주위를 둘러보며 시간을 보내기도 하고, 바닥 곳곳에 놓인 플라스틱 의자에 앉아 한가롭게 햇볕을 쬐기도 한다. 손을 잡고 함께 거닐며 때때로 포옹과 키스를 하는 연인들, 가족들, 한창때의 젊음을 즐기고 있는 남녀 배낭 여행객도 낯선 풍경이 아니다. 사랑하는 사람과 함께이든 아니면 홀로이든 그들의 얼굴에는 즐거운 시간을 보내고 있다는 표정이 역력하다.

타임스 스퀘어에 갈 때마다 카메라를 들고 나와 이곳을 배경으로 촬영하고 있는 사람들을 본다. 미국의 방송사에서 나온 사람도 있지만 대개는 외국에서 온 사람들이다. 정식 프로그램은 아니지만 여럿이 모여 무언가를 함께 만드는 젊은이들도 흔히 볼 수 있다. 이곳에서 만든 영상과 이야기를 통해 타임스 스퀘어의 명성은 세계 방방곡곡으로 퍼져 나간다. 타임스 스퀘어는 세계인이 시청하는 방송의 스튜디오다. 처음 이곳을 찾았을 때 텔레비전에서 여러 번 보았던 곳에 왔다는 감격에 겨웠던 것이 기억난다. 우리는 모두 텔레비전이라는 문명의 이기가 만들어낸 이미지에 홀린 사람들이다.

2010년 초 타임스 스퀘어에서는 불발로 끝난 테러 사건이 발생했다. 길가에 주차한 밴에서 연기가 나 의심스러워 살펴보니 사제 폭탄이 잔뜩 실려 있었다고 한다. 이곳은 미국의 대표적인 상징이므로 테러의 목표물이 될 만하다. 그 덕분에 타임스 스퀘어에 가면 사방에서 눈에 띄는 것이 경찰이다. 앞뒤로 NYPD라고 큼지막하게 써 있는 제복을 입고 서 있다. 거의 10미터에 한 명꼴로 경찰이 서 있어 무슨 일이 일어난 것은 아닌지 의아하기까지 하다. 자동차로 붐비는 도심 한복판인데도 헬멧을 쓰고 말을 탄 기마 경찰관도 보인다. 광장 정면에는 파출소가 있다. 한국이라면 헌혈을 권유하는 사람이 있을 법한, 사람들이 잘 보이는 곳에는 군에 지원할 사람을 모집하는 지원병 모집 사무소가 있다.

● ● 타임스 스퀘어의 광고판. 대낮에 속옷 차림의 집채만 한 여자가 위에서 내려다보고 있다.
● ● 타임스 스퀘어 주변의 광고판. 타임스 스퀘어 주변은 광고 산업의 중심지이다. 42번가에 있는 이 옥상 광고판은
　　강렬한 이미지로 지나가는 사람의 눈길을 사로잡지만 막상 무엇을 광고하는지 나는 기억하지 못한다.

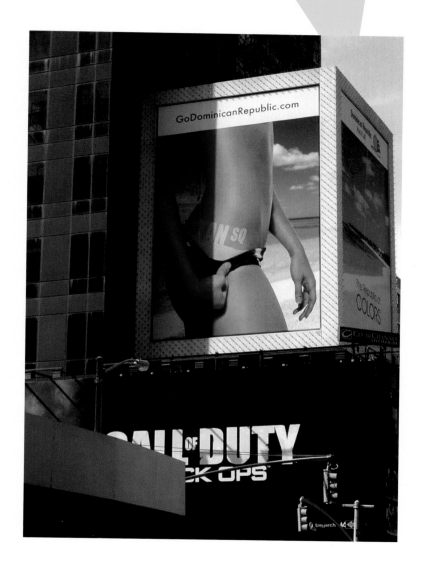

2. 뉴욕의 미술관

MUSEUM IN NY

메트로폴리탄 미술관은 인류 역사상 문화적 보물이라고
칭할 수 있는 것을 세계 각지로부터 끌어모아 놓았다.

뉴욕의 박물관·미술관 순례는 자유의 여신상, 엠파이어스테이트 빌딩과 함께 뉴욕에 처음 온 관광객이 꼭 거치는 코스다. 뉴욕에는 박물관이라고 이름 붙은 것만 수십 개가 있다. 그중에서도 메트로폴리탄 미술관, 구겐하임 미술관, 뉴욕현대미술관은 예술 분야에서 세계적으로 명성이 높은 곳이다. 이 미술관들은 모두 맨해튼 5번가에 '뮤지엄 마일'이라고 이름 붙여진, 박물관이 밀집한 거리에 몰려 있다.

메트로폴리탄 미술관 전 세계 보물들의 총 집합소

메트로폴리탄 미술관은 미국에서 가장 큰 미술관으로 센트럴 파크 동쪽 끝에 있다. 런던과 파리에 있는 박물관과 마찬가지로 세계 제국의 중심임을 자랑하듯 인류 역사상 문화적 보물이라고 칭할 수 있는 것을 세계 각지로부터 끌어모아 놓았다. 이 미술관은 세계의 문명을 모두 포괄한다. 이집트의 신전, 아프리카의 토템, 잉카 황제의 상징물, 중국의 도자기, 로마의 조각상 등 동서양을 모두 아우르며 없는 것이 없다. 또한 서구의 대표 미술관답게 중세의 그림, 유럽의 인상파 회화, 미국 위인의 초상화 등 유럽과 미국의 미술품이 과거에서부터 20세기 초반까지 다양하게 전시되어 있다.

메트로폴리탄 미술관은 1872년에 세워졌다. 이 시기는 미국에서 남북전쟁이 끝나고 산업이 폭발적으로 발전하던 때다. 맨해튼의 인구가 급증하고 센트럴 파크가 거의 완공되던 무렵이다. 메트로폴리탄 미술관은 뉴욕의 부가 팽창하고 도시 중산층이 두터워져 예술품에 대한 사회적 요구가 커지면서 설립되었다. 처음부터 크게 시작했던 것은 아니다. 1980년대의 마지막 공사까지 그동안 20개의 건물을 증축해 현재에 이른다. 총 19개의 독립된 부문으로 구성되며, 200만 점 이상의 소장품을 가지고 있다. 또한 중세의 예술품만 별도로 전시하는 부속 미술관 클로이스터[수도원]가 맨해튼의 북쪽에 있다.

메트로폴리탄 미술관을 제대로 설명하기란 쉽지 않다. 이 미술관을 두세 번 갔는데 처음의 느낌이 가장 강렬하게 남아 있다. 엄청나게 붐빈다는 것이다. 특히 관광객이 몰리는 여름철에는 오랜 시간 줄을 서서 표를 사고 가방을 수색 당한 뒤, 그야말로 사람들의 물결에 몸을 맡기면서 전시물을 감상해야 한다. 메트로폴리탄 미술관에 대한 두 번째 인상은 규모가 엄청나다는 것이다. 책에서 보고 말로만 듣던 예술품이 너무 많아 인간의 인지 능력을 초과한다는 느낌이다. 처음 입장하면 1층 오른쪽 이집트 전시관에서부터 관람을 시작하는데, 실내에 만든 호수 위에 있는 신전, 스핑크스와 석상, 벽화와 금 장신구를 찬찬히 구경하다 보면 어느새 신경이 피곤해지기 시작한다. 1층의 마지막 방인 그리스 로마 시대의 유물들에 이르면 완전히 지쳐버린다. 지하 식당에서 간단히 요기를 하고 힘을 내서 2층으로 올라가 유럽의 미술품 전시실에서 그동안 화집에서만 보던 유명한 작품들을 감상한다. 어쩌면 유명한 그림들이 그렇게 많이 걸려 있는지 가도 가도 끝이 없다.

예술품이란 인간의 창의성을 최대로 발휘해 만든 것이므로 그것의 상징적인 의미를 해독하려고 애쓰다 보면 무척 머리를 많이 쓰게 된다. 이런 것이 수천 점이나 계속되니 머리에서 쥐가 날 수밖에 없다. 육체적으로도 무척 힘들다. 이 미술관의 전면 길

메트로폴리탄 미술관 앞

미술관 전면의 길이만 400미터나 되는 어마어마한 규모다. 5번가를 건너 어퍼 이스트사이드의 고급 아파트들이 보인다.

이만 400미터라고 하는데 그것을 꼬불꼬불 다니다 보면 아마도 10킬로미터는 걷게 될 것이다. 아침 일찍 숙소에서 나올 때부터 시달렸기 때문에 오후 서너 시쯤 되면 그만 집에 가고 싶은 마음이 간절해진다. 그렇지만 자주 오는 기회는 아니기에 끝나는 시간까지 나머지는 주마간산 식으로 빨리 걸으며 본다. 박물관을 나올 무렵에는 헛구역질이 나고 말할 기운도 없어진다.

한두 번쯤 엄청난 규모에 질려본 사람이라면 그다음 방문 시에는 보다 여유 있게 돌아볼 수 있게 된다. 이집트 전시관에 가도 각각의 전시물을 세세히 보기보다는 호수 위에 복원한 신전을 호숫가에 앉아서 천천히 음미하며 이집트 문명의 전체적인 윤곽을 감상할 수 있다. 세계의 모든 문명이 문명권별·시기별로 전시돼 있으므로 천천히 여러 방을 돌아다니면서 문명 간의 차이를 비교하고 각각의 발전해가는 양상을 파악하는 안목이 생긴다.

이 미술관이 자랑하는 독보적인 분야가 몇 가지 있다. 하나는 중세의 예술품이다. 어두침침한 분위기에 종교적인 주제를 그린 성화들을 보노라면 여러 가지 생각이 떠오른다. 지금부터 800년 전에 만들어진 것이 원형을 그대로 유지하고 있다는 것이 놀랍다. 색채화의 경우에도 약간 어둡기는 하지만 화려한 색이 그대로 살아 있다. 작품의 주제가 한결같이 종교를 주제로 한 점도 특이하다. 이 그림들을 보면서 역으로 우리가 얼마나 세속적인 세계에 살고 있는지 새삼 깨닫는다.

무기류와 악기류 소장품은 다른 미술관에서는 보기 힘든 메트로폴리탄 미술관의 자랑이다. 무기 전시관에서 중세의 철갑옷부터 현대의 총까지 일관되게 전시된 것을 보면서 인류의 역사가 전쟁의 역사였음을 떠올리고, 그 역사가 어떻게 전개되어왔는지 가늠해보게 된다. 세계의 악기를 모아놓은 전시관에는 아프리카 원시 형태의 악기부터 스트라디바리의 바이올린에 이르기까지 전 세계의 악기를 모두 모아놓았다. 이것을 보면서 인간의 음악에 대한 호기심이 문명의 차이에도 불구하고 공통점이 많다는 생각을 한다.

두 번째 방문해서는 동아시아관, 특히 한국관을 돌아보면서 이런저런 생각을 굴릴 여유가 생겼다. 한국관이 이웃한 일본관이나 중국관과 비교해 초라하다는 인상과 함께 한국은 중국의 문명권에 속한다는 것을 실감했다. 국내에서는 우리나라의 문화가 대단한 것이라고 교육받지만 이곳을 돌아보면서 한국이 중국 문화의 일부이며 중국은 세계 문명의 하나라는 것을 체감한다. 일본은 실제보다 더 과대평가되고 있다는 느낌이 든다. 중국에 버금갈 정도로 별도의 큰 전시관이 마련되어 있으며 전시 내용도 다양하다. 서양 사람들이 지닌 일본에 대한 호감을 여기서도 읽는다. 한국이 중국과 일본 사이에 끼어서 문화적으로 별 볼 일 없는 나라로 서양 사람들에게 평가되지만 오늘날 이렇게 발전한 것이 대단하다는 생각 또한 문득 든다.

메트로폴리탄 미술관은 뉴욕에 오래 산다면 자주 가고 싶은 장소다. 갈 때마다 신선한 느낌을 받고 전에는 깨닫지 못한 것을 새로이 느끼기 때문이다. 창의성이란 것이 얼마나 힘들고도 소중한 것인가를 직업 활동에서 항시 느끼기 때문에 박물관·미술관에 갈 때마다 이 사람들이 어떻게 이런 생각을 해냈을까, 곰곰이 뜯어보게 된다. 한국에서도 국립중앙박물관을 시간 날 때마다 가서 이리저리 보면서 신선한 자극을 받곤 했다. 그런데 뉴욕의 메트로폴리탄 미술관에서는 그것의 100배는 넘을 새로운 자극을 받는다. 전시된 예술품들을 보면서 상상력이 싹튼다는 것을 뉴욕에서 체감한다. 인간의 호기심과 지력을 총동원해 만든 것은 어떤 것이라도 보는 사람에게 그것이 담고 있는 상상력을 전해주는 것 같다.

뉴욕의 미술관에 여러 번 가면 요령이 생겨서 인터넷으로 표를 미리 사서 프린트해 가고, 가방을 가지고 가지 않아서 체크인 시간을 줄일 줄도 알게 된다. 그러나 아직까지 해보지 않은 것이 한 가지 있다. 메트로폴리탄 미술관의 안내문에 보면 자신이 지불하고 싶은 만큼만 내고 미술관에 들어갈 수 있다고 적혀 있다. 누군가의 여행기에서도 1달러만 내고 그곳에 들어갔다는 글을 본 적 있는데, 대체 어떤 사람이 그렇게 들어가며 그래도 괜찮은지 하는 의문이 든다. 자신이 받은 서비스에 상당하는 만큼 보상을 지불하는 것이 미국 사람의 상식이다. 식당이나 호텔에서 주는 팁이 바로 그런 개념이다. 강압된 의무 조항은 아니지만 서비스에 대한 정당한 대가를 치르는 것이 건전한 시민의 자세라는 관념이 확고하다. 특별한 사정이 없는 한 공짜로 남의 서비스를 받는다는 것은, 그것도 남들이 보는 앞에서 버젓이 공짜로 서비스를 얻는다

실내에 연못을 만들고 그 위에 이집트의 고대 신전을 전시하고 있다.
이 신전은 아스완 댐을 만들면서 수몰될 예정인 것을 해체해 이곳에 다시 복원한 것이다. 웅장한 스케일이다.

는 것은 구걸을 하는 것과 비슷해 굴욕적일 것이다. 뉴욕에서 미술을 공부하는 학생
으로부터 뉴욕의 미술관은 한 주에 하루, 날을 정해 폐관하기 한두 시간 전에 무료입
장을 허용한다는 말을 들었다. 뉴욕의 미술관 입장료가 무척 비싸기에 이것을 이용하
는 방법도 좋을 것이다.

구겐하임 미술관과 뉴욕현대미술관 현대 미술의 색채와 서양인의 공공 관념

구겐하임 미술관과 뉴욕현대 미술관은 메트로폴리탄 미술관에 비하면 훨씬 마음
이 가볍다. 이 두 미술관은 현대 미술 작품만 전시하고 있어 근현대 미술의 아름다움
을 가벼운 마음으로 즐기면 그만이기 때문이다. 이 두 미술관은 모두 서구의 근현대
미술, 즉 19세기 후반 이후의 작가에 집중해 있으며 회화가 전시물의 주종을 이룬다.
문명이라는 거대한 주제를 다루지 않고 서구 현대 미술의 다양한 미적인 표현에 집
중하고 있다.

구겐하임 미술관은 건축가 프랭크 로이드 라이트가 설계한 나선형 건물로 외관에
서부터 튄다. 안으로 들어가면 나선형의 복도가 천장까지 이어지며 중간에 전시실들
이 복도에 붙어 있는 구조. 건물도 현대식의 산뜻한 느낌을 주거니와 전시물 또한
현대 미술의 정수를 담고 있다. 화집에서 많이 본 인상주의, 자연주의, 야수파, 초현
실주의 등 다양한 표현의 그림을 '실제로' 볼 수 있다. 세잔, 고흐, 드가, 몬드리안, 미
로, 피카소 등 그동안 사진으로 숱하게 본 그림들이어서, 그 앞에서 이리저리 보는 각
도를 달리하며 질감을 느껴보려고 하고 또 무언가 새로운 감동을 받지 않을까 곰곰
이 주시하기도 한다.

구겐하임 미술관에서 생각한 것 한 가지. 이 미술관은 전시실마다 기부자의 이름
을 붙인 컬렉션을 구분하고 있다. 구겐하임 재단의 자체 소장품이 가장 많기는 하지
만 탠 하우저 컬렉션, 판자 컬렉션 등 여러 가지 이름이 붙어 있다. 특히 탠 하우저 컬
렉션의 경우 작품 하나에 수백만 달러가 넘는 인상파 화가의 작품이 많이 있다. 아무
리 자신의 이름이 붙은 별도의 전시실에 있다고 하지만 이 미술관의 알짜에 해당하는
작품들을 기부했다는 것은 좀처럼 납득이 가지 않는다. 한국에서라면 당연히 자신의
미술관을 짓고 자신의 아내와 며느리를 관장으로 앉히고 비자금 조성 창구로 요긴하
게 활용할 텐데 말이다. 그러고 보면 여기뿐만 아니라 메트로폴리탄 미술관이나 뉴
욕현대미술관에도 미국의 유명한 부호들이 중요한 미술품을 많이 기부했지만 그들

구겐하임 미술관의 내부

나선형으로 올라가는 복도를 따라 걸으면서 주변 방의 전시물을 구경한다. 현대적이고 산뜻한 느낌이다.

의 이름을 달고 별도로 지은 미술관은 없다. 마음만 먹었다면 '록펠러 미술관'을 짓는 일쯤은 어렵지 않았을 텐데 말이다. 서양인의 공공 관념을 엿보는 것 같다. 한국 사람들은 나와 내 주위의 좁은 연고만을 생각하며 죽어서도 이러한 좁은 범위에서 깊게 기억되는 것을 중시하는데, 미국의 부호들은 공공에 기여함으로써 자신의 이름이 엷지만 넓게 기억되기를 바라는 것 같다. 자식이 제사를 지내주는 것도 아니고 족보가 있는 것도 아니니 사실 자신에 대한 기억을 가족의 범위에 국한하는 것이 부질없는 짓일지 모른다.

　뉴욕현대미술관은 구겐하임 미술관보다 조금 더 현대에 가까우며 미술의 전문 영역에 좀 더 집중해 있다. 유화 이외에 드로잉이나 조각도 많이 전시하고 있으며 최근 작가들의 이해하기 힘든 작품들도 많이 전시한다. 물론 이 미술관의 자랑거리는

19~20세기 유럽의 유명한 미술품을 많이 소장하고 있다는 점이다. 구겐하임 미술관과 마찬가지로 세잔, 마티스, 고갱, 달리, 루소, 샤갈 등 우리의 눈에 익은 그림을 직접 볼 수 있다. 또한 미국의 현대 미술품도 다수 소장하고 있다. 앤디 워홀, 잭슨 폴록, 에드워드 호퍼, 조지아 오키프 등 미국 작가들의 작품들을 직접 볼 수 있다. 과거의 유명한 작품 이외에도 이 미술관에서 현대 미술의 맛을 보는 것은 신선한 경험이다. 요즘 사람들은 어떻게 미를 창조하려고 고민하는지 엿보는 것은 재미있다. 의미가 잘 이해되지는 않지만 미를 표현하는 새로운 방식을 모색한다는 느낌이 다가온다.

세 미술관 중 구겐하임 미술관과 뉴욕현대미술관은 근현대 미술을 관람하는 것이기에 눈이 즐겁다. 색채의 향연을 가벼운 마음으로 구경하는 것은 즐거움 그 자체이다. 반면 메트로폴리탄 미술관은 문명들을 조망하는 것이므로 조금 골치가 아프다. 그러나 인류의 역사를 보는 통찰력이 생긴다. 다양한 문명과 다양한 시기를 비교하면서 생각하고 깨닫는 것이 많다. 유럽의 근현대 미술만을 감상하는 것과는 경험의 폭과 깊이가 다르다.

그러나 이들 미술관을 돌아보면서 공통되게 받은 느낌도 있다. 제삼 세계의 시민으로 제국의 중심에 구경하러 왔다는 느낌이다. 메트로폴리탄 미술관은 전 세계의 보물을 모두 모아놓았는데, 미국이 식민지를 거느리지는 않았지만 영국이나 프랑스와 마찬가지로 식민지의 문화재를 사실상 약탈해 왔다는 점에서는 동일하다. 이집트, 아프리카, 아랍, 남미, 아시아의 전시실에서 이런 느낌을 지울 수 없었다. 특히 이집트의 신전을 해체해서 이곳으로 가져와 다시 복원해놓은 것을 볼 때에는 이들의 신이 불쌍하다는 생각이 문득 들었다. 후손을 잘못 만나서 객지에서 고생하는구나, 하고. 조선 시대의 의궤가 프랑스 박물관에 있다가 최근 한국에 반환되었지만, 프랑스의 법률이 반환을 허용하지 않아 영구 임대 형식을 빌렸다는 기사 내용이 그곳에서 떠올랐다.

이 미술관들을 돌다보면 유럽 중심주의의 세계관을 읽게 된다. 이곳의 전시물은 유럽과 미국의 것이 문명의 최고 단계이고 인류가 낳은 가장 가치 있는 것이라는 무언의 메시지를 발한다. 그리스 로마의 조각에서, 중세의 무기와 그림에서, 근대의 회화에서, 현대 미술에서 일관되게 말하는 것은 서구 문화의 우월성이다. 사실 자신의 것

뉴욕현대미술관의 조각 공원

주위에 고층 건물이 들어서 있어 조금 답답하고 미술관 건물의 형태도 박스형이다.

그러나 전시물은 기발한 감각의 현대미술 쪽이 많아 평소에 접하지 못하는 새로운 자극을 받는다.

이 최고라는 말은 우리도 하고 우리에게는 우리 조상이 최고다. 그러나 학교 교육은 유럽 문화의 우월함을 가르치고 우리는 서구의 문화를 동경하면서 성장한다. 서구 문명의 이기를 누리며 살고 있기 때문에 서구의 것이 우리 것보다 낫다고 속으로 생각한다. 이 미술관에 와서 지금까지 책에서 보고 듣기만 했던 서구 문화의 정수를 직접 접하면서 감격에 겨웠다. 그러면서도 이것이 나의 정체성과 별 연관이 없는 그들의 것이라는 느낌을 받는다. 나의 조상은 이것과 연관이 없고 내가 태어나고 자란 곳은 이것을 만들어낸 토양이 아니라는 소외감이다. 위축되는 한편으로 이들이 부럽기도 하다. 자신의 근본을 부정하는 것처럼 비참한 느낌은 없다. 변방의 지식인으로서 지금까지 별로 이룬 것 없음에 대한 자기반성이다.

3. 관광지 순례

SIGHTSEEING

뉴욕에는 말로만 듣고 텔레비전에서 보기만 했던 유명한
것들이 너무 많다. 미국 사람도 뉴욕에 오면 촌사람이 된다.

자유의 여신상 자유의 여신상이 표현하는 대상은 실재하지 않는다.

뉴욕 항 입구에 서 있는 자유의 여신상은 미국의 상징이다. 자유의 여신상은 미국
의 이념을 추상적으로 형상화한 작품이다. 대부분의 공공 예술품이 대중이 쉽게 연상
할 수 있는 역사적 인물이나 사건을 묘사한 데 비해 이 작품이 표현하는 대상은 실재
하지 않는다. 그렇기 때문에 미국을 더 잘 표상하는지도 모른다. 자유의 여신상은 미
국의 상징물로서 수없이 복제되었다. 라스베이거스의 카지노 거리에 있는 실물 크기
의 상을 비롯해 미국 전국에서 흔히 볼 수 있다.

1886년 미국 독립 100주년을 기념해 프랑스에서 제작해 미국에 선물한 이것은 만
들어진 직후 바로 미국의 상징으로 자리잡았다. 그 당시에도 미국 전역에 많은 조형
물이 있었을 텐데 왜 이것이 그렇게 대표적인 미국의 상징으로 등극하게 되었을까?
사실 이 조각은 예술적으로 큰 가치를 갖는 것이 아닌데도 말이다. 두 가지 이유 때문
이다. 첫째는 이것이 사람들이 생각하는 미국의 이미지를 가장 잘 나타내고 있기 때
문이다. 자유의 여신상은 로마 신화에 나오는 자유의 여신을 모사한 것으로 왼손에는

맨해튼 남단 유대 인 유산 박물관 입구에서 어렴풋이 바라다보이는 자유의 여인상
해가 뉘엿뉘엿 질 무렵 관광객이 떠난 자리에 지친 다리를 이끌고 도착했다.
저 멀리 하늘로 통하는 길이 곧 열릴 것 같다.

햇불을 오른손에는 법전을 들고, 발밑에는 끊어진 쇠사슬이 놓여 있다. 자유의 여신 상의 핵심 메시지는 '자유'다.

미국인이 최고로 여기는 가치는 '자유'다. 일반인의 의식에서는 물론 공식적으로도 '자유'는 최고의 위치를 차지한다. 개인의 자유와 다른 가치가 충돌할 때 미국 대법원은 항시 개인의 자유를 보호하는 쪽에 손을 들어주었다. 예컨대 인터넷에서 개인의 사생활 보호와 공공의 안녕이 충돌할 때 대법원은 사생활 보호를 우선시했으며, 음란물 규제를 둘러싸고 개인의 표현의 자유와 사회적인 도덕이 충돌할 때 개인의 자유 쪽에 손을 들었다. 최근에는 정치인에게 기부하는 것을 개인이 가진 의사 표현의 자유로 확대 해석해 정치 자금을 규제하는 법안을 위헌이라고 판결한 사례까지 있었다. 돈 있는 사람의 목소리만이 들릴 것이라는 비판이 있는데도 말이다.

미국 체제의 강점과 약점은 대부분 이 자유의 가치에 최우선 순위를 두는 데에서 비롯된다. 자유는 개인의 창의를 권장하므로 세계에서 유능하다고 하는 사람들이 대거 미국으로 모여들고, 그들의 반짝이는 아이디어를 그곳에서 최고로 꽃피울 수 있었다. 반면 자유는 자기 책임을 수반하는 가치이기 때문에 미국에서 능력 없는 사람은 참으로 살기 힘들다. 미국 사람은 다 함께 잘 사는 사회를 만들자는 구호에 소름 끼쳐 할 것이다. 미국 사람은 어느 정도의 불평등은 바람직하다고 본다. 자유의 여신상은 미국인은 물론 세계 사람들이 미국을 생각할 때 가장 먼저 떠올리는 가치를 잘 표상한다. 한국에 자유의 여신상이 세워진다면 한국의 상징으로 별로 인정되지 않을 것이다. 한국 사람은 자유를 생각하면 방종을 먼저 연상하며, 조화와 형평을 개인의 자유보다 더 소중히 여기기 때문이다.

자유의 여신상이 미국의 상징으로 등극하게 된 두 번째 이유는 이것이 세워진 시기가 미국으로 엄청난 수의 이민자가 밀려들던 시기였기 때문이다. 19세기 말은 미국 역사상 가장 많은 수의 이민자가 몰려든 때다. 이민자들은 대서양을 건너는 오랜 항해 끝에 자유의 여신상을 지나 바로 옆에 있는 엘리스 섬의 입국 심사장으로 들어왔다. 배가 뉴욕 항에 가까이 다가갈 때 새로운 땅에서 삶을 개척한다는 기대와 불안이 교차하는 감정 속에서 그들의 눈에 다가오는 거대한 동상은 강렬한 인상을 남겼다.

당시 이민자의 수기에는 오랜 항해 끝에 보이는 자유의 여신상이 준 감격이 흔히 언급된다. 만일 요즈음 자유의 여신상이 세워졌다면 미국의 많은 도시에 있는 기념상처럼 관광의 포인트 정도로 취급될 것이다. 지금은 비행기로 여행하고 또 미국에 이민을 가더라도 수시로 본국과 연락을 취하고 왕래하므로 자유의 여신상을 봐도 대단한 감격을 느끼기 어렵다. 비행기에서 내려다보이는 자유의 여신상은 조잡한 기념품 같다.

자유의 여신상은 프랑스 사람들의 헌금으로 만들어 미국에 기증된 것이다. 프랑스 사람들이 자발적으로 거금을 모금해서 미국에 무엇을 선물한다는 것이 지금으로서는 얼핏 이해가 가지 않는다. 미국인은 프랑스가 미국이 벌이는 일에 사사건건 훼방을 놓는다고 생각한다. 미국이 제2차 세계대전 후 국제연합을 만들었을 때 프랑스는 한동안 가입하지 않았다. 또 근래 미국이 이라크를 침공했을 때 프랑스는 대놓고 반대했다. 미국과 프랑스의 관계를 생각하면 떠오르는 말이 있다. '적의 적은 나의 친구'라는 말과 '피는 물보다 진하다'는 말이다. 영국의 식민지였던 미국이 영국으로부터 독립하기 위해 그 당시 영국의 적이었던 프랑스의 도움을 받았던 인연으로 미국인은 프랑스와의 관계를 특별하게 생각한다. 프랑스가 돈과 군대를 보내 도와주지 않았다면 식민지 사람들은 영국과의 전쟁에서 승리할 수 없었을 것이다. 영국은 유럽에서 프랑스와 벌인 전쟁에 집중하기 위해 식민지 사람들의 독립전쟁을 서둘러 마감했다. 이렇게 프랑스는 미국의 은인이지만, 미국인들은 프랑스보다 영국을 가깝게 여긴다. 미국인은 같은 언어를 사용하고 제도와 문화를 본떠 온 영국은 친밀하게 느끼는 반면 프랑스와는 거리감을 가지고 있다. 미국의 주류 집단이 영국에서 왔기 때문에 자신의 본거지에 대해 뿌리 깊은 친밀함을 느끼는 것이다. 미국인들이 가장 가보고 싶은 나라로 영국을 꼽는 것은 당연하다.

자유의 여신상은 직접 가서 보기보다는 미국의 상징으로 대중문화에서 사용되는 용도가 더 크다. 이미 워낙 익숙하기 때문에 직접 다가가서 봐도 새로운 감흥을 느끼기는 어렵다. 더구나 9·11 테러 사건 이후 보안 검색이 강화돼 자유의 여신상이 있는 섬에 가는 것은 매우 힘들어졌다. 관광 성수기 때에는 거의 몇 달 전에 예약을 하지 않으면 자유의 여신상 속의 전망대에 올라갈 수 없다. 그곳으로 가는 카페리를 타기 위해 오래 기다리고 몇 번의 보안 검색을 통과해도 동상의 발판 속까지 가보는 정도다. 한나절을 소모하면서 동상 속에 들어가 보기보다는 맨해튼 남단에서 스탠튼 섬으로 가는 무료 카페리에 탑승해서 자유의 여신상을 보는 편이 자유의 여신상을 더 잘 볼 수 있고 사진도 찍을 수 있다.

제1차 세계대전 중 전시 공채 구입을 장려하는 포스터
'당신이 미국의 자유를 처음 맛보던 때의 흥분을 기억하라'라는 문구가 위에 보인다.
이민자로 구성된 미국에서 '자유'는 특별한 의미를 지닌다.

엘리스 섬과 아메리카 인디언 국립박물관 유럽 이민자의 꿈과 인디언의 슬픈 자취

엘리스 섬은 자유의 여신상과 짝을 이룬다. 엘리스 섬은 자유의 여신상 옆에 있는 조그만 섬으로 1892년에서 1954년까지 미국으로 들어오는 이민자들이 입국 심사를 받던 곳이다. 1924년 이민법이 개정되어 미국으로 들어오는 이민이 실질적으로 중단되기 이전까지 이곳은 유럽 특히 남유럽과 동유럽으로부터 오는 이민자로 붐볐다. 1,200만 명의 이민자들이 이곳을 통과했다. 현재 미국 시민의 3분의 1의 선조가 이곳을 통과해서 미국에 입국했을 것으로 추정된다.

그 당시에는 미국에 들어오는 이민에 제한이 없어 누구나 원하면 언제든지 미국에 올 수 있었다. 미국에 먼저 건너온 사람들은 친척이나 같은 동네에 살고 있는 사람들이나 자신이 알고 있는 사람들 모두에게 이민을 권유했다. 한 마을 사람 전부가 미국으로 이민을 온 경우도 있고, 일가친척이 순차적으로 모두 이민을 오기도 했다. 이민자는 독특한 사람들이다. 자신에게 친숙한 곳을 버리고 낯선 곳을 선택한 사람이다. 이민자는 자신의 모국에서 극도로 가난하지도 또 부유하지도 않은 중간층의 사람이다. 자신이 사는 사회에서 중상류층의 기득권을 누리고 있거나 반대로 빈곤에 허덕이는 사람은 미국으로 떠날 심리적인 용기 또는 물질적 수단이 없다. 이민자들은 출신 국가는 서로 달랐지만 상대적으로 젊고 모험심이 강한 동질적인 성격의 사람들이었다.

엘리스 섬을 거쳐 미국으로 들어온 사람들은 희망과 불안이 교차한 상태였다. 오랜 항해 끝에 이곳 입국 심사장에서 심사를 받고 이 섬을 떠났다. 이 섬에서 평균 두세 시간 정도 체류했는데, 그 시간은 그들에게 일생 잊을 수 없는 긴장과 초조의 시간이었다. 입국자의 2%는 입국이 거부되었다. 이들은 같은 건물에 있는 임시 수용소에 일시적으로 수용되거나 바로 출국 조치되었다. 질병이 가장 큰 사유였으며, 범죄 경력자나 불온한 사상을 지닌 사람도 거부되었다. 현재 엘리스 섬의 입국 심사장 건물을 찾으면 입국 심사가 이루어졌던 큰 홀이 가운데 있고 그 둘레에는 입국자의 소지품을

엘리스 섬 입국 심사장의 과거와 현재

1904년에 찍은 왼쪽 사진 속의 입국 심사장은 가축 출하장을 연상시킨다. 미국의 백인 3분의 1의 선조가 이곳을 통해서 들어왔다. 텅 빈 입국 심사장 홀에 서면 100년 전 이곳에서 웅성대던 사람들의 탄식과 환성이 들리는 듯하다.

맨해튼 남단 배터리 파크에 있는 아메리카 인디언 국립박물관 전경

조각상 속의 인디언은 그리스 여신의 뒤에 숨어 있다. 건물의 대부분이 텅 비어 있는 이상한 박물관이었다.
아메리카 인디언은 나에게 역사의 실체가 무엇인지 똑똑히 가르쳐주었다.

전시한 공간이 있다. 100년 전 이곳에서 입국을 거절당한 사람들의 절망이 떠오른다.

　필자에게도 기억에 남는 입국 심사 경험이 있다. 샌프란시스코인지 뉴욕인지에서 비행기를 갈아타야 했을 때다. 국제공항의 입국 심사장에서 별도의 방으로 따로 불려가 한참을 기다리다가 심문을 받았다. 꿀릴 것이 없어서 그리 불안하지는 않았지만, 저 멀리 사무실 한 편에 아마도 입국을 거부당한 것으로 짐작되는 일군의 사람들이 경찰의 감시하에 안절부절못하고 있었다. 지금은 미국에 가는 것을 대수롭게 여기지 않지만 10~20년 전만 해도 광화문에 있는 미국 대사관에서 비자 면접을 기다리는 사람들의 얼굴에 초조와 긴장이 흘렀던 것을 기억한다. 거의 반나절 동안 대사관 담벼락을 따라 줄을 서서 기다리다가 비자 면접관 앞에 서면 고압적인 질문 몇 마디에 마음이 조마조마했다. 새파랗게 젊은 녀석이 의심스럽다는 눈초리로 나를 힐끗 쳐다보고 서류를 보면서 몇 마디를 툭툭 던지는 것에 굴욕적인 느낌을 받았다. 그 당시 비자 발급을 거부당하는 일은 아주 흔했다. 미혼 여자라고 거부당하고, 나이가 많다고 거부당하고, 직업이 분명치 않다고 거부당하고, 미국 방문 사유가 불분명하다고 거부당하고, 뚜렷한 이유도 모른 채 거부당하고……. 지금도 미국 공항에서 입국 심사관 앞에 서면 문득 영화 〈스타워즈〉에 나오는 제국의 병사를 보는 듯한 느낌이 든다.

맨해튼 남단, 자유의 여신상으로 가는 카페리가 출발하는 곳 바로 옆에 아메리카 인디언 국립박물관이 있다. 워싱턴에 있는 아메리카 인디언 국립박물관의 분관이라고 하는데 예전에는 세관 건물로 쓰였다. 웅장한 석조의 조각상과 대리석 외관에 비해 전시물은 신통치 않아 특이한 분위기를 풍긴다. 한쪽에는 인디언의 역사와 유물을 전시해놓고 다른 쪽에는 인디언 출신 예술가의 현대 작품을 전시하는데, 건물 크기에 비해 실제 전시에 사용하는 공간은 크지 않다. 많은 공간은 그냥 텅 비어 있어 막막한 느낌을 준다. 뉴욕에서 인디언의 자취를 찾을 수 있는 곳은 이곳이 유일하다.

유럽으로부터 이민자들이 밀려오는 곳 바로 옆에 인디언 박물관을 세운 것은 아이러니다. 인디언은 바로 이들 유럽 이민자들 때문에 멸망했기 때문이다. 병균을 가져왔고, 그들의 땅을 탐내서 그들을 죽이고 몰아냈다. 미국에 대해 잘 모르던 시절, 인디언은 왜 서부에서만 사는지 궁금했다. 백인이 만든 서부의 신화에 속아 넘어가서 인디언은 원래부터 서부의 야생에서만 사는 사람들이라고 믿었던 것이다. 사실인즉 인디언은 북미 대륙 전체에 걸쳐서 살았다. 특히 동부와 남부의 기후가 온화하고 땅이 비옥한 곳, 즉 현재 미국인이 많이 거주하는 지역에 주로 살았다. 그러나 유럽 인이 동부에 정착하면서 조상 대대로 이곳에서 살던 인디언은 죽거나 미시시피 강 서쪽으로 쫓겨났다. 현재 미국의 동부에서는 인디언을 볼 수 없다. 백인들은 침략자의 종교인 기독교와 서구인의 관습을 받아들인 인디언 부족마저도 서부로 쫓아냈다. 인디언과 체결한 조약은 번번이 폐기되었고, 인디언은 사람이 살기 부적합한 서부의 황량한 건조지대로 내몰렸다. 흑인은 노예로 부려먹지만 인디언은 반항을 해 쓸모가 없다고 하며 아예 제거하려 했던 것이다. 일전에 서부의 인디언 보호 구역을 방문해보니 도로 포장도 안 된 진흙길로 연결된 부실한 집에서 인디언들이 비참하게 살고 있었다.

19세기 초반에 선출된 앤드루 잭슨 대통령은 미국의 영웅으로 숭앙받는다. 그는 미국 역사상 최초로 서부 변방에서 나온 서민 출신 대통령이다. 그는 인디언을 완전히 제거하는 것을 목표로 토벌 전투를 지휘해 얻은 명성으로 대통령에 선출되었다. 인디언 토벌 전투에 참여한 장군들은 '죽은 인디언만이 착한 인디언이다'라는 말을 남기기도 했다. 맨해튼 남단 아메리카 인디언 국립박물관을 방문하면 인디언의 슬픈 자취 바로 옆으로 자유의 여신상이 보인다. 역사는 승리자의 편이며 패배자에게는 참으로 냉혹하다. 인디언을 생각하면 미국이 부르짖는 '인권'이나 '정의'라는 것에 대한 공허함이 밀려온다.

엠파이어스테이트 빌딩 디즈니랜드에도 급행 티켓이 있다지만

엠파이어스테이트 빌딩은 자유의 여신상과 함께 미국을 상징하는 것으로 가장 많이 등장한다. 1931년 102층 높이로 지어진 이 빌딩은 9·11 테러에 희생된 세계무역센터가 지어질 때까지 오랫동안 세계 최고의 왕좌를 지켰다. 최고의 높이는 부와 권력의 상징이다. 현재 세계에서 가장 높은 빌딩은 두바이에 있는데, 세계무역센터가 사라진 자리에 다시 서는 건물은 세계에서 가장 높이 짓는다고 한다. 세계 최고이기를 고집하는 미국의 자존심을 되찾아 오려는 것이다.

엠파이어스테이트 빌딩이 지어질 당시 뉴욕에서는 크라이슬러 빌딩과 록펠러 센터의 GE 빌딩 또한 경쟁적으로 지어지고 있었다. 엠파이어스테이트 빌딩이 세계 최초, 최고의 빌딩이라는 지위를 획득하기 위해 터 파기부터 준공까지 불과 1년 2개월이라는 짧은 시간이 걸렸다. 조그만 건물 하나를 짓는 데도 수년씩 걸리는 미국 사람

엠파이어스테이트 빌딩

들의 일하는 관습을 고려할 때 정말 기적 같은 일이다. 더 놀라운 점은 그렇게 서둘러 지었는데도 80년이 지난 지금까지 별 문제 없이 잘 사용하고 있다는 사실이다. 1930년에 한국은 무엇을 했는지 생각할 때, 또 삼풍 백화점의 어처구니없는 붕괴 사고를 생각할 때 미국의 힘, 서구의 기술 문명에 감탄하지 않을 수 없다.

엠파이어스테이트 빌딩은 하나의 소도시다. 이 빌딩에는 1,000여 개의 사업체가 입주해 있으며, 2만 명 이상이 주간에 이 빌딩에서 활동하며, 엘리베이터만 73개가 있다. 한국 학생들이 많이 등록하는 고급 영어 학원도 이 빌딩의 63층에 있다. 이 빌딩에 입주해 있다는 상징성이 그 회사의 가치를 높여주는 것이다.

엠파이어스테이트 빌딩은 최고층 빌딩이라는 사실에 안주하지 않고 대중에게 어필하기 위해 많은 노력을 기울인다. 특히 빌딩의 외벽 조명을 이용해 기념 메시지를 전달한다는 아이디어는 기발하다. 국가적으로 중요한 축일이나 뉴욕의 중요한 행사에 맞춰 상징적인 색의 향연을 벌이며, 상업적인 목적으로 빌딩 조명을 대여하기도 한다. 예컨대 성 패트릭 데이에는 초록색 광선으로 외벽을 뒤덮고, 중국 건국 60주년 기념일에는 빨강과 노랑으로, 〈심슨 가족, 더 무비〉가 개봉되던 때에는 노랑으로, 마이크로소프트의 윈도 95가 발표되던 때에는 빨강과 파랑, 녹색, 노랑으로 외벽을 밝혔다. 영화 〈시애틀의 잠 못 이루는 밤〉에서 사랑의 메시지를 이 빌딩 벽에 하트 모양의 조명으로 형상화한다는 아이디어는 바로 여기서 나온 것이다.

엠파이어스테이트 빌딩은 뉴욕의 관광객이 많이 찾는 명소다. 사실 이 빌딩의 꼭대기에 있는 전망대에 올라가 주변을 둘러보는 것은 그리 흥미롭지 않다. 철조망으로 둘러싸여 있고 바람이 많이 부는 데다 사람들로 붐벼서 두 번 가볼 데가 못 된다. 그러나 엠파이어스테이트 빌딩은 워낙 상징성이 크기에 이곳에 와봤다는 것 자체가 의미를 지닌다. 관광 성수기에는 엄청난 길이의 줄에서 두 시간 이상 참고 기다려야 한다. 분명히 이곳은 비싼 입장료를 내고 두 번 올라가 볼 곳은 아닌데, 모두 처음 와본 사람으로만 이렇게 항시 붐빈다는 것은 놀라운 일이다. 1931년에 개장한 후 지금까지 1억 1,000만 명이 관람했다니.

자본주의 종주국답게 일반 입장료의 두 배 하는 급행료를 내면 줄에서 기다리지 않고 바로 들어갈 수 있다. 디즈니랜드에도 급행 티켓이 있던 것으로 기억하는데, 이것에 분노해야 할지 아니면 각자의 능력에 맞추어 선택하도록 하는 것이 합리적이라고 생각해야 할지 헷갈린다. 그래도 명백하게 눈에 보이는 급행료는 사람들의 마음을 불편하게 하는 것 같다. 보이지 않게 급행료를 내고 남보다 먼저 앞서 가도록 하는 것이 어느 사회에서나 통용되는 방식이기는 하지만 말이다.

빌딩을 방문해서 감탄했던 상술 한 가지. 빌딩의 전망대에 올라가려면 중간에 엘리베이터를 갈아타야 한다. 이곳에 긴 줄이 늘어서 있는데 중간에 엠파이어스테이트 기념 장식을 뒤로하고 사진을 찍는 곳이 있다. 그곳에서 붙박이 사진사가 기념 장식 앞에 사람들을 세우고 사진을 찍는다. 아마도 미국 어디에서나 벌어지는 보안 검색쯤으로 생각한다. 처음 이곳을 방문하는 사람들은 왜 사진을 찍는지, 찍어서 뭐 하는지 영문도 모른 채 사진사의 지시대로 포즈를 취하고 사진을 찍는다. 전망대를 돌아보고 내려올 때에야 이유를 알게 된다. 찍은 사진을 인화해놓고는 구입하라고 한다. 구입을 거절하는 사람의 사진은 폐기한다고 한다. 일생에 한 번 사랑하는 사람과 함께 그곳을 방문한 관광객들은 이러한 제의를 거절하기 어려울 것이다. 이런 상술에 닳고 닳은 미국인은 처음부터 사진 찍기를 거절하기도 하지만 많은 외국인 관광객은 사정도 모른 채 당하고 만다. 구입을 거절한 사람도 뒷맛이 개운치는 않아 보인다.

록펠러 플라자 신이 낸 기업인, 록펠러

맨해튼의 미드타운에 있는 록펠러 플라자는 좁은 공간에 항시 사람으로 붐빈다. 록펠러 플라자는 관광지로는 대단할 것이 없는 곳이다. GE 빌딩 로비에 벽화와 조각상이 있고, 조그만 스케이트장과 물이 흐르는 정원이 있다. 빌딩 꼭대기에는 전망대가 있다. 록펠러 플라자에 온 관광객은 영화에서 보던 스케이트장이 생각보다 작은 것에 놀라면서도, 스케이트장이 풍기는 들뜬 분위기를 즐기며 난간에 기대 잠시 구경하다

록펠러 플라자의 스케이트장

관광객들이 스케이트 타는 사람들을 구경하면서 지친 다리를 쉬고 있다.
스케이트 타는 사람들의 환성과 들뜬 분위기가 주위에 퍼져 있다.

가 다음 장소로 이동한다. GE 빌딩 로비에 있는 벽화는 이 플라자의 주인공 록펠러라는 사람과 연관시켜 보면 인상 깊다.

록펠러 플라자가 속한 록펠러 센터는 대규모 도심 개발 프로젝트로 유명하다. 1930년대에 록펠러 가문이 맨해튼 도심의 넓은 지역을 컬럼비아 대학교로부터 구입해 19개의 고층 빌딩을 지었다. 가장 높은 GE 빌딩을 비롯해 NBC 방송국, 라디오 시티 뮤직홀 등이 이곳에 있다. 록펠러 센터는 일본이 한창 잘나가던 시절 미쓰비시 재벌이 구입해 화제를 뿌렸는데 이후 일본이 어려움에 처하자 미국계 자본에게 되팔렸다.

록펠러 센터는 이곳에 있는 건물들보다는 이러한 부를 축적한 록펠러라는 사람 때문에 유명하다. 존 D. 록펠러는 19세기 말 미국의 산업화 시기 최고의 사업가다. 보잘 것없는 배경에서 출발해 자신의 노력으로 최고의 사업가가 되었으며, 이후 자선 사업가로 변신한 전설적인 인물이다. 조지 워싱턴, 토머스 제퍼슨, 에이브러햄 링컨 등이 미국 정치계의 위인이라면, 존 D. 록펠러는 미국 기업계 최고의 위인이다.

록펠러는 1839년 떠돌이 행상의 아들로 태어났다. 그는 식료품 도매상으로 시작해 19세기 말 석유 산업 전체를 장악했다. 19세기 중반은 석유가 발견돼 상용화되기 시작한 초기 단계로, 그 당시까지는 밤을 밝히는 용도로 고래 기름이 사용되었다. 그런데 고래 기름은 값이 비싸 상류층만 이용할 수 있었고 일반 사람들은 어두워지면 일찍 잠자리에 들었다. 록펠러는 석유가 값싸게 밤을 밝히는 용도로 쓰일 수 있는 데 착안했다. 그는 석유 채굴부터 시작해 석유 판매, 그리고 석유 제품 가공에 이르기까지 석유 관련 산업을 모조리 장악했다. 록펠러는 경쟁자의 원가보다 싼 가격으로 석유를 팔아 경쟁자를 제거하고 노조 설립을 무자비하게 탄압한 것으로 악명이 높다. 그가 설립한 스탠더드 오일 트러스트는 미국 전체 석유 채굴과 판매의 90%를 장악하는 독점적인 지위를 구축했다. 록펠러의 독점적 전횡에 사람들의 원성이 높아지자 1890년 서먼법이 제정되고, 1911년 결국 대법원의 명령에 따라 스탠더드 오일 트러스트는 지역별 독립 회사로 분할되었다. 엑슨모빌, 콘티넨털 오일, BP아모코 등 현재 미국의 석유 회사는 모두 이 스탠더드 오일 트러스트가 쪼개져 나온 것이다. 그러나 지역별로 분할된 독립회사의 주식을 소유한 록펠러는 이 조치로 인해 더 큰 부자가 되었다.

록펠러는 독점적인 기업가로도 이름을 날렸지만 자선 사업가로서도 독보적인 존재다. 그는 은퇴와 함께 자선 사업가의 길을 걸었다. 그는 단순히 가난한 사람을 도와주기보다는 자신의 철학을 갖고 체계적으로 공익사업에 돈을 썼다. 그는 자선 사업을 하면서도 효율적이지 않은 곳에 돈을 쓰는 것을 증오했다. 그가 설립한 자선 재단은 질병 퇴치, 과학 창달, 교육 수준 향상 등에 주력해 시카고 대학교를 비롯해 여러 개의 대학교를 설립했으며, 의학과 과학을 발전시키는 일에 엄청난 돈을 기부했다. 현재도 록펠러 재단은 교육과 학문 분야에서 연방 정부 기금 다음으로 큰 역할을 한다. 빌 게이츠 재단이 질병 퇴치와 교육 수준 향상을 주력 사업으로 하는 것은 바로 록펠러의 영향이다.

1937년 98세로 사망한 록펠러가 은퇴할 당시 남긴 재산은 14억 달러였다. 경제 잡지 《포브스》는 그의 재산을 현재 가치로 환산하면 6,634억 달러라고 하며 우리 돈으로는 730조 원에 달한다. 그에 비하면 세계 최고의 부자라고 하는 빌 게이츠의 재산은 보잘것없는 수준이다. 빌 게이츠의 재산을 모두 합해도 420억 달러에 불과하니 록펠러의 재산이 얼마나 어마어마한 규모인지 짐작할 수 있다. 록펠러는 석유의 상용화라는 역사적 기회를 타고난 사업가인 것이다. '부자는 삼 대를 못 간다'는 속담이 반드시 맞는 것 같지는 않다. 록펠러 가문은 손자 대까지 내려온 지금도 미국의 기업과 정치계에서 큰 영향력을 행사하고 있다. 뉴욕 주지사를 비롯해 여러 명의 정치인을 배출했으며, 여러 대기업의 이사진에서 록펠러의 이름을 찾을 수 있다.

록펠러는 인간적으로도 독특한 사람이었다. 그는 독실한 기독교 신자로 자신의 부는 하느님의 은총이라고 굳게 믿었다. 그는 항시 자신의 소득의 10분의 1을 교회 사업에 바쳤다. 그는 술과 담배를 일생 입에 대지 않았으며, 엄격하게 시간을 관리하고 소비를 절제하는 생활을 했다. 그는 거부가 된 후에도 자신이 파멸시킨 사람의 원한으로 위험하다는 주위의 조언을 무시하고 전철로 통근했다고 한다. 그가 89세에 자신의 생을 돌아보며 언급한 다음의 말은 록펠러라는 사람을 잘 이해하게 해준다.

나는 놀고 또 일하도록 일찍이 가르침을 받았다. 내 인생은 하나의 길고 행복한 휴가였다. 일로 가득 차고 놀이로 가득 찬. 나는 살아오면서 근심을 내려놓았는데,

하느님은 날마다 나에게 잘해주셨다. (I was early taught to work as well as play, My life has been one long, happy holiday; Full of work and full of play. I dropped the worry on the way, And God was good to me everyday.)

정말 그답다. 록펠러는 하느님의 은총이 자신과 함께한다는 것을 확신했다. 그는 독점적인 지위를 이용해 경쟁자를 잔인하게 제거한 피도 눈물도 없는 냉혈한이라는 비판에 대해 다음과 같이 항변했다고 한다. "나 때문에 파멸한 사람도 있지만, 나의 사업 덕분에 인류는 더 편리하게 살게 되었다. 보통 사람도 밤의 어둠에 굴복하지 않게 되었으며, 나의 사업 덕분에 산업의 효율성이 높아져 10분의 1의 가격에 기름을 사서 (어둠을) 밝힐 수 있게 되었다. 나는 경쟁자들에게 적정한 값을 매겨 그들의 노력을 보상해주었다. 그들 중 다수는 내게 인수 합병된 후 회사의 주식으로 부자가 되었다." 록펠러처럼 자신이 옳은 일을 하고 있다는 흔들림 없는 믿음을 가진 사람도 드물 것이다.

록펠러 플라자에는 록펠러의 좌우명을 기록한 명판이 있다. 그 명판에 새겨진 구절은 모두 '나(I)'라는 단어로 시작되는데, 첫 번째 구절은 "나는 개인이 최고의 가치임을 믿으며, 개인의 생명과 자유와 행복 추구의 권리를 믿는다"이다. 그는 철저한 개인주의자인데, 개인의 뒤에는 신의 은총이라는 확신이 도사리고 있었다. 노동과 절제를 통해 획득된 부는 신이 예정한 구원의 증거이므로 신이 선택한 사람으로서 쉼 없이 일해서 이 세상에 신의 영광을 드러내야 한다는 칼뱅주의 교리를 바탕으로 한다. 이는 독일의 사회학자 막스 베버가 서구 자본주의 정신의 요체로 제시한 것인데, 록펠러는 바로 이러한 신앙의 전형이다.

록펠러 플라자에 있는 GE 빌딩 로비의 천장과 벽을 장식한 거대한 벽화는 그의 세계관을 표현하고 있다. 〈미국의 진보〉라는 그림인데 한 편에는 육체를 써서 힘들게 일하는 노동자들과 이들을 구원하는 신의 손길이 그려져 있으며, 다른 편에는 천국에 올라가는 계단을 밟으려고 필사적으로 경쟁하는 인간의 군상이 보인다. 이 그림을 보노라면 엄숙하고 냉혹한 느낌이 들고 록펠러의 목소리가 들리는 듯하다. '흔들림 없이 냉혹하고 효율적으로 열심히 일하면 하느님의 구원이 함께할 것이다'라는. 어떻게

록펠러 센터의 GE 빌딩 로비에 있는 '미국의 진보'라는 제목의 벽화

노동의 숭고함을 일깨우는 메시지가 마치 구소련의 정치 포스터를 연상시킨다. 지금의 미국은
더 이상 노동을 존경하는 사회가 아니기에 생경한 느낌이 든다.

하면 보다 쉽게 살까 하고 잔머리를 굴리는 이들에게 노동이 아무리 힘들더라도 그것의 가치와 임무를 묵묵히 받아들여야 한다고 벽화는 말하고 있는 듯하다. 그렇게 엄청난 부를 축적하고 수많은 사람의 원한의 대상이 되었으면서도 98세까지 살았다니 그는 정말 하늘이 낸 사람인지도 모르겠다.

브루클린 다리 다리 위로 코끼리 행렬이 지나간 이유

브루클린 다리는 엠파이어스테이트 빌딩과 함께 서구 기술 문명의 상징이다. 13년의 공사를 거쳐 1883년에 완성된 이 다리는 그 당시 전 세계의 현수교 중 가장 긴 다리로, 길이는 486미터에 달한다. 이 다리는 세계 최초로 여러 겹의 강철선을 꼬아 만든 강삭에 매달린 구조다. 지금은 브루클린과 맨해튼 사이에 지하 터널도 뚫려 있지만 그 당시 이 다리는 이스트 강을 건너는 최초의 다리였다.

브루클린 다리의 위용은 다리 위를 직접 걸어보아야 안다. 다리의 아래층은 차도이고 위층은 보도가 설치되어 있다. 관광객들은 이곳을 걷거나 자전거를 타고 달리면서 다리를 체험할 수 있다. 130년 전에 만든 다리라고는 믿을 수 없을 정도로 강삭은 굵고 튼튼하다. 사람들은 이 다리를 매달고 있는 강삭의 웅장함과 기하학적 대칭이 만들어내는 아름다움에 매혹되면서 인파에 휩쓸려 간다. 브루클린 다리를 걸으면 발밑이 조금씩 흔들리는 것을 느낀다. 이 다리가 처음 일반에 공개되었을 때 사람들은 다리 위를 걷다가 움직임을 느끼고 다리가 무너지고 있다고 생각해 서둘러 도망쳤다. 그러는 중에 열두 명이나 죽었다. 그 후 서커스단의 코끼리 행렬이 이 다리를 지나가게 해 사람들을 안심시켰다고 한다.

다리 가운데 교각에 새겨진 글귀를 보면서 이 다리가 만들어진 다음 해에 한국에서는 갑신정변이 일어났고, 나라가 일본의 손아귀에 놀아남으로써 난리 법석을 떨었던 것에 생각이 미쳤다. 간혹 서구 기술 문명의 웅장한 위업을 접할 때마다 스스로가 한국인이라는 사실에 묘한 반항감 같은 것이 이는 것은 왜일까? 세계 최초로 금속 활자를 발명한 나라지만, 불경 몇 권 찍는 것 외에는 이용하지 못했다. 조상 탓 하는 사람치고 잘되는 사람 없다지만 별 볼일 없는 미국인들이 큰소리치며 잘 먹고 잘 사는 것을 보면 마음이 편치만은 않은 걸 어쩌겠는가.

다리 위를 걸으면 맨해튼 섬 남단의 빌딩 숲이 한눈에 들어온다. 그곳은 마치 거대한 콘크리트 덩어리 같은 느낌을 준다. 그곳에 월가를 비롯해 미국의 막강한 금융계가 포진하고 있다. 맨해튼 남단은 브루클린에서 바라본 욕망의 종착점이다. 저 콘크리트 숲의 그늘 속에서 사람들은 개미처럼 움직이고 딜러들은 초조하게 모니터를 들여다보고 있겠지 하고 생각하니 문득 덧없다는 느낌이 든다. 반면 반대편 브루클린 쪽은 낮은 건물이 듬성듬성 있는 한가한 시골 동네 같다. 맨해튼과 브루클린이 한눈에 대조된다.

규모로만 따지면 브루클린은 맨해튼보다 훨씬 크다. 인구로는 한 배 반이나 크며 땅 면적으로는 세 배를 넘는다. 그러나 브루클린 사람의 삶은 맨해튼에 의존한다. 브루클린 사람의 반 이상이 맨해튼에 직장을 가지고 있어, 낮에는 브루클린 다리를 건너 맨해튼에 갔다가 저녁에는 다시 브루클린에 있는 자신의 집으로 돌아온다. 브루클린은 맨해튼과 아주 가깝다. 맨해튼 남단의 금융가에서 북쪽으로 부자들이 사는 어퍼이스트사이드까지의 거리보다는 브루클린 다리 건너가 훨씬 가까울 것이다. 그러나 거리와는 상관없이 브루클린의 삶은 맨해튼의 삶과 확연히 질이 다르다. 브루클린은 맨해튼과 같은 뉴욕 시에 속해 있지만 맨해튼과는 '열등한 형제'라고 할 수 있다. 브루클린에는 주요 대기업의 본사가 하나도 없다. 과거에는 제조업과 조선업이 브루클린의 주요 산업이었으나 1970년대에 공장들이 미국 땅을 떠난 후부터 브루클린의 경기는 좋지 않다. 브루클린 사람의 가구 소득은 맨해튼의 3분의 2 수준이며, 다섯 명 중 한 명은 가난에 허덕이고 있다.

브루클린은 외부에서 이주해 온 사람이 머무는 곳이다. 뉴욕에 오는 이민자들은 맨해튼의 집값이 너무 비싸 집을 살 수 없으므로 뉴욕 변두리인 브루클린에서 삶을 시작한다. 과거 브루클린은 남부에서 이주해 온 흑인들이 대규모로 정착한 곳이었으며,

부르클린 다리 위를 걷는 관광객들

다리 위는 사람과 자전거로 정말 붐빈다. 다리 위를 걸어가면서 보는 강삭이 만들어내는 기하학적 대칭과
다리 중간의 교각에서 바라보는 맨해튼 섬의 경관은 무척 아름답다.

근래에는 세계 각지에서 온 이주자들이 집단 거주지를 형성하고 있다. 흑인, 아일랜드인, 이탈리아 인, 유대 인, 러시아 인, 우크라이나 인, 폴란드 인, 히스패닉(중남미 출신 이주자), 중국인, 인도인, 아랍인 등이 각각 몰려 사는 브루클린은 세계 인종의 집합소다. 브루클린에서 백인은 전체의 3분의 1에 불과하며 나머지는 흑인과 기타 유색인이 차지하고 있다. 이곳 주민 세 명 중 한 명은 외국에서 출생한 사람이다.

브루클린 다리는 바로 이들의 고단한 삶을 이어주는 연결점이다. 관광객들이 즐기는 맨해튼의 화려함은 바로 이 다리를 건너온 브루클린 사람들의 노동으로 뒷받침된다. 브루클린은 결코 화려하지 않다. 뉴욕 서민 삶의 현장을 찾아 그들의 고단한 생활을 엿보고 싶은 여행자라면 모를까, 브루클린은 일반 관광객들이 찾기에 적합한 곳은 아니다. 브루클린을 돌아다니면 낮고 우중충한 집들을 주로 만난다. 맨해튼에는 지천에 널려 있는 고층 빌딩도, 박물관도, 극장도, 유서 깊은 교회나 화려한 부티크 숍, 멋진 레스토랑과 카페도, 야외 연주회도 브루클린에는 없다. 돈이 있는 곳에 문화도 있다. 무료 공연이 필요한 사람들이 사는 곳에는 무료 공연이 열리지 않는다. 맨해튼에는 그토록 많은, 기업체가 후원하는 문화 행사도 브루클린에서는 열리지 않는다.

그러나 브루클린은 진짜 예술가들이 살아 있는 곳이다. 맨해튼의 상업화된 세련됨은 진짜 예술들을 브루클린으로 몰아냈다. 가난한 예술가들은 브루클린 구석에 있는 값싼 방을 빌려 함께 작업하며 그들의 열정을 쏟아낸다. 기업체의 후원이나 멋진 전시장이 없어도, 아니 그런 것들이 없기 때문에 그들은 더욱 진하게 문화를 체험하고 또 생산해낼 수 있다. 브루클린의 카페는 멋있지도, 아름다운 음악이 흐르지도 않는다. 그러나 그곳에서 삶과 예술을 두고 씨름하는 진짜 작가, 진짜 화가, 진짜 음악가 들의 모습을 볼 수 있다. 브루클린의 윌리엄스 스트리트나 MOMA PS1은 바로 그런 예술가의 실험 정신이 번뜩이는 곳이다. 그들은 맨해튼 쪽을 보면서 '가짜 예술과 상업주의가 판치는 곳'이라고 말할지 모른다. 브루클린 다리 위에서 맨해튼과 브루클린을 번갈아 보면 삶의 진한 감동은 어쩌면 맨해튼보다는 브루클린 쪽에 있지 않을까 하는 생각이 든다.

유니언 스퀘어 광장에서 해바라기하는 사람들과 파머스 마켓

유니언 스퀘어는 맨해튼을 남북으로 달리는 4번가와 브로드웨이가 만나는 곳에 있는 광장이다. 브로드웨이는 사선으로 빗겨 지나가는 큰길이어서 맨해튼의 격자 모양 도로 체계에서 남북으로 일직선으로 뻗은 도로와 브로드웨이가 만나는 곳마다 광장이 있다. 브로드웨이와 5번가가 만나는 곳에 매디슨 스퀘어가 있고, 브로드웨이와 7번가가 만나는 곳에 타임스 스퀘어가 있다. 브로드웨이와 8번가가 만나는 곳에는 콜럼버스 서클이 있다.

스퀘어, 즉 광장은 길과 길이 만나는 곳이기에 교통의 중심지다. 유니언 스퀘어 주변에는 두 개의 지하철 노선이 교차하며, 여러 개의 버스 노선이 이곳을 종점으로 회차한다. 광장에는 사람이 모인다. 사회적으로 중요한 이슈가 터질 때 사람들은 이곳에 모여 자신들의 목소리를 집단적으로 발산한다. 19세기 중반 남북전쟁 때는 북군이 이곳에서 집결해 출정했으며, 19세기 후반 산업화 시기에는 노동조합원들이 이곳에 모여 파업을 선언하고 출정식을 벌였다. 2001년 세계무역센터가 테러 공격을 당했을 때 뉴욕 시민들은 이곳에서 촛불을 밝히고 희생자들을 애도했다.

긴급한 사회적 이슈가 없을 때 광장은 시민들이 도심에서 잠깐 동안 휴식을 보내는 장소로 애용된다. 젊은이들은 흔히 이곳을 약속 장소로 정한다. 이곳 주변에는 젊은이들이 즐겨 찾는 카페, 식당, 책방, 레코드점, 옷가게가 무수히 많다. 뉴욕 대학교, 뉴스쿨, 쿠퍼스 유니언, SVA 등 도심의 대학들도 이곳 주변에 밀집해 있다. 영어 학원도 사방에 있다. 광장은 건물로 들어찬 도심 속에서 특별한 용건 없이 하늘을 보거나 지나다니는 사람을 보며 휴식할 수 있는 공간이다. 한국의 광화문이나 시청 앞 광장이 한가하게 시간을 보내기에는 거북한 장소인 것과는 달리, 이곳은 광장 뒤편으로 나무가 울창하게 둘러쳐 있고 남향으로 앞이 트여 있어 편안한 느낌을 준다.

화창한 날에는 광장 계단에서 해바라기를 하는 사람을 많이 만난다. 사람들은 광장 계단에 걸터앉아 누군가를 기다리고 무언가를 먹거나 신문을 본다. 광장의 맞은편

유니언 스퀘어의 전경

도심 교통의 중심에 위치해 있지만 뒤로 숲이 둘러쳐 있고 걸터앉을 계단이 있어 햇볕을 쪼이며 시간을 보내기에 참 좋다.
맨해튼의 빌딩 숲에서 사는 사람에게 이런 열린 공간은 생명과 같다.

건물 벽에는 마치 미로의 작품인 듯, 예술적 형상의 전자시계에서 규칙적으로 수증기가 뿜어져 나오는 게 보인다. 광장 맞은편 건물에는 벽 전체가 투명한 유리로 된 커피숍에서 사람들이 광장을 내려다보고 있다. 광장에서 사람들이 제일 많이 하는 일은 지나다니는 사람을 구경하는 것이다. 다양한 얼굴과 표정, 차림새와 행동 들을 구경하노라면 시간이 금세 지나간다. 젊은이가 제일 많지만 노인, 군인, 드물게는 넥타이를 맨 신사, 블라우스와 스커트 차림의 말쑥한 회사원도 있다. 배낭을 멘 외국인 여행자가 두리번거리며 지나가고, 젊은 남녀들이 서로를 희롱하며 노는 모습을 보면 즐거워진다. 광장의 계단에 앉아 있노라면 종교 전단을 나누어 주는 사람, 대기업의 노동 탄압을 규탄하는 내용의 전단을 나누어 주는 사람을 만나기도 한다. 광장의 한쪽 구석에는 군 입대를 권유하는 사람들이 제복을 입고 붙박이처럼 항시 서 있다. 점심시간이면 광장에 나와 홀로 뭔가를 먹고 있는 이들을 흔히 발견한다. 광장 바로 앞에 있는 홀푸드마켓이라는 유기농 식품 매장에서 샌드위치를 사와 먹고 있는 직장인들이다.

유니언 스퀘어에서는 상업 행위가 금지되어 있다. 그러나 매주 월, 수, 금, 토요일 낮 시간에는 광장의 한편에서 파머스 마켓, 즉 농산물 직거래 장터가 열린다. 이곳에서는 뉴욕 시 주변에 농장을 가진 생산자들이 직접 재배한 물건만을 판매한다는 원칙을 엄격히 지킨다고 한다. 싱싱한 농산물을 싸게 팔아 시민들은 이곳을 많이 이용한다. 야채, 과일, 햄과 소시지, 치즈와 요거트, 잼, 빵, 피클, 꽃, 화분, 압착 주스 등 다양한 먹을거리가 텐트 아래 좌판에 널려 있고, 한쪽에서는 요리 시범이 벌어지기도 한다. 햄이나 치즈, 피클 등의 전통 식품을 파는 상점에서는 맛보기 음식을 내놓기도 한다. 교외에 있는 슈퍼마켓에 가서 카트에 한가득 실어 사오는 식료품 쇼핑과는 달리 이곳에서 물건을 사는 사람들은 자신이 가지고 온 쇼핑백에 오이 한두 개, 셀러리 한 단, 양상추 한 덩어리, 오렌지 두세 개 등을 단출하게 구매해 직접 들고 간다. 엄청나게 많이 먹으면서 비만을 걱정하는 사람들과는 조금 다른 부류다. 이들은 환경과 건강에 유의하면서 싱싱한 유기농 식품만을 조금 먹고, 운동을 하며 절제된 생활을 하는 사람들이다.

이곳이 아니라도 뉴욕의 오래된 동네를 돌아다니다 보면 공원 구석에서 파머스 마켓이 열리는 것을 흔히 본다. 야채나 과일뿐 아니라 간단한 음식을 만들어 팔기도 한다. 슈퍼마켓에서 가격을 비교하면서 카트에 물건을 담는 쇼핑은 피곤하지만, 이렇게 마련된 장터에서 물건을 사는 일은 즐겁다. 식료품 쇼핑이 일상적으로 치러야 하는 번거로운 일이라기보다는 조그만 축제에 참여한다는 느낌이다. 비록 이곳 물건이 슈퍼보다 싸지는 않지만 물건을 파는 사람과 직접 대면하고 말을 주고받으면서 이루어지는 쇼핑이기 때문에 훨씬 더 인간적으로 느껴지기 때문일 것이다.

4. 뉴욕의 교회

CHURCH IN NY

소수자에게 배타적인 미국에서 이민자들은
그들의 민족 교회에 모여 서로 의지하며 삶을 지탱한다.

    뉴욕에는 정말 교회가 많다. 맨해튼 곳곳에서 화려하게 지은 교회를 만날 수 있다. 뉴욕에 사는 다양한 민족의 이민자들은 각자 자신들의 교회를 가지고 있다. 유대 인은 유대 교회를, 할렘의 흑인은 흑인 교회를, 아랍 인은 이슬람 사원을, 인도인은 퀸스에 거대한 힌두교 사원을, 우크라이나 인은 맨해튼 도심에 유서 깊은 러시아 정교 교회를, 차이나타운의 중국인은 절과 도교 사원을 가지고 있다. 이민자들에게 교회는 신앙의 장소일 뿐 아니라 이민 사회의 구심점이다. 소수자에게 배타적인 미국에서 이민자들은 그들의 민족 교회에 모여 서로 의지하며 삶을 지탱한다.

세인트 패트릭 성당 억압당한 아일랜드 이민자의 꿈

    맨해튼의 미드타운 5번가에 위치한 세인트 패트릭 성당은 뉴욕을 방문하는 관광객이 가장 많이 찾는 교회다. 록펠러 센터를 마주 보고 두 개의 첨탑이 솟아올라 있는 화려한 고딕 양식의 건물이다. 세인트 패트릭 성당은 가톨릭교회로서 뉴욕 대교구를

세인트 패트릭 성당 내부
아일랜드 인의 자부심이 담긴 교회다. 그들의 피와 땀으로 세운 이 화려한 교회에서 소수자의 설움을 달랬을 것이다.
지금은 기도하는 사람은 별로 없고 의자에 앉아 쉬거나 구경하는 관광객으로 번잡하다.

관장하는 중심 교회다. 대리석 외벽에 장식이 많이 되어 있으며, 교회 안으로 들어가면 2,200석의 좌석과 높은 천장, 스테인드글라스로 장식된 벽과 화려한 제단이 그야말로 웅장함의 극치다.

이 교회가 유난히 화려함을 자랑하게 된 데에는 교회의 건설을 둘러싼 배경이 있다. 20여 년의 공사를 거쳐 이 교회가 완공된 1879년은 아일랜드 인들이 미국으로 대거 이주한 지 약 30년이 지난 시점이다. 1840년대 후반 아일랜드를 휩쓴 대기근으로 수년 사이에 200만 명에 달하는 아일랜드 인이 일시에 미국 동부 해안 도시로 몰려들었을 때 미국인들은 경악했다. 그들은 이전에 미국으로 건너온 이민자들과는 달리 기아와 궁핍에 시달린 처절한 모습이었기 때문이다. 뉴욕과 보스턴은 그들이 주로 정착한 곳이다. 미국의 영국계 주류 집단이 개신교를 믿는 데 비해 아일랜드 인은 미국인이 혐오하는 종교인 가톨릭을 믿었다. 미국인은 유대 인에게 했듯이 아일랜드 인에 대해 차별과 폭력을 행사했다. 공식적으로 아일랜드 인을 백인이 아닌 별도의 인종으로 분류했으며, 집단적으로 폭행을 가하고 살해했다. 아일랜드 인을 배척하는 것을 강령으로 하는 정당이 생겨났고, 이 정당에서 대통령 후보까지 냈다. 이러한 사회적 분위기에서 가톨릭교회를 짓는 사업은 억압당한 아일랜드 인의 자존심이 걸린 역사였을 것이다. 아일랜드 이민자들의 피와 땀이 모인 돈으로 그들은 그 당시 뉴욕에 있던 어느 교회보다 더 화려하고 웅장한 위용을 자랑하는 그들만의 교회를 짓고자 했다.

이 교회는 이러한 기억을 뒤로한 채 이제는 관광객으로 붐빈다. 주일에는 한껏 차려입은 일부 상류층 백인 신자들이 예배만 드리고는 바삐 교회를 빠져나가는 모습을 볼 수 있다. 이 교회가 위치한 5번가 미드타운은 금싸라기 땅값을 자랑하는 맨해튼의 가장 번화한 상업 지구이므로 이 교회를 뒷받침하던 주민들은 이미 교외로 떠나버린 지 오래다. 교회 계단과 현관에는 노숙자들만 죽치고 있다. 아이들이나 청소년의 자취는 이곳에서 찾을 수 없다.

사실 믿음이 깊은 신자들은 엄청나게 화려한 교회보다는 보잘것없는 건물에 세 들어 예배를 보는 개척 교회에 있는 경우가 많다. 가톨릭은 현재 미국 인구의 4분의 1이 믿는 거대 종교이기는 하지만 백인들 사이에서 급속히 인기를 잃고 있다. 전통적으로 가톨릭교회는 아일랜드 인, 이탈리아 인, 폴란드 인 이민자들이 주류를 이루었다. 그러나 근래 들어 백인 신자의 비율은 급속히 줄어드는 반면 그 빈자리를 히스패닉 신도가 차지하게 되었다. 히스패닉은 그들의 사제가 스페인 어로 집전하는 교회에 다니고 싶어 하므로 유럽의 백인이 세운 교회는 신자 부족으로 고민하지 않을 수 없다.

피임을 금하는 교리나 여성 사제를 허용하지 않는 가톨릭교회의 원칙이 미국인의 가치관과 맞지 않고, 근래 들어 성직자의 아동 성희롱 행위를 조직적으로 은폐한 사건이 일파만파로 발전하면서 백인들은 교회를 떠나고 있다. 백인 중에서도 가톨릭교도는 주로 소수 민족에 속하므로 민주당을 지지하는데, 가톨릭교회가 낙태를 강력히 반대하면서 공화당 보수주의자와 한편이 된 것도 신도의 마음을 돌리게 한 요인이다. 과거 세인트 패트릭 성당이 지어질 때 자신이 가진 모든 것을 바쳤던 사람들의 열성은 사라진 반면, 신앙이 깊은 흑인이나 히스패닉은 이 교회를 외면하기 때문에 이 교회는 관광객의 눈요깃감으로 전락한 것이다.

이 교회를 돌아보면 화려한 교회의 외관에 위압되면서도 다른 한편으로 교회 본래의 역할을 저버린 것이 아닌가 하는 생각이 든다. 어렵고 힘든 사람들을 위무하고 구원하는 교회의 역할을 하기에는 사람의 냄새가 나지 않는다. 사람이 없는 교회는 교회가 아닌 것인데 이 교회는 뉴욕 교구의 본부로서 행정적으로는 중요할지 모르나 주민들의 마음속에 살아 있는 교회라는 느낌은 들지 않는다. 물론 교회는 권력과 결탁해 사회의 질서를 유지하는 데 일익을 담당한다는 측면에서 볼 때 이 교회는 웅장한 외관으로 사람을 굴복시키는 힘을 발휘하고 있기는 하다. 훌륭한 관광 상품으로서 뉴욕에 관광객을 끌어들이는 데 일익을 담당하는 것으로 충분하지 않느냐고 반문한다면 물론 동의한다.

세인트 존 더 디바인 성당 100년이 넘어서도 미완성인 교회

세인트 존 더 디바인 성당은 맨해튼 시내에서 벗어난 할렘 인근의 모닝사이드 하이츠라는 동네에 있다. 이 교회는 무엇보다 엄청난 규모로 보는 사람을 압도한다. 교회의 지붕 높이만 38미터에 달하며, 첨탑까지 합한 높이는 70미터다. 이 교회의 또 다른 특징은 공사를 시작한 지 100년이 넘었는데 아직도 미완성이라는 사실이다. 1892년 공사를 시작해 50년 후에 교회 본체 건물이 완성되었지만, 제2차 세계대전으로 일시적으로 공사가 중단되었다. 이후 1980년에 공사가 재개되어 교회의 서쪽 날개가 지어지다가 다시 공사가 중단된 이후 오늘까지 다시 시작하지 못하고 있다. 그 와중에

세인트 존 더 디바인 성당

엄청난 크기의 성당이 보는 사람을 압도한다. 공사를 시작한 지 100년이 넘었지만 아직도 미완성인 채로 있다.
미완성 건물 내의 암흑의 공간이 오히려 더 종교적 신성함을 자아낸다.

대화재를 당해 교회의 소장품과 내부가 불에 타고 건물 벽이 심하게 그을리기도 했다.

세인트 존 더 디바인 성당은 미국 성공회에 속한 교회다. 이 교회가 이렇게 엄청난 규모를 지니게 된 데에는 교회를 계획하던 당시 가톨릭교회인 세인트 패트릭 성당보다 더 크고 화려해야 한다는 경쟁심이 작용했다. 미국 성공회는 식민지 시절 중상류층이 주로 믿던 영국 성공회가 독립전쟁 이후 영국으로부터 독립해 나와 세운 종파다. 성공회 교회는 식민지 시절 영국 정부에 충성하던 왕당파가 신자의 중심을 차지했는데, 영국과 전쟁을 거치면서 독립한 이후 일부는 정치적 억압을 피해 영국이나 캐나다로 도피했다. 미국에 남은 성공회 신자들은 영국과의 관계를 단절하고 새로운 나라인 미국에 충성하는 교회로 거듭났다. 이러한 배경 때문에 미국의 성공회 신자들은 미국 북동부에 거주하는 상류층이 주를 이룬다. 성공회 신자는 평균 연소득이 8만 달러를 넘으며, 성공회는 개신교 종파 중 가장 부유한 신도를 거느린 집단이다. 현재도 미국의 정치인이나 기업가 중에는 성공회 신자가 많다. 바로 이러한 배경을 가진 사람들이기 때문에 이민자 종교인 가톨릭이 뉴욕의 중심인 5번가에 크고 화려한 세인트 패트릭 성당을 짓는 것을 보고 가만히 있을 수 없었으리라. 문제는 그들의 자존심이 도를 넘어 지나치게 욕심을 부렸다는 데 있다. 계획은 거대했지만 그를 뒷받침할 기금 모집은 그에 미치지 못했고, 교회의 건축은 계속 지지부진하면서 오늘에 이르고 있다.

근래 미국 성공회는 개신교 주류 종파 중에서 가장 급속하게 신도를 잃고 있다. 성공회가 신도를 잃는 원인의 일부는 신도들이 주로 부유층이기 때문인지도 모른다. 사회학자 막스 베버는 미국의 자본가들이 개신교 윤리에 의해 뒷받침된 근면·절제·부에 대한 긍정적인 태도와 은총에 대한 확신 등의 가치를 가지고 있으며, 이러한 가치가 미국 자본주의의 부흥에 기여했다고 지적한다. 그러나 요즘 미국의 부자, 예컨대 월가의 금융인들이나 실리콘 밸리의 벤처 사업가들은 더 이상 이런 윤리를 필요로 하지 않는다. 절제라든가 신의 은총에 대한 확신은 요즈음의 부자들에게는 생소한 말이다. 조지 소로스나 스티브 잡스, 빌 게이츠가 독실한 신자라는 말을 듣지 못했다. 19세기 미국의 산업화 시기에 부를 축적한 사업가들이 독실한 신앙인이었던 것과는 달리, 요즈음 미국 경제를 이끄는 기업가나 전문직 종사자들 사이에서 기독교 신앙은

세인트 존 더 디바인 성당의 제단
본당 건물의 암흑 공간 속에서 홀연히 빛나는 이 제단은 신성한 느낌을 준다.
이 교회를 방문한 날 밖은 찌는 듯이 더웠는데 이곳은 어둡고 서늘하여 묘한 대조를 이루었다.

그리 힘을 발휘하지 못한다.

근래 미국 성공회에서는 보수와 진보 간에 싸움이 격렬하게 전개되고 있다. 진보적인 노선이 앞서면서 파열음을 일으키고 있다. 여성을 신부와 주교로 임명하고, 동성애를 공식적으로 인정하고, 근래에는 공개적으로 동성애를 표명한 사람을 신부로 임명하기도 했다. 이 때문에 보수적 가치관을 가진 일부 부자 신도들이 반발해 집단적으로 교회를 이탈하는 사태를 초래했다. 이 교회가 오랫동안 미완성인 채로 남아 있는 것을 비판하는 사람들에게 이 교회의 신부는 다음과 같이 말했다고 한다. 과거 유럽의 교회는 완성하는 데 500년이 걸리기도 했는데 이 교회는 아직 공사를 시작한 지 200년도 못된다고. 천천히 하는 것은 좋지만 문제는 앞으로 어떻게 될 것인가이다. 현재 미국 성공회의 교세로 볼 때 이 교회는 앞으로도 영원히 미완성으로 남을 가능성이 크다.

이 교회를 돌아보면서 문득 종교적인 경외심은 연출의 결과라는 생각이 든다. 이 교회의 본당은 폭이 70미터에 달하는 하나의 거대한 방이다. 본당의 내부는 매우 어두침침하여 바깥에서 들어오면 실내의 어둠에 눈이 익숙해지는 데 한참이 걸린다. 본당 양쪽 벽에는 스테인드글라스로 장식된 세로로 좁고 긴 창문이 있다. 그곳에서 외부 광선이 들어온다. 제단 근처의 천장에 샹들리에 등이 긴 줄에 매달려 있을 뿐, 현관 입구와 제단 사이의 텅 빈 공간에는 아무 조명이 설치되어 있지 않아 매우 어둡다. 건물이 아직 미완성 상태라는 것을 말해주듯 본당에는 철제 간이 의자가, 그것도 제단 가까이에 몇 개 있을 뿐 대부분의 바닥은 아무것도 없이 비어 있다. 그곳에서 축구를 해도 될 정도다.

완전히 암흑인 엄청난 빈 공간이 천장까지 뻗어 있다. 그 바닥에서 돌아다니는 사람은 미미한 개미와 같은 존재다. 우주 공간과 같이 무한한 절대적인 힘, 그에 대비되는 인간의 미미함을 느낄 수 있는 연출이다. 이 공간에 무엇이 오밀조밀하게 채워진다면 오히려 신비한 힘을 느끼기 어려울 것이다. 세인트 패트릭 교회의 화려한 장식이 인간의 돈과 기교가 만들어낸 웅장함을 느끼게 한다면, 이곳의 적막한 암흑의 공간은 인간의 손이 미치기 이전에 존재하는 혼돈의 힘을 느끼게 한다. 마치 다스 베이더(영화 〈스타워즈〉에 나오는 악인)의 힘이 감싸고 있는 것 같다. 세인트 패트릭 교회의 화려한 완성보다 세인트 존 더 디바인 성당의 미완성 공간이 오히려 더 종교적인 경외심을 자아내는 아이러니한 상황이 벌어지고 있다.

리버사이드 교회 화석화된 백인 교회 대 살아 있는 흑인 교회

리버사이드 교회는 앞에 언급한 세인트 존 더 디바인 성당에서 걸어갈 만한 거리에 있다. 뉴욕의 관광 안내서에 리버사이드 교회는 웅장한 교회 건물과 세계에서 가장 큰 카릴리온(종으로 구성된 악기), 세계에서 열네 번째로 크다는 파이프 오르간을 자랑하는 교회로 소개된다. 화려하고 웅장한 교회 외관과 내부 장식은 감탄을 자아낸다. 첨탑에 설치된 카릴리온은 매일 수차례 연주되고, 사람들은 주일 예배에서 압도적인 파이프 오르간 소리를 들을 수 있다. 그러나 사실 이 교회는 관광 안내서에서 말하고 있지 않은 사실 때문에 특이하다.

이 교회는 1930년 록펠러 가문이 돈을 내서 지었다. 독실한 침례교 신자였던 석유 재벌 록펠러는 부를 하느님의 축복으로 여겼으므로, 인류 역사에 전무후무할 정도로 엄청난 부를 자신에게 가져다준 신에 대한 감사의 표시로 교회를 헌납했다. 록펠러가 출연한 교회는 그의 부에 걸맞게 가장 화려하고 웅장하게 지어져야 했다. 바로 이웃한 세인트 존 더 디바인 성당보다 크기는 작지만 화려함 면에서는 훨씬 더하다. 교회의 외벽에는 갖가지 예술 조각이 부조되어 있고, 일반 개신교 교회와는 달리 교회 내부의 스테인드글라스와 제단 장식은 로마의 대성당을 방불케 한다.

거대한 부를 쌓아 올린 사람이 감사의 표시로 성당을 지어 헌납한다는 이야기는 새삼스러운 일이 아니다. 리버사이드 교회의 독특함은 교회가 지어진 이후에 만들어졌다. 현재 이 교회는 목사를 비롯해 신도 대부분이 흑인으로 사실상 흑인 교회다. 이 교회가 건립된 1930년대에 이 주변은 백인 중류층이 거주하던 곳이었다. 록펠러가 남부 흑인의 교육과 보건 향상을 위해 많은 돈을 내놓기는 했지만, 그가 헌납한 교회가 흑인 교회로 발전하리라고는 예상하지 못했을 것이다. 1980년대 후반까지 이 교회에는 백인 목사가 임명되었으나 이후 흑인 목사로 대체되었다. 주변 할렘 지역에 사는 흑인들의 고통에 관심을 가지는 흑인 목사에 반발해 그나마 남아 있던 백인 신도들이 떠나는 분열을 겪었다. 미국 대도시의 주민 구성이 백인에서 흑인으로 바뀌면서 흑인

리버사이드 교회의 외관

교회 탑에 있는 카릴리온은 하루에도 수차례 연주된다.
컬럼비아 대학교 주변에서 한동안 지내던 시절 이 종탑의 음악 소리가 바람결에 묻어오면 문득 하늘을 올려다보곤 했다.

시장이 선출된 것과 같은 변화가 이곳에도 찾아온 것이다.

이 교회는 진보적인 성향으로 유명하다. 이 교회가 록펠러의 지원으로 설립되었을 때에는 침례교 교회로 시작했다. 개신교의 여러 교단 중에서도 침례교는 보수적이며 신에 대한 체험을 강조하는 교리를 가지고 있다. 미국에서 가장 큰 세력을 형성하는 개신교 교단인 남침례교는 복음주의 신앙, 즉 신도들에게 종교적으로 큰 헌신을 요구하는 교단이다. 그런 보수적인 침례교 교단이 이 교회에서는 미국의 개신교 교단 중에서 가장 진보적 성향인 통합 그리스도 교회^{United Church of Christ} 교단과 함께해 통합 교파 교회를 표방하고 있다. 다른 곳에서는 좀처럼 찾아볼 수 없는 이상한 동거다. 1980년대 흑인 목사에게 바통을 물려준 윌리엄 슬로안 코핀 목사가 바로 이 UCC 교파의 목사였는데, 그는 레이건 정부 시절 반핵 운동에 앞장선 사람으로 유명하다. 그의 뒤를 이은 제임스 포브스 목사 역시 흑인 지위 향상을 위해 적극적으로 목소리를 냈으며, 할렘의 지역 개발 사업과 복지 사업에 교회가 적극적으로 간여하도록 이끌었다. 이러한 진보적인 전통으로 인해 이곳에서는 마틴 루서 킹, 넬슨 만델라, 피델 카스트로, 코피 아난 등과 같이 진보적인 유명 인사들이 초청 연설을 하기도 했다. 록펠러 같은 자본주의의 화신이 미국 사회와 자본주의에 대해 비판적인 목소리를 내는 진보적인 교회를 세웠다는 것은 역사의 아이러니다. 그가 지원한 교회가 이렇게 변할지 미리 알았다면 록펠러의 아들이 선뜻 지갑을 열지는 않았을 것이다.

어쩌면 이 교회가 흑인 교회로 변했기 때문에 지금까지도 신도들이 활발하게 참여하는 활기찬 교회로 살아남았는지 모른다. 유서 깊은 역사와 화려한 건축물을 자랑하는 뉴욕의 교회들은 신도들이 교외로 떠나면서 화석화된 존재로 남았다. 앞서 언급한 세인트 패트릭 성당이 그 대표적인 예이며, 뉴욕 시내에 있는 유서 깊은 트리니티 교회나 세인트존스 교회 역시 같은 운명이다. 그러나 이 교회에서는 화려한 교회당 못지않게 신도의 참여도 열성적이다. 주일 예배 때 흑인 교회 특유의 열성적인 성가대 합창이 인상적이며 예배의 열기도 뜨겁다. 주중에도 지역사회 사업과 관련해 교회를 드나드는 사람의 모습을 항시 볼 수 있다. 록펠러는 화려하지만 신도가 없는 화석화된 백인 교회와 신실한 믿음을 가진 신도로 번창하는, 살아 있는 흑인 교회 중 어느 쪽을 더 바랄까?

그랜트 장군의 묘 미국 '시민 종교'의 지부

율리시스 그랜트 장군의 묘를 왜 뉴욕의 교회와 함께 언급하는지 의아할 것이다. 이곳은 일종의 미국 '시민 종교Civic Religion' 사원 중 하나다. 그랜트 장군의 묘는 신을 숭배하는 교회와 흡사하게 미국의 이념을 숭배하기 위한 목적에서 건립되었다. 이곳에서 신성한 외경심을 불러일으키도록 연출한 장치는 십자가만 없을 뿐 일반 교회와 별반 다르지 않다.

율리시스 그랜트는 19세기 중반에 벌어진 남북전쟁을 북군의 승리로 이끈 장군으로, 전쟁이 끝난 후 대통령에 선출되었다. 맨해튼의 북서쪽 모닝사이드 하이츠에는 그랜트 장군 부부가 안장된 묘가 있다. 관광 안내서에 그랜트 장군의 묘가 언급되어 있지만 이곳을 찾는 사람은 많지 않아 인적이 드문 편이다. 맨해튼의 주요 관광지와 떨어져 있는 것도 이유지만, 그랜트 장군은 외국인에게는 전혀 알려지지 않은 인물이고 미국인에게도 크게 기억되지 않기 때문이다. 미국인 노인 부부가 이곳을 간혹 찾을 뿐 외국인이나 젊은이는 별로 볼 수 없다. 그래서 더 특이한 분위기를 풍긴다. 사실 그랜트 장군은 링컨 대통령이 발탁해 남북전쟁에서 북군을 승리로 이끈 장군으로 알려져 있을 뿐, 이후 대통령으로 재임할 당시에는 부패로 얼룩진 정부를 이끈 사람으로 좋지 않게 기억되고 있다.

그랜트 장군의 묘는 뉴욕에서는 드물게 정치적인 의미를 지닌 곳이다. 이 묘소를 제외하고는 맨해튼 시내에 있는 루스벨트 대통령의 생가가 뉴욕 시에서 유일하게 정치적 의미가 있는 장소일 것이다. 뉴욕은 미국의 경제, 사회, 문화의 중심지이지만 정치에서만은 내세울 것이 별로 없다. 인근에 있는 워싱턴이나 보스턴, 필라델피아 혹은 버지니아 주의 리치먼드와 같은 도시들이 미국의 정치 발전과 밀접한 연관을 가진 것과는 대조적이다. 뉴욕은 미국에서 가장 인구가 많고 상업이 발달한 곳이지만 정치적으로는 배제된 곳이었다. 미국의 역대 대통령은 독립전쟁을 주도한 매사추세츠 주나 남부 정치의 중심인 버지니아 주에서 주로 나왔다.

그랜트 장군의 묘

숲 속에서 홀연히 나타나는 사원과 같은 모습이다. 전면에 미국을 상징하는 독수리 두 마리가 지키고 있다.
미국 시민 종교의 성소라는 느낌이 든다.

새로 건립한 나라의 수도를 남부와 북부의 가운데에 있는 뉴욕으로 하지 않고 그 당시 사람이 살지 않던 황무지를 개발해 정한 데는 이유가 있다. 뉴욕에 경제력과 정치력이 모두 몰리는 것을 경계했기 때문이다. 만일 뉴욕을 수도로 정했다면 다른 대부분의 나라처럼 뉴욕이 정치와 경제의 중심으로 독보적인 지위를 차지하고 다른 도시들은 주변적인 지위로 전락했을 것이다. 그러나 미국은 건국 과정에서 지역 간 균형을 고려해 경제와 정치를 분리하는 정책을 취했다. 그래서 특정 도시에 돈과 권력, 인구가 집중하지 않게 된 것이다.

율리시스 그랜트는 뉴욕과는 인연이 별로 깊지 않은 사람이다. 그는 당시 미국의 중심인 북동부 지역 사람이 아니라 중서부의 변방에서 나고 자랐다. 그가 대통령직을 마친 후 사망하기까지 10년도 못 되는 기간 동안만 뉴욕에서 잠시 살았을 뿐이다. 그러나 그가 사망했을 때 뉴욕 시의 유지들은 그의 묘소를 뉴욕에 만들자고 제안하고 모금을 시작했다. 뉴욕이 배출한 정치적 명망가가 워낙 없었기에 뉴욕의 유지들은 그랜트 대통령이 이곳에서 사망한 것을 계기로 그의 기념관을 설립하고 싶어 했던 것이다. 그러나 뉴욕 시의 이러한 주장은 연방 정부의 수도인 워싱턴 D.C.에 대통령 기념관을 지어야 한다는 국민들의 반대에 부딪혀 어려움을 겪었다. 우여곡절 끝에 뉴욕 시민의 모금만으로 그랜트 장군의 묘소가 완성되었다.

그랜트 장군의 묘는 그리스의 신전과 러시아의 레닌 묘소를 결합해놓은 것이라고 보면 적절하다. 그랜트 장군과 그의 부인은 신전 모양의 원형 건축물 중앙, 뻥 뚫린 지하에 놓인 두 개의 석관에 나란히 안치되어 있다. 둥근 기둥이 도열해 있는 그리스 신전 모양의 석조 건물 계단 양 옆에는 돌로 만든 독수리가 날아오르는 모습으로 신전을 호위하고 있다. 엄숙한 분위기를 풍기는 신전의 계단을 올라 현관으로 들어가면 원형의 홀이 있다. 위로는 둥글게 솟은 천장이 보이며 홀의 정 가운데 지하에 안치된 석관을 위에서 내려다보게 되어 있다. 뒤로 조그만 원형의 부속실 벽에 남북전쟁의 전장을 표시하는 지도와 군대의 깃발이 도열해 있다. 워싱턴 D.C.의 광장에 있는 링컨 기념관이나 제퍼슨 기념관을 방문했을 때와 유사한 분위기를 자아낸다. 링컨 기념관이나 제퍼슨 기념관이 거대한 건물 가운데에 석상 하나만 덩그러니 있는 것처럼 이곳에는 건물 한가운데 지하에 석관만 달랑 모셔져 있다. 장엄한 분위기를 자아내기 위한 교묘한 연출이다.

그랜트 장군의 묘를 돌아보면 미국의 '시민 종교' 사원을 방문한 듯한 느낌을 받는다. 미국은 전 세계에서 온 다양한 인종과 민족이 이주해 섞여 살면서 만들어진 나라다. 국토가 넓고 자연조건이 다양한 데다 사람들의 구성마저 제각각이어서 하나의 나라로 통일된 상태를 유지하는 것은 매우 어려운 일이다. 영국과의 독립전쟁을 거쳐 새로운 나라를 건설할 때부터 각각의 주는 독립된 주권을 최대한 보장받는 연방제 정부를 선호했다. 자연적·사회경제적으로 조건이 다른 남부와 북부의 이해가 충돌했을 때, 남북전쟁을 통해 북부가 남부를 무력으로 제압함으로써만 나라의 통일을 유지할 수 있었다.

세계 대부분의 나라가 지연이나 혈연적인 연고를 통일의 근거로 내세우는 반면, 미국은 이 나라가 표방하는 '이념'을 존재 이유로 내세운다. 미국인이 미국인인 이유는 그들의 조상이 이곳에서 오래도록 살았기 때문이 아니라 미국의 이념과 생활 방식을 선호해 이곳에서 살기로 선택했기 때문이다. 물론 흑인과 인디언은 예외로 하고 말이다. 청교도 정신, 자본주의, 자유민주주의, 공화주의, 인권 우선, 물질적 풍요, 미국인의 꿈, 개척 정신, 개인주의 등이 미국이 대내외적으로 표방하는 이념이다. 이러한 이념은 거의 절대적으로 추종되며, 미국의 영웅들은 이러한 이념을 구현한 성인으로 숭앙된다. 국가나 국가國歌는 이러한 이념을 상징하며 위인전이나 박물관, 역사책은 이러한 이념을 심어주는 교육장이다. 미국의 시민 종교는 신을 숭배하지 않으며 내세에 대한 개념도 갖고 있지 않지만, 추종자에게 경외심을 유발하며 절대적 가치를 제시한다는 점에서 종교와 유사하다. 매일 아침 학교에서 일과를 시작할 때 미국의 아이들이 국기를 보고 경례를 하며 '충성 서약Pledge of Allegiance'을 외고 있는 것은 교회에서 신도들이 예배를 시작할 때 '사도신경'을 외는 것과 마찬가지다. 한국에서는 일찌감치 폐지한 '국기에 대한 맹세'를 미국 사람들은 여전히 하고 있다.

조지 워싱턴, 토머스 제퍼슨, 벤저민 프랭클린, 에이브러햄 링컨 등이 그런 성인의 반열에 들어간 사람이다. 이들은 서부의 돌산에 얼굴이 새겨져 후손에게 영원히 기억

그랜트 장군 부부의 석관

부부의 석관이 나란히 놓여 있는 것이 이채롭다. 레닌이나 마오쩌둥의 묘에도 그들의 부인이 나란히 안치되어 있던가?
죽은 사람은 석관에 안치되건 화장해서 바다에 뿌려지건 차이가 없다는 생각이 들었다.

되며, 그들을 모신 사원은 경배하는 사람들의 발길이 줄을 잇는다. 미국의 시민 종교는 미국인이 타락한 구세계를 벗어나 축복받은 신천지로 건너온 '선택 받은 사람'이라고 설파하며, 신이 계시한 '명백한 운명'을 지니고 태어나 세계 사람들에게 미국의 이념을 전파할 사명을 지닌다고 가르친다. 미국인은 이러한 시민 종교를 굳게 믿고 있기 때문에 세계의 다른 어느 나라 사람들보다 자신의 나라에 대해 자부심을 느낀다. 할렘의 극빈자들조차 '내가 미국인인 것을 자랑스럽게 생각한다I am proud of being an American'고 당당하게 말하는 것을 보면 미국의 이념이 얼마나 이들의 뇌리에 철저히 스며들어 있는지 짐작할 수 있다. 종교적인 광신도 그 이상이다.

워싱턴 D.C.의 '더 몰The Mall 혹은 The National Mall'이라고 불리는 광장에는 국회의사당을 비롯해 링컨 기념관, 제퍼슨 기념관, 기념탑 등이 도열해 있다. 그곳을 '미국'이라는 시민 종교의 본부라고 한다면 그랜트 장군의 묘는 지부 정도 된다. 그랜트 장군은 사실 미국의 성인 반열에 들어가기에는 약간 부족하지만, 그의 묘소만큼은 미국의 어느 성인의 사원 못지않게 엄숙한 분위기를 자아낸다. 사실 그가 남북전쟁을 북군의 승리로 이끌지 않았다면 초강대국 미국은 존재하지 않았을 것이다. 대통령으로는 별 볼 일 없지만 남북전쟁의 개선장군으로서의 업적이 의미 있기 때문에 그의 묘를 '그랜트 대통령의 묘'가 아니라 '그랜트 장군의 묘'라고 이름 붙였으리라. 울창한 나무로 둘러싸인 한적한 곳에 홀연히 나타나는 사원처럼 대리석 독수리 두 마리가 정면에서 지키고 있는 그랜트 장군의 묘에는 신비한 분위기가 감돈다. 미국을 지키는 혼령이 이곳에 머물고 있는 것 같다. 영화 〈툼 레이더〉에서 보던 밀림 속의 사원이 연상된다. 신은 미국에 은총을 내리고 보호하고 있는가?

New York

03_ 로어 맨해튼

1. 그라운드 제로, 9·11 세계무역센터의 폐허

GROUND ZERO

냉전이 끝나면 세계에 평화가 도래하리라 기대했는데
미국인에게는 그 전보다 더 불안한 세상이 펼쳐지고 있다.

2001년 9월 11일 두 대의 비행기가 뉴욕 맨해튼 남단에 있는 세계무역센터 건물에 충돌했다. 영화의 한 장면처럼 두 건물은 일시에 무너져버렸다. 그라운드 제로는 원래 제2차 세계대전 때 핵무기로 파괴된 중심지를 뜻하는데, 9·11 테러 사건 이후 이곳 세계무역센터의 폐허 지역을 지칭하는 말이 되었다. 세계에서 최고의 높이를 자랑하던 두 개의 건물은 그야말로 핵무기에 피격을 당한 듯 처참하게 허물어졌다.

2004년 여름 그곳을 찾았을 때 폐허의 잔해를 제거한 곳 주변에는 철책이 둘러쳐 있고 철책 곳곳에 희생자의 사진과 꽃과 애도의 내용을 담은 종이쪽지가 걸려 있었다. 철책 옆에 임시로 마련한 기념소에서는 그때의 긴박했던 장면과 소음을 담은 모니터가 사방을 비추었다. 사건이 일어난 지 꽤 흐른 시점이었는데도 그 장소를 구경하고 사진 찍으려는 관광객과 이들에게 물건을 파는 상인들로 주변은 그야말로 인산인해였다.

2010년 가을 그곳을 다시 찾았을 때 소음과 흥분은 가라앉아 있었으나 여전히 그곳은 국내외 관광객으로 바글거리는 명소였다. 지금 이곳은 건물을 올리는 공사가 한창 진행 중이어서 특별히 볼거리는 없다. 뒤쪽 후미진 구석에 구조 활동 중 희생된 소방대원을 기리는 조그만 기념 동판 앞에 꽃다발 몇 개가 놓여 있고, 길 건너 상가 건물

그라운드 제로 근처 안내 센터에 있는 자유의 여신상

그라운드 제로를 둘러싼 철책에 붙어 있던 편지, 희생자 사진, 기념물 들로 뒤덮여 있다. 이것을 보고
섬뜩한 느낌이 든 사람이 나만은 아닐 것이다. 마치 복수의 여신처럼 보인다.

에 있는 조그만 안내 센터에서 테러의 기억을 약간 맛볼 수 있을 뿐이다. 인근 거리에서 행상인이 비행기가 건물에 부딪치는 모습을 찍은 사진집을 소리치며 팔고 있다. 공사장에 인접한 세인트존스 교회에서는 이곳을 구경하러 온 관광객에게 사고 당시 찢긴 옷가지나 신발 등의 테러 잔해를 보여주면서 관련된 이야기를 재탕하고 있다. 이곳을 찾아온 사람들에게는 공사장 주위의 철책을 한 바퀴 돌면서 텔레비전에서 본 그곳이 바로 이곳임을 눈으로 확인하는 것이 가장 큰 관광이다.

지금은 사라졌지만 세계무역센터 쌍둥이 빌딩은 미국의 힘을 과시하는 상징이었다. 1960년대 후반 이 건물이 세워질 무렵 미국은 경제적으로 세계 최고를 자랑하고 있었다. 제삼 세계의 도전이 아직 시작되지 않았고, 미국은 서방 세계의 리더로서 유엔을 확고하게 장악하고 있었다. 지금은 상상하기 힘들지만 '미제Made in USA'가 고급품의 대명사로 세계 시장을 석권하고 있었다. 미국 경제의 고질병이 된 재정 적자나 무역 적자와 같은 어려움을 모르던 시절이다. 미국이 자유세계의 명실상부한 리더로서 공산주의 소련과 대치하면서 자유민주주의와 자유 무역을 확장하는 것을 '명백한 운명'으로 여기던 시기에 이 건물이 지어졌다. 세계에서 최고를 자랑했으며, 미국 번영의 상징으로 멀리서도 그 위용을 확인할 수 있는 기념비였다. 바로 그 미국의 힘의 상징이 테러 공격으로 어이없이 무너진 것이다.

테러 공격이 일어났을 때 미국 시민들은 분노하면서 지도자를 중심으로 일치단결했다. 바로 전년도에 미국 역사상 세 번째로 발생한 기이한 선거 결과, 즉 경쟁자보다 적은 득표수로, 그것도 동생이 주지사로 있는 플로리다 주 대법원의 도움으로 어렵게 대통령에 당선된 조지 부시에게 테러 사건은 호재였다. 그에 대한 국민의 지지도는 치솟았다. 미국인은 골수 개인주의자지만 테러 공격 이후 국가에 대한 충성심이 현저하게 높아졌다. 자원봉사자와 군에 자원입대하는 젊은이들이 줄을 이었다. 국가에 대한 존경은 극적인 방법으로 조작되고 연출되었다. 부시 대통령의 연설에서, 텔레비전과 라디오에서, 테러 현장에서 구조 작업을 하다 순직한 소방관과 경찰을 영웅으로 치켜세웠다. 테러 현장에 게양됐던 찢어진 국기는 우주선에 실려 지구 밖까지 나갔다 돌아오는 과정을 거쳐 성스러운 물건으로 워싱턴 D.C.의 스미스소니언 박물관에 헌정되었다.

그러나 일시적으로 끓어오른 애국심은 오래가지 못하는 법. 이후에 벌어진 상황은 애국적인 충정과는 거리가 멀다. 세계무역센터 부지를 어떻게 개발할 것인가를 놓고 수년 동안 갑론을박 논쟁을 거듭하다가, 결국 대부분을 상업 빌딩으로 채우고 구석에 조그맣게 기념관을 건립하는 것으로 낙착을 보았다. 논의가 처음 시작되었을 때 크게 공감을 얻었던, 미국의 자유를 향한 집념을 상징할 공익적인 용도로 쓰자는 목소리는 시간이 가면서 뒤로 물러나고 결국 자본의 힘이 승리했다. 테러 현장에서 구조 작업을 하다 부상을 당하거나 질병으로 일을 할 수 없게 된 사람들은 약간의 의료비를 보조받았을 뿐, 지원이 종료된 후에는 장애와 질병, 실업과 가난으로 고통당하고 있다. 마이클 무어 감독의 영화〈식코〉에서는 관타나모 감옥에 갇힌 죄수들이 이들보다는 더 잘살고 있다고 조롱한다. 그들을 영웅으로 치켜세울 때는 언제고 최근에는 이들의 의료비를 보조하는 법안이 의회에 발의되자 마지못해 통과시켰을 정도로 애물단지 취급을 하고 있다.

9·11 테러는 미국에 큰 변화를 가져왔다. 대외 안보와 국내 치안을 총괄하는 국토안보부가 연방 정부에 새로 만들어졌으며, 미국에 거주하는 외국인을 선별적으로 등록하고 감시하는 제도가 새로 생겼다. 테러 혐의를 받은 외국인을 영장 없이 체포하며 전화와 이메일은 물론 의료나 금융 정보에 이르기까지 개인의 사적인 정보를 임의로 탐지하는 것을 허용하는「애국법Patriot Act」이 만들어졌다. 기본권과 사생활 침해라는 논란이 일었지만 미국인은 테러의 공포를 벗어나기 위해서는 자유나 인권은 제약되어도 된다는 쪽의 손을 들어 주었다. 테러 공격 이후 미국 정부의 비밀 정보 수집 기관이 기하급수적으로 늘었다. 조직의 수와 규모가 늘면서 기관들 사이에 정보 통제와 조정이 되지 않는 난맥상이 벌어졌다. 수집된 정보의 양과 비밀을 취급하는 사람이 너무 많아서 제대로 관리할 수 없는 지경에 이르렀다. 최근 위키리스크가 터뜨린 미국 정부의 비밀 외교 통신문이 일개 사병의 손에서 흘러나온 것처럼 어이없는 일도 벌어진다.

일상생활에서도 테러의 영향은 쉽게 느껴진다. 한때 출발 3시간 전까지 공항에 나가야 했으며, 공항을 출입하면서 거쳐야 하는 엄청난 보안 검색은 이제 일상이 되었

9·11 테러 공격 직후 세계무역센터의 잔해

그렇게 세계 최고를 자랑하던 쌍둥이 빌딩도 한 무더기의 재로 변했다. 냉전이 끝나면 세계에 평화가 도래하리라 기대했는데
미국인에게는 그 전보다 더 불안한 세상이 펼쳐지고 있다.

다. 모든 공공장소에서의 검색도 강화되었다. 신분증을 제시하지 않으면 출입하지 못하는 일반 민간 건물도 늘어났다. 이런 검색을 거칠 때마다 과연 이게 제대로 돌아가는 나라인가 하는 의심이 들지 않을 수 없다. 치안에 대한 노이로제는 1980년대 이후 빈부 격차가 커지면서 전국적으로 울타리를 치고 외부인의 출입을 통제하는 폐쇄된 동네가 늘어나는 경향과 중첩되면서 더더욱 외부인을 의심하고 배척하는 문화를 확산시켰다. 9·11 테러가 가져온 안전 집착증으로 인해 미국인은 심적·물적으로 엄청난 비용을 지불하고 있다.

9·11 테러 공격이 일어난 직후 부시 대통령은 '테러와의 전쟁'을 선언했다. 미국은 이 전쟁에 동참하지 않는 국가는 미국의 적이라는 흑백 논리를 전개하면서까지 주위 국가의 팔을 비틀어 참여하도록 해 한국을 비롯한 미국의 우방을 곤혹스럽게 만들었다. 부시 대통령은 테러를 도모하는 마지막 한 명이 제거될 때까지 테러와 전쟁을 벌이겠다고 선포했다. 2001년 9월 11일 이래 미국이 아프가니스탄에서 벌이고 있는 이 전쟁은 이제 만 10년을 넘어섰다. 월남전을 포함해 미국이 치른 그 어느 전쟁보다 더 오래 끈 전쟁으로 역사에 기록되게 되었다. 미국은 사상자가 계속 늘어나고 비인권적인 폭력 행사로 국제 사회의 비난을 사는 가운데 전쟁에서 아직도 빠져나오지 못하고 있다. 3~4조 달러를 전쟁 비용으로 지출했으며 참전 군인의 연금과 치료비, 그리고 그들의 가족의 고통을 포함해 천문학적 규모의 재정 적자 및 경제 위기 등 엄청난 희생을 치르면서도 전쟁을 그만두지 못하고 있는 것이다.

과연 '테러와의 전쟁'은 효과가 있을까? 문제는 대상이 모호하며 불특정 다수라는 점이다. 누가 테러를 저지를지 미리 알고 그 사람과 '전쟁'을 할 수 있겠는가? 테러를 막으려 한다면 테러를 유발하는 원인에 대응하는 것이 정상적인 방법이다. 그러나 부시 대통령이 제시한 테러와의 전쟁은 이러한 원인에 대응하려고 하지 않는다.

사실 아랍 인들이 미국에 반감을 가지고 적대 행위를 하는 것은 지금까지 미국 정부와 기업이 그들에게 한 소행을 보면 당연하다. 미국이 일방적으로 이스라엘 편을 들면서 아랍 인의 생존권을 위협했으며, 미국 기업이 중동의 석유 이권을 독점해왔다. 미국 정부는 미국 기업의 이익을 보호하기 위해 친미 독재 정부를 지원했고, 반미 민족 세력을 억압하고 반미 민주 정부를 무너뜨리는 공작을 했다. 아랍 국가들 간에 반목을 부추겨 미국의 무기를 팔아먹었으며, 그들이 이스라엘과 미국에 위협적인 존재가 되지 못하도록 발전을 가로 막았다. 이런 상황에 처한 나라에서 태어난 민족주의자라면 당연히 미국에 반감을 품고 적대 행위를 생각하지 않을 수 없을 것이다.

미국에 대한 반감이 널리 퍼진 사회에서 미국에 적대 행위를 하는 세력을 콕 집어서 제거하는 것은 지난한 일이다. 베트남 사람이 지지하지 않는 독재 정부의 편에 서서 베트남 민족주의자들을 상대로 전쟁을 치르다가 손을 들고 떠나야 했던 것과 유사한 사태가 지금 이라크와 아프가니스탄에서 벌어지고 있다. 최근 민중 봉기를 겪는 중동 국가들에서 미국이 친미 독재자의 편에서 안정을 꾀한다면 과거 베트남에서 저지른 실수를 반복하리라는 우려가 높다. 미국에 적대하는 세력의 발흥을 막으려고 한다면 미국이 지금까지 중동에서 벌인 방식이 아닌 다른 접근 방식을 취해야 한다. 이스라엘과 주변 아랍과의 관계에서 공정히 처신해야 하며, 친미 독재 정부의 편을 들거나 민족주의 세력을 제거하려는 노력을 중단해야 하며, 아랍 국가들 간에 갈등을 부추겨 무기를 팔아먹는 일을 중단해야 하며, 아랍 인의 삶의 질을 높이는 방식으로 발전을 도와야 하며, 아랍의 석유는 미국인이 아니라 아랍 인의 이익에 기여하도록 그들에게 결정권을 넘겨야 한다.

미국 정부도 이러한 문제를 모르고 있는 것은 아니다. 미국으로서는 국내의 정치 경제적 상황 때문에 이러한 선택을 할 수 없다. 미국은 유대 인의 강력한 정치력 때문에 이스라엘에 대한 지원을 중단할 수 없다. 미국이 세계 어느 나라보다 많은 대외 원조를 제공하는 국가가 이스라엘이라는 사실이 이를 입증한다. 유럽 인보다 두 배나 석유를 많이 쓰는 미국인의 방만한 생활은 값싼 수입 석유에 의존하고 있으므로 석유 주권이 아랍 인의 손에 쥐어지는 것을 허용하지 못한다. 중동의 석유는 미국의 생존과 직결된 사안이다. 상황이 이러하기에 미국은 테러의 원인에 대응할 엄두를 내지 못한다.

만일 미국이 아프가니스탄이나 이라크와 전쟁을 치르는 대신 이에 소요되는 비용의 일부라도 그 나라의 사회 경제 발전에 지원했다면 미국에 대한 반대 감정을 약화

테러 현장에서 구조 작업을 하다 순직한 소방관을 기리는 명패 앞에 놓인 꽃과 국기
이스라엘 국기와 미국의 국기가 동맹을 과시하듯이 꽂혀 있다. 이 사람들, 뭐가 문제인지 아직도 정신을 못 차린 모양이다.

시키고 반미 세력이 발호할 기반을 뺏는 데 큰 효과가 있었을 것이다. 전쟁 대신 그들에게 학교와 병원과 공장을 지어주면서 그들의 미래를 밝게 하는 데 도움을 주었다면 아랍의 호의를 살 수 있었을 것이다. 제2차 세계대전이 끝나고 미국이 마셜 플랜이라고 해 지금 가치로 수조 달러의 원조를 제공하면서 유럽의 경제 부흥을 도왔던 것처럼 말이다.

그러나 이 또한 현재의 미국에서 가능한 선택이 아니다. 엄청난 빚에 시달리는 미국 정부가 다른 나라의 발전을 위해 거액의 원조를 하는 데에 미국인이 동의할 리 없다. 미국의 기업은 평화적인 경제 부흥보다는 전쟁을 통해 더 큰 이익을 얻기 때문에 전쟁을 지속하도록 정치권에 압력을 가한다. 미국의 부통령은 방위 산업체 출신이며, 국무장관은 퇴임 후 방위 산업체에서 고문으로 일하는 나라이기에 아랍 인을 위한 평화적 개발을 지지하는 정치인이 워싱턴에 발붙이기란 어렵다. 미국이 전쟁에 쏟아붓는 비용은 미국의 안보 산업과 그곳에서 일하는 미국인의 호주머니로 들어가는 돈이지 이라크 사람에게 가는 돈이 아니다. 미국의 안보 산업이 위축되면 해당 산업에 종사하는 일자리가 줄고 지역 경제는 어려움에 처하게 된다. 근래에 미국이 이라크 전쟁에 참전하는 규모를 줄이면서 버지니아 주의 경제가 어려움에 처한 것이 대표적인 예다.

미국은 테러의 원인에 대응하는 대신 미국에 직접적으로 총부리를 들이미는 사람을 세계 끝까지 쫓아가서라도 잡아 처벌하거나, 미국에 해를 끼칠 가능성이 있는 사람이 미국 영토에 발을 붙이는 것을 막는 데 총력을 기울인다. 그러나 이러한 방식 역시 비용이 많이 들며 큰 효과를 얻지 못하는 것으로 보인다. 테러 용의자를 잡을수록 미국에 대한 반감은 커지고, 이는 테러 용의자가 산출되는 토양을 더욱 비옥하게 만들 뿐이다. 테러와의 전쟁으로 무고하게 희생된 사람의 자식과 친지들은 미국에 대해 복수를 맹세한다. 아랍 인에게 미국에 테러를 가하는 사람은 자신의 민족을 위해 순교하는 영웅으로 취급된다. 안중근 의사나 윤봉길 의사가 우리 민족의 영웅으로 숭앙되는 것과 같은 이치다.

근래에는 중동에 사는 아랍 인을 탄압하는 것으로 해결이 되지 않는 상황이 벌어지고 있다. 미국이나 영국에서 태어난 아랍계 이민자 중에서 테러리스트가 만들어져 일이 복잡해지고 있다. 미국에 대한 아랍 인의 반감이 커지면서 국외에서는 물론 미국 국내에서도 테러리스트가 나올 가능성이 커진 것이다. 미국은 이민자의 나라이므로 많은 수의 아랍 인이 국내에 이미 들어와 있거니와 앞으로 테러리스트가 될 가능성이 있다는 이유로 아랍 인의 이민을 차단하는 것은 더더욱 이치에 맞지 않는다.

미국은 사실 테러를 비난할 자격이 없는 나라다. 20세기 미국의 외교는 제삼 세계의 친미 독재 정부를 지지하기 위해 독재자들이 자신의 국민에게 저지르는 국가 테러를 용인하거나, 반미 정부를 전복시키기 위해 테러 조직을 양성하고 지원하는 데 적극적으로 나섰던 사례로 점철되어 있다. 미국의 이익과 직간접적으로 관련된 나라들은 모두 이러한 미국의 정치 공작의 대상이었다. 중남미, 중동, 동남아시아 지역에서는 미국의 지지를 등에 업고 쿠데타를 일으키거나 독재를 저지른 나라를 많이 찾을 수 있다. 미국이 타도한 이라크의 후세인 정권이나 아프가니스탄의 탈레반 정부는 모두 과거 미국의 인적·물적 지원을 등에 업고 자신의 나라 사람들에게 테러를 저지른 주역이다. 인디언에 대한 미국 군인의 비인간적인 테러는 두 말할 것도 없다.

사정이 이러하기에 미국은 항시 테러의 위협에 신경질적일 수밖에 없다. 외국에서 미국인은 테러의 위험성이 가장 높은 공격 목표이며, 미국으로 향하는 비행기는 테러의 위협에 가장 많이 노출되어 있다. 미국인이 외국 여행을 할 때 캐나다 인으로 위장하는 것이 유행이라고 한다. 2001년 세계무역센터 테러 사건이 발생한 이후에도 미국은 크고 작은 테러에 항시 시달려왔다. 최근 일이 년 사이에만 해도 타임스 스퀘어에 폭탄 테러가 시도되었으며, 노스웨스트 항공기를 폭파하려는 시도가 불발로 끝났다. 웃기는 일은 두 테러에서 모두 미국 정부가 엄청난 돈을 들여 하이테크로 무장한 철통 같은 정보망은 아무 쓸모가 없었다는 사실이다. 테러범 가까이에 있던 시민이 격투 끝에 막았거나 우연히 정말 운 좋게 발각되어 실패로 끝났다. 성공한 테러도 있다. 텍사스 군 기지에서 이슬람을 믿는 군인이 테러를 일으켜 다수의 사상자가 발생했으며, 아칸소 주에서도 유사한 성격의 테러가 있었다. 문제는 언제 어디에서 테러가 발생할지 모른다는 사실이다. 미국에 반감과 원한을 품은 사람이 적지 않으며 세계 어느 구석에선가 지금 이 순간에도 미국에 테러를 가할 모의를 꾸미는 사람이 있기 때문에 미국인은 항시 마음을 놓을 수 없다.

9·11 테러 공격 이후 전국적으로 아랍 인과 이슬람교도를 차별하는 경향은 더욱 높아졌다. 공항에서 아랍 인처럼 보이는 사람은 보안 검색을 더 철저히 당하며, 아랍 인 이민자에게 집을 세주지 않거나, 아랍 인 이민자 가족의 아이들이 학교에서 왕따를 당하며, 차도르를 쓰고 지나가는 이슬람 여성에게 돌을 던지는 사태까지 발생했다. 이렇게 이슬람 때리기가 지배하는 가운데 근래에 9·11 테러가 났던 곳 근처에 이

슬람 문화센터를 짓는 것을 허용하는 문제로 전국적으로 소란이 벌어졌다. 이 문제는 이슬람 때리기와 함께 흑인인 버락 오바마 대통령에 대한 인종주의가 미묘하게 얽히면서 이야기가 복잡해지기도 했다. 9·11 테러는 대외적으로 미국의 위상을 시험하는 계기가 되었으며, 국내적으로는 미국인의 다인종 다문화 포용성을 시험하는 시금석의 역할을 하고 있다.

미국 세관 직원에게 고압적인 입국 심사를 받으면서, 공항에서 허리띠까지 풀고 가방을 샅샅이 뒤지는 검색을 받으면서, 또 그라운드 제로를 돌아보면서, 미국이 가진 엄청난 힘의 뒷모습을 엿보는 느낌이다. 미국은 뭔가를 두려워하고 무언가에 취약한 것이다. 9·11 테러 사건이 벌어지는 광경을 텔레비전으로 보면서 그곳에서 일하다 무고하게 죽은 사람들이 안됐다는 감정뿐 아니라 왠지 복잡하고 착잡한 느낌이 스쳐 지나갔던 것을 기억한다. 마치 인간의 원죄를 보는 것 같았다. 일어날 것이 일어났다는 느낌이랄까? 고것 참 잘됐구나 하는 고소함은 아니지만 어쩐지 제가 뿌린 씨앗이 맺은 결실이라는 생각이 들었다. 아랍 사람들은 9·11 테러 사건을 보고 거리로 뛰쳐나와 환호를 올리면서 동시에 미국의 보복을 두려워했다고 한다. 개인적으로 만나게 되는 미국인들은 한결같이 선량하고 공정한데 미국이란 나라는 괴물같이 느껴지니 참 이상한 일이다.

그라운드 제로와
오바마 대통령

근래에 그라운드 제로와 관련해서 미국에서 웃기는 일이 일어났다. 오바마 대통령이 비난의 대상이 된 것이다. 오바마 대통령이 이슬람교의 라마단 축제를 맞아 미국 내 이슬람 지도자와 만난 자리에서 한 발언이 구설수에 올랐다. 그라운드 제로 근처에 이슬람 사원을 짓는 것을 가지고 반대의 목소리가 높아지고 있는데 오바마 대통령이 이 논쟁에 말려든 것이다. 이슬람 극단주의자에 의해 미국인이 희생된 곳 근처에 이슬람 사원을 짓는 것을 지지하는 듯한 대통령의 발언은 부적절하다는 비판이 일었다. 오바마 대통령은 자신의 발언이 미국은 여러 인종과 민족이 모인 다문화 사회이며 종교의 자유가 헌법에 보장된 나라이므로 개인 소유지에 이슬람 문화센터를 짓는 것은 미국의 국시에 어긋나지 않는다는 원칙적인 발언일 뿐, 이슬람 사원 건축을 적극적으로 지지한 것으로 해석해서는 안 된다고 해명했다.

이 논쟁은 미국인의 마음속을 들여다볼 수 있는 좋은 기회를 제공한다. 두 가지 측면에서 오바마 대통령의 발언을 비판하는 미국인의 사고방식을 엿볼 수 있다. 첫번째는 미국이 다인종 다문화 국가가 되는 것을 좋아하지 않는 미국인이 제법 많다는 사실이다. 많은 보수주의 백인들은 미국이 유럽을 뿌리로 하는 개신교 백인의 국가여야 한다고 굳게 믿고 있다. 이들은 유럽계 백인 이외에 다른 피나 문화가 섞이는 것은 미국의 정체성을 위협하는 일이라고 생각한다. 이런 생각을 가진 사람 중에는 유명 정치인은 물론 학자도 다수 있다. 서구를 나치의 위협에서 구했다고 칭송받는 프랭클린 루스벨트 대통령이나 『문명의 충돌』을 쓴 역사학자 새뮤얼 헌팅턴, 『미국 정신의 종말』을 쓴 앨런 블룸 등 인종주의적 생각을 가진 유명 인사는 무수히 많다.

두 번째는 오바마가 흑인이면서 대통령이라는 사실을 받아들일 수 없어한다는 점이다. 그의 이름에 '후세인'이 있는 것을 두고 선거 때 많은 미국 사람들은 오바마가 이슬람교도라고 생각했다. 그가 독실한 기독교도라는 증거가 많았는데도 많은 백인들은 아무래도 믿을 수 없다고 했다. 요즈음도 여론 조사에서 미국 사람 열 명 중 한 명은 오바마 대통령이 이슬람교도라고 믿는다. 왜 그 사람들은 아무리 아니라는 증거를 들이대도 오바마가 이슬람교도라고 믿는 것일까? 사실 그들에게 오바마가 어떤 종교를 믿는지는 중요치 않다. 그가 흑인이면서 대통령인 사실을 도저히 마음속에서 받아들일 수 없을 뿐이다. 그렇기 때문에 오바마를 그들이 미워하는 이슬람교도와 동일시하고 싶은 것이다.

사람들이 자신이 누리는 기득권을 지키려는 성향은 정말 끈질기며 음험하기까지 하다. 정의, 사랑, 인권 등 어떤 가치를 앞세워 설득해도 사람들은 자신의 기득권에 위협이 되는 것을 받아들이려 하지 않는다. 말로는 다른 핑계를 내세우지만 마음의 밑바닥에는 백인으로서 자신의 기득권을 지키려는 고집이 자리 잡고 있다. 오바마가 미국 대통령이 되었지만 아무래도

● ● 그라운드 제로 인근에 이슬람 사원을 짓는 데 반대하는 데모 행렬. 9·11 테러 이후 중하층 백인들의 외국인, 특히 이슬람교도에 대한 배타적인 태도가 한층 더 심해졌다.

그를 자신의 지도자로 인정하는 데 마음 내켜하지 않는 사람이 백인 중에는 무척 많다. 형편없는 흑인들이 주위에 득실거리고, 이들을 내려다보고 살면서 백인으로서의 자존심을 유지해오던 사람이 어떻게 그들이 경멸하는 사람과 같은 피부색의 대통령을 하루아침에 존경할 수 있겠는가?

그들이 오바마 대통령을 바라보는 마음속은 착잡하며 이율배반적이다. 경제 위기 때문에 마지못해 오바마가 대통령이 되는 것을 허용했지만, 그가 크게 성공한 대통령이 되기를 기대하기보다는 실패한, 별 볼일이 없는 대통령이 되기를 기대하는 백인들이 꽤 많다. 그가 대통령으로 정치를 잘하고 경제를 일으켜 세운다면 자신도 좀 더 잘살게 되겠지만, 그의 성공은 흑인이 백인보다 더 잘할 수 있다는 것을 입증하는 것이므로 그다지 기쁘지 않다. 근래에 공화당이 사사건건 오바마 대통령의 정책에 반대하는 것을 보면 분명 그들은 오바마가 실패한 대통령이 되기를 원하는 것 같다.

미국에 사는 이슬람교도를 자신과 같은 미국인으로 받아들이려 하지 않는 것도 같은 심리다. 이들은 이슬람교도를 이등 시민으로 간주하며, '자유 평등'이라는 미국의 국시가 그들에게는 적용될 수 없다고 생각한다. 마치 과거에 흑인 노예나 인디언에게는 미국의 헌법을 적용하지 않으면서도, 미국은 자유 평등을 실현한 나라라는 자부심을 가지고 있었던 것처럼 말이다. 유색인은 진짜 미국인이 아니라는 태도는 아시아 인에게도 마찬가지로 적용된다. 미국에서 태어난 아시아계 후손이 제일 황당해할 때가 언제인지 아는가? 당신은 어느 나라에서 왔느냐고 질문하는 백인을 거듭해서 만날 때다. 이들은 자신의 나라에서 태어나 살면서 주위 사람으로부터 이방인 취급을 당하는 것에 마음 상한다.

미국에서 보수주의 백인의 위세가 갈수록 약해지는 것은 분명하다. 백인들은 자녀를 많이 낳지 않으므로 아무리 이민을 막는다고 해도 시간이 지나면 유색인의 비율이 증가할 것이다. 유색인으로서 성공한 사람이 늘면서 유색인 밑에서 일해야 하는 보수주의 백인이 늘어날 것이며, 그에 따라 인종주의적 편견을 포기해야 하는 백인도 늘어날 것이다. 2050년경에는 미국에서 유색인 소수 민족이 과반수를 넘어서는 대신 지금까지 주류의 지위를 누렸던 유럽계 백인은 소수로 전락할 것이라고 한다. 그때는 유색인이 대통령이 되어도 '그가 미국에서 태어나지 않았다'는 터무니없는 주장을 믿는 사람이 지금보다는 적을 것이다.

2. 월가와 유엔 본부

WALL STREET

정크본드의 귀재, 마이클 밀켄은 교도소에 갔다. 사실 그의
재간은 월가의 금융인들이 모두 부러워하는 그런 재간이다.

월가 화려한 만큼이나 위험한, 위험을 평가하고 사고파는 곳

월가의 금융 산업은 뉴욕을 움직이는 동력이다. 미국의 제조업이 해외로 이전한
이후 금융 산업의 중요성은 더욱 커졌다. 뉴욕의 금융 회사에서 일하는 사람의 소득
은 뉴욕 시민 전체 소득의 4분의 1을 차지하며, 이들의 평균 연봉은 35만 달러로 뉴욕
시민 평균 소득의 다섯 배에 달한다.

1990년대 이래 세계화와 정보화로 세계의 시장이 통합되고 정보와 돈의 이동이 가
속화하면서 뉴욕의 금융계가 벌어들이는 돈은 비약적으로 증가했다. 뉴욕은 세계의
돈을 빨아들일 뿐만 아니라 미국 내에서도 격차를 벌이고 있다. 미국 상위 1% 소득자
는 지난 10년간 소득 증가분의 70%를 가져갔다. 지난 10년간 월가에서 일하는 사람의
소득은 엄청나게 증가한 반면 다른 사람의 소득은 정체된 것이다. 근래 미국의 매스
컴에서 슈퍼 부자에 관한 특집 기사를 종종 본다. 이들은 일 년에 수억 달러를 벌어들
인다. 과거에 최고 부자가 가문의 유산을 바탕으로 한 경우가 많았다면 요즈음의 최고

부자들은 당대에 엄청난 부를 이룩한 것이다. 세계화로 시장 규모가 커지면서 능력에 따른 성과의 규모가 몇십 배로 부풀려진 결과다. 월가의 금융인들이 바로 그들이다.

월가의 직장은 꿈의 직장이면서 동시에 지옥 같은 일터다. 영화 〈월 스트리트〉에서 보는 월가의 사무실에서 일하는 사람들은 엄청난 스트레스 속에서 일한다. 한 번의 잘못된 판단은 엄청난 손실을 야기하며 회사 전체를 위험에 빠뜨릴 수 있다. 이곳 사람들의 은퇴 연령은 매우 빠르다. 유가증권 중개인이 현역에서 은퇴하는 나이는 30대 중반이다. 나이가 들면 겁이 많아져서 신속한 판단과 모험적인 배팅을 잘 못하기 때문이다. 이들은 젊은 시절에 한몫 잡고 은퇴하는 것을 꿈꾼다. 미국의 모든 경영 대학원 출신 MBA들은 이곳에서 일하는 것을 꿈꾼다. 돈 많이 버는 것을 인생의 최고 목표로 하는 요즈음 대학생들에게 이곳은 꿈의 직장이다. 초임 연봉이 10만 달러를 넘으며 20대의 나이에도 수십만 달러의 연봉을 받는다. 이들은 짧고 굵게 일하다가 은퇴해 남태평양이나 카리브 해의 섬에서 여생을 즐기는 것을 꿈꾼다.

물론 이곳의 생활에 환멸을 느껴 떠나는 사람의 이야기도 종종 들린다. 자신이 하는 일이 무슨 의미가 있는지 회의가 들면 이곳에서 버티기 어렵다. 근래에 금융 위기로 이곳에서 일하던 많은 사람들이 구조조정 당했는데, 그 결과 유가증권 중개인이 이곳의 생활을 접고 중소도시로 이주해 정직한 노동을 하면서 마음 편히 행복하게 살게 됐다는 이야기를 접한다. 이곳의 일은 정직한 노동이 아니란 말인가? 이곳을 떠난 사람들은 인생의 낙오자인가? 여기서 일하는 사람들은 결코 이곳을 떠난 사람의 의견에 동의하지 않을 것이다. 양쪽 모두 일리는 있다.

월가는 화려함만큼이나 위험한 곳이다. 정크본드의 귀재라고 일컬어진 마이클 밀켄은 교도소에 갔다. 위험이 매우 높은 '정크쓰레기' 수준의 유가증권의 위험을 잘게 쪼개 파생 상품으로 만들어 거래해서 크게 선풍을 일으킨 사람이다. 그의 재간이 너무 지나쳐 사기로 구속되었는데, 사실 그의 재간은 월가의 금융인들이 모두 부러워하는 그런 재간이다. 이 바닥의 기준을 적용하면 그의 재간은 범죄가 아니다. 금융이란 어차피 위험을 평가하고 위험을 사고파는 비즈니스가 아닌가?

마이클 밀켄에 비하면 최근 구속된 버나드 메이도프는 정말 사기꾼이다. 그는 소위 '폰지 스킴'이라고 해 새로운 투자자를 끌어들여 기존 투자자에게 높은 수익을 주는 고전적인 수법으로 사기를 친 사람이다. 그가 투자자에게 보장한 평균 연 수익률은 10% 정도였다. 이러한 수익률을 20년이 넘게 지속하는 것은 기적에 가깝기 때문에 결국 꼬리가 길어 잡혔다. 그가 투자자의 돈으로 실제 유가증권에 투자해 거둔 수익은 마이너스였다고 한다. 그도 처음부터 폰지 스킴으로 돈을 벌 생각은 아니었다. 자신이 한 투자가 손해를 보니까 결국 새로운 투자자의 돈으로 이전 투자자의 손해를 벌충하다 보니 결과적으로 사기죄가 성립한 것이다. 월가의 전문가들도 유가증권에 투자해서 돈을 벌 확률은 매우 적은 것이다. 증권에 손댔다가 한 밑천 털어먹었다는 사람을 가까이에서도 흔히 본다. 과연 내부자 거래나 투기적인 조작이 아니라 공정하게 거래해서 돈을 벌 수 있는지 의문이 든다. 오죽하면 증권 시세는 '랜덤 워크', 즉 완전히 우연에 의해 결정되는 것이라는 경제학 이론도 있지 않은가? 주변에서 단타 매매를 업으로 하는 사람을 보면 참 안됐다는 생각이 든다.

2008년 월가에서 시작된 금융 위기로 세계가 휘청거리면서 월가의 역할과 그곳에서 일하는 사람들의 도덕성이 도마에 올랐다. 그들이 창출하는 엄청난 부가 과연 생산적인 활동의 결과인지, 그들이 가지고 가는 엄청난 몫이 그들의 기여에 합당한 것인지에 대해 의문이 제기됐다. 투기라는 것은 자원의 효율적인 배분에 기여하는 면도 있지만, 부가가치를 생산하지 않고 단순히 제로섬의 손 바꿈을 통하여 이익을 챙기는 비생산적인 측면도 있다. 이들은 고도의 금융 기법을 동원해 금융 위험을 가공하고 시장에서 거래해 큰돈을 벌었다. 월가에서 일하는 수천 명의 수학자와 물리학자는 복잡한 금융 계산을 통해 '위험'을 취급한다. 그들이 만든 파생 상품이 금융 위험을 몇 배로 부풀려서 위기에 취약하게 만들었다는 비판이 커지고 있다.

경제학에서 자본주의는 개인의 사적인 이익 추구를 축으로 돌아가는 경제 시스템이라고 가르친다. 개인의 탐욕이 사람과 경제를 움직이는 동력이라는 주장은 월가에서 일하는 사람들의 사고방식을 잘 반영한다. 각자가 자신의 이익을 위해 최선을 다할 때 전체 경제는 잘 굴러간다는 철학이 바탕에 깔려 있다. 그런데 이것이 그렇게 잘 작동하는 것 같지 않다. 잘나가는 분야와 어려움을 겪는 분야는 더 이상 함께 가지 않

월가 주변의 아파트

금융가 빌딩 숲 바로 옆에 있는 옛날 건축 양식의 건물.

월가에서 본 빌딩의 숲

월가는 맨해튼에서도 가장 오래된 지역이므로 다양한 건축 시기와 양식의 건물이 중첩되어 있다.
바로 앞의 건물은 18세기에 지어졌고 그 뒤의 벽돌 건물은 19세기 후반의 것으로 보인다.

는다. 지난 수년간 미국 경제는 계속 나빠져 실업률이 8%를 넘어서고 있지만 월가의 금융 회사들은 2011년에 사상 최고의 이익을 올렸다. 공적 자금을 투입해 구제한 지불과 일 년 만에 그 돈을 모두 갚았을 뿐만 아니라 임직원들은 천문학적 규모의 보너스 잔치를 벌였다. 월가에서 일하는 사람들의 재간이 엄청나다는 것만은 틀림없다. 골드먼삭스는 공적 자금의 도움으로 파산을 면한 것이 불과 2년 전의 일인데 월가 최고의 회사로 다시 부활했다.

그들은 공적 자금으로 구제를 받는 동안에도 임직원에게 엄청난 보너스를 지급해 문제가 되었다. 특히 1,800억 달러의 구제 금융을 받은 보험사 AIG의 보너스 잔치는 미국인의 분노를 폭발시켰다. 640만 달러의 보너스를 받은 임원이 있고, 100만 달러 이상을 받은 직원도 73명이나 됐다. 오바마 정부와 언론이 연일 그들의 도덕적 타락을 비판했다. 그런데 그들은 의회 청문회 석상에서, 만일 유능한 임직원에게 엄청난 금액의 보상을 하지 않으면 회사를 떠날 것이고, 그러면 회사를 되살리는 것이 더 힘들기 때문에 그들에게 지급하는 보너스는 정당하다고 항변했다. 회사에 엄청난 이익을 가져다준, 혹은 앞으로 가져다줄 사람에게 엄청난 보너스를 지급하는 것은 도덕적으로 문제가 없다는 주장이다. 그들은 금융 위기를 초래한 장본인이지만 회사가 파산 위기에 빠진 지 2년 만에 천문학적인 이익을 만들어내지 않았던가? 공적 자금을 수혈 받고도 그렇게 당당하게 말할 수 있는 그들을 비난만 할 수 없는 것이 미국의 자본주의 시스템이다. 그들의 재간에 감탄해야 하는 것인지, 시스템에 무언가 문제가 있는 것인지 헷갈린다. 최근 오바마 정부가 월가의 금융 산업을 규제하는 법안을 공화당과 기업가들의 반대 속에서 어렵게 통과시켰다.「도드 프랭크 법Dodd-Frank Act」이라 불리는 이 법은, 쉽게 이야기해 월가의 현란한 금융 기법과 지나치게 위험한 금융 거래를 제한하겠다는 것이다. 이 법이 월가 사람들의 손발을 묶는 데 얼마나 효과가 있을지는 두고 볼 일이다.

월가는 근래 들어 성격이 조금씩 변하고 있다. 9·11 테러 사태 이후 금융 업체들이 연이어 이곳을 떠난다. 금융 업체들이 떠난 자리에 뉴스위크, 플레이보이 등 미디어 기업이 60개 업체나 입주했으며 그 외에 첨단 기술 기업, 비영리 법인 등이 속속 들어오고 있다. 정보기술의 발달로 금융 회사가 더 이상 주식거래소나 상품거래소 인근에 위치해야 할 필요가 적어졌으며, 전 세계를 상대로 장사하는 속성상 과거처럼 특정 장소에 밀집해 있어야 할 이유가 줄어들었기 때문이다. 연방준비은행, 금융결제원 같은 정부 기관은 물론 AIG, 찰스 슈왑, 노무라 증권 등 이 업계에서는 내로라하는 금융 회사들이 이곳을 떠났다. 뉴욕 시에서는 이곳의 높은 임대료를 피해 다른 지역으로 떠나려는 금융 회사에게 세금 혜택을 부여해 붙잡으려 하지만 떠나려는 기업을 붙잡는 데에는 역부족이다. 예컨대 블룸버그 시장은 회계 컨설팅 업체인 딜로이트에게 2,100만 달러라는 엄청난 규모의 세금 감면 혜택을 미끼로 이 기업의 본부를 월가에 붙들어 두려고 했다. 그러나 딜로이트는 그 제안을 뿌리치고 이곳을 떠나 미드타운으로 옮기는 구상을 실행에 옮기고 있다. 뉴욕 시 정부는 그럴 경우 세금 감면 혜택을 축소하겠다고 공언하고 있는 실정이다. 사실 맨해튼의 미드타운은 월가보다 임대료가 30% 이상 비싸다고 하는데, 9·11 사태 이후 맨해튼 내에서도 이곳의 인기는 시들해져 최고의 금융 회사들이 이곳을 등지고 떠나는 것이다. 금융 지구로 특화된 월가의 명성은 앞으로 점차 쇠퇴할 것 같다.

대신 월가에 새바람이 불고 있다. 오피스 빌딩 숲만 무성했던 월가에 근래에 사람들이 거주할 목적으로 모여들고 있다. 지난 10년간 월가 주변의 거주 인구가 두 배나 늘었으며, 호텔도 세 배나 늘어 18개에 달한다. 월가 바로 옆 허드슨 강 쪽으로 강을 매립해서 만든 곳에 큰 주택단지가 들어섰다. '배터리 파크 시티'라고 이름 붙여진 이 단지는 1970년대 세계무역센터가 건설되면서 나온 흙으로 강물을 매립해 조성된 곳이다. 현재까지 30개 이상의 아파트와 상업 빌딩이 지어졌으며 1만 명 이상이 거주하는 곳이 되었다. 이곳에는 인근 금융 지구에서 일하는 사람이 주로 사는데 주민의 절반 이상은 10만 달러 이상의 고소득자다. 이 단지가 조성되면서 초등학교와 중등학교도 세워졌다. 이곳에 세워진 스타이브샌트Stuyvesant 고등학교는 맨해튼에서도 명문 공립학교로 이름이 높다. 부자 동네의 고등학교는 지역 주민의 재산세로 충당하므로 학교 재정이 풍부해 시설과 교사진에 많은 돈을 쓸 수 있으며, 부모가 부자이면 자식들도 공부를 잘하고 좋은 대학에 가기 때문이다. 맨해튼에서도 중심지인 이곳에 사는

배터리 파크 시티의 허드슨 강 변 산책로

직장에 걸어서 출퇴근하고 허드슨 강 변의 공원에서 산보하면서 지내는 매력 때문에
맨해튼 도심에 사는 중류층 사람들이 늘고 있다. 정말 여유로워 보인다.

사람이 느는 것은 근래에 중상류층 중에서 교외보다 직장 인근의 도심에서 살고 싶어
하는 사람이 증가하는 경향을 반영한다. 사람들의 취향이 변하면서 그에 따라 도심지
의 성격도 바뀌는 것이다.

　관광지로서 월가는 볼만한 것이 없다. 금융은 눈에 보이지 않기 때문이다. 이곳
에 가면 높은 건물이 사방으로 둘러쳐진 깊은 계곡을 걷는 느낌이다. 곳곳에 무장한
경찰이 지켜 서 있고 사람들은 바쁘게 지나간다. 도로 중앙에는 자동차의 출입을 막

는 차단막과 돌로 된 장애물이 곳곳에 설치돼 있다. 9·11 테러 사태 이후에는 건물 안에 들어가 구경하는 것을 허락하지 않는다. 주말에는 사람의 인기척을 볼 수 없고 건물과 건물 사이로 바람만 휭하게 부는 황량한 곳으로 변한다. 월가 옆에 있는 볼링그린 황소상에서 사진을 찍는 관광객을 볼 수 있을 뿐이다. 점심시간에 샌드위치를 사가지고 들어가거나 저녁 퇴근 시간에 뒷골목의 거리 카페에서 맥주를 들이켜는 와이셔츠를 입은 사람들을 보면서 이곳 건물 숲 속에서 실제 사람들이 일하고 있다는 것을 깨닫는다.

유엔 본부 맨해튼 구석에서 괄시받는 서자

　뉴욕의 이스트 강 변에 있는 유엔 본부를 처음 찾은 한국 사람은 모두 자신이 생각했던 것보다 초라한 모습을 보고 놀란다. 본부 건물 속으로 들어가 회의장을 둘러보면 더욱 놀랄 것이다. 마치 성인이 되어 자신이 예전에 다니던 초등학교 운동장을 다시 찾은 느낌이다. 한국인의 상상 속에서 유엔은 거대한 존재다. 뉴욕의 엄청난 고층 빌딩과 화려함을 보면서 사람들은 당연히 유엔 본부도 그에 못지않으리라는 선입견을 가진다. 그러나 건물과 시설은 낡았으며 회의장은 좁고 침침하다. 물론 유엔 본부는 오래된 본부 건물 외에 인근에 두 개의 대형 오피스 빌딩을 사용하고 있기는 하다. 그럼에도 본부 건물의 쇠락한 모습을 보면 빈곤과 갈등으로 점철된 세계의 현실을 반영하는 듯해 안타깝다.

　제2차 세계대전이 끝나고 유엔이 창설될 때의 목표는 원대했다. 제1차 세계대전 이후 미국의 윌슨 대통령이 주창한 국제 연맹이 실패로 돌아가고 또 한 차례의 세계대전을 거치면서 서방 세계의 강대국들은 국제 평화를 보장하기 위한 국제기구의 필요성을 절감했다. 제2차 세계대전 이후 초강대국으로 부상한 미국에게 유엔은 전후의 세계 질서 속에서 자신의 힘을 행사하는 무대로 자리매김했다. 국가들의 연합체

유엔 본부

유엔이 창설되고 이 건물이 지어질 당시 미국은 세계의 리더로서 최고의 지위에 올라 있었다. 요즈음 미국인이 유엔을 우습게 여기는 것을 보면
사람의 변덕은 믿을 게 못 된다. 그때에 비하면 미국도 한참 쪼그라들기는 했다. (사진 출처: flicker.com, 저작자 I like)

인 유엔을 주도적으로 만들고 유엔 본부를 미국에 유치하려는 미국인의 열정은 대단했다. 1952년 유럽 열강의 유치 경쟁을 뿌리치고 석유왕 록펠러가 기탁한 부지에 유엔 본부가 자리 잡기에 이르렀다. 1950~1960년대의 냉전 시절 유엔은 미국을 선두로 하는 자유 진영과 소련이 지배하는 공산 진영 간의 치열한 힘의 경연장이었다. 미국과 소련이 직접 나서서 혹은 우방국을 앞세워 경쟁을 벌이는 동안 유엔은 세계인의 관심을 듬뿍 누렸다. 한국에서는 유엔이 창설된 날을 '유엔의 날'이라고 해 국정 공휴일로까지 정했다.

1990년 공산권이 붕괴되면서 유엔은 미국의 관심 밖으로 밀려났다. 세계 무대에서 미국의 강력한 경쟁자가 사라졌으니 유엔의 필요성도 줄어든 것이다. 레이건 대통령을 필두로 이후 백악관을 차지한 공화당 정부는 미국에 할당된 유엔 분담금을 지불하지 않았으며, 그 결과 유엔은 재정난에 허덕이게 되었다. 부시 정부는 일방주의 외교를 표방하면서 유엔의 동의 없이 이라크를 침공했다. 유엔의 조약과 권고도 무시했다. 미국으로서는 192개국이 회원으로 있는 국제기구에서 갑론을박 논의하고 합의를 이끌어내는 것이 귀찮기도 하고, 미국 국익과 반드시 일치하지 않는 논의에 귀를 기울이고 싶지 않을 것이다. 미국이 저버린 유엔은 처량한 신세가 되었다. 최근 오바마 정부가 테러의 위협에 처해 다자주의 외교를 펼치겠다고 하면서 유엔의 협조를 구하는 제스처를 보인다. 그러나 미국의 입맛대로 국제 정치를 요리하려는 태도가 수그러들지 않는 것으로 보아 유엔의 찬밥 신세는 당분간 계속될 것 같다. 개발도상국의 힘이 부상하면서 세계 모든 나라들에게 발언할 기회를 주는 유엔이 미국 같은 강대국에게는 거북한 존재다.

미국인은 유엔을 별로 좋게 보지 않는다. 관료적 무능이 극에 달하는 조직이라거나, 이상주의적 토의만 계속하고 실제 행동으로는 옮기지 못하는 무능한 기구라거나, 미국에 불편한 말을 하는 나라들이 목소리를 높이는 곳이라는 부정적 편견이 지배적이다. 미국은 유엔에게 개혁하라고 계속 주문하면서 자신의 분담금을 지불하지 않는다. 미국인들이 유엔에 대해 관료적 무능이 극에 달한다고 비판하는 것은 다 핑계다. 미국 공무원의 실수투성이에 느림보로 일 처리하는 것을 경험한 사람이라면 사돈 남

말한다고 할 것이다. 사실 미국은 유엔의 힘이 세지는 것을 바라지 않는다. 미국은 국제 규약이 국내법보다 상위에서 간섭하는 것을 좋아하지 않기 때문에 국제사법재판소, 국제노동기구, 기후변화협약 등 국익에 위배되는 주요 국제기구나 국제 규약을 인정하지 않는다. 그래서 그런지 백악관이나 월가와는 달리 유엔 본부 주변은 별로 활기가 느껴지지 않는다. 미국 신문에 유엔 관련 기사가 실리는 경우가 드물기 때문에 미국인은 유엔이 무엇을 하는지 알지 못한다. 유엔 본부를 방문하는 관광객 중 미국인은 그리 많지 않고 외국에서 온 관광객이 주류를 이룬다. 유엔은 맨해튼의 구석에서 서자 취급을 당하고 있는 것이다.

유엔 본부 주변에는 외국의 대사관이나 공관이 밀집해 있다. 이곳에서 피부색이 짙은 흑인이면서 반듯하게 잘 차려입은 사람은 외교관이나 그와 관련된 일을 하는 사람일 가능성이 크다. 이들이 풍기는 분위기는 빈민가에서 만나는 미국의 흑인들과는 사뭇 다르다. 미국의 흑인은 피부색이 짙을수록 하층에 가까운 반면 중상류층 흑인은 피부색이 옅다. 그러나 유엔 본부 주변에서 만나는 흑인은 피부색이 짙으면서 중상류층처럼 보인다. 그들의 태도에서는 자기 나라에서는 상류층이라는 자존심과 함께 지적인 세련미가 엿보인다. 세계 각지에서 외교관을 파견한 이곳은 상류층으로 보이는 유색인이 많이 눈에 띄는 특이한 동네다.

인종 차별이 심했던 1950년대에 개발도상국에서 미국에 온 유색인 외교관들은 봉변을 당하기 일쑤였다. 이들이 남부 지역을 기차로 여행할 때는 백인과 분리된 더러운 흑인 전용 칸에 타야 했다. 흑인 전용 식당에서 식사하고, 흑인 전용 화장실을 이용했으며, 흑인 전용 호텔에 머물러야 했다. 당연히 이들은 굴욕감을 느낄 수밖에 없었고 미국 정부에 강력하게 항의했다. 자신의 나라에서는 최고의 엘리트이자 권력자인데 미국에 와서 이등 시민 취급을 당하며 굴욕적인 상황을 견뎌야 하는 데 분통이 터졌을 것이다. 소련과 체제 경쟁을 했던 그 시절 미국은 공산주의 사회보다 자본주의 사회가 더 살기 좋다고 주장했는데, 자신의 나라에서 벌어지는 이와 같은 비인간적인 인종 차별은 걸림돌로 작용할 수밖에 없었다. 이는 1950년대에 인종 분리 관행을 바꾸어야 한다는 목소리가 연방 정부에서부터 제기된 배경이다. 1954년 학교에서 인종

유엔 본부 앞에 있는 청동상

분쟁이 종식된 세계를 염원하는 이 청동상의 메시지는 언제나 실현될까?
청동상 주변의 추레한 모습은 유엔의 현실을 대변해준다.

분리를 금하는 대법원의 판결을 연방 정부가 군대를 동원해서까지 강력히 밀어붙인 데에는 이러한 이유가 있다.

이곳 외교관들의 짙은 피부색을 보면서 미국 생활에 여러 가지로 어려움을 겪겠구나 하고 짐작한다. 왜냐하면 유색인에 대한 백인의 인종 차별은 물론, 유색인 내에서도 서로 간에 피부색이 짙은 사람에 대한 차별이 존재하기 때문이다. 이들이 옷을 잘 입고 다니는 이유도 거기에 있다. 옷이라도 잘 입고 다니지 않으면 가난한 흑인으로 매도돼 봉변당할 것을 염려하기 때문이리라.

옷 잘 입는 흑인과 관련해 생각나는 사건이 있다. 근래에 하버드 대학교의 교수가 자기 집 현관 열쇠를 잃어버려 드라이버로 열고 들어가려다가 지나가던 경찰에게 의심받아 유치장으로 잡혀 간 사건이 발생했다. 헨리 루이스 게이츠라는 영문학 분야에서 명성이 높은 흑인 노교수로 옷을 잘 입는 멋쟁이다. 그런데 아무리 자신이 하버드 대학교의 교수이고 이 집은 내 집이라고 주장해도 경찰이 막무가내로 끌고 가 유치장에서 하루를 재우고 풀어줬다. 오바마 대통령이 그 경찰은 '상식이 부족한 친구'라고 언론에 한마디 한 것에 대해 그 경찰이 '자신은 정당하게 업무를 수행한 것'이라고 맞받아침으로써 사건은 시끌벅적하게 발전했다. 결국 오바마 대통령이 그 경찰과 교수를 백악관에 초청해 맥주를 나누면서 달래는 해프닝이 벌어졌다. 만일 그 교수가 백인이었다고 해도 경찰이 유치장에 가두었을까? 아무리 오바마 대통령이라도 백인의 인종주의적 편견에는 일단 고개를 숙이고 들어가는 것이 상책인가 보다.

세계인이 함께 화목하게 살아가려면 피부색의 차이와 함께 극복해야 할 것이 또 있다. 언어의 차이다. 몇 가지 언어를 사용한 유엔의 공식 문건을 볼 때마다 여러 언어를 동시에 존중하는 것이 쉽지 않겠다는 생각을 한다. 현재 여섯 개의 언어가 유엔이 사용하는 공식 언어로 인정된다. 영어, 프랑스 어, 스페인 어, 러시아 어, 중국어, 아랍 어가 그것이다. 세계 절반의 인구가 이 여섯 개의 언어를 사용한다. 이중 영어, 프랑스 어, 스페인 어는 유엔의 공식 문서에 항시 등장하는 언어다. 언어의 힘은 그 언어를 사용하는 사람들의 힘에서 나온다. 1970년대 아랍 세계의 힘이 커졌을 때 유엔은 아랍 어를 공식 언어로 인정했다. 사용하는 사람 수로만 본다면 인도의 힌디 어도 유엔의 공식 언어로 인정되어야 하지만 아직 인도의 힘이 약하기에 그러지 못하고 있다. 미국의 공항과 관광지에서 흔히 보는 한국어 안내문은 한국인 관광객의 돈의 힘을 말해준다.

언어가 통하지 않는 사람들 사이에는 동질감을 형성하기 어렵다. 미국인이 영국이나 호주와 가까운 느낌을 갖는 것은 언어를 공유하기 때문이다. 영어권과 프랑스어권으로 나뉘어 갈등을 계속하면서 통합의 기미가 보이지 않는 캐나다의 경우는 또 어떤가. 미국은 외국에서 온 이민자에게 영어를 쓰도록 요구하는 압박이 매우 크다. 미국에서 영어를 제대로 구사하지 못하면 대등하게 취급하지 않고 얕잡아 본다. 미국의 이민자들은 필사적으로 영어를 배우려고 하며 이민자 3세는 거의 완전히 조부모의 언어를 잃어버린다. 인도의 경쟁력을 거론할 때 영어를 모국어로 구사하는 인구가 많다는 사실을 지적하는데, 사실 인도인의 영어 사용은 제국주의의 산물이다. 여러 개의 언어를 동시에 존중하면서 화목하게 살아가는 것이 얼마나 어려울지 유엔을 보면 항시 떠오르는 생각이다.

3. 이스트 빌리지, 오리지널 이민자 동네

EAST VILLAGE

다양한 민족들이 머물렀다 떠나기를 반복한 곳,
근래에 새로운 부류의 젊은 사람들이 이곳으로 모여들고 있다.

    맨해튼의 동남쪽 지역은 역사적으로 이민자가 미국에 도착해 처음으로 생활을 꾸리던 곳이다. 현재 남쪽은 '로어 이스트사이드', 북쪽은 '이스트 빌리지'라고 구분해서 부르는데 큰 차이는 없다. 이곳은 인접한 차이나타운과 함께 이민자의 치열한 생존 자취와 애환이 묻어나는 곳이다.

    미국 역사에서 이민자들은 유럽 민족의 이주 순서에 따라 차례로 이곳을 거쳐갔다. 19세기 중반 아일랜드 인이 이곳의 주인이었으며, 이후로 독일인이 흘러들었다. 19세기 후반 20세기 초 동유럽에서 온 유대 인이 집단 거주지를 형성했으며, 폴란드 인과 남유럽 인이 정착했다. 제2차 세계대전 이후 우크라이나의 지식인들이 대규모로 이곳에 이주했다. 이들은 그리스 정교 교회와 우크라이나 민족 음식점과 민속 박물관 등 이 지역에 뚜렷한 문화적 자취를 남겼다. 20세기 후반에 들어서는 중국인과 푸에르토리코 인이 급속히 이 지역을 차지했으며, 일본인과 인도인도 한 구석에 터를 잡았다. 새로운 이민자들이 들어오면서 옛날에 온 이민자들은 이곳을 떠났다. 현재 이곳에서 아일랜드 인이나 독일인은 거의 찾아볼 수 없다. 유대 인과 폴란 드인도 이곳을 떠난 지 오래다. 일본인도 이곳에서 별로 많이 보이지 않는다. 이렇게 다양한 민족들이 머물렀다 떠나기를 반복했기 때문에 이곳에서 특별히 주류를 차지하는 민족을 찾기는 어렵다. 요즈음은 20세기 후반에 이주한 푸에르토리코 인과 동유럽 사람이 이곳에서 많이 살고 있다. 근래에는 주택지가 고급화되면서 이민자와는 다른 새로운 부류의 젊은 사람들이 속속 이곳으로 들어오고 있다.

남쪽 로어 이스트사이드에 살던 사람들은 미국에 이민 와 생존을 위해 치열하게 하루하루를 살던 노동자 계층이 주종을 이루었다. 20세기 중반까지 이들은 남녀노소 가릴 것 없이 열악한 환경 속에서 장시간 일하며 힘든 삶을 이어갔다. 가난한 서민들이 모인 곳이므로 시끌벅적하고 거리에 삶의 활기가 넘치기는 했지만 범죄와 매춘과 빈곤이 떠나지 않았다. 이들의 삶에는 때때로 끔찍한 불행도 찾아왔다. 1904년에 이곳에 면한 이스트 강에서 출발한 '제너럴 슬로컴'이라는 이름의 유람선에서 대형 화재가 발생해 이곳에 집단 거주하던 독일인들이 1,000명 이상 사망했다. 이 화재로 당시 '리틀 저머니Little Germany'라고 불리던 독일인 공동체가 한꺼번에 몰락하고, 남은 사람들은 다른 곳으로 흩어져 나갔다.

로어 이스트사이드에 살던 가난한 이민자의 힘겨운 삶은 이곳 오차드 스트리트에 있는 '세입자 박물관Tenement Museum'에 가면 볼 수 있다. 역사적 기념물로 남아 있는 그들이 살던 5층 아파트 건물에는 두 평 남짓한 면적에 창문이 전혀 없이 사방이 벽으로 둘러싸인 방들이 다닥다닥 붙어 있다. 층마다 공동 화장실을 사용하며 벽난로에 석탄을 땔 때 난방을 하는 불결한 환경이었다. 이곳 사람들은 마을 공동의 목욕탕을 사용했으며, 높은 층에는 수돗물이 나오지 않아 물을 길어다가 사용했다. 이러한 아파트에 20세기 중반까지 사람이 살았는데 아일랜드 인, 독일인, 남유럽 인, 유대 인과 동유럽 인이 차례차례로 거쳐 갔다.

현재 로어 이스트사이드에서 가난한 이민자의 모습은 찾기 어렵다. 맨해튼 남단에 금융 지구와 인접해 있는 이점을 노려 재개발이 진행되고 있다. 일부 역사적인 보전 가치가 있는 건물을 제외하고는 낡은 건물을 허물고 그 자리에 고급 아파트와 오피스 빌딩이 사방에서 올라가고 있다. 이제 맨해튼은 땅값이 너무 비싸졌기 때문에 뉴욕에 오는 이민자들은 더 이상 이곳에 정착할 수 없다. 그들이 꾸는 꿈은 한 세기 이전 이곳에서 살던 이민자와 동일하지만, 뉴욕의 변두리인 퀸스나 브루클린에 정착

이스트 빌리지 2번가의 가로 풍경

이민자 거리의 분위기가 느껴진다. 단정치 못하며 다양한 것이 뒤섞여 있는 곳,
미국 사회에서 아직은 주변인이지만 열심히 살아가는 사람들이 모여 있는 곳이다.

이스트 빌리지 거리의 그래피티

푸에르토리코 사람들이 많이 사는 곳답게 스페인 어로 낙서가 쓰여 있다.
이라크전을 반대하고 버락 오바마 대통령을 지지하는 내용이다.

해 힘들게 살아간다.

북쪽에 있는 이스트 빌리지는 1960년대 중반만 해도 남쪽 지역과 별 차이 없이 이민자 문화와 노동자 문화를 공유하는 하나의 생활 구역이었다. 그러나 1960년대 비트족이라 불리는 보헤미안 예술인들이 서쪽의 그리니치빌리지를 넘어 이곳에 다수 이주하면서 변화를 맞았다. 이곳에 예술가와 음악가와 대학생 등 지적이고 창의적인 것을 추구하는 젊은이들의 활동 공간이 늘어났다. 그때까지 도시 슬럼의 이미지를 가지고 있던 남쪽의 로어 이스트사이드와 구별하기 위해 북쪽을 '이스트 빌리지'라는 별도의 명칭으로 부르기 시작했다.

이스트 빌리지는 독특한 분위기를 풍기는 동네다. 1960년대에 히피 운동, 대안 문화 운동, 저항 운동이 이스트 빌리지에서 활발하게 전개되면서 이곳은 색다른 사람들의 집합소라는 명성을 얻었다. 이곳에 있던 CBCG라는 나이트클럽에서 유명 음악가들이 활동했으며, 1970년대 출현한 대중음악 장르인 펑크 록이 이곳에서 처음으로 시작되었다. 더 후, 핑크 플로이드, 레드 재플린 등 1970년대 록 음악의 대가들이 이곳을 무대로 활동했다. 이곳에 있는 화랑을 중심으로는 실험적인 예술 작품이 많이 소개되었다. 앤디 워홀처럼 주류에 반항하는 작품들이나 1970년대 새로이 시도된 행위 예술과 비주얼 예술도 이곳에 살던 작가들에 의해 활발하게 시도되었다.

이스트 빌리지는 이민자가 가지고 온 신흥 종교가 시작된 곳이다. 1960~1970년대 미국 젊은이들 사이에 큰 유행을 불러일으킨 인도 힌두교의 일종인 하레 크리슈나Hare Krishna 종교는 이곳에 있는 톰킨스 스퀘어 공원의 느릅나무 아래서 처음으로 회합했다. 이 나무는 마치 부처가 깨달음을 얻은 보리수처럼 헤어 크리슈나 종교 운동의 성지로 추앙받고 있다. 유대 인의 교회당이 이곳에 많이 몰려 있으며, 동유럽 인의 그리스 정교 교회나 불교 교당도 이곳에 다수 둥지를 틀고 있다.

이스트 빌리지는 1990년대 이후 주택지 고급화 과정이 전개되면서 서쪽의 그리니치 빌리지와 유사한 변화를 보인다. 가난한 예술가들은 이곳을 떠나고 대신 보헤미안 분위기를 선호하는 젊은 전문직 종사자들이 이주하면서 세련된 카페와 레스토랑과 부티크 상점이 늘고 있다. 높은 임대료와 생활비 때문에 불안정한 직업을 가진 예술가들은 더 이상 이곳에 살 수 없게 되었다. 가난과 이것이 수반하는 범죄, 마약, 매춘의 소굴이라는 오명도 이 지역에서 어느샌가 사라졌다.

서쪽의 그리니치빌리지와 달리 이곳은 역사 보존 지구로 지정되지 않았으므로 낡은 건물을 부수고 새로운 건물을 올리는 작업이 곳곳에서 활발히 진행되고 있다. 이스트 빌리지의 상당 부분을 차지하는 '알파벳 시티'는 현재 세련된 중류층 거주 지역으로 탈바꿈했다. 그리니치빌리지에 본부가 있는 뉴욕 대학교는 땅값이 상대적으로 저렴한 이곳에 다수의 건물을 구입해 헐어버리고 그 자리에 현대식 건물을 지어 지역 주민의 비난을 사기도 했다. 이곳에는 뉴욕 대학교 소유의 기숙사와 캠퍼스 건물이 다수 있다.

이스트 빌리지의 주민 구성이 바뀌는 양상은 이 지역의 중심인 톰킨스 스퀘어 공원에서 잘 나타난다. 이 공원은 1980년대까지 노숙자와 마약 복용자의 소굴이었으며, 기이한 외모의 반항적인 젊은이들이 모여 데모를 하고 시끄러운 금속성의 펑크 뮤직을 연주하던 장소였다. 뉴욕 시는 1988년 경찰을 대규모로 동원해 이곳에 출몰하던 노숙자를 쫓아내고 그 자리에 아이들을 위한 놀이터와 운동 시설, 개 산보장을 만들었다. 노숙자와 경찰이 대치하면서 발생한 대규모 폭력 사태는 텔레비전을 통해 생방송으로 전국에 보도되면서 이 공원에 상주하던 사람들의 저항적 근성이 유명세를 타기도 했다. 폭력을 동원해서까지 이들을 쫓아낸 것은 이 지역에 새로 이주한 중류층 시민들의 요구였다. 그들은 공원에 출몰하던 사람들이 풍기는 무질서와 보헤미안적 생활 방식을 경멸했다. 지금 이 지역은 중류층의 안전한 생활 공간으로 바뀌었지만 과거 이곳을 점령했던 반항적인 젊은이들의 자취가 희미하게 남아 있다.

EAST VILLAGE

이스트 빌리지에서
다양성의 매력을 발견하다

이스트 빌리지에는 특별히 관광객의 눈길을 끌 만한 것이 없다. 사진에 담을 만한 기념비도, 건축미를 뽐내는 높은 빌딩도, 고풍스러운 고급 주택도, 화려한 미술관이나 공연장도 이곳에는 없다. 거리의 독특한 분위기와 지나치는 사람들을 둘러보는 것이 이곳의 매력이라면 매력이다. 맨해튼의 곳곳에서 넘쳐나는 관광객들이 이곳에는 별반 보이지 않는다. 이스트 빌리지에는 두 종류의 사람이 사는 듯하다. 어느 정도 고생스러운 생활을 끝내고 여유를 갖게 된 이민자 가족이 한 부류라면, 맨해튼에서 성공을 좇아 바쁘게 살아가는 독신의 젊은 사무직 근로자나 전문직 종사자가 또 다른 부류다.

이스트 빌리지에서 만나는 이민자 가족을 보면, 조금 더 풍족한 이민자라면 뉴욕 교외의 넓은 집으로 이사 갈 것이지만 아직 그 정도로는 여유가 없고 또 지금까지 고생하면서 살아온 곳과 정을 뗄 수 없어서 그 자리에 머물고 있는 것처럼 보인다. 두 번째 부류의 사람은 첫 번째 부류의 이민자 가족과 확연히 구별된다. 이들의 얼굴과 행동에서 바쁘고 긴장된 기색을 읽을 수 있다. 성공의 사다리에서 아직 확실하게 자신의 자리를 차지하지 못했으므로 바쁜 직업 생활을 하며 개인 생활도 불안정하기 짝이 없다. 거리에서 나란히 걷는 20대 후반에서 30대로 보이는 젊은 남녀들은 아마도 동거를 하거나 결혼한 지 얼마 안 된 것 같다. 서로에게 계속해서 애정 표현을 하고 있기 때문이다.

이스트 빌리지는 사람들 못지않게 거리의 풍경 속에도 여러 가지가 뒤섞여 있다. 그렇게 세련되어 보이지 않는 조그만 음식점

창문을 통해 이민자 1세대인 듯 보이는 사람이 주방과 홀을 들락거리며 열심히 요리를 하고 테이블을 정돈하는 모습이 보인다. 거리의 식품점과 청과물 가게에서는 물건을 보기 좋게 정렬하고 수시로 먼지를 닦고 쓸며 일하는 남녀를 본다. 이곳을 지나다 세탁소를 기웃거리면 동양인의 얼굴을 만난다. 남편은 세탁을 하고 아내는 구석에서 돋보기를 쓴 채 바느질을 하면서 손님이 맡긴 옷을 수선한다. 미안해서 자세히 들여다보지 않았지만 아마도 한국인 부부일 것이다.

이렇게 이민자들이 바쁘게 살아가는 거리가 있는가 하면, 바로 옆길에는 어두컴컴한 조명 속에 특이한 인테리어와 젊은이 취향의 음악이 흘러나오는 카페가 있다. 이곳에서는 이삼십대의 대학원생과 직장인들이 왁자지껄 이야기를 나누고 있다. 삶이 넉넉한 동네에서는 카페에 앉아 있는 중년층 손님들이 조용하게 소곤거리며 여유로운 분위기를 풍기나, 젊은 직장인들이 모인 이곳은 마치 경쟁하듯 큰 소리와 제스처로 각자 자신의 의사를 주장하고 있다. 이들은 삶에 쫓기고 있다.

이스트 빌리지의 거리는 이민자들의 힘든 삶을 반영하듯 구차하고 꾀죄죄한 때가 배어 있지만 곳곳에 새로 지어진 번듯한 건물이 섞여 있다. 대로변에는 번듯한 현대식 건물이 많이 들

● ● 톰킨스 스퀘어 공원의 한가한 오후. 잔디밭에 담요를 깔고 책을 읽거나 해바라기를 하는 사람으로 넘쳐난다. 공원의 풀과 나무와 트인 공간이 도시인의 삶에 얼마나 필요한지 새삼 깨닫는다.

어서 있지만 그 옆에는 역사적 보존 가치를 지닌 허름한 건물도 제법 많다. 번잡하고, 변화의 와중에 있음을 느낄 수 있다. 아마 일이십 년 후에는 말끔한 가로와 현대식 건물이 줄지어 있는 곳이 될 것이다. 아직까지 이곳에는 인간적으로 서로 부비면서 살아가는 삶의 냄새가 풍긴다. 중류층이 사는 교외 지역에서 느끼는 개인주의적인 배타성이나 지나친 청결함, 권태, 단조로움 등은 찾아보기 어렵다.

가게와 집 들을 기웃거리며 지나가노라면 삶의 다양성과 복잡함이 느껴진다. 아랍의 바자 골목을 걷는 느낌이다. 민족 고유의 요리를 파는 음식점을 곳곳에서 발견한다. 인도 레스토랑, 멕시코 레스토랑, 터키 레스토랑, 러시아 레스토랑, 타이 레스토랑, 베트남 레스토랑, 물론 중국 레스토랑도 자주 눈에 띈다. 이곳의 거리를 거니노라면 민족 음식의 냄새가 곳곳에 배어 있는 듯하다. 거리에서 만나는 사람의 얼굴에서도 이러한 냄새가 느껴진다.

거리에는 아이들이 돌아다니고, 유모차를 끌고 가는 부모를 보는 것도 이곳의 색다른 풍경이다. 맨해튼 중심가 바로 옆에 가족이 사는 주택가가 있다는 것이 신기하다. 사실 교외 지역은 안전하고 아이를 키우기 편하다고는 하지만 삶이 단조롭고 밋밋하다. 아침저녁으로 통근

●● 세인트 막스 플레이스에 있는 일본 술집. 주위에 요상한 인형과 해골 그림과 어울려 일본 술집의 사무라이 그림이 걸려 있다. 다양한 문화가 뒤섞여 새로운 것을 만들어낸다.

시간에는 차가 막혀서 편도 한 시간 이상씩 소비해야 하며 기름 값도 만만치 않게 든다. 교외의 생활은 차가 없으면 아무것도 할 수 없다. 껌 한 통을 사려 해도, 공원에서 산보를 하려 해도, 동네 도서관을 가려 해도 자동차를 몰고 가야 한다. 반면 도심지 근처에 살면 걸어서 대부분의 일을 처리하고 버스나 지하철을 타도 몇 정류장 이내에서 모든 일이 해결되므로 심리적으로 가볍다. 근래 미국에서 중류층 사람들이 도시 생활의 편리함을 새삼 발견하고 도심의 주택가로 회귀하고 있다. 건강과 환경을 생각하는 사람이 늘면서 교외보다 오히려 도심 근처에 사는 사람이 늘어나고 있다고 한다. 제2차 세계대전 이후 도심으로 이주하는 흑인을 피해 교외로 나갔던 백인 중류층이 다시 돌아오는 것이다. 이곳에서 마주치는 사람들이 바로 그런 부류다.

톰킨스 스퀘어 공원에 가면 중류층 가족과 독신자의 모습을 흔히 본다. 도심 공원으로는 드물게 숲이 우거져 있으며 가을에는 낙엽이 많이 떨어져 야외에 나온 것 같다. 잔디밭에 담요를 깔고 해바라기를 하거나 책을 읽거나 개를 데리고 노는 사람들을 본다. 어린이 놀이터에서는 아이들을 놀리면서 벤치에 앉아 책을 읽거나 한가하게 시간을 보내는 부모들이 있다. 그 옆의 조그만 야구장에서는 리틀 야구단이 경기를 하고, 부모는 주변에서 대견하다는 듯 지켜보고 있다. 공원 구석에는 개를 산보시키는 곳이 있는데 제법 넓다. 이곳 사람들이 키우는 개는 몸집이 성인 반만 한 큰 개다. 산보장 사방으로 미친 듯이 뛰어다니는 놈도 있고 암컷의 뒤꽁무니를 쫓아 다니는 수컷도 보인다. 이런 개를 데리고 오는 젊은 남녀들은 개를 핑계 삼아 서로에게 말을 걸고 작업을 한다. 공원에 면한 길에서는 길거리 장터가 열린다. 토마토, 호박, 샐러리, 사과, 포도, 잼, 치즈, 햄 등을 박스에 놓고 판다. 직장에서 돌아오는 여성이나 아이와 산보하던 어머니들이 이것을 한두 개씩 사서 들고 간다.

과거 이 지역이 펑크족과 보헤미안의 소굴이었다는 것을 말해주는 자취를 공원 구석에서 찾을 수 있다. 공원 한편에는 가죽옷을 입은 히피나 스킨헤드같이 보이는 젊은이들이 옹기종기 모여서 담배를 피우며 잡담을 나눈다. 또 다른 한 무리는 트럭 위에 만든 간이 무대에서 전자기타와 드럼으로 헤비메탈 음악을 시끄럽게 연주하고 있다. 산보 나온 사람들은 공연을 하는 곳에서 멀찍이 떨어진 벤치에 앉아 그들을 쳐다보기도 하지만 대체로 별로 상관하지 않는다는 표정이다. 교외에 있는 잘 관리된 잔디밭과 연못과 분수가 있는 단조로운 공원과는 달리 이 공원에서는 도시의 복잡함과 다양성이 묻어난다.

관광 안내서에 일본인의 거리라고 소개된 '세인트 막스 플레이스'에는 막상 일본 레스토랑이나 상점은 많지 않고 구차한 외관의 일본식 술집 겸 음식점이 몇 개 보였다. 미국에서 일본 음식 스시는 세련된 고급 요리라는 이미지를 구축하고 있는데, 이곳의 일본 레스토랑은 그것과는 거리가 멀다. 거리에 일본인은 별로 보이지 않는다. 그 대신 이곳에서 한국 식당과 술집

● ● 이스트 빌리지의 커뮤니티 가든. 맨해튼의 금싸라기 땅에 동네 사람들이 공동으로 관리하고 화초를 재배하는
공간이 있다는 것은 의외다. 이스트 빌리지의 커뮤니티 가든은 동네 사람들이 활발하게 참여하는 곳으로
잘 알려져 있다. 이곳 사람들답다. (사진 출처: flicker.com, 저작자 Bonito club)

간판과 가라오케 숍을 볼 수 있다. 리틀 이탈리아에 이탈리아 인이 별로 없듯이 일본인은 이
곳을 떠난 것이다.

이스트 빌리지에는 유난히 '커뮤니티 가든'이 많다. 커뮤니티 가든이란 동네 사람들이 공
동으로 채소를 재배하고 화단을 가꾸는 조그만 공터를 말한다. 뉴욕 시 집계에 따르면 시 전체
에 640개 정도의 커뮤니티 가든이 있는데, 이스트 빌리지에만 60여 개가 몰려 있다. 휴일 오후
에 커뮤니티 가든에서 동네 사람들은 한가로이 의자에 버티고 앉아 잡담을 나눈다. 동네 사람
들은 특별한 이유 없이 수시로 이곳에서 파티를 연다. 더운 여름날 저녁이나 주말에 근처를 지
나노라면 볼륨을 높인 음악 소리와 함께 불판에 소시지를 굽는 연기가 길에까지 흘러나온다.

커뮤니티 가든이 얼마나 잘 정돈되어 있는지를 보면 그 동네 주민의 수준을 알 수 있다. 부
자 동네는 사람들이 개인주의적이고 배타적이므로 커뮤니티 가든이 거의 없다. 중류층이 사는
동네의 커뮤니티 가든을 보면 땅뙈기를 조그맣게 가지런히 쪼개 화단도 조성하고, 등나무 그
늘막도 만들고, 조그만 연못과 다리와 분수까지 오밀조밀하게 만들어놓은 곳도 있다. 반면 가
난한 사람이 사는 동네의 커뮤니티 가든은 사람의 손이 가지 않아 잡초가 무성하고, 버려진 가
구와 폐가전제품이 나뒹구는 험악한 곳이다. 도저히 그곳에서는 커뮤니티가 형성될 것 같지
않다. 이스트 빌리지의 잘 정돈된 커뮤니티 가든과 끊이지 않는 동네 사람들의 발길에서 이곳

이 살 만한 곳임을 느낀다.

　이스트 빌리지는 은근히 매력적인 곳이다. 화려하다거나 특별히 콕 집어 볼거리가 있지 않은데도 마음이 끌리는 구석이 있다. 그리니치빌리지가 주택지 고급화의 물결 속에서 지나치게 세련된 인상을 주는 반면, 이곳은 서민의 활력과 젊은이의 에너지와 긴장이 섞여 묘한 매력을 발산한다. 맨해튼의 다른 곳과 마찬가지로 이곳의 주택지도 근래에 고급화되고는 있지만 아직 다양성이 살아 있다. 뉴욕의 다민족과 다양한 종류의 사람들이 서로 어울려 살아가는 삶의 역동성을 읽을 수 있다. 현대식 건물이 줄지어 늘어선 곳이나 반듯한 타운하우스가 끝없이 계속되는 교외 거주 지역에서는 볼 수 없는 도시민의 다양한 삶이 살아 있다. 이곳에서는 건물이나 사람 모두 반듯하게 정돈되지 않은 가운데 뉴욕 사람들의 삶이 과거에 이랬겠구나 하고 짐작케 한다. 내가 이곳에 마음이 끌리는 이유는 아마도 과거와 현재가 한곳에 공존하면서 다양한 성격의 사람들이 만들어내는, 정제되지 않은 삶이 발산하는 매력 때문일 것이다. 물론 실제 이곳 사람들의 삶은 때로는 힘들고 빡빡한 것이겠지만 말이다.

New York

04. 뉴욕의 터줏대감

1. 리틀 이탈리아, 리틀 이탈리아에는 이탈리아 인이 살지 않는다?

LITTLE ITALY

맨해튼의 리틀 이탈리아에는 이탈리아 인이 별로 없지만
이탈리아 인은 뉴욕에 사는 유럽계 민족 중 가장 규모가 크다.

이제 뉴욕에서 이탈리아 인이 밀집한 지역을 찾는 것은 쉽지 않다. 관광 안내서에 '리틀 이탈리아'라는 지역이 있어서 찾아가 보면 허름한 외관의 이탈리안 레스토랑이 있는 짧은 거리가 전부다. 맨해튼 남동쪽에 있는 리틀 이탈리아는 관광객이 찾는 관광의 포인트일 뿐 이탈리아 인의 삶의 공간은 아니다. 이탈리아 인이 그곳에 사는 것도, 그곳에서 활동하는 것도 아니다. 이탈리안 레스토랑은 미국 어디서나 흔히 볼 수 있으며, 파스타와 피자는 햄버거와 함께 미국인의 주식이므로 이탈리아 요리라고 하기도 그렇다. 리틀 이탈리아라는 이름에 끌려 이곳을 방문한 뜨내기 관광객이 기념 삼아 들어가 스파게티나 먹을 만한 그런 곳이다. 인접한 차이나타운이 조금씩 침범해 들어와 주위가 온통 중국 가게로 뒤덮여 그나마 남아 있는 이탈리안 레스토랑조차 조만간 사라질 것 같다. 로어 맨해튼에 있던 유대 인 게토가 그랬던 것처럼 말이다.

맨해튼의 리틀 이탈리아에는 이탈리아 인이 별로 없지만 이탈리아 인은 뉴욕에 사는 유럽계 민족 중 가장 규모가 크다. 이탈리아 인은 2008년 현재 전체 뉴욕 시민 중 8.2%를 차지한다. 아일랜드 인은 이탈리아 인 다음으로 많은 5.2%이다. 그러나 아일랜드 인의 경우 미국에 이민 온 지 150년이나 되어 완전히 동화된 경우가 많다. 이 경우 자신을 '아일랜드계 미국인'이라기보다 그냥 '미국인'이라고 생각하므로, 아마도

리틀 이탈리아의 거리 모습

이 거리에서는 제법 이탈리아의 냄새가 난다. 그러나 관광객을 상대하는 레스토랑이 줄지어 있을 뿐
이탈리아 인의 생활 공간은 아니다. 이 주변으로는 중국인 가게들이 침범해 차이나타운의 일부로 바뀌었다.

아일랜드계 후손이 이탈리아계 후손보다는 사실상 더 많이 살 것이다. 여하간 이탈리아 인은 뉴욕에서 자신의 민족 정체성을 유지하는 유럽계 백인 중 규모가 가장 크다.

이탈리아 인의 대부분은 뉴욕 외곽의 교외 지역에 흩어져 산다. 굳이 이탈리아 인이 많은 곳을 들라면 스탠튼 섬을 꼽을 수 있다. 스탠튼 섬에는 이탈리안 레스토랑이 많다. 19세기 후반에서 20세기 초반 미국에 대규모로 건너왔을 당시 이탈리아 인은 뉴욕의 도심인 리틀 이탈리아에 밀집해 살았다. 그들은 미국의 산업화 과정에서 필요로 하는 값싼 노동력을 제공했다. 1930년대 금주법이 있던 시기에는 마피아라는 조직범죄 집단을 만들어 악명을 떨치기도 했다. 알 카포네나 감비노 패밀리 같은 사람이 그들이다. 우리에게도 영화 〈대부〉에 나오는 '돈 콜리오네'는 익숙한 이미지다. 한때 할리우드에서 쏟아져 나왔던 갱 영화에 이탈리아 인이 단골 주인공으로 등장하고 뉴욕이 배경으로 그려진 것은 미국인에게는 매우 친숙한 설정이다.

이탈리아 인은 집단적 성향이 강해 19세기 후반부터 뉴욕에서 강력한 정치 세력을 형성했다. 소위 '정치 조직political machine'이라고 해 보호해주는 대가로 지지표를 획득하는 부패한 정치 행태가 이탈리아 인 집단촌에서 강력하게 작용했다. 지금은 사라진 뉴욕의 '태머니 홀'은 이런 이탈리아 인 정치 조직의 본부로서 미국의 정치사에서 민족 정체성에 의존한 정치, 부패 정치의 온상으로 유명하다. 먼저 건너와 좋은 자리를 차지한 영국인이나 아일랜드 인의 배타적 환경에 대항해 이탈리아 인이 자신들끼리 똘똘 뭉쳐 행동하는 것은 생존을 위한 방책이었다. 그러나 그 결과 이탈리아 인을 싸잡아 마피아 집단이라고 비난하는 고정관념이 뿌리내렸다. 현재도 미국에서 이탈리아 인은 의리를 중시하는 마초 기질에, 집단적인 성향을 가진 사람이라는 편견이 남아 있다.

이탈리아 인의 집단주의 성향 덕분에 1930년대에 이미 이탈리아 인인 피오렐로 라과디아를 뉴욕 시장으로 만들었으며, 1990년대 루돌프 줄리아니에 이르기까지 유명한 시장과 정치인을 많이 배출했다. 뉴욕에서 가장 큰 공항의 이름이 존 F. 케네디 공항이고 다음으로 큰 공항이 라과디아 공항인 것은 바로 이러한 유럽계 민족 간의 위계 서열을 반영한다. 존 F. 케네디는 아일랜드 인으로 가장 성공한 사람이며, 라과디아는 이탈리아 인으로 제일 성공한 사람이다.

이탈리아 인의 이민 초기에는 어려움도 많았다. 제1차 세계대전이 일어나기 이전에 건너온 이탈리아 이민자의 4분의 1은 다시 돌아갔을 정도로 미국인의 이탈리아 인에 대한 텃세는 매우 심했다. 수만 명의 이탈리아 이민자 청년은 자신의 모국 이탈리아가 아니라 미국을 위해 전쟁에 나섰으며, 전쟁에 참여하지 않은 이탈리아 인은 군수산업 분야에서 일했다. 그들의 자녀는 부모의 희생을 딛고 성공해 뉴욕의 정치와 경제계의 영향력 있는 자리로 올라섰다. 뉴욕 주 주지사와 뉴욕 시장이 이탈리아 인이었으며, 이탈리아 인이 설립한 뉴욕에 본사를 둔 '뱅크오브아메리카Bank of America'는 미국에서 가장 큰 상업 은행이다. 뱅크오브아메리카가 순수한 민간 은행이고 그것도 유럽계 민족 중 상대적으로 열세인 이탈리아 인이 설립한 민족 은행이라는 것이 조금 웃기지 않는가? 지금도 미국의 정치·경제계에서는 영국계의 세력이 가장 큰데, 이탈리아계 은행이 최고로 올라선 데에는 그들의 집단적인 결집력이 한 역할을 했을 것이다. 물론 덩치가 커지면서 이탈리아 인이 설립한 민족 은행이라는 역사적 의미는 거의 탈색되었다. 현재 그들의 선조가 정착해 살던 비좁고 지저분한 '리틀 이탈리아'에 거주하는 이탈리아 인은 거의 없다. 이들은 성공해서 미국의 중산층이 거주하는 교외로 진출했으며, 미국 주류 집단의 일원으로 맨해튼의 고층 빌딩에서 일하고 있다.

뉴욕에서 이탈리아 인의 현재 위상을 보려면 매년 10월 중순에 벌어지는 '콜럼버스 데이 퍼레이드'를 구경하면 된다. 콜럼버스 데이는 연방 정부가 인정한 휴일로 학교와 관공서가 문을 닫는다. 뉴욕 맨해튼에서 벌어지는 콜럼버스 데이 퍼레이드는 전국에서 규모가 가장 크다. 맨해튼 5번가에서 벌어지는 퍼레이드 이외에도 이탈리아 인이 많은 스탠튼 섬과 롱아일랜드의 교외 소도시에서도 이날을 축하하는 행사가 개최된다. 콜럼버스 데이 퍼레이드는 이탈리아 인이 민족 정체성을 확인하면서 대외적으로 집단 세력을 과시하는 장이다. 이탈리아 인의 세력이 커졌기에 그들의 민족 정체성을 기념하는 날이 국가적 휴일로 지정되고 뉴욕에서도 가장 번화한 곳에서 축제가 벌어지는 것이다.

민족 정체성은 만들어지고 조작되고 변화하는 성질의 것이다. 이탈리아 인이 콜럼

맨해튼 5번가의 콜럼버스 데이 퍼레이드

이날만큼은 이탈리아 인이 주인공이다. 그들의 자긍심이 느껴진다.

그러나 저 사람들 중 이탈리아 어를 할 줄 아는 사람은 별로 없을 것이다.

버스를 기념하지만 사실 콜럼버스는 스페인 국왕을 위해 탐험에 나섰던 사람이다. 막상 이탈리아에서는 콜럼버스를 기념하는 행사가 크게 열리지 않는 반면 스페인에서는 콜럼버스 축제가 성대하게 벌어진다. 그러나 미국에 사는 히스패닉(중남미에서 온 이민자)은 콜럼버스 데이를 자신들의 축일로 기념하지 않는다. 1980년대에 인디언의 민족 운동이 활발하게 전개되면서 콜럼버스는 재조명되었다. 그의 신대륙 원정은 잔인한 폭력과 학살로 얼룩진 비인간적인 폭거로 재해석되었다. 인디언의 입장에서 볼 때 콜럼버스는 자신들을 말살하는 데 앞장선 원흉이다. 이탈리아 인은 자신의 민족을 과시하기 위해 콜럼버스를 내세워 축제를 벌이지만, 인디언이 많이 사는 서부에서는 이날을 '원주민의 날Native American Day'로 기념한다.

뉴욕에서는 온갖 민족을 기념하는 퍼레이드가 열린다. 아일랜드 인의 퍼레이드, 폴란드 인의 퍼레이드, 그리스 인의 퍼레이드, 히스패닉의 퍼레이드, 우크라이나 인의 퍼레이드, 중국인의 퍼레이드, 일본인의 퍼레이드, 인도인의 퍼레이드 등 그 종류는 끝이 없다. 근래에 한인들도 뉴욕 시내에서 기념 퍼레이드를 시작했다. 이렇게 퍼레이드가 많은 이유는 자신이 속한 민족의 정체성을 확인하고 자긍심을 가지기 위해서다. 각 민족은 이날 자신들의 존재를 대내외로 과시한다. 그러나 미국의 주류 집단인 영국인의 퍼레이드는 없다. 미국의 언어와 제도와 문화를 자신의 방식대로 설정한 영국인에게 특별한 날을 정해 존재를 과시해야 할 이유가 없기 때문이다. 특정 축일에 퍼레이드를 하는 민족은 모두 미국에서 과거에 소수자로 취급받았거나 현재 그렇게 취급되고 있는 사람들이다.

독일인은 이러한 일반 원칙에서 약간 예외적인 존재일지 모른다. 미국인의 민족 정체성을 조사하면 독일인의 비율이 가장 높다. 우리가 일반적으로 영국인이라고 부르는 사람들은 영국계English, 스코틀랜드 혹은 스코틀랜드-아일랜드계Scot-Irish, 아일랜드계Irish로 나누어져 있다. 이 셋을 합치면 물론 독일인보다 많지만 각각은 독일인보다 적다. 영국의 역사에서 잉글랜드와 스코틀랜드와 아일랜드는 19세기까지 별도의 나라이거나 서로 앙숙 관계였으므로 그들은 서로를 동족으로 보지 않는다. 독일인은 미국에서 다른 유럽계 민족 못지않게 차별과 편견을 겪어야 했는데 왜 자신의 축일을 가지고 있지 않을까?

　그 이유는 이들이 미국에 오래전에 건너와 미국 문화에 완전히 동화되어 민족 정체성을 상실했기 때문이다. 독일인이 주로 이주한 시기는 18세기로, 영국인과 스코틀랜드 인을 제외하고 유럽의 어느 민족보다도 일찍이 미국에 건너왔다. 그들은 영국인의 텃세를 피해 중서부의 농장 지대로 이주했기 때문에 동부의 대도시에서는 독일계를 찾아보기 어렵다. 독일계는 이름에서 그들이 독일인의 후손이라는 사실을 추측할 수 있을 뿐이다. 예컨대 럼즈펠드 국무장관의 경우 이름으로 보아 아마도 독일인의 후손이겠지만, 그에게서 독일과 관련된 아무것도 찾을 수 없다. 독일계가 많은 미시간 주나 위스콘신 주에서는 '옥토버페스트'라고 하는 독일인의 축제를 거행하기는 한다. 그러나 이는 근래 상업적인 목적에서 개발된 축제일 뿐 독일인의 축일은 미국 어디에도 없다.

　뉴욕에 민족을 기념하는 퍼레이드가 많은 이유는 다양한 민족이 살고 있는 뉴욕의 특성에도 있지만, 다른 한편으로는 관광산업의 일환으로 각종 축일과 퍼레이드를 장려하기 때문이다. 그러나 이렇게 수많은 민족 축일과 축하 행사 중 국가적 공휴일로 지정된 것은 아일랜드 인의 성 패트릭 데이와 이탈리아 인의 콜럼버스 데이가 전부다. 그들의 위상을 반영하는 것이다.

　미국에서 이탈리아 인은 주류 백인 사회로 거의 동화되었다. 이탈리아 인 이민자의 후손이라고 이탈리아 어를 할 수 있는 것도 아니고, 이탈리아에 대해 특별히 애착을 가지고 있지도 않다. 필자가 만난 이탈리아 인은 모두 자신의 이민자 조상의 출신지를 가본 일이 없으며 앞으로 한번 가보고 싶다는 희망을 가지고 있지도 않다. 유럽 여행을 가면 다른 미국인과 마찬가지로 로마와 베네치아를 둘러볼 뿐이다. 이탈리아 인이 가톨릭을 더 믿는 것도 파스타를 더 좋아하는 것도 아니다. 그들의 성에서만 이탈리아 인이라는 흔적을 찾을 수 있을 뿐 생활이나 사고방식에 다른 미국인들과의 차이는 없다. 미국에서 이탈리아 인이란 소위 '상징적 민족성'만을 지닌, 그냥 미국인이다.

　이런 상황을 잘 보여주는 사례가 있다. 2010년은 뉴욕 주지사 선거가 있던 해이다.

주지사 선거에 두 명의 이탈리아 인 후보가 맞붙었다. 그런데 두 사람이 정반대의 선거 전략으로 유권자들에게 접근했다. 1980년대에 유명한 뉴욕 주지사였던 마리오 쿼모의 아들인 앤드루 쿼모 민주당 후보는 뉴욕 주 검찰총장을 지내고 연방 정부의 장관을 지낸 화려한 경력의 소유자다. 그의 경쟁 상대인 칼 팔라디노는 뉴욕의 부동산 개발업자로 공화당 후보로 나섰다. 쿼모는 능력 있고 합리적인 성격으로 자신을 부각시켰고, 지역 경제 발전과 일자리 창출을 공약했다. 반면 팔라디노는 이탈리아 인 특유의 열정과 의리, 그리고 따뜻한 마음을 가진 사람이라는 점을 강조했다. 지역 경제 발전을 공약하면서도 자신은 아직도 이탈리아 인의 후손임을 잊지 않고 산다는 점을 부각시켰다. 쿼모는 자신이 이탈리아 인임을 특별히 언급하지 않았다. 이탈리아 인 특유의 기질을 가지고 있는지 묻는 기자들의 질문에 '자신은 합리적인 미국인'이라고 답변했다. 이러한 쿼모의 민족 중립적인 태도에 대해 팔라디노는 그가 이탈리아 인의 유산을 잃어버린 사람이라고 비난했다.

누가 이탈리아 인의 표를 더 얻었겠는가? 《뉴욕타임스》에 따르면 쿼모가 전반적으로 훨씬 더 많이 득표했음은 물론 이탈리아 인들의 지지도 더 많이 얻은 것으로 나타났다. 물론 쿼모가 경력에서 경쟁자보다 훨씬 앞서고, 전반적으로 민주당 지지자가 많은 뉴욕에서 민주당 후보인 쿼모의 승리는 일찌감치 예상되었다. 그러나 민족성이나 민족 집단의 지지에 의지하지 않고 중립적인 태도를 보인 후보가 민족적 충정에 호소한 후보보다 지지도가 더 높았다는 사실은 이탈리아 인은 이미 구별된 민족 정체성을 가진 집단이 아니라는 점을 말해준다. 이탈리아 인은 정치적·경제적으로 성공해 주류의 일부가 되었으므로 특별히 자신이 이탈리아 인이라는 점을 부각시켜 호의적인 반응을 얻을 수 없게 된 것이다. 로스앤젤레스의 한인 거리에서 한국계임을 전혀 내비치지 않는 후보가 한국계를 강조하는 후보보다 더 많은 표를 얻으리라 기대하기는 어려운 상황과 비교하면 미국에서 이탈리아 인의 위상을 쉽게 짐작할 수 있다.

콜럼버스 데이
퍼레이드 참관기

콜럼버스 데이 퍼레이드가 국정 공휴일인 월요일 아침 11시 반에 맨해튼 5번가의 미드타운에서 출발한다는 소식을 확인했다. 붐빌 것을 예상하고 일찌감치 그곳으로 향했다. 퍼레이드가 47번가에서 북쪽을 향해 출발한다는데 42번가에서부터 벌써 교통을 통제하고 있다. 출발지에 가까워지면서 인도에 사람이 많아 걷기가 힘들다. 5번가를 따라 올라가다 보니 좌우로 교차하는 거리마다 퍼레이드를 준비하는 참여자들의 흥분의 열기가 뜨겁다. 어느 골목에서는 알록달록한 이탈리아 민속 의상을 입은 이들이 벌써 꽹가리 같은 악기를 두드리며 춤을 추고 있다. 다른 골목에서는 해군 군악대 복장을 하고 대오를 이룬 젊은이들이 북을 두드리고 트럼펫을 불며 행진 신호가 떨어지기를 고대하고 있다. 또 다른 골목에서는 검정색 고급 승용차 주위로 정장 차림의 남자들이 무전기를 들고 바쁘게 연락한다. 아마 높은 사람이 떴나보다.

퍼레이드가 출발하는 지점의 주변 인도는 발 디딜 틈 없이 사람이 들어차 도로 가까이 접근하기 어렵다. 뒤로 물러서 건물 계단에서 까치발을 하고 도로의 아래위를 연신 둘러보았다. 11시 반쯤 되자 선두를 안내하는 경찰 오토바이가 우렁찬 소리를 내며 도로 위로 줄지어 지나가기 시작한다. 이어 해군 군악대, 여고생 치어리더, 여자 경찰대, 흑인 경찰대, 소방대 등 다양한 행진이 이어진다. 이 퍼레이드의 선두를 장식하는 행렬이 이탈리아 인이 아니라는 점이 흥미롭다. 백인과 흑인은 물론이고 중남미인, 중국인, 일본인, 한국인에 이르기까지 다양한 민족들이 그들끼리 대오를 이루면서 깃발을 높이 들고 행진한다.

행진 중에 정치인의 모습도 보인다. 뉴욕 주지사 선거에 출마한 후보 팔라디노다. 올해(2010년) 주지사 선거에 출마한 두 후보는 모두 이탈리아 인인데 또 다른 후보인 앤드루 쿼모는 보이지 않는다. 이탈리아 임임을 강조하는 팔라디노는 퍼레이드에 나왔지만, 이탈리아 인이라

● ● 민족의상을 입은 콜럼버스 데이 참가자들. 퍼레이드를 시작하기 전부터 신이 나서 춤을 추고 소리를 지른다.
아마 이들도 일 년에 한 번 이날만 자신의 민족의상을 입을 것이다.

는 내색을 하지 않는 쿼모는 아마도 여기에 올 필요가 없다고 판단한 모양이다. 팔라디노를 선
두로 그를 지지하는 배지를 가슴에 달고 그의 이름을 새긴 깃발을 높이 든 사람들이 무리 지어
지나간다. 연도에서도 그의 이름을 쓴 팻말을 흔드는 사람을 볼 수 있다. 천천히 걸어가는 후
보자 주위에는 그를 취재하는 취재진이 시야를 가로막는 가운데 길가에 있는 지지자들에게 손
을 흔드는 그의 모습이 보인다.

대오를 이룬 행진에 이어 각양각색의 복장과 연령의 이탈리아 인이 자동차 위에 가설한 무
대에 올라타거나 옆에서 걸으면서 천천히 지나간다. 제2차 세계대전에 참가한 역전의 노장인
듯 가슴에 훈장을 주렁주렁 단 노인들, 오픈카에 탄 세련된 패션에 날씬한 몸매를 자랑하는 모
델 같은 여인과 그의 남자 친구, 통통하게 몸이 불은 어머니와 휘하의 대가족, 제법 돈깨나 있
다고 거드름을 피우는 장년의 남자와 그의 가족, 귀여운 어린이와 발랄한 청소년을 한 무더기
태운 무개차, 트레일러 자동차에서 그리스 로마 신화 속 세이렌을 흉내 낸 요염한 포즈를 취하
며 손을 흔드는 묘령의 여자 모델들, 콜럼버스의 초상화와 흉상 장식을 자동차 위에 크게 붙이
고 그 밑에 비좁을 정도로 잔뜩 타고 있는 사람들, 끝도 없이 행렬이 이어진다. 한결같이 고향

에 금의환향한 사람인 양 미소를 띤 채 손을 흔들고 옆 사람과 담소를 나누는 여유 있는 모습들이다. 때때로 연도에서 구경하는 사람 중에 아는 얼굴을 발견했는지 이름을 외치고 이리 와서 같이 타자고 권유한다. 그들의 얼굴에는 미국인의 꿈을 이룬 사람이라는 자긍심과 풍요의 냄새가 풍긴다. 남녀노소 모두 한껏 차려입었고 얼굴에 윤기가 돈다. 연도에서 구경하는 우리들은 아직 그들만큼 성공의 사다리를 올라가지 못한 사람이므로 부러움을 표해야 할 의무가 있는 것처럼 느껴지기까지 한다. 사실 그들 중에도 피자집을 하는 사람은 얼굴과 옷에 온통 밀가루를 묻히고 열심히 일해야 하는 사람일 텐데, 여하튼 오늘만큼은 성공한 이탈리아 인의 일원으로 함께 즐기고 있다.

퍼레이드 구경꾼들이 흔드는 국기는 대부분 미국 국기다. 이와 함께 이탈리아 국기를 흔들기도 한다. 인파 속에 묻혀 있으니 세계 여러 나라말이 들려온다. 영어와 이탈리아 어는 물론이고 스페인 어, 중국어, 일본어, 한국어, 러시아 어, 프랑스 어, 아랍 어, 이외에도 내가 구별할 수 없는 다양한 말이 사방에서 들린다. 관광객인 듯 보이는 선남선녀들이 쌍을 지어 혹은 가족과 함께 퍼레이드를 구경하며 웃고 떠든다. 이탈리아와 전혀 관계없는 이들이지만 볼거리와 웃을거리를 찾아 좋아하는 사람과 함께 즐거운 시간을 보내고 있다. 뉴욕에 사람들이 많이 찾는 이유는 이러한 볼거리가 항시 어디에선가 벌어지고 있기 때문이리라. 거의 매주 축제가 벌어진

● ● 콜럼버스 데이 퍼레이드의 참가자들. 이 사람들은 특별히 이탈리아와 연관 있어 보이지 않는다. 그저 축제를 함께 즐기는 것일 뿐. 이탈리아 국기보다는 미국 국기를 흔드는 사람이 훨씬 많다.

다고 하니 심심할 겨를이 없다.

사람이 모이는 곳이면 어디든지 나타나는 사소한 것을 파는 상인을 주위에서 본다. 풍선을 파는 사람, 음료수나 간식을 파는 사람, 솜사탕을 파는 사람, 조그만 깃대에 매달린 국기를 파는 사람, 광고 전단지를 나누어 주는 사람 등등. 이런 것을 파는 사람은 대체로 초췌해 보이는 히스패닉이다. 이들 중 일부는 불법으로 국경을 넘어와 힘들게 살고 있을 것이다. 퍼레이드 차량 무대 위에서 여유 있게 손을 흔드는 사람과 그들의 쪼들린 모습이 극명하게 대비된다. 퍼레이드에 참가한 이탈리아 인의 선조는 100년 전에 맨손으로 뉴욕에 상륙해 바로 내 앞에서 물건을 파는 히스패닉처럼 온갖 어려움을 겪었으리라. 이들도 여기서 물건을 팔면서 장래 그의 자식들이 성공해 퍼레이드에 참가하는 꿈을 꾸고 있을 것이다.

퍼레이드가 끝나고 숙소로 돌아가는 길, 뉴욕의 도심에서 퍼레이드가 장시간 펼쳐지기 때문에 그 주변을 운행하는 모든 대중교통 수단은 일시 중단된다. 사방의 도로는 엄청나게 막히고 대체 언제까지 기다려야 대중교통이 재개될지 몰라 막막하다. 주변을 구경하기도 할 겸 북쪽으로 계속 걸어 올라가면서 버스 운행이 재개되는 곳까지 가려고 했는데, 결국 한 시간 이상을 걸어 센트럴 파크에 다 가서야 버스를 만날 수 있었다. 중간에 버스 정류장에서 사람들이 하염없이 기다리는 모습이 보여 물어봐도 버스가 언제 올지 모르는 모양이다. 퍼레이드가 열려서 교통이 통제되고 있는 것도 알지 못하고 왜 버스가 안 오는지 의아해하는 사람도 있다. 버스가 당분간 오지 않을 테니 기다리지 않는 것이 좋겠다고 말해주었다.

나중에 뉴욕에서 오래 산 사람에게 물으니 맨해튼 도심에서 대중교통 통제는 거의 매일같이 있는 일이므로 버스가 안 오면 으레 그러려니 해야 한다고 한다. 심지어는 지하철도 노선이 변경되고 운행을 단축하기도 한다. 지하철 역사에서 무어라고 웅얼거리는 방송을 주의 깊게 듣지 못하면 오지 않는 전철을 하염없이 기다리다 지치기 십상이다. 뉴욕에는 관광객이나 근래에 온 사람이 워낙 많으므로 주위 사람에게 물어도 도움이 되지 않거나 엉뚱한 답을 듣고 낭패를 볼 수도 있다. 관광이 주요 수입원인 뉴욕 사람들은 이러한 불편을 먹고살기 위해서 참아야 할 것이려니 생각하는 듯하다.

2. 유대 인의 딜레마, 성공했기에 사라지는 민족

JEWISH PEOPLE

유대 인은 50년 전만 해도 사회적 배제와 차별을 감수했다.
어떻게 이들은 미국 사회에서 두각을 나타내게 되었을까?

뉴욕에서 유대 인은 두드러진 존재가 아니다. 유대 인은 백인이기에 외모에서 특별히 두드러지는 특징을 찾을 수 없다. 세계적으로 흑인이나 유색인 유대 인은 2~3%에 지나지 않는다. 그들의 문화적 관습이 독특하다고 하지만 사적인 생활에 국한할 뿐 공적인 활동에서는 자신이 유대 인이라고 밝히지 않는 이상 알 수 없다. 맨해튼에는 유대 인이 밀집해 살고 있는 곳이 사실상 없다. 다만 '다이아몬드 거리'라고 이름 붙여진 맨해튼의 47번가에 가면 가끔씩 특이한 유대 인 복장을 한 사람을 만날 수는 있다.

뉴욕은 미국 유대 인의 본거지다. 전 세계 유대 인 인구의 절반이 미국에 있고, 그 중 3분의 1인 200만 명이 뉴욕에 살고 있다. 한때 뉴욕 사람 네 명 중 한 명꼴로 유대 인이 많았으나, 현재는 뉴욕 시 인구의 12%를 차지한다. 현재 인기가 매우 높아 선거법을 개정하면서까지 세 번째 임기를 수행하고 있는 블룸버그 뉴욕 시장도 유대 인이다. 뉴욕에 유대 인이 정착한 것은 네덜란드의 식민지 시절로 거슬러 올라가지만, 대부분의 유대 인은 19세기 후반 20세기 초반에 러시아와 동유럽의 격변을 피해 건너왔다. 1930년대에는 히틀러의 탄압을 피해 서유럽의 유대 인이 뉴욕으로 많이 건너왔으며, 근래에 구소련의 붕괴 이후 동유럽으로부터 유대 인 이민자들이 증가하고 있다. 20세기 초에 건너온 유대 인 이민자는 맨해튼의 로어 이스트사이드에 집단 거주지를

로어 이스트사이드에 있는 유대교회

이 오래된 유대교회는 실제 신자들이 예배를 드리는 교회가 아니라 박물관으로 이용되고 있다.
유대 인들은 뉴욕의 교외로 다 떠났기 때문이다.

형성해 살았으나 지금은 뉴욕의 교외 지역에 흩어져 있다. 현재 로어 이스트사이드에는 유대 인 교회와 학교가 일부 남아 있을 뿐이다. 반면 근래에 동유럽에서 온 유대 인 이민자는 뉴욕의 주변 지역인 퀸스, 브루클린, 브롱크스 등에 정착해 산다.

뉴욕은 전 세계 유대 인 활동의 본거지다. 뉴욕에는 유대 인 전국 조직의 본부가 있으며 유명한 유대교 신학 대학이 여럿 있다. 유대 인 지도자들은 미국 전역에서는 물론 이스라엘에서도 뉴욕으로 모여들어 조직 결속을 다지며 유대 인의 영향력을 강화하기 위한 전략을 강구한다. 뉴욕을 중심으로 한 유대 인의 경제적인 영향력과 문화계의 영향력은 미국 전역에 미친다. 유럽에서 유대 인이 금융업에 종사하며 정치계에 돈을 빌려주어 영향력을 증대했던 것과 마찬가지로 미국에서도 유대 인 금융인의 힘은 막강하다. 19세기부터 미국의 유대 인 금융인들은 운하, 철도, 도로, 항만, 도시 개발 등 대규모 사업의 돈줄 역할을 했다. 유대 인이 설립한 투자 은행은 월가의 유가증권 거래의 주축을 이루었다. 최근의 금융 위기에서 명암이 엇갈린 골드먼삭스와 리먼브라더스가 전형적인 유대계 금융 회사이며, 세계적인 투자가인 조지 소로스 또한 유대 인이다.

유대 인이 금융계에서 이렇게 성공한 데에는 유대 인 특유의 문화가 긍정적으로 작용했다. 가족적인 네트워크로 연결된 비즈니스 관계, 정직·성실·신뢰를 원칙으로 하는 상거래 관행, 위험을 치밀하게 계산하고 감수하려는 적극적인 자세 등이 그들을 금융계에서 독보적으로 성공하도록 이끌었다. 미국의 대기업 이사 중 약 8%가 유대 인이라는 조사 결과도 있다. 미국의 경제정책을 결정하는 연방준비제도이사회의 의장으로 명성을 날린 앨런 그린스펀과 벤버냉키가 유대 인이라는 사실은 그들의 영향력이 얼마나 막강한지 짐작케 한다.

이러한 경제력을 바탕으로 유대 인은 미국 정치에서도 큰 영향력을 행사한다. 유대 인은 미국 전체 인구의 1% 남짓으로 추정된다. 유대 인은 인구는 많지 않지만 적극적으로 투표에 참여하기 때문에 북부의 경쟁 지역에서 승패에 영향을 미치는 중요한 유권자 집단이다. 사실 유대 인은 머릿수보다는 막강한 자금을 바탕으로 한 조직과 로비로 정치적 힘을 발휘한다. 유대 인은 엄청난 자금을 동원해 연방과 지방 의회 모두에 체계적으로 로비를 하며, 선거 시기에는 막대한 선거 자금을 무기로 민주·공화 양당 후보자 모두에게 큰 영향력을 행사한다. 유대 인 조직은 유대 인이나 이스라엘에게 불리한 생각이나 행동을 하는 정치인에 대해 조직적으로 낙선 운동을 펼치는 것으로 악명 높다. 미국의 대통령이나 장관은 물론 정치적으로 영향력 있는 조직의 의사결정자들을 불러 의견을 청취하고, 그들을 유대 인에게 호의적인 방향으로 설득하는 데 엄청난 노력을 기울인다.

예컨대 이스라엘을 후원하는 유대 인 정치 조직인 '에이팩AIPAC, American Israel Public Affairs Committee'은 매년 한 번씩 워싱턴 D.C.에서 연례 총회를 개최하면서 미국 정책이 이스라엘에 유리하게 수립되도록 로비 활동을 펼친다. 매년 열리는 총회에 미국의 주요 정치인과 공직자를 초청해 로비하고, 유대 인의 정치력 신장을 위한 각종 프로그램과 전략 회의를 진행한다. 대통령과 국무장관, 상하원 원내총무, 민주당과 공화당의 지도자 등이 이 회의에 초청되는 연사들이다. 이스라엘과 팔레스타인 간의 갈등을 공정하게 다뤄야 한다고 말했던 오바마 대통령도 유대 인의 압력에 굴복해 자신의 발언을 수정했으며, 최근 에이팩 총회에 참석해 이스라엘에 호의적인 연설을 했다. 《뉴욕타임스》에서 그의 중동 전략이 이전 정부와는 달리 팔레스타인에 호의적인 방향으로 흐르고 있으며 반이스라엘 성향을 보인다는 보도, 그리고 전통적인 민주당 지지 세력인 유대 인들이 그들의 정치적 지지 성향을 재고하고 있다는 보도가 오바마 대통령의 생각을 바꾸는 데 기여했을 것이다. 불쌍한 팔레스타인 사람들이다.

20세기 중반까지만 해도 미국에서 유대 인은 억압받는 존재였다. 제2차 세계대전까지 미국의 인구 조사에서 유대 인을 백인이 아니라 별도의 인종 집단으로 분류한 사실에서 얼마나 유대 인을 사회적으로 배제했는지 짐작할 수 있다. 그러던 것이 20세기 후반에 들어 상황이 바뀌었다. 1960년대 초반 열 명도 안 되던 유대 인 하원 의원이 근래에는 40명 이상으로 늘었다. 뉴욕 주를 비롯한 여러 주에서 유대 인 상원 의원이 선출되었다. 유대 인 대통령은 아직 나오지 않았지만 2000년 선거에서 민주당 후보로 유대 인인 조 리버만이 나왔을 때, 사람들은 1960년대까지 차별받던 유대 인이 대통령 후보를 낼 만큼 성장했다는 점에 주목했다. 정치 평론가들은 그가 유대 인이라는

2011년 5월 22일 '에이팩' 총회에서 연설하는 오바마 대통령

사진 배경으로 AIPAC 로고가 크게 보인다. 그는 이 연설에서 미국과 이스라엘은
확고한 동반자 관계에 있다는 점을 잊지 않고 강조했다.

사실이 약점이 될지 여부에 대해 논란을 벌였다. 이제 유대 인 대통령 후보가 출현한
다고 해도 미국인이 부정적으로 반응할 것 같지 않다. 불과 50년 만에 미국인의 유대
인에 대한 태도가 180도 바뀐 것이다.

　유대 인의 정치력은 언론계에서 여론을 주도하는 힘에서도 나온다. 유대 인은 미
국에서 가장 영향력 있는 일간 신문인 《뉴욕타임스》와 《워싱턴포스트》를 소유하고
있으며, 전국적인 네트워크 방송사인 NBC, ABC, CBS 모두가 유대 인의 영향 아래 있
다. 미국의 주요 언론은 대부분 유대 인의 소유이거나 유대 인 기자가 장악하고 있어
유대 인에 대해 호의적인 기사를 자주 생산한다. 미국의 언론은 중동 문제와 관련해
지독하게 친이스라엘 성향을 보인다. 《뉴욕타임스》는 거의 매주 이런저런 내용의 기
사를 내보내며 중동 문제에 대해 미국인의 관심이 식지 않도록 항시 기사를 만들어낸

다. 《뉴욕타임스》나 《워싱턴포스트》를 보면 세계 정치에서 중동이 매우 큰 비중을 차지하는 것으로 보이는데, 이는 사실 영향력 있는 언론이 계속 이 문제를 보도하기 때문이다. 미국 신문의 유대 인과 이스라엘에 대한 무한한 사랑은 영국 신문과 비교하면 명확히 드러난다. 영국의 대표 신문인 《가디언》에는 유대 인 관련 기사가 그렇게 많지 않거니와 팔레스타인 문제를 보도하면서 일방적으로 이스라엘의 편만 들지 않는다.

미국 언론은 이스라엘에 부정적인 정보가 미국 사람에게 알려지지 못하도록 하며 이스라엘에 비판적인 여론이 형성되는 것을 막는다. 이스라엘이나 유대 인에 대해 비판적인 발언을 하는 저널리스트나 정치인은 언론의 집중 포화에 발언을 사과하거나 직위에서 물러나는 경우를 흔히 본다. 평소에는 유대 인 편향이 뚜렷이 드러나지 않지만 이스라엘이나 유대 인과 관련된 쟁점이 제기될 때 이들은 매우 공격적으로 자신의 의사를 관철시킨다. 미국의 언론은 아랍에 대한 부정적인 고정관념을 만들어낸다. 미국의 언론에서는 아랍계의 입장이 제대로 전달되지 못하며, 아랍 인과 그들의 지도자가 비합리적이고 신뢰하기 어려운 충동적인 사람들로 비춰진다. 미국의 텔레비전이나 신문을 따라가다 보면 중동 사람들은 어리석고 비이성적인, 신뢰할 수 없는 사람이라는 생각이 저절로 든다. 사실 미국뿐만 아니라 서구 문화 자체가 이슬람을 그렇게 그리고 있다. 팔레스타인 출신 지식인인 에드워드 사이드는 그의 책 『오리엔탈리즘』에서 유럽 문화에 내재한 아랍 인에 대한 왜곡된 고정관념을 고발했다. 물론 여기에는 한국을 포함한 아시아 인도 들어간다.

미국의 문화계에서도 유대 인의 영향력은 절대적이다. 미국 7대 메이저 영화사 중 디즈니사를 제외한 영화사 모두가 유대 인 소유이며, 할리우드 최고의 감독인 스티븐 스필버그도 유대 인이다. 역사상 최고 흥행을 올린 영화 〈타이타닉〉과 〈아바타〉를 제작한 제임스 캐머런 감독의 경우 그의 어머니가 유대 인이고 아버지는 비유대 인이다. 그는 유대교회를 다니지 않지만 유대 문화에 친숙한 것으로 알려져 있다. 미술계, 음악계, 문학계 등 학계에서도 유대 인의 활약은 두드러진다. 1960년대까지 유대 인은 유명 대학교에서 교수가 되거나 학생으로 입학을 하는 데 보이지 않는 장벽에 가로막혀 있었다. 그 당시까지 유대 인은 명문 대학에서 교수로 임용되기 어려웠다. 유대 인 학생은 공부를 매우 열심히 하므로 동부의 명문 대학에서는 학업 이외 기준을 적용해 유대 인의 입학을 제한했다. 한국에서 근래 열을 올리는 입학사정관제도의 원래 목적은 유대 인의 입학을 제한하는 것이었다. 그러던 것이 1950년대에 민권 운동으로 차별이 철폐되면서 유대 인은 미국 학계에서 빠른 속도로 성장했다. 현재 아이비리그 대학 교수의 30~40%를 유대계가 차지하며, 이들 대학 학생의 20~30%가 유대 인이다. 유대 인 중 노벨상을 받은 과학자의 비율은 그보다 더 많다. 불과 반세기 만에 그렇게 올라서다니 정말 놀라운 일이다.

유대 인은 유럽의 박해를 피해 미국에 온 지 100여 년에 불과하고 1950년대까지만 해도 반유대주의의 분위기 속에서 사회적 배제와 차별을 감수해야 했다. 그런데 어떻게 20세기 후반 미국 사회의 모든 영역에서 두각을 나타내게 되었을까?

한때 미국 서점가에는 유대 인의 성공을 분석하는 책들이 베스트셀러였다. 학자들은 유대 인의 종교적 믿음과 사회 관습이 강점으로 작용했다고 설명한다. 유대교는 지적인 훈련을 중시하는 종교다. 신의 존재를 감정적으로 체험하기보다는 신의 메시지를 지적으로 이해하는 것을 중시한다. 성경과 선조의 가르침이 담긴 '토라'를 읽고 지적인 토론을 통해 이해하는 것을 중시하는 종교적 관행은 유대 인들에게 문필 중심의 지적인 사고 습관을 장려한다. 유대교회에서는 성직자 랍비의 일방적인 설교보다는 신도들 서로 간에 끊임없는 대화와 토론을 통해 성스러운 말씀을 이해하고 현실 문제에 적용해보고 상호 설득을 통해 이견을 조정하는 것을 중시한다. 특히 유대 인 청소년들은 교회에서 서로 간에 토론을 통해 성서와 토라를 학습하는 것을 유대교 신앙생활의 핵심으로 여긴다. 다른 종교가 권위에 복종하고, 단순 반복적인 암기를 권장하며, 신을 감정적으로 체험하는 것을 강조하는 것과 대조된다. 유대교회와 가정에서 이렇게 지적인 훈련을 받은 유대 인 자녀들이 학교에서 유리한 위치를 차지하는 것은 당연하다.

유대 인은 자녀의 교육을 중시하며 교육을 위해 물질적인 안락을 희생하는 것을 미덕으로 여긴다. 한국인과 유사하게 유대 인에게도 자녀의 성공은 부모가 삶의 의미를 찾고 자신이 속한 공동체에서 지위를 획득하는 데 중요한 요소다. 자녀의 성공이

나의 성공이며 나의 삶의 목적이라고 생각하는 것이다. 이는 가족 간의 유대가 강한 유대 인의 생활 관습과 맞물리면서 유대 인 자녀의 성취를 높이는 결과를 가져왔다. 근래로 오면서 지식의 습득이 사회적 성공을 위해 더욱 중요해졌다. 지식을 중시하는 사회가 도래하면서 유대 인의 높은 교육열과 교육적 성취는 과거 어느 때보다 더 큰 보상을 그들에게 가져다준 것이다.

미국 사회에서 1960년대 이래 소수자에 대한 차별이 금지되면서 유대 인은 매우 빠른 속도로 사회적 지위가 상승했다. 현재 많은 유대 인은 전문직과 관리직에 종사하며 평균 소득 또한 전체 백인보다 30% 이상 높다. 금융인, 언론인, 학자, 의사, 변호사, 예술가, 문화계 종사자 등이 유대 인이 많이 진출한 직종이다. 유대 인은 뉴욕을 비롯한 동북부 지역에 많이 살고 있으며, 다음으로는 캘리포니아 등 서부 해안 지역과 플로리다에 많다.

미국의 유대 인 사회는 근래에 큰 변화에 직면했다. 유대 인 중에 비유대 인과 혼인하는 사람이 늘어나고, 유대교회에 다니는 사람이 줄어들고, 유대 인 가족이 소수의 자녀를 낳으면서 유대 인의 인구가 급속히 감소하는 위기를 겪고 있다. 유대 인의 성공은 거꾸로 유대 인의 존재를 약화시키는 결과를 가져왔다. 유대 인의 성공은 주위 사람들과 차이를 없애고 학교와 직장에서 비유대 인과 접촉하는 빈도를 높이면서 급기야 비유대 인과의 결혼이 50%에 육박하게 되었다. 차별을 받던 '소수자'였을 때는 공고히 유지되던 유대 인의 정체성이 주변 백인들과 사회 경제적으로 구별을 할 수 없게 되면서 약화된 것이다. 내가 속한 집단과 내가 속하지 않은 집단 간의 구분이 사라지면 집단의 정체성은 해체될 수밖에 없다. 유대 인과 비유대 인이 결혼한 경우 그 사이에서 난 자녀의 3분의 1만이 유대교 전통에서 성장한다.

물론 자신의 유대 인 정체성에 눈떠 새로이 열성적으로 유대교 교리에 헌신하는 사람도 있다. 유대 인 청년 조직에 활발히 참여하는 사람이나, 젊은 시절 유대 인의 정체성을 잊고 바쁘게 살다가 중년이 넘어 유대 인의 정체성을 확인하려고 새삼 노력하는 사람도 있다. 할리우드의 스티븐 스틸버그 감독이 단적인 예다. 그는 인터뷰에서 자신이 젊었을 때는 유대교회에 다니지 않고 유대 인이란 것을 의식하지 않고 살았는데, 이제 나이가 들고 보니 어릴 때 어머니의 헌신적인 유대교 가르침을 따르는 생활의 소중함을 알게 되었다고 고백한다. 그는 감독으로 성공한 후에 자신의 유대 인 유산을 영화에 구현하겠다고 공언했는데, 〈쉰들러 리스트〉 같은 영화가 이러한 의도가 반영된 작품이다. 유대 인 자녀에게 유대 인의 정체성 교육을 강화하고 유대 인과 결혼한 비유대 인을 적극적으로 유대교인으로 받아들여야 한다는 목소리가 유대 인 지도자들 사이에서 높다.

유럽 민족의 미국 이민사를 볼 때 유대 인도 유사한 과정을 밟을 것으로 짐작된다. 사회 경제적으로 어렵고 차별받던 이민 초기에는 집단 정체성이 공고하다. 그러나 세대가 바뀌어 성공의 사다리를 타고 올라가고 미국의 주류 집단과 구별할 수 없는 사회 경제적 지위에 오르면서 자기 민족 밖의 사람과 혼인이 늘고 민족 교회나 민족 고유의 생활 관습을 멀리하게 된다. 이렇게 동화되면 결국 소수민족의 정체성은 사라진다. 미국에서 독일인, 스칸디나비아 인, 아일랜드 인, 이탈리아 인이 거쳤던 것과 같이 '그냥 미국인'이 되는 것이다.

유대 인은 이제 주류 사회의 일원이므로 특정 지역에 따로 모여서 살 필요를 느끼지 않는다. 그러나 여전히 많은 유대 인은 민족적 정체성을 어느 정도 가지고 있다. 미국인과 거래하면서 조금 가까워진다 싶을 때 자신이 유대 인이라고 밝히는 사람을 흔히 만난다. 사실 이들은 자신이 유대 인이라고 밝히지 않으면 타인은 알 도리가 없고, 또 스스로 밝힌다고 해도 특별히 달라지는 것은 없다.

미국 사회에서 유대 인은 세 가지의 구심점을 가지고 있다. 유대교, 이스라엘, 나치 대학살, 이 세 가지는 유대 인의 민족 정체성의 중심을 차지한다. 첫째, 유대교는 유대 인의 정체성의 중심이다. 유대 인은 유대교를 믿고 유대교회의 가르침을 따르는 사람을 지칭한다. 유대교회에 출석하고, 유대교의 가르침에 따라 기도하며, 유대교의 의례와 축일을 지키며, 토요일 안식일을 지키며, '코셔'라고 해서 유대교 율법에 따라 처리된 고기와 요리를 먹는다. 유대교와 유대 민족은 한몸이다. 유대교를 믿지 않는 유대 인은 더 이상 유대 인이라고 할 수 없으며, 유대교는 유대 인만을 위한 종교다. 유대교는 여타 종교와 달리 새로운 신도를 확보하려고 선교하지 않는다. 일본인의 고유

유대교회 내의 제단

미국 국기와 이스라엘 국기가 제단의 양쪽에 걸려 있다. 미국의 유대 인들에게 이스라엘은 떼려야 뗄 수 없는 존재이다.

신앙인 '신토'는 일본인만이 믿고, 한국의 단군교는 한국인만 믿는 것과 같은 이치다.

　근래 유대 인과 비유대 인의 혼인이 증가하면서 비유대 인이 유대교회를 다니는 경우 이들을 유대 인으로 받아들일지 논란이 되었다. 원래 유대 인은 유대 인 가정에서 태어난 사람만을 유대 인으로 인정하고 유대 인끼리 결혼하는 것을 원칙으로 한다. 혼인을 통해 비유대 인이 유대 인이 되는 경우는 이전에는 없었다. 그러나 사실 유대교회에 다니고 유대교 율법에 따라 생활하는 사람은 전체 유대 인 중 3분의 1에 지나지 않는다. 나머지 3분의 2는 유대 인 가정에서 태어났지만 유대교회에 다니지 않고 유대교의 가르침에 따라 생활하지 않으므로 혈통만 유대 인일 뿐 문화적으로는 유대 인이 아니다. 유대교를 믿는 유대 인은 갈수록 줄어들고 있지만 그들의 돈의 힘과 높은 의식 수준 덕분에 적은 수만으로도 미국 사회에서 유대 인의 존재를 드러내고 있다.

　유대교회는 유대 인 자녀에게 유대 인의 정체성을 주입하는 데 적극적이다. 가톨릭교회와 달리 유대교회는 정규 학교를 운영하지 않는다. 그러나 대부분의 유대교회는 다양한 교육 프로그램을 통해 어린이와 청소년에게 유대 인으로서의 정체성을 심는 데 열심이다. 놀이방에서부터 시작해 유치원, 주일 학교, 여름 캠프, 청소년 소모임 운동 등 유대교회가 주관이 되거나 간여하는 이 세대의 교육 프로그램은 매우 다양하다. 유대교회의 교육 프로그램에 자녀를 보냄으로써 유대 인은 자녀들에게 어릴 때부터 민족 정체성을 확고하게 심어주고 청소년 조직 활동을 통해 유대 인 사이에 정보와 네트워크를 교환하도록 하는 데 열심이다. 유대 인 조직 활동에서 형성된 사회적 연줄은 일생을 함께 따라다니며 도움을 주고받는다. 유대 인 청소년들은 교외의 유대 인 조직에 활발하게 참여하며, 미국의 대학교에는 유대 인 학생 조직이 있다. 유대 인 청소년 조직은 멘토 프로그램을 통해 앞서 간 선배가 후배를 규칙적으로 만나고 연락하면서 성공을 위한 길잡이 역할을 한다. 유대 인들은 유대교회와 연관을 맺고 유대 인의 정체성을 유지하는 것으로부터 실질적인 도움을 받기 때문에 많은 유대 인이 자신이 유대 인임을 자랑스럽게 생각하고 유대 인 조직에 참여한다.

　두 번째 유대 인의 민족 정체성의 구심점은 이스라엘이다. 이스라엘은 미국의 유대 인이 주축이 되어 만든 국가이므로 이 국가의 사활과 번영에 미국의 유대 인은 지대한 관심을 보인다. 막강한 정치 자금과 조직력을 바탕으로 미국의 유대 인들은 이스라엘의 존립에 위협이 되는 요소를 차단하는 데 전력을 다한다. 미국의 대외 원조에서 이스라엘에 대한 지원이 절대적인 비중을 차지하는 것이나, 이스라엘에 불리한 것은 무엇이건 국제 사회에서 적극적으로 반대하는 미국의 외교 정책에서 미국 유대 인의 로비력을 확인한다. 미국의 유대 인과 이스라엘의 연계가 계속 이어지도록 유대 인 청년들에게 이스라엘 방문을 적극 지원하고, 이스라엘 청년이 미국에 방문해 교류하는 프로그램을 활발하게 전개한다.

그렇다고 미국의 유대 인이 이스라엘에 대해 전적으로 호의적인 것은 아니다. 미국의 유대 인과 이스라엘은 애증 관계에 있다. 극단적인 보수 유대 인을 제외한다면 미국의 유대 인은 팔레스타인과 아랍권에 대한 이스라엘 정부의 강경한 입장에 별로 동조하지 않는다. 대부분의 유대 인은 팔레스타인이 독립 국가가 되는 것을 지지하며, 과거 이웃 이집트와의 전쟁으로부터 빼앗은 지역인 웨스트뱅크에서 철수해야 한다는 의견을 가지고 있다. 그러나 이스라엘의 생존과 관련된 주제가 제기될 때 미국의 유대 인은 일치단결해 이스라엘을 돕는 데 발 벗고 나선다. 이스라엘에 대한 미국 유대 인의 복합적인 감정을 알기 때문에 이스라엘의 정치인들은 주변국을 강압하는 정책을 제멋대로 구사할 수 있다. 어떻게 해도 미국의 유대 인이 이스라엘을 버리지 않으리라는 확신이 있기 때문이다. 미국인의 관심이 이스라엘에서 멀어지지 않도록 하기 위해 기울이는 노력은 놀라울 정도다. 미국의 주요 언론은 미국 국민에게 부단히 이스라엘의 중요성을 설득한다. 미국의 유대 인은 그들의 마음속에서 미국인이면서 동시에 이스라엘 사람이다.

유대 인의 정체성을 구성하는 세 번째 요소는 제2차 세계대전 중 독일 나치에 의한 '대학살' 경험이다. 미국의 유대 인이 이스라엘과 유대 인의 정체성에 그렇게 집착하고 조직적으로 단결하는 이유는 대학살의 비극이 너무도 엄청나기 때문이다. 나치의 대학살로 전 세계 유대 인의 절반 이상이 가스실의 연기로 사라졌다. 그러나 히틀러 혼자만 가지고 있던 유대 인에 대한 병적인 망상 때문에 나치의 대학살이 벌어진 것은 아니다. 유럽 전 지역에서 유대 인을 차별하고 억압하는 반유대주의는 오랜 세월 뿌리 깊은 전통이었다. 유대 인은 지역 사회에 동화되기를 거부하고 그들만의 종교를 믿고 독특한 방식으로 생활하면서 타인과 구별된 집단 정체성을 유지했기 때문에 쉽게 차별의 희생물이 되었다. 주위 사람들이 미워하고 억압했기 때문에 그들이 똘똘 뭉친 것인지, 거꾸로 똘똘 뭉쳤기 때문에 주위 사람들이 그들을 더 미워하게 된 것인지 가리기는 어렵다. 처음에는 억압했기 때문에 그들이 뭉친 것이겠지만, 시간이 지나도 그들이 주위에 동화되지 않기 때문에 더 미워하게 된 것이리라. 특히 19세기 말 러시아 황제가 유대 인을 러시아에서 제거하는 정책을 취하고, 이들이 동유럽을 거쳐 서유럽 쪽으로 흘러들면서 반감이 더 커졌다.

히틀러의 유대 인 말살 정책으로 그 당시 유럽에 살고 있던 900만의 유대 인 중 3분의 2 이상이 죽었다. 나치의 대학살은 유대 인의 민족적 존립을 위협했으므로 미국의 유대 인 사회는 이런 사건이 다시 일어나지 않도록 하는 데 엄청난 노력을 기울인다. 대학살의 잔학상을 대외적으로 널리 알리는 것은 물론 유대 인 후손에게도 깊이 인식시키려고 한다. 보수적인 미국인 중에는 아직도 나치의 대학살이 허구라거나 혹은 규모가 과장되었다고 생각하는 사람이 많다. 유대 인 사회에서도 친지 중 대학살을 경험한 세대가 사라지면서 대학살의 심각성은 점차 옅어지고 단지 역사의 한 도막으로 가볍게 생각되는 조짐이 보인다. 미국의 유대 인은 대학살이 망각되는 것을 막기 위해 대도시마다 대학살을 기억하기 위한 박물관을 건립하는 데 돈을 아끼지 않는다. 워싱턴, 뉴욕, 시카고, 로스앤젤레스, 마이애미, 휴스턴 등 미국의 대도시에는 홀로코스트(유대 인 대학살) 기념관이나 혹은 대학살의 경험을 중심으로 하는 유대 인 박물관이 있다. 이곳을 통해 유대 인에 대한 억압과 차별의 비인간성을 고발함은 물론 유대 인 후세들에게 민족 정체성을 절대 잊어서는 안 된다는 메시지를 전한다.

유대 인 가정에서 태어났지만 유대교의 가르침에 따라 생활하지 않는, 그냥 보통 미국인이라고 말하는 사람을 때때로 만난다. 이들은 비유대 인과 결혼한 사람일 가능성이 높다. 그들은 유대 인이기 때문에 차별이나 불이익을 당하던 시대를 뒤로하고 유대 인인지 여부에 별로 관심을 두지 않는 사회에 완전히 동화된 사람들이다. 그들의 자녀는 아마도 자신이 유대 인 조상을 가지고 있다는 사실조차 잊어버릴 것이다. 이것은 유대 인 민족으로 보면 성공한 것인가, 실패한 것인가? 유대 인에 대한 차별이 사라지고 번영한다는 면에서 보면 성공이다. 그러나 유대 인의 민족성 자체가 사라진 다는 점에서는 실패다. 주류 사회와 계속 구별되는 범주로 있으면서 차별받는 것보다 는 주류 사회의 일원으로 동화되는 것이 더 낫지 않겠는가? 독일인은 미국의 주류 사회에 완전히 동화되어 독일 민족의 정체성을 상실했는데 이는 개인으로 보면 좋은 일이 아닌가? 맥락은 약간 다르지만 미국계 한인이 한국인으로서의 정체성을 완전히 상실하고 그냥 보통 미국인이 되었을 때, 한국의 입장에서는 섭섭하겠지만 미국에 이민간 한인이 주류 사회의 일원으로 그 나라의 역사 발전에 기여하는 것이 결국 모두에게 좋은 일이다. 오랜 세월 유럽에서 고생하며 헤매던 유대 인은 미국에서 마침내 그들의 꿈을 이루었다. 유대 인의 민족 정체성을 망각하게 된 것이 바로 성공의 징표다.

내가 만난 유대 인

토요일 안식일이나 유대교의 축일을 지키고 코셔 음식을 고집하는 유대 인을 알아채기는 쉽지 않다. 유대 인이 흔히 쓰는 성으로 짐작하거나 혹은 본인이 스스로 유대 인이라고 밝힐 때 아는 정도이다. 사실 유대 인이라고 해도 별로 주위에서 개의하는 것 같지 않다. 유대 인에 대한 사회적 편견은 거의 사라졌기 때문이다. 오히려 유대 인이라고 하면 부정적인 편견보다는 진보적이며 똑똑하고 높은 학력의 소유자일 것이라는 긍정적인 고정관념이 더 강하다.

미국 대학에서 공부할 때 나의 지도 교수가 유대 인이었다. 그가 유대 인이라고 짐작한 것은 그의 성인 '카우프만'이 대체로 유대 인의 것이고, 어느 날인가 아마 금요일 오후로 짐작되는데 그가 머리 위에 동그란 모자를 쓰고 어린 자녀를 데리고 연구실에 왔기 때문이다. 미국 대학에서 금요일 오후 늦은 시각은 캠퍼스가 거의 비어 있고, 금요일 오후는 유대교회의 예배가 열리는 날이므로 아마 자녀를 데리고 교회에 가는 길에 학교에 잠시 들른 것 같다. 그렇지만 그가 내게 자신이 유대 인이라고 특별히 말한 적은 없다.

미국 대학교에 유대 인 교수는 워낙 많으므로 사실 유대 인이기 때문에 특별히 구별할 만한 특징은 없다. 내 지도 교수는 무척 성실한 사람이었다. 자신에게도 성실했지만 지도하는 학생에게도 엄청난 성실성으로 대했다. 박사 논문을 쓰는 과정에서 거의 한 학기 반을 그와 매주 한 시간씩 만나서 지도를 받았다. 그는 나에게 매주 지난 한 주 동안 읽고 생각한 것을 바탕으로 에세이를 쓰게 했고, 만나는 날 아침에 내가 그것을 그의 우편함에 넣으면 오후에 만나서 그것에 대해 한 시간가량 토론했다. 그는 내가 에세이를 우편

함에 넣고 오후 2시경 만나기까지의 몇 시간 동안 나의 영어를 꼼꼼히 고쳐주는 것은 물론 관련된 논문이나 책을 찾아서 권해주는 수고를 아끼지 않았다. 내가 영어를 그나마 제대로 구사하고 공부의 틀을 잡게 된 것은 순전히 그의 개인 지도 덕분이다. 한국의 대학교에서 대학원을 다녔는데 얼마나 대학원 수업이 허술하고 교수와 학생 간의 교류가 없는지를 그의 가르치는 방식과 가끔 비교한다. 물론 그의 사례가 특별하겠지만 미국 대학의 대학원 교육 시스템을 신뢰하게 된 것은 전적으로 그와 함께한 경험 덕분이다.

그는 엄격하고 지도 학생을 가려서 받는 사람이었지만 일단 자신이 지도를 허락하면 철저하게 훈련을 시키는 타입이었다. 겉으로는 냉정하지만 속으로는 따뜻한 품성을 가지고 있어 실력이 모자라는 영어로 엄청난 독서량을 소화하면서 공부해야 하는 유학생을 잘 이해하고 배려해주었다. 그와 매주 만났지만 그가 독실하게 유대교회에 다니고 유대교 율법에 따라 살고 있는지 그의 사생활은 전혀 알 수 없었다. 유대 인들이 그렇듯 그도 진보적인 견해를 가지고 있었으며 학문적인 논의에서는 지극히 이지적이고 냉철한 사람이었다. 자녀를 무척 아껴서 때때로 토요일에는 어린 자녀를 학교 연구실에 데려와서 옆에서 책을 읽게 하거나 함께 캠퍼스를 산책하기도 하는 자상한 아빠였다.

유대 인에 대한 두 번째 기억은 유대 인이 자녀 교육, 특히 유대 인의 정체성을 불어넣는 교육에 열성을 다한다는 사실을 주변에서 보고 들은 것이다. 일전에 미국 공영 텔레비전 방송에서 유대 인의 2세 교육을 주제로 한 특집 다큐를 보았다. 유대교회 주관의 여름 캠프는 조직적으로 유대 인 2세에게 유대 인의 정체성을 주입시키는 것으로 유명하다. 대개 자연이 아름다운 캠프장을 이용해 유대 인 2세들이 즐거운 시간을 가지면서 유대교의 율법을 자연스럽게 접하고 유대 인 친구를 만들도록 분위기를 조성한다. 유대교인이 비유대교인과 혼인하면 유대 인의 정체성이 심각하게 위협을 받으므로 유대교회는 유대 인 젊은이들이 서로 자연스럽게 만나는 기회를 많이 만들도록 노력한다. 그러한 노력이 없다면 1% 남짓의 인구 규모인 유대 인들이 다른 유대 인을 만나 결혼할 가능성은 희박하다.

유대 인에 대한 세 번째 기억은 대학에서 본 유대 인 학생 조직이다. 미국 대학에서 유대 인 학생 조직과 그들의 행사를 알리는 포스터를 자주 본다. 유대 인 재학생 서로 간에 친밀한 관계를 형성하기 위한 행사는 물론, 졸업반이 되면 직장에 취직한 선배와 네트워킹 행사를 갖는다. 대부분의 학생 조직은 모든 사람에게 열려 있지만 유대 인 학생 조직은 유대 인 학생에게만 해당되는 것이므로 특이한 느낌이 들었다. 백인 중에 민족 정체성을 내세우는 학생 조직은 아마도 유대 인 조직이 유일하지 않은가 싶다. 아일랜드 인나 이탈리아 인 학생 조직이 있다는 이야기를 듣지 못했다. 흑인이나 아시아 인, 히스패닉의 학생 조직은 이들이 소수자이므로 이해가 되지만 미국 사회의 주류에 진입한 유대 인이 별도의 조직으로 움직이는 것이 눈에 띄지 않을 수 없다.

유대 인 학생의 조직 활동뿐 아니라 미국 대학에서 유대 인 학생만을 대상으로 하는 여러 가지 프로그램을 흔히 본다. 유대 인 대학생에게 공짜로 이스라엘을 여행시켜 준다거나, 이스라엘 대학과의 교환 학생 프로그램을 지원한다. 개별 대학 내의 조직만 아니라 대학 간 조직 활동도 활발하게 하는 것 같다. 지역 단위로 개최되는 유대 인 학생 컨퍼런스나 전국의 유대 인 학생을 뉴욕으로 초청해 벌이는 행사도 있다. 매년 워싱턴에서 열리는 유대 인의 이스라엘 후원 정치 모임인 '에이팩'에 유대 인 대학생의 참석을 적극적으로 지원한다. 그러한 행사에 참가하면 여행비를 대주며 유대 인 문화센터 같은 곳에서 숙소를 제공하는 등 학생들은 자비를 들이지 않고 여행한다. 물론 유대 인 대상의 풍부한 장학금 프로그램이나 신참 유대 인 학자를 육성하는 연구 지원 프로그램도 많다. 유대 인의 조직 활동을 보면서 한편으로는 부럽기도 했지만 이들의 결집된 힘에 두려움을 느끼기도 했다.

● ● 맨해튼 남단의 유대 인 유산 박물관 지붕. 육각형의 지붕은 다윗의 별을 상징한다. 이 박물관은 나치의 대학살을 경험한 사람의 유물로 채워져 있다. 관광객도 많이 방문하지만 유대 인 젊은이를 교육하는 목적에 더 치중하는 느낌이었다.

일전에 맨해튼에 있는 유대 인 유산 박물관을 방문했다. 이 박물관은 바다가 보이는 맨해튼 남단 배터리 파크에 자리 잡고 있다. 육각형으로 층을 이루며 올라가는 지붕을 가진 아름다운 건축물이다. 육각형은 유대 인의 징표인 다윗의 별을 상징한다. 건물의 내부도 돈을 많이 들여 아름답게 장식했다. 이 박물관은 전시물 전부가 나치 대학살과 연관된 것이다. 대학살과 관련된 사람의 개인적 경험을 일기와 편지, 인터뷰, 비디오, 유물, 사진, 그림 등 모든 수단을 동원해 생생하게 느낄 수 있도록 재현해놓았다. 대학살을 경험한 사람의 기록이 너무도 개인적이고 생생하기에 이 박물관에 전시된 유물은 흥미로 지나치며 보기에는 부담스러웠다.

박물관의 전시물보다 더 인상적이었던 것은 그곳에서 자원 봉사하는 사람의 열성이었다. 내가 방문했을 때에도 유대 인으로 보이는 젊은 학생들 한 무리가 견학을 하고 있었는데, 나이가 지긋한 자원 봉사자들이 헌신적으로 설명했다. 학생들도 진지하게 들으며 질문했다. 복장이나 태도는 전형적인 미국의 십대 학생 같은데, 자원봉사자의 열성에 감동받아 그들도 어렴풋이 자신의 유대 인 정체성에 눈을 뜨는 것 같은 모습이었다. 관광객인 나의 존재는 별로 개의하지 않았다. 이 박물관의 주목적은 유대 인 2세에게 대학살의 기억을 전승시키는 데 있다는 생각이 들었다. 그러나 나치의 대학살 경험을 들은 젊은이들이 박물관 문을 나선 후에도 그 일에 자신이 직접적으로 연관되어 있다고 생각할지는 의문이다. 유대 인의 정체성이 생활의 필요와 연관되지 않는 이상 이러한 기억을 계속 되살리기는 쉽지 않기 때문이다.

뉴욕 생활에서 유대 인의 존재를 구체적으로 인식하는 계기는 슈퍼마켓에 있는 코셔 식품 코너에서다. 내가 머물던 컬럼비아 대학교 근처의 슈퍼마켓에는 코셔 식품 코너가 제법 크다. 이 주변이 대학촌이라 유대 인이 많아서일 것이다. 대체 누가 코셔 식품 코너에서 구입을 하나 눈여겨 보았는데 그곳에서 물건을 집는 사람은 드물었다. 코셔 식품은 전국적인 브랜드가 아니므로 유대 인이 아닌 한 굳이 비싼 가격을 치르면서 물건을 사지 않는다. 그럼에도 뉴욕의 많은 슈퍼에서 코셔 식품 코너를 볼 수 있는 것은 그들이 전반적으로 부유하므로 일인당 구매력이 높기 때문이 아닌가 짐작된다.

맨해튼 5번가와 6번가 사이에 있는 47번가는 '다이아몬드 디스트릭트'라고 해 거리 양편에 보석상이 밀집해 있다. 이곳 점포는 대부분 유대 인이 경영하며, 대로 뒤편에는 다이아몬드를 중계하는 상인들의 사무실이 있다. 이곳에서도 유대 인 특유의 복장을 한 사람을 보기는 쉽지 않다. 점원 중 유대 인 복장을 한 사람은 없다. 다이아몬드 거래를 유대 인이 독점하게 된 것은 그들 특유의 민족성과 사회 관습에 기인한다. 유대 인은 그들끼리 폐쇄적이고 조밀한 관계망을 형성하며 정직과 신뢰를 중시하는 관습을 가지고 있는데, 이는 철저한 신뢰를 요구하는 다이아몬드 거래에 적합하다. 그러나 근래에 들어 인터넷이 발달하고 다이아몬드 거래가 개방되면서 유대 인의 '폐쇄적 관계에 의지하는 신뢰'라는 이점은 점차 퇴색하고 있다. 유대 인 중 개인이 많이 은퇴하나 그들의 자식이 가업을 물려받지 않는 경향이 높다. 유대 인의 특수성도 하나씩 사라지는 것이다. 유대 인은 미국 사회의 주류로 편입되어 다른 사람과 특별히 구별할 수 없게 되는 길을 가고 있다.

● ● 맨해튼의 다이아몬드 디스트릭트. 거리 양편으로 유대 인이 경영하는 보석상점이 줄지어 있다. 유대 인 특유의 복장을 한 사람은 찾아보기 어렵다. 아직은 유대 인들이 뉴욕의 다이아몬드 거래를 장악하고 있지만 점차 비유대 인의 손에 넘어가고 있다.

3. 차이나타운, '황색 위협'-인종 차별의 소산

CHINATOWN

차이나타운의 인구 밀도는 뉴욕 시 전체에서도 가장 높다.
차이나타운은 활기가 넘치고 사람 사는 느낌이 든다.

미국의 대도시에는 어디나 중국인이 모여 사는 차이나타운이 있다. 맨해튼의 차이나타운은 샌프란시스코의 차이나타운과 함께 미국에서 가장 오래된 곳이다. 맨해튼의 차이나타운은 과거 유럽의 이민자들이 정착했던 로어 이스트사이드와 인접해 있는데 근래로 올수록 중국인의 구역이 주변으로 확장되고 있다. 과거 유대 인이 살던 곳이나 이탈리아 인이 살던 곳은 지금 대부분 중국인이 활동하는 곳으로 바뀌었다.

차이나타운에서 중국인은 장사를 하며 그곳에서 거주한다. 낡은 건물의 아래층은 점포로 쓰이지만 위층에는 여전히 가족이 살고 있다. 차이나타운은 어느 곳이나 사람들로 붐빈다. 이곳 거리에는 중국인이 가장 많지만 외지의 관광객도 적지 않다. 뉴욕 주변에 사는 중국인들은 차이나타운에 와서 쇼핑을 하고 식사를 하고 사람을 만난다. 차이나타운의 음식점에는 점심 때 주변 사무실에서 온 화이트칼라로 붐빈다. 차이나타운에서는 중국어를 많이 듣는다. 영어가 통하지 않는 사람도 흔히 만난다.

차이나타운의 발전은 중국인 이민과 함께 이루어졌다. 중국인은 19세기 중반 서부의 광산 붐과 동서 대륙 횡단철도 공사의 노동자로 미국에 건너왔다. 서부에서 광산 붐과 철도 건설이 끝난 후 이들은 서부 백인의 차별과 억압을 피해 동부로 건너왔으며 뉴욕 맨해튼에 둥지를 틀었다. 19세기 말 미국에서 중국인은 엄청난 차별과 억

맨해튼 차이나타운

차이나타운에는 항시 온갖 종류의 사람과 차들로 넘쳐난다.
이곳에서 중국인들은 장사도 하지만 건물의 위층에는 가족이 살며, 소규모 공장도 많다.

압 속에서 살아야 했다. 중국인의 광물 채굴이나 고기잡이 등 경제활동에 대해 별도의 세금이 부과되고, 중국인에게만 인두세를 매기고, 토지 소유가 금지되었다. 백인이 잘못해도 그를 법원에 기소할 수 없고, 백인과의 결혼이 금지되고, 미국 시민이 될 수 없었다. 20세기 초 중국인에 대한 인종 차별은 '황색 위협Yellow Peril'이라는 용어로 미국 사회 전체에 히스테리처럼 퍼져나갔다. 흑인을 노예로 부리는 데 익숙한 미국 사회에서 중국인은 흑인 노예와 유사한 열등 인종으로 취급되었다.

유럽의 이민자는 이주 후 수년이 지나면 미국 시민의 지위를 획득한 반면, 중국인은 미국에 아무리 오래 살아도 미국 시민이 될 수 없었다. 제2차 세계대전 후 1954년에야 비로소 유색인 이민자에게 미국 시민권을 부여하는 법률을 제정했다. 중국인에게는 법적인 보호가 미치지 않아 노골적인 차별과 폭력이 횡행했으므로 가장 험한 직업인 광산의 광부나 막노동자, 공장에서 일하는 경우에도 같은 일을 하는 백인 이민자가 받는 절반의 임금만을 받았다. 19세기 차이나타운에 사는 중국인의 주된 직업은 세탁부였다. 20세기 중반 세탁기가 보급되기까지 세탁 일은 매우 고되고 보상이 낮았는데, 중국인은 유럽 인 이민자들이 하려고 하지 않는 이 일에 많이 진출했다.

중국인이 차이나타운에 몰려 산 것은 백인이 행한 차별의 소산이다. 훗날 흑인들과 마찬가지로 중국인은 백인 동네에서 집을 구할 수 없었기 때문에 그들만의 구역으로 몰려났다. 중국인이 몰려 산 또 다른 이유는 백인의 억압에 집단적으로 방어하기 위해서였다. 그들은 차이나타운에서 자치 조직을 만들고 백인 사회에 대항해 서로 도우면서 살아갔다. 중국인은 경제적인 도움과 복지 서비스를 제공할 목적으로 '중국인 자선협회'를 만들었다. 이 협회는 중국인이 차이나타운 밖의 기관과 관계할 때 그들을 대표하고, 중국인에게 법적 도움을 제공하고, 새로 이민 온 사람의 정착을 돕고, 분쟁을 중재하고, 자체적으로 세금을 부과하고, 의료 서비스와 장례 서비스를 제공하는 등 국가가 하는 역할을 맡아서 했다. 중국인은 차이나타운에 살면서 미국 주류 사회와 접촉하지 않고 자신들만의 세계를 구축하여 살았던 것이다.

19세기 말 중국인을 배척하는 분위기 속에서 중국인의 이민을 금지하는 법률이 제정되었다. 이민에 대한 제한이 전혀 없던 미국에 역사상 처음으로 국적에 따른 이민

제한이 가해졌는데 그것이 중국인이었던 것이다. 중국인의 이민이 금지되면서 차이나타운은 큰 어려움에 처했다. 중국인 이민이 금지된 시점에 미국에는 약 10만 명의 중국인이 살았는데 그중 여성은 5%도 안 되었기 때문이다. 중국인 남성은 배우자를 중국에서 데려올 수 없고 그렇다고 백인과 결혼할 수도 없었으므로 20세기 초반 미국의 중국인 인구는 감소했다. 그 당시 미국 언론은 차이나타운에 매춘이 성행한다고 비판했는데, 이는 미국 언론이 매도하듯이 중국인이 특별히 성적으로 타락한 사람들이어서가 아니라 여성 대 남성의 비율이 1대 20에 달하는 기이한 환경에 처했기 때문이다. 미국의 대중문화에서 중국인 여성은 성적으로 매력이 큰 대상으로 비춰지는데, 이역시 20세기 초반의 특이한 역사적 상황이 만들어낸 산물이다. 그 당시 차이나타운에는 여러 남자를 주위에 두고 호령하며 공주처럼 생활하는 중국 여성이 많았다고 한다.

제2차 세계대전에 미국의 우방으로 참전한 중국에 대한 우호적 제스처로 1943년 중국인 이민 금지법이 폐지되었다. 또한 20세기 중반 민권 운동의 여파로 비서구인에게도 서구 유럽 인과 동일한 이민 쿼터가 배정되면서 중국인을 포함한 비서구인의 이민은 급속하게 증가했다. 현재 미국에 사는 중국인은 대부분 1965년 이민법 개정이후 건너온 사람과 그 후손이다.

중국계 미국인은 동질적인 집단이 아니다. 중국 이민자 사회는 이민 시기와 출신지에 따라 구분된다. 19세기에 미국 땅을 밟은 중국인은 대부분 중국의 남동부 해안에 면한 광둥 성 출신이다. 반면 1965년부터 시작된 새로운 이민의 물결은 미국이 1979년 공산 중국과 국교를 수립할 때까지 주로 타이완과 홍콩 및 동남아로부터 왔다. 공산중국은 1980년대 개혁 개방 정책으로 진로를 수정할 때까지 서방 세계에 대해 폐쇄적인 정책을 고수했다. 중국 정부는 1980년대 초까지 해외 이민을 금했기 때문에 중국본토로부터 미국으로의 이민은 수교가 되고도 한동안 전개되지 않았다. 1984년 영국영토인 홍콩이 중국에 반환되기로 결정된 뒤 1997년 최종적으로 반환될 때까지 홍콩사람들의 미국 이민이 러시를 이루었다.

1990년대 중국의 개방이 확대되고 경제가 발전하면서 중국 본토로부터 이민이 증가했다. 이들은 대부분 중국 남동부의 바다에 면한 지역인 푸젠 성과 저장 성 출신이다. 1990년대 이후 중국 본토를 떠나온 사람과 1990년 이전에 일찌감치 건너와 정착한 사람은 서로 교류하지 않는다. 두 집단은 출신지는 물론 계층도 다르다. 이전에 이민 온 사람은 타이완과 홍콩 출신이 많으며 중류층으로 올라선 반면, 근래에 이민 온 사람은 중국 본토 출신이 많으며 이민자의 전형을 밟아 가장 하층에서부터 출발한다. 과거에 이민 온 사람은 광둥 어를 쓰지만 근래에 이민 온 사람은 중국의 공식 언어인 만다린 어를 써 상호 의사소통이 잘 되지 않는 것도 한 이유다. 미국에 사는 중국인 이민자들은 출신 지역에 따라 방언이 다르기 때문에 상대가 어디에서 왔는지 쉽게 판별하며 서로 구분되는 네트워크를 형성한다.

중국계 미국인은 미국 전체적으로 약 360만 명이 있다. 이 중 60%가 외국에서 태어난 사람이며 이민 2세대는 37%에 불과하다. 이 중 66만 명이 뉴욕 대도시권에 살고 있으며, 맨해튼의 차이나타운에는 약 10만 명의 중국인이 있다. 차이나타운의 거주자들 중에는 이민 1세대가 많다. 차이나타운은 집세가 비싸고 생활 환경이 좋지 않으므로 미국 생활에 적응한 사람들은 그곳에서 살지 않는다. 미국에서 태어나 미국 생활에 적응한 중국인 2세는 물론 미국에서 성공해 중류층 지위를 획득한 중국인 1세들 또한 교외에서 산다. 대신 이들은 차이나타운의 건물을 소유하면서 이곳에서 사업을 계속하고 새로 온 이민자들에게 점포와 방을 세놓는 자본주 역할을 한다.

중국인이 가장 많이 종사하는 직업은 중국 음식점이지만, 중국인 2세의 경우 명문 대학을 졸업하고 주류 사회에 진출한 경우가 많다. 다양한 전문직에서 많은 중국인이 활약하고 있다. 근래 들어서는 정치계에 진출한 중국인도 제법 많다. 미국에 있는 중국인 과학자 중 노벨상을 받은 사람이 여럿 있으며, 클린턴 정부 시절 중국인 중에서 최초로 연방 정부의 장관과 주지사가 나왔다. 중국인은 아시아 인 중에서는 일본인 다음으로 사회 경제적인 지위가 높다. 그러나 차이나타운에 거주하는 중국인 중에는 가난한 사람이 많으며 이민 2세대가 되어도 중국어를 쓰고 다른 중국인과 결혼하는 경우가 많다. 반면 교외에 거주하는 중국인 2세들은 미국 생활에 동화되었다. 이들은 영어를 모국어로 하고 중국어를 하지 못하는 경우가 대부분이며, 아시아 인 이외의 인종과 결혼하는 비율이 높다. 여성의 경우 절반 이상이 비아시아계와 결혼하는

데, 특히 백인과 많이 결혼한다.

중국인의 미국 생활 정착은 일정한 패턴을 보인다. 처음 중국에서 미국으로 건너왔을 때 대부분은 차이나타운에 정착한다. 차이나타운에서는 영어를 하지 못해도 생활에 지장이 없으며, 미국에 먼저 와 정착한 가까운 지인의 도움을 쉽게 구할 수 있기 때문이다. 차이나타운에는 그들이 일할 자리가 풍부하며 설사 차이나타운 내에서 일하지 않는다고 해도 쉽게 일자리를 소개받을 수 있다. 차이나타운에는 소규모 봉제 공장이 많으며, 음식점에서는 많은 인력을 필요로 한다. 차이나타운에 일찍이 와서 정착한 중국 이민자의 입장에서도 뒤에 온 중국인은 열심히 일하는 사람들이면서도 싼 임금을 지불해도 되는 신뢰할 만한 노동력이다.

근래에 건너온 중국인들은 법정 최저 임금 이하에서 장시간 일하고도 크게 불평하지 않는다. 이들은 불법체류자의 신분이거나 근래 이민을 와 언어가 통하지 않고 미국 사정을 모르기 때문에 중국인이 경영하는 곳을 떠나서 일자리를 얻기 어렵다. 사업주는 이민자들이 미국 사정을 알 때까지 저임금으로 착취하지만, 그들의 잠자리와 취사를 포함해 미국 생활에 적응하는 데에서 발생하는 문제를 가족처럼 보살핀다. 새로운 이민자의 싼 임금 때문에 차이나타운의 물가는 저렴하다. 차이나타운에 저임금 근로자들이 지속적으로 풍부하게 공급되기 때문에 높은 임금을 바라는 사람은 이곳에서 일하려고 하지 않는다.

근래에 건너온 중국인들은 미국 사정에 익숙해지고 영어가 어느 정도 통하게 되면 차이나타운을 떠나거나 혹은 차이나타운에서 새로운 사업을 차리는 식으로 성공의 사다리를 밟고 올라간다. 그러나 이민 1세대가 중국인 관계망을 벗어나 미국의 주류 사회에서 직장을 잡거나 사업을 하면서 독립적으로 생계를 꾸리는 것은 용이하지 않다. 무엇보다 언어 장벽이 이민 1세대에서는 극복되기 어렵기 때문이다. 차이나타운에서는 영어를 쓰지 않고 살기 때문에 그들의 영어는 그리 빨리 늘지 않는다. 이민 1세대로 어느 정도 사업에 성공해 교외에서 거주하더라도 사업 기반을 차이나타운에 계속 두는 경우가 많다. 이러한 유형에서 유일한 예외라면 중국 음식점을 경영하는 것이다. 중국 음식점은 어디서나 미국인이 즐겨 찾고 영어를 그리 잘하지 못해도 영업이

퀸스의 플러싱에 있는 차이나타운
맨해튼의 차이나타운이 관광지인 데 비해 이곳은 중국 이민자들의 치열한 삶이 전개되는 곳이다.
미국이라고는 하지만 사람들의 행색이나 행동거지는 중국에서 보는 그대로다.

가능하므로 중국인 1세대들이 차이나타운을 떠나 성공하는 유일한 통로다. 음식점을
제외하고는 엔지니어나 의사 등과 같이 고급 기술을 가지고 있지 않는 한 차이나타운
주변에서 살아간다. 중국계 미국인은 대체로 2세대가 되어서야 비로소 차이나타운을
떠나 미국의 주류 사회에 진출한다. 그들의 자녀는 공립학교를 다니면서 영어를 모국
어로 구사할 수 있기 때문이다.

　이러한 정착 유형은 한국인의 경우에도 유사하게 적용된다. 한국에서 아무리 좋

은 대학을 졸업하고 사회적 지위가 있어도 이민 1세대는 언어 장벽으로 인해 한인 타운을 떠나는 것이 용이하지 않다. 한인이 중국인과 다른 점은 중국 음식이라는 장기가 없으므로 한인 타운을 떠나 사업하기가 더 어렵다는 사실이다. 한인 타운을 떠나서 장사하는 업종은 영어를 많이 쓰지 않아도 되는 몇 종류에 국한된다. 중국인과 마찬가지로 한인들도 2세대가 되어서야 미국의 주류 사회에 진출한다.

1990년대 뉴욕이 부흥하고 맨해튼 차이나타운의 집세가 급격히 상승하면서 중국 본토에서 건너온 사람들은 이곳보다는 퀸스나 브루클린에 새로 생기는 차이나타운에 주로 정착한다. 퀸스의 플러싱 지역이나 브루클린의 선셋 파크 주변 지역에 중국인이 몰려 사는 차이나타운이 급속히 확장되고 있다. 인구수로만 따진다면 퀸스나 브루클린의 차이나타운이 맨해튼의 차이나타운보다 훨씬 크다.

뉴욕에 차이나타운이 여러 개 형성되면서 지역에 따라 주민의 출신지가 달라졌다. 퀸스의 플러싱에 있는 차이나타운에는 주로 타이완과 홍콩에서 건너온 사람이 많이 산다. 브루클린의 차이나타운은 중국 본토의 푸젠 성에서 온 사람들이 많아 '리틀 푸조우'라고 불린다. 이외에도 브루클린 남쪽의 홈크레스트 지역이나 벤손허스트 지역에 2000년대 이후 중국인이 대규모로 유입되면서 새로운 차이나타운이 만들어졌다. 브루클린의 차이나타운은 중국인이 진출하기 이전에는 버려진 공장 지대로 사람이 살지 않던 곳이었다. 중국인이 이주하면서 이 지역은 다시 활기를 되찾아 상가가 형성되고 부동산 값이 오르고 있다. 새로이 유입하는 이민자들이 뉴욕의 도시 공동화 문제를 해결하는 대안으로 등장한 것이다. 맨해튼의 차이나타운은 뉴욕 시에서도 임대료가 가장 높은 지역에 속한다. 차이나타운의 인구 밀도는 뉴욕 시 전체에서도 가장 높기에 비싼 임대료에도 이민자들이 생활을 꾸려가고 있다.

군침 도는 먹거리 천지, 맨해튼 차이나타운 답사기

차이나타운은 시끌벅적하고 볼거리가 많다. 가장 큰 볼거리는 거리를 빽빽이 메우고 있는 다양한 얼굴의 사람들이며 그다음으로는 길가에 가지각색의 물건을 내놓고 파는 상점이다. 차이나타운에는 야채 가게, 과일 가게, 생선 가게, 마른 식재료 상점, 음식점 등이 무수히 많다. 이외에도 인삼, 말린 지네, 말린 뿌리 등 한약재를 파는 곳, 향, 제단, 부적 등 제사 용품을 파는 곳, 중국차를 파는 곳, 인형이나 장신구 등 기념품을 파는 곳 등 별별 것을 다 판다. 가게는 모두 거리 쪽으로 열려 있으며 거리에서 잘 보이도록 물건을 밖에 내놓았다. 사람들은 상점을 기웃거리며 돌아다니고 가게 주인은 큰 소리로 물건을 사라고 중국말로 외쳐댄다. 가게마다 사람들로 가득 차 있다. 건물 뒤편으로는 음식점에서 일하는 사람들이 쪼그려 앉아 잠시 햇볕을 쬐고 쉬면서 담배를 피운다. 차이나타운은 활기가 넘치고 사람 사는 느낌이 든다.

차이나타운은 미국 속의 중국이다. 중국어 간판이 많으며 가로 표지판도 영어와 중국어를 함께 쓴 것이 많다. 심지어 차이나타운의 맥도날드 햄버거 가게는 금색 아치 모양의 상징과 함께 중국어 표지만 있다. 거리에서는 중국 가요 CD와 중국 영화 DVD를 파는 사람이 크게 틀어놓은 중국 가요를 들을 수 있다. 복잡한 인도 한편에는 손수레에 야채나 과일을 놓고 파는 노점상이 가뜩이나 좁은 인도를 더 좁게 만든다. 차이나타운에서는 영어가 통하지 않는다. 이곳에서 일하는 사람에게 길을 묻거나 노점상에게 물건을 사려 하면 영락없이 영어가 통하지 않는다. 점원에게 물건 값을 물으면 알아듣기 힘든 영어 발음으로 답변이 돌아오기 일쑤다. 이곳에서는 나의 영어 발음이 더 원어민에 가깝다. 그래서인지 차이나타운에서는 미국 교외의 쇼핑몰에서는 느끼지 못하는 편안함을 느낀다. 아마도 같은 아시아 인으로 백인 사회의 무시와 차별을 염려하지 않아도 되기 때문이리라.

차이나타운은 바로 옆에 있는 다운타운과는 달리 지저분하다. 도로에는 차와 사람이 섞여 있고, 인도 곳곳에는 쓰레기 봉지가 쌓여 있으며, 노점상의 손수레가 곳곳에 널려 있다. 이곳의 건물은 오랜 세월 외관을 손보지 않아 낡고 쇠락해 있다. 창가의 철창과 건물 밖으로 돌출된 쇠 계단은 녹이 슬어 있다. 그럼에도 창문마다 사람이 사는 흔적이 보인다. 마치 홍콩의 어느 골목을 걷는 느낌이다. 뒷골목에서 아이들이 놀고 있는 것으로 보아 이곳은 실제 가족들이 살고 있는 집이다. 흑인 동네라면 족히 버려진 건물일 것 같은 곳에서 인간의 활동이 활발하게 전개되고 있다. 차이나타운에는 항시 사람의 활기가 넘치기에 건물이 쇠락했어도 위험한 곳이라는 느낌이 들지 않는다.

차이나타운의 물가는 정말 싸다. 사람들이 차이나타운을 즐겨 찾는 이유는 이곳의 싼 맛에 반해서일 것이다. 차이나타운을 돌아다니다가 노점상 아저씨에게 포도를 샀는데 내가 좋아하는 씨 없는 것으로 빨갛고 알이 작은 두 송이에 2달러인가 줬다. 내가 관심을 보이니까 맛보기를 건네주는 것도 넉넉하다. 무척 달고 맛있다. 한 송이도 양이 많아 도저히 한꺼번에 다 먹을 수 없다. 동네 슈퍼마켓의 절반 가격이다. 차이나타운에는 음식점이 많다. 특히 노릇노릇하게 구워 붉은색이 도는 오리를 통째로 밖에서 보이게 걸어놓은 것을 보면 정말 먹고 싶어진다. 6~7달러만 주면 구운 오리 한 조각과 밥과 스프를 푸짐하게 먹을 수 있다. 차이나타운에는 요리해놓은 음식을 진열해놓고 손님이 기호에 따라 골라 사 가지고 가거나 혹은 간이 식탁에서 먹을 수 있도록 해놓은 곳도 많다. 서양 음식에 질릴 무렵 이곳에 오면 그야말로 눈이 뒤집힐 정도로 맛있어 보이는 요리들이 너무 많다.

차이나타운 거리를 붐비게 만드는 사람들은 누구일까? 거리에 다니는 사람 중 3분의 1은 중국에서 온 관광객이다. 이들은 조그만 가방을 옆에 차고 무리 지어 다니는 것이, 서울의 명동 거리에서 만나는 중국인 관광객들과 똑같다. 인솔자의 안내하에 시끄럽게 웃고 떠들고 두리번거리면서 마치 제 동네에 온 듯이 활개치며 돌아다닌다. 또 다른 3분의 1은 뉴욕에 사는 중국인이다. 이들은 차이나타운에 살지는 않지만 쇼핑을 하고 친구를 만나러 이곳에 들른다. 야채나 생선 등 이곳에서 산 것을 담은 검정 비닐 주머니를 몇 개씩 들고 다닌다. 주말에는 음식점에 모여 즐겁게 식사를 하는 중국인 가족을 흔히 볼 수 있다. 나머지 3분의 1은 중국인 이외의 관광객이거나 이웃 다운타운에서 점심을 먹으러 온 백인들이다. 그래서 차이나타운에는 백인 관광객이 눈에 많이 띈다. 점심때에는 화이트칼라로 보이는 백인의 얼굴을 이곳 음식점에서 곧잘 만난다. 이들로 붐비는 음식점은 분명 음식이 맛있고 깨끗하며 비교적 고상한 곳이다.

차이나타운의 뒷골목에는 이곳에 사는 사람들을 위한 음식점이 있다. 호기심에 들어가 보고 놀랐다. 메뉴판의 음식이 모두 2~3달러에 불과한 것이 아닌가. 하나를 시켜 먹어보니 맛있고 배가 부르다. 이곳에서 식사하는 사람 중에는 젊은 학생, 노동자 같은 사람, 제법 말쑥하게 입은 중년 남자도 있다. 물론 영어는 전혀 통하지 않아 손짓으로 주문을 해야 하고, 주위 사람들은 모두 중국어로 대화한다. 장소만 맨해튼이지 그야말로 중국의 서민 식당인 것이다. 나는 팁을 약간 남겼지만 주위를 둘러보니 팁을 주는 사람은 없다. 이곳에서는 미국인의 관습이 통용되지 않는다.

이곳 차이나타운을 먹여 살리는 사람은 중국인들이다. 중국 경제가 성장하고 중국 이민자가 쏟아져 들어오고 중국 관광객이 늘어나면서 차이나타운도 흥청망청 경기가 좋다. 차이나타운의 매력은 뭐니 뭐니 해도 사람의 활력인데, 이것은 이민자의 적극적인 삶의 태도에서 비롯된다. 이곳 사람들은 열심히 일하며 적극적으로 삶을 개척하는 것이 느껴진다. 중국인은 적은 임금에도 열심히 일한다. 열악한 환경에서도 열심히 살며, 그러기에 이곳 물가는 싸고 사람들이 많이 몰린다. 이들 이민자들 덕분에 미국 사회의 활기가 지속되고 있음을 중국인 식당에서 확인했다.

● ● 맨해튼의 차이나타운에서는 백인의 모습도 제법 보인다. 관광객이거나 중국 음식점에 식사하러 온 인근에서 일하는 사람들일 것이다. 중국말로 쓴 맥도날드의 간판이 눈에 띈다.

New York

05_ 보보스 문화의 매력

1. 그리니치 빌리지, 맨해튼에서 가장 고풍스러운 동네

GREENWICH VILLAGE

그리니치빌리지는 문화적 저항 운동의 중심지였다.
현재 이곳은 부르주아지 보헤미안들이 장악해버렸다.

　맨해튼의 남서쪽에 위치한 그리니치빌리지는 뉴욕에서도 가장 고풍스러운 곳이다. 이 지역은 19세기 중반 맨해튼의 인구가 증가하면서 동서와 남북을 교차하는 격자형 도로망 체계를 도입하기 이전의 모습을 유지하고 있다. 구불구불한 도로와 고유한 길 이름이 골목마다 붙어 있어 길을 찾기 어렵다. 주변은 고층 건물에 둘러싸여 있지만 이 지역만은 낮은 높이의 오래된 건물이 주류를 이룬다. 맨해튼의 다른 지역이 재개발을 거듭하면서 아스팔트 대로와 현대식 건물로 거듭나는 동안, 이곳은 부수고 새로 짓는 방식의 변화를 거부한 채 100년 전의 모습을 보존하고 있다.

　그리니치빌리지는 1950년대 뉴욕 시 도심 전체를 휩쓴 로버트 모제스의 무자비한 재개발 추진 정책을 지역 주민의 집단적인 저항으로 막은 성공 사례로 이름이 높다. 뉴욕 시 관료였던 로버트 모제스는 재개발을 통해 낡은 뉴욕 시를 새로운 모습으로 바꾼다는 야심 찬 계획을 과감하게 밀어붙였다. 기존의 집을 헐어버리고 그 자리에 도시를 관통하는 고속도로를 내고, 대규모 주택 단지 개발 프로젝트를 밀어붙이고, 도심의 오피스 지구를 재정비했다. 새로이 건설된 곳의 부동산 가치는 올라갔지만 과거의 역사와는 단절된 생소한 지역이 출현했다. 이러한 대규모의 재개발 사업은 도심에 살던 백인이 교외로 이전하는 경향과 맞물려 20세기 초반까지 과거의 모습을 지니고 있던 뉴욕을 완전히 기억 속으로 사라지게 만들었다. 맨해튼 섬을 일주하고 브루클린과 퀸스까지 이어지는 고속도로, 맨해튼과 주변을 잇는 다리와 터널, 이스트 빌리지의 대규모 아파트 단지 등이 전형적인 그의 작품이다.

도심 재개발이 전개되는 동안 이에 반대하는 운동 또한 거세게 일어났다. 모두 밀어버리고 다시 짓는 식의 재개발을 거부하는 대신 전통을 보존하고 개량하면서 거주자에게 친근한 곳으로 만든다는 지역 공동체 운동은 주민들의 자치적인 풀뿌리 조직으로 전개되었다. 그리니치빌리지에서 제인 제이콥스라는 지역 운동가의 주도로 시작된 지역 보존 운동은 여기서의 성공을 기반으로 샌프란시스코 등 전국 대도시로 퍼져나갔다. 그 결과 그리니치빌리지는 맨해튼 도심의 고층 빌딩 숲과는 달리 보행자에게 친근하고 인간적인 풍미를 지닌 나지막한 오래된 건물과 가로들이 보존된 곳이 되었다. 사실 그리니치빌리지는 금싸라기 땅인 맨해튼 중심가에 인접해 있기 때문에 이렇게 인구 밀도가 낮은 건물을 보존하는 것이 땅 주인에게 득이 되지 않을 것이다. 그러나 만일 맨해튼이 모두 고층 빌딩으로 뒤덮여 과거의 자취가 사라진다면 현재와 같이 다양성이 발산하는 매력은 포기해야 할 것이다. 현재 이 지역은 역사 보존 지구로 지정되어 건물의 수리나 신축에 엄격한 규제가 가해지고 있다.

그리니치빌리지는 20세기 초반 이래 예술가, 작가, 젊은 지식인 들이 모여들면서 보헤미안 문화의 중심으로 자리 잡았다. 이곳에 예술가들이 모여든 이유는 의외로 단순하다. 맨해튼의 다른 지역은 재개발이 시작돼 집값이 비쌌던 데 비해 이곳의 낙후된 건물은 그들의 빈약한 호주머니로 감당할 수 있는 수준이었기 때문이다. 미국 각지에서 뉴욕으로 몰려든 젊은 지식인들은 도심에서 가까우면서 바로 옆 허드슨 강 가로 산책을 갈 수도 있고 집값이 싼 이곳을 선호했다. 비슷한 성향을 지닌 사람들이 하나 둘씩 이곳에 머물면서 눈덩이 효과가 발생해 결국 이곳은 그들의 집합소가 되었다.

1950년대 그리니치빌리지는 '비트 제너레이션Beat Generation' 운동의 중심지였다. 비트 제너레이션이란 전후의 풍요와 질서에 반기를 들고 정신적·물질적으로 자유를 추구하는 젊은이를 지칭한다. 이들은 기존의 규범이나 전형적인 사고 및 삶의 방식을

그리니치빌리지의 어느 가정집 현관

길에 면한 집 현관에 아기자기하게 화분을 가꾸어놓았다. 다정한 사람들이 살고 있을 것이다. 빌 코스비가 걸어 나올 것 같다.

거부하고, 대신 실험적이며 자유분방한 생활과 사고를 추구하는 문인들과 예술가들이다. 이들의 자유롭고 반항적인 기질은 중류층 기성세대의 틀에 박힌 문화를 거부하고 창조적인 발상과 과감한 변화를 모색했다. 이들은 물질 소비 중심의 중류층 소비 문화를 거부하는 대신 정신적 자유와 불안정하고 빈한한 생활을 자발적으로 선택한 사람들이다. 획일적인 대중문화를 거부하며, 중류층 교외 생활이 빚어내는 메마른 질서에 숨막혀 하며, 의도적으로 기성 질서를 거부하는 생활을 한다. 마약을 하며, 성적 자유를 추구하며, 동성애에 대해 개방적이며, 사회적 지위가 인정된 안정된 일자리를 탐내지 않으며, 결혼을 하고 자녀를 양육하여 정착하는 것을 거부하며, 위선적 행위나 피상적인 관계 맺기를 거부한다.

창조적인 미와 순간적 아름다움을 추구하며, 새로운 실험을 두려워하지 않으며, 성적 쾌락을 금기시하지 않으며, 삶의 의미를 고민하며, 도구적 목적을 달성하기 위해서가 아니라 그 자체로 인간적인 관계 맺기를 시도하며, 누구도 배제하지 않고 어떤 구속도 없는 개방적이고 자유로운 사회를 꿈꾸며, 각자의 개성을 존중한다. 물론 이런 생각을 가지고 행동하는 사람만 있다면 안정된 사회가 가능하지 않지만, 기득권과 전통에 얽매이지 않고 창조적인 에너지가 분출되는 특이한 환경을 만들어낼 수는 있다. 1950년대 그리니치빌리지를 중심으로 전개된 비트 제너레이션 운동은 1960년대에 '반문화운동Counterculture Movement'으로 이어져 전국적으로 퍼져갔다. 1960년대 히피의 원조가 바로 이들이다.

1950년대와 1960년대에는 바로 이런 사람들이 그리니치빌리지에 포진해 있었다. 이곳에 살았던 잭 케루악, 앨런 긴즈버그, 제임스 볼드윈, 트루먼 커포티, 마야 안젤루 같은 문학가의 면면에서 보듯이 반문화, 흑인 문학, 추리 문학 등 그 당시 백인 주류 문학계에서는 수용되기 어려운 사람들이 이곳에서 활동했다. 음악계에서는 반전 가수로 유명한 밥 딜런을 비롯해 피터, 폴 앤드 메리, 사이먼 앤드 가펑클 등 1960년대 포크 록 뮤지션이 이곳에서 활동했고, 아직까지도 영업을 하는 '블루 노트' 등을 중심으로 재즈 연주가들 또한 이곳에서 활동했다.

지금은 다른 곳으로 이사를 갔지만 과거 이곳에 있었던 '휘트니 미술관'은 미국 토양에서 자생적으로 성장한 예술에 초점을 맞춘 곳으로 실험 예술의 중심이었다. 뉴욕의 상징인 '메트로폴리탄 미술관'이 유럽의 주류 화단을 대표하는 작품을 전시한다면, 휘트니 미술관은 미국 현대 예술가의 작품을 주로 전시했다. 20세기 중반까지 유럽의 예술을 정통으로 치고 숭배한 반면 미국 예술가를 아류로 치부했는데, 그 당시의 풍조에 반기를 든 사람들이 이곳을 터전으로 활동했다. 또 이곳의 극장에서는 브로드웨이에서 거절된 시작품이 주로 공연되었다. 창고를 개조해 만든 '체리 레인 극장'에서는 여전히 실험적인 성격의 연극을 올린다. 예술계에 보헤미안주의가 한창이던 무렵 이곳에는 무용가 이사도라 덩컨, 작가 윌리엄 포크너, 극작가 유진 오닐, 화가 잭슨 폴록 등이 살았다. 이들은 모두 새로운 실험을 추구한 예술가들이다. 이곳에 뿌리를 둔 잡지인 《빌리지 보이스》는 반문화 운동과 여성 운동의 메시지를 전파하는 첨병 역할을 담당했다. 요컨대 이곳은 보헤미안의 자유가 숨 쉬고 있는 곳이며, 젊은 예술가의 아이디어와 반항의 정신이 모이고 흘러가는 중심지였다.

서구 문화에서 가장 금기시하는 주제는 '성'이다. 특히 동성애는 기독교 문화에서 용인되기 힘들다. 동성애는 종교적으로 하느님의 뜻에 위배되는 죄악이자 정신분석학에서는 정신병으로 간주했고, 사회 풍속을 어지럽히는 사회적 병리 현상으로 처벌되었다. 그리니치빌리지는 게이 운동의 진원지다. 1969년 6월 28일 새벽 그리니치빌리지의 크리스토퍼 스트리트에 있는 술집 '스톤월 인'에 풍속 사범을 단속하는 경찰이 급습했다. 이날 밤 동성애자들이 드나드는 이 술집에 모인 사람들이 경찰에 집단적으로 반항했다. 이 사건을 계기로 동성애자들은 공개적으로 자신을 세상에 드러내기 시작했다. 이전까지 이들은 사회의 억압 속에서 자신이 동성애자임을 부정하고 감추며 살았으며, 폭력과 가난의 희생자였다. 스톤월 인 사건을 계기로 동성애도 이성애와 같은 인간의 정당한 행위이며, 동성애자도 다른 사람과 같은 인권을 가진 사람이라는 것을 인정받으려고 노력하게 됐다.

'스톤월 폭동'은 어떤 배후 조직도 사전에 개입하지 않은 우발적 충돌이 사회를 바꾸는 운동으로 발전한 흥미로운 사례다. 동성애자를 억압하던 사회 분위기 속에서 동성애자들이 모여 술 마시고 놀던 스톤월 인은 경찰이 일상적으로 급습하던 장소였다.

크리스토퍼 스트리트 공원에 있는 동성애자 동상

동성애 해방 운동이 이곳에서 시작된 것을 기념해 세웠지만 동상만 있을 뿐 주변에 동성애자는 눈에 띄지 않는다.

그날 밤 그곳에 있던 한 사람이 신분증을 제시하라는 경찰의 요구에 반항하고, 경찰의 폭력 행사에 대해 주위에 있던 사람들이 야유하고 돌을 던지지 않았다면, 그날도 일상적인 단속으로 끝났을 것이다. 그날 밤 스톤월 인 주변에 수백 명이 모여들고 그들은 경찰과 밤새도록 크리스토퍼 스트리트를 중심으로 숨바꼭질하며 충돌했다. 이러한 충돌은 그날에 그친 것이 아니라 수일 동안 밤마다 계속됐으며, 신문과 방송을 통해 전국적으로 알려졌다. 이 사건을 계기로 그동안 숨어서 활동하던 동성애자들은 '동성애 해방 전선'을 조직했다. 사건이 일어난 이듬해부터 전국의 주요 도시에서 '동성애자 행진'을 조직하고 동성애 소식지를 발행하면서 자신들의 존재를 적극적으로 사회에 알리기 시작했다. 그리니치빌리지의 크리스토퍼 스트리트 공원에는 이 사건을 기념해 동성애자의 동상이 있다. 뉴욕을 비롯한 미국의 많은 도시에서는 이 사건이 발생한 6월 말경 동성애자 퍼레이드 축제가 열린다. 최근 오바마 대통령은 6월을 동성애의 달로 지정하기까지 했다.

　　그리니치빌리지는 현재 중상류층의 고급 주거지이다. 이곳도 미국의 많은 대도시 중심가에서 전개된 '주택지 고급화' 과정을 겪으면서 과거와는 다른 성격으로 변모했다. 과거 이곳에서 활약한 보헤미안 예술가와 문인은 사라졌고 동성애자도 이 거리에서 찾기 어렵다. 1970년대 이래 고소득 전문직들이 옛날풍에 대한 향수와 예술적인 멋 등 보헤미안의 분위기에 이끌려 이곳을 선호하게 되었다. 연예인, 방송인, 극작가, 디자이너, 프로그래머, 저널리스트, 교수, 연구자 등이 현재 이 지역의 주민이다. 이들이 이주하면서 이곳의 집값은 꾸준히 높아졌다. 소득이 많은 사람을 겨냥한 음식점과 카페와 점포 들이 들어서면서 이곳에서 사는 생활비도 올라갔다. 주류 문화에 저항하거나 자신의 창의성을 실험적 작품을 통해 드러내려는 예술가들은 돈이 없기 때문에 이 지역에서 더 이상 살 수 없다. 이곳에 살던 진짜 예술가들은 임대료가 비싼 맨해튼을 떠나 브루클린의 윌리엄스 스트리트나 더 허름한 곳으로 옮겨갔다. 과거 가난한 예술가와 문인이 드나들던, 깨끗하지 않지만 활력이 넘치던 카페와 레스토랑은 고급 인테리어로 세련되게 바뀌었으며, 커피 한 잔에도 비싼 돈을 내는 곳이 되었다. 그곳에 앉아 즐기는 사람들의 행색에서 인근에 사는 중상류층과 관광객의 돈 냄새가 풍긴다.

그래도 이 지역에서 보헤미안의 자취를 읽을 수 있는 것은 이곳에 사는 사람들이 대기업이나 금융 산업에 종사하는 전형적인 비즈니스맨이기보다는 지성과 창의성을 요하는 직업인, 소위 '창의적 계급'에 속하는 사람이 많기 때문이다. 이들은 비교적 젊고, 독신이거나 자녀를 갖지 않고 맞벌이를 하는 경우가 많으므로 상대적으로 자유로운 생각과 이동성을 가진 사람들이다. 단조로운 교외의 주택에서 자동차로 먼 거리를 통근하는 것보다 도심지 가까이에 사는 편리함과 문화 활동에 더 가치를 둔다. 경제적으로 여유가 있기 때문에 평범한 소비문화를 거부하고 자기 식의 생활과 멋을 찾는 사람들이다. 전문직의 특성상 자신의 계획에 따라 일을 조직할 수 있으며, 일에서 새로운 아이디어와 지적인 능력을 요구하므로 도시 생활이 주는 자극과 활력을 선호한다. 이곳에서는 평일 오후 4~5시 무렵이면 공원에서 산보를 하거나 카페에서 환담을 하는 이들을 흔히 볼 수 있다.

그리니치빌리지가 풍기는 부르주아지 보헤미안의 분위기는 대중문화에서도 종종 활용된다. 이곳 거리와 집을 배경으로 〈코스비 가족〉, 〈프랜즈〉, 〈섹스 앤드 더 시티〉, 〈자인 펠트〉의 무대가 설정되었다. 이러한 텔레비전 시트콤 드라마는 그리니치빌리지 주민의 속성을 잘 드러낸다. 대학 이상의 고급 교육을 받고, 전문직에 종사하고, 전형적인 규범과 관습에서 벗어나려 하며, 아이디어가 번득이는 유머를 발산하지만 냉소적이기보다는 현 체제에 순응하는 사람들이다. 물질적으로 넉넉하며, 생활에 어느 정도 자율성이 있으며, 개성을 존중하고, 공동체적 관계 설정에 반감을 가지고 있지 않다. 주류 문화를 그대로 답습하지는 않지만 주류 문화를 부정하거나 반발하면서 대안적인 삶을 추구하는 사람들은 아니다. 자신의 사회적 지위가 허락하는 풍족한 삶을 즐기며, 때로는 규범에서 적당히 일탈하면서도 편안해할 줄 아는 사람들이다. 그들의 모습에서 사회 개혁이나 새로운 실험의 열정은 찾아볼 수 없다. 그들은 철저한 개인주의자이며, 소위 '보보스'족이라 일컬어지는 보헤미안 부르주아지이다.

그리니치빌리지에 있는 워싱턴 스퀘어 공원은 이곳의 중심이다. 1960~1970년대에 이곳에서 반문화운동과 반전 데모의 목소리가 높이 울려 퍼졌다. 이곳은 원래 공동묘지 터로 2만여 구의 유골이 묻혀 있었으며 공개 교수형 장소로 이용되기도 했다.

맨해튼에서 가장 번화한 5번가가 이 공원의 북쪽 끝에서 시작된다. 1950년대 재개발 열풍이 불 당시 5번가 도로를 워싱턴 스퀘어 공원을 관통해 지나도록 하자는 계획이 지역 주민의 반대에 부딪쳐 좌절되기도 했다. 공원의 북쪽에는 조지 워싱턴 대통령 취임 100년을 기념해 프랑스 파리의 개선문을 모방해 만든 대리석 아치가 세워졌다. 이 공원은 관광객과 인근 시민들이 많이 찾는 곳인데, 주변이 뉴욕 대학교 건물로 둘러싸여 있어 대학의 졸업식이나 행사에 흔히 이용되며 여름에는 야외 음악회가 열린다.

워싱턴 스퀘어 공원이 백인 시민들이 즐겨 찾는 곳이라면 그리니치빌리지에는 흑인들이 주로 애용하는 또 다른 명소가 있다. '새장The Cage'이라고 불리는 곳으로 4번가 서쪽 구석에 사방이 철책으로 둘러싸인 농구장이 그것이다. 뉴욕 시 곳곳에는 이것처럼 철책으로 둘러싸인 농구장을 흔히 볼 수 있는데, 이곳은 시 전체에서 열리는 아마추어 길거리 농구 토너먼트의 주요 경기장 중 하나다. '스트리트 볼'이라 불리는 길거리 농구 경기는 정식 농구 경기의 엄격한 규칙을 적용하지 않기 때문에 플레이어의 격렬한 몸싸움과 덩크슛, 일대일 돌파 등 현란한 개인기가 돋보인다. 선수들 사이에서는 물론 관중과 선수 간에 격렬한 욕설과 함성이 오가며, 경기는 매우 빠르고 역동적으로 전개된다. 매년 여름에는 10만 명 이상의 관중이 이곳에서 열리는 시합을 구경한다. ESPN과 같은 운동 전문 케이블 채널에서 경기를 중계하기도 한다. NBA에서 뛰는 선수 중에 이곳에서 기량을 닦아 선발된 사람도 있다. 오후 무렵 이곳에서는 항시 젊은 흑인들이 농구를 한다. 이곳 주변에는 흑인이 별로 살지 않기에 멀리 브롱크스나 브루클린에서 오는 사람이 많고, 승리한 팀만이 이곳에서 계속 경기를 할 수 있다는 그들만의 규칙도 있다.

그리니치빌리지에서 보낸 한여름

몇 년 전 뉴욕 대학교에서 방문 교수로 한여름을 보낸 일이 있다. 워싱턴 스퀘어 공원 앞 도서관에서 큰 유리창을 통해 밖을 내다보면 정말 아름답다. 가까운 건물의 계단형으로 올라가는 옥상도 멋있고 워싱턴 기념 아치를 통해 보이는 5번가도 무척 아름답다. 여름에는 오래된 건물 사이로 보이는 워싱턴 스퀘어 공원과 5번가에 나뭇가지가 울창하게 드리워져 있어 유럽의 옛날 도시를 보는 느낌이다.

뉴욕 대학교 도서관의 실내는 천장이 높고 고풍스러운 샹들리에가 드리워져 있어 웅장한 느낌을 준다. 마호가니 책상이 반들반들 빛나고 책상마다 놋쇠로 만든 갓을 씌운 등이 환하게 빛을 발해 영화의 한 장면을 연상시킨다. 등록금이 비싼 귀족 사립 학교는 과연 다르구나 하는 감탄사가 절로 나온다. 아침 일찍 이곳에 와서 한적한 도서관의 분위기를 즐기고, 워싱턴 스퀘어 공원을 내려다보면서 하루를 계획하곤 했다. 자리를 잡고 조금 시간이 지나면 무거운 트레일러 가방을 끌면서 변호사 시험을 준비하는 학생들이 하나둘씩 나타난다. 이들은 한국의 고시생과 마찬가지로 책상 위에 한 무더기의 책을 쌓아놓고 하루 종일 책과 씨름한다. 7월 말의 어느 날 도서관에 오니 이들이 완전히 사라져 웬일인가 했는데, 나중에 알고 보니 이 무렵 변호사 자격시험이 있다고 한다. 뉴욕 대학 도서관에서 보낸 여름은 내 일생에서 가장 호사한 시간이었다.

내 기억 속에서 뉴욕 대학교와 워싱턴 스퀘어 공원은 분리되지 않는다. 도서관에서 공부하다 피곤하면 바로 앞에 있는 공원에 나와 앉아 사람들을 구경하며 쉬곤 했다. 점심때는 집에서 싸 가지고 온 샌드위치나 주변의 피자집에서 산 피자를 워싱턴 스퀘어 공원의 분수 옆 벤치에 앉아 먹고 햇볕을 쬐며 시간을 보냈다. 피곤한 날에는 도서관에서 일찍 나와 그리니치빌리지의 골목골목을 기웃거리며 돌아다니는 것도 즐거움이었다.

금요일 오후면 도서관이 텅 비고, 대신 워싱턴 스퀘어 공원이 사람들로 북적대기 시작한다. 점심시간부터 벌써 무료 공연이 이어지고 주위에 사는 학생들과 주민이 공원에 나와 주말의 해방감을 만끽한다. 개를 데리고 나온 사람, 어린아이를 유모차에 밀며 나온 사람, 예쁘게 차려입고 데이트하는 남녀, 바이올린을 연주하는 거리의 악사, 은퇴하고 여유 있는 삶을 즐기는 듯 보이는 노부부, 배낭을 멘 젊은 여행자, 연신 사진기를 들이대며 호기심을 번득이는 관광객, 롤러스케이트를 타고 사방을 휘젓고 다니는 청소년, 분수 속을 좋아라 뛰어다니는 어린이와 강아지. 이들 속에 섞여 있으면 왠지 내 가슴도 들떴다. 지금은 멀리 가버린 젊음을 다시 맛보는 것 같았다.

날씨가 좋은 오후에 워싱턴 스퀘어 공원에 앉아 있으면 심심하지 않다. 관광객도 많이 오지만, 그보다는 주변에 사는 시민이나 대학생들이 와서 시간을 보낸다. 가운데 분수를 둘러싸고 있는 계단과 벤치에 앉아 사람들은 책을 보고, 점심 도시락을 먹고, 남녀가 손을 잡고 앉아 포옹을 하고, 햇빛을 즐기며 넓은 하늘을 바라본다. 분수 광장 옆에는 거리 공연이 벌어진다. 젊은

● ● 워싱턴 스퀘어 공원. 조지 워싱턴 대통령의 기념 아치 앞 분수대 주변에서 한가하게 시간을 보내는 사람들이 보인다. 나도 한때 이곳에 자주 보이던 사람이었다. 이곳에서 도심의 공원이 얼마나 삶을 풍요롭게 해주는지 깨달았다.

흑인 팀이 정말 열심히 춤을 추고 구경꾼들은 박수를 치고 환성을 지른다. 몇 년 후에 다시 와 보았는데도 같은 얼굴의 흑인이 공연을 하는 것으로 보아 이들에게 이곳의 거리 공연은 직장이다. 광장 한편에는 나무가 우거진 오솔길이 있고, 양쪽 벤치에 노인들이 앉아 있고, 갓난아이를 유모차에 끌고 온 젊거나 나이 든 여성들이 잡담을 나누고 책을 읽거나 바느질을 한다. 그 너머에는 돌로 된 탁자를 가운데 놓고 노인들이 체스를 두고 있다. 그 중에는 내기 체스를 업으로 하는 사람도 있다. 그들은 체스 말을 정렬해놓은 채 우두커니 상대가 나타나기를 기다리고 있다.

여름철에는 주말마다 분수 광장 한편에서 연주회가 열린다. 뉴욕 시와 기업의 협찬으로 이루어지는 클래식 음악 연주회. 공짜로 수준 높은 연주를 듣는다는 즐거움이 있기는 하지만 그곳에 상주하는 나 같은 사람에게는 그리 반갑지 않다. 점심시간부터 공연 준비를 하느라 무대를 가설하고 의자를 정렬하고 통행을 막으면서 여유로운 공간이 사라지기 때문이다. 그보다는 때때로 뉴욕 대학교 음악 전공 학생들 몇몇이 평일 점심시간에 간단히 하는 연주가 더 흥미롭다. 그들의 연주를 가까이 다가가 듣는 사람도 있지만, 멀리 벤치에 앉아 흘러오는 음악을 들으며 점심을 먹을 때는 정말 꿈같은 시간이다.

그리니치빌리지에는 옛날 도시의 모습이 살아 있다. 구불구불한 길과 기억하기 힘든 독특한 이름을 가진 가로들이 복잡하게 얽혀 있다. 그중에 게이 스트리트라는 이름도 보인다. 4번가와 12번가가 교차하기도 하고, 특이한 이름의 도로가 한두 블록 이어지다가 중간에 다른 이름으로 바뀌기 일쑤다. 주변으로 고층 건물이 올려다보이지만 이곳에서만은 4~5층 높이의 오래된 건물이 주를 이룬다. 19세기로 거슬러 올라가는 오래된 목조 건물과 밖으로 철제 계단이 돌출된 벽돌로 지은 아파트가 가로에 잇닿아 있다. 폭이 5미터도 안 되며 한 층에 방 하나만 있는 3~4층의 주택도 눈에 띈다. 일전에 이곳에 사는 사람의 이야기를 들은 일이 있다. 한 건물에 한 가구가 사는데, 2층에는 부엌 겸 거실이 있고 3층과 4층에 조그만 침실이 각각 하나씩 있다. 집 안에 난 좁은 계단을 오르내리며 사는 것도 나름 괜찮단다. 물론 장애가 있는 경우라면 이런 집에서 살기 어렵겠지만 말이다.

건물 사이에 난 좁은 골목으로 출구를 빠끔히 내밀고 있는, 조그만 정원을 가진 오래된 집도 보인다. 정원에 들어가 보니 도심 한가운데인데도 조용하고 아늑하다. 대로변에는 상점이 줄지어 있지만 뒤편의 좁은 거리에는 드라마에나 나옴 직한 고풍스러운 주택이 고즈넉이 자리 잡고 있다. 좁은 거리는 바닥에 작은 벽돌이 깔려 있어 멋스러운 분위기를 풍긴다. 길거리에는 오래된 가로수가 줄지어 가지를 길게 늘어뜨려 그늘을 드리우고 있다. 맨해튼의 중심가가 바로 옆이라는 것이 믿기지 않을 만큼 동네 전체가 조용하다. 오래된 유럽의 구시가를 거니는 느낌이다.

이렇게 오래된 동네에 누가 살까 궁금해하는데, 사오십 대의 지적으로 보이는 훤칠한 남자가 캐주얼 차림으로 문을 열고 나온다. 산보를 가려나 보다. 편해 보이면서도 점잖은 옷차림의 할머니도 간혹 눈에 띈다. 식료품을 산 쇼핑백을 손에 들고 있다. 미국 교외의 전형적인 주택가와는 달리 어린아이나 청소년이 돌아다니는 것은 보기 힘들다. 함께 다니는 남녀를 많이 보지만 자녀가 없는 부부이거나 동거하는 연인 사이로 보인다.

그리니치빌리지에서 마주치는 사람은 두 부류로 나뉜다. 거리에서 보는 사람의 절반은 관광객으로 보이는데, 젊거나 중년 관광객이 많은 반면 어린아이를 동반한 가족 관광객은 거의 없다. 또 다른 부류는 주변에 직장이 있거나 이곳에서 살고 있는 사람인데 이들의 차림새와 태도에서 보보스의 분위기를 읽는다. 어느 누구의 명령도 받지 않으며 자신의 머리로 먹고사는 자유분방한 전문직 종사자들이다. 그들은 지적인 분위기를 풍기며 비교적 자신만만한 표정으로 누구에게도 거리낌이 없는 태도이다.

그리니치빌리지 곳곳에 테이블을 밖에 내놓은 카페와 레스토랑이 있다. 그곳에서는 세련된 사람들이 담소를 나누며 한가한 여유를 즐긴다. 대로변에는 보헤미안풍의 가게가 눈에 띈다. 펑크 스타일의 옷과 장신구를 파는 상점, 패션 드레스를 파는 부티크, 색다른 문양과 색채의 물건을 전시한 인테리어점, 독특한 그림을 걸어놓은 화랑 등이 있다. 사실 이곳 거리에는 사람들이 많이 지나다니지 않는다. 이곳에서는 물건을 왕창 사서 집으로 나르는 사람을 별로 보지 못한다. 사람들은 종이봉투나 쇼핑백에 들어갈 정도의 식료품을 사서 옆구리에 끼고 걷는다. 자동차 트렁크 한가득 식료품을 사서 실어 나르는 미국 중류층의 전형적인 소비문화와는 퍽이나 다른 분위기다. 차고가 없는 집이 대부분이다.

그리니치빌리지에서 동성애자를 만나기 어렵다는 것이 쉽게 납득되지 않았다. 동성애 커밍아웃 운동이 시작된 곳이 아닌가? 역사적으로 유명한 곳이 그렇듯. 동성애자의 폭동이 일어났던 스톤월 인은 생각보다 훨씬 조그만 가게였다. 지금도 영업을 한다는데 사람의 왕래가 별로 없다. 현관 위에 걸린 무지개 문양의 깃발이 이곳이 동성애와 관련된 곳임을 말해줄 뿐이다. 그 맞은편 크리스토퍼 공원에 있는 동성애 기념 동상 주변에서도 동성애자를 볼 수 없다. 이곳 모퉁이의 게이 스트리트에서 할머니를 만났다. 동성애자는 이곳을 떠난 것이다.

금요일이나 토요일 퇴근길에는 철책을 둘러친 농구장에서 벌어지는 거리 농구를 가끔씩 구경했다. 그곳 근처로 걸어가면 사람들의 함성이 들리고, 철책 너머 빠르게 움직이는 선수들의 격렬한 몸놀림과 욕설이 나를 흥분시킨다. 그곳에서 움직이는 흑인 청년들을 보노라면 본능

그리니치빌리지의 뒷골목으로 난 정원

건물 사이로 출구가 열린 정원이다. 정원으로 들어가 주위를 둘러보니 도심 한가운데인데도 조용하고 아늑하다.

에 충실한 동물이 연상된다. 울퉁불퉁한 근육질, 민첩한 몸놀림, 신속한 대시와 무지막지한 충돌, 엄청난 점프력. 이들의 건장한 육체를 보면서 한편으로 아름답지만 다른 한편 가슴이 아팠다. 흑인이 동물로 취급되던 노예제의 기억이 떠오르기 때문이다. 흑인 노예는 두뇌를 가진 인간이기보다 소나 말처럼 힘을 쓰는 동물로서 소유되고 착취되었다. 노예제 시절 유산 목록에는 가축이나 가구와 함께 노예의 이름이 기록되어 후손에게 상속되었다. 노예제는 흑인을 지능이 낮고 동물적 본능에 충실한 존재로 보는 고정관념을 미국 문화 속에 고착시켰다. 영화나 광고에서 흑인은 동물처럼 원초적인 욕망과 무지막지한 힘을 가지고 있다는 이미지로 표현된다. 그러나 객관적으로 보면 백인이 흑인보다 키가 크고 육체적으로 더 건장하다. 미국에 오래 살면서 흑인에 대한 고정관념이 거짓이라는 것을 깨닫기는 했지만, 그것은 이성적인 판단일 뿐 감정적으로는 여전히 흑인은 육체적인 존재라고 느낀다. 문화적인 고정관념이 이성적 판단을 압도하는 것이다.

그리니치빌리지에는 예술가들이 살지 않는다. 이곳을 걷다 보면 문화계의 유명 인사를 만난다고 하는데 이들은 가난한 예술가와는 거리가 멀다. 그럼에도 이곳은 중류층이 사는 교외나 부자들이 모여 사는 부촌과는 다른 분위기를 풍긴다. 곳곳에서 자유로움과 다양성의 멋이 풍겨나기 때문이다. 순수한 보헤미안주의와는 거리가 멀겠지만, 판에 박힌 따분함이 아닌 나름대로의 개성을 풍겨 다양성을 맛볼 수 있다. 일전에 어느 대도시의 교외에서 한동안 머문 적이 있는데 질식할 것 같은 단조로운 환경이 권태 그 자체였다. 기껏해야 인근 공원에서 바람을 쐬거나 도서관에서 비디오를 빌려 보거나 주말에 쇼핑몰에서 시간을 보내거나 영화를 관람하는 것이 전부여서, 조금만 지나면 그 생활에 진력이 난다. 텔레비전을 즐겨 보는 것도 아니고 잔디를 기르는 데 취미도 없는 내게 교외의 생활은 인생 낭비다. 아무리 편리하고 풍요롭다고 해도 지적인 자극과 문화적인 호기심이 발동하지 않는 곳에서는 살고 싶지 않다. 나와 같은 생각을 하는 사람이 이곳에 모여 있을 것이다. 집값이 무척 비싸다고 하니 아무나 살기는 어렵겠지만, 한적함이 묻어나면서 도시의 다양성과 문화생활이 바로 곁에 있는 이곳에서 살고 싶다는 생각이 들었다.

2. 첼시와 미트패킹, 뉴욕 경제와 함께 부활한 새로운 매력의 발산지

CHELSEA & MEATPACKING

보헤미안의 분위기를 풍기면서 변화를 선호하는 젊은 전문직
종사자들이 모이는 이곳은 끊임없이 변신 중이다.

맨해튼의 남서쪽 지역은 근래 새로운 매력을 발하고 있다. 14번가를 경계로 남쪽
은 '미트패킹', 북쪽은 '첼시'라고 한다.

미트패킹에는 20세기 초만 해도 250개소 이상의 도살장과 육가공 공장이 자리 잡
고 있었다. 지금도 육가공 업체의 낡은 간판이 간혹 보이지만 실제 육가공 작업은 더
이상 이 지역에서 이루어지지 않는다. 대공황을 지내면서 뉴욕의 도심은 쇠퇴하고 이
곳은 1980년대까지 쇠락을 계속하면서 버려졌다. 인적이 끊긴 공장 건물은 범죄와 마
약과 매춘이 일상적으로 벌어지며 조직 폭력배가 지배하는 곳으로 악명을 떨쳤다. 전
형적인 도심 황폐화의 길을 걷던 곳이다. 그러던 이곳이 근래 들어 부활하고 있다. 구
역 전체를 밀어버리고 그곳에 새로 길을 내고 고층 건물을 짓는 도심 재개발의 유형을
밟기보다는 옛날과 현대가 함께 공존하는 특이한 방식으로 말이다.

미트패킹은 산만한 동네다. 최근에야 개발이 시작된 관계로 이곳을 걷다 보면 곳
곳에서 내부 개조 공사 중인 아파트와 점포를 만난다. 아직도 많은 건물은 쇠락한 공
장과 창고의 모습 그대로이며, 리노베이션 공사는 보행을 방해하고, 육류 가공과 판
매를 광고하는 낡은 간판이 유령처럼 서 있다. 그러나 현재 이곳에서 살고 일하는 사
람은 문화의 첨단을 달리는 예술가, 작가, 연출가, 프로그래머, 방송인 등 다양한 분야

의 전문직 종사자다. 이곳 사람의 평균 연령은 매우 젊으며 곳곳은 변신 중이다. 새로운 공원이 들어서고, 오래된 건물의 리노베이션이 진행되며, 첨단 디자인의 건축물이 곳곳에서 올라간다. 이곳에는 화랑이 있고, 최신 스타일의 푸드 코트와 레스토랑이 있고, 분위기 좋은 카페가 있고, 물 좋은 바와 나이트클럽이 있고, 디자이너 부티크와 헤어 살롱이 있고, 케이블 방송국과 아트 스튜디오가 있고, 예술과 패션 전문 대학교가 있고, 인터넷의 황태자 구글이 있다.

미트패킹이 부활한 것은 1990년대 뉴욕의 경제가 살아나고 맨해튼의 부동산 가격이 상승하면서부터다. 도심 상업 지구와 인접해 있다는 이점이 각광을 받으면서 이 지역의 개발을 둘러싸고 시민 단체와 개발업자 간에 격렬한 논쟁이 전개되었다. 인접한 그리니치빌리지의 영향을 받아 기존의 건물을 밀어내고 새로 짓는 재개발보다는 기존의 것을 재활용하자는 목소리가 승리했다. 공장과 창고를 개조해 주거 목적으로 사용하는 '로프트loft' 아파트가 들어섰다. 이러한 아파트의 1층에는 젊은이들이 선호하는 점포가 문을 열었다. 재개발의 와중에 기존의 모습이 그대로 남아 있는 데는 행정적인 감독이 한몫을 했다. 뉴욕 시는 이 지역을 역사 보존 지구로 지정해 기존의 건물을 허물거나 새 건물을 짓는 것을 엄격히 규제하는 대신 이를 재활용하는 쪽으로 지원한다.

불과 10여 년 전만 해도 버려져 있던 창고를 수리해 로프트 아파트로 만든 곳의 임대료는 매우 높아, 침실 하나와 거실이 있는 원 베드룸 아파트의 임대료가 월 2,500달러에 달한다. 젊은이 취향의 카페와 레스토랑, 바와 나이트클럽이 잇달아 들어서면서 거리는 젊은이들로 활기를 띤다. 이 지역에 사는 사람들은 인접한 그리니치빌리지와 흡사한 보헤미안 부르주아지다. 다만 그리니치빌리지 사람에 비해 좀 더 젊고 사회적 지위가 덜 안정된, 커리어의 초기 단계에 있는 사람이 많다. 이 지역에 사는 젊은 직장인은 혼자 살거나 동거하는 경우가 많으며, 바와 나이트클럽의 밤 생활을 즐기는 사람들이다. 이 지역에서 어린아이가 뛰어놀거나 부모와 자녀가 함께 시간을 보내는 모습은 찾기 어렵다.

미트패킹의 북쪽에 있는 첼시는 20세기 초반까지 노동자의 주택과 공장이 뒤섞

첼시의 주택가

줄지어 늘어선 오래된 건물과 가로수가 잘 조화되어 있다. 뉴욕의 도심에 사는 중산층의 안정된 생활 양식을 엿볼 수 있다.

여 있었다. 이 지역의 전형적인 주택인 '로우 하우스row house', 즉 벽을 공유하면서 똑같은 모양으로 수십 채가 이어진 4~5층 건물이나, 한 블록 전체를 차지하는 거대한 집단 주택에는 과거 인근의 공장과 부두에서 일하던 노동자들이 살았다. 이곳에는 화물 터미널과 목재 야적장이 있었으며, 공장이 많았다. 이곳 주민의 주축을 이루던 아일랜드 이민자는 '태머니 홀'을 중심으로 정치적인 세력 집단을 형성하며 뉴욕 정치계를 주름잡았다. 이웃한 '가먼트 디스트릭트'의 봉재 공장이 이곳 여성들의 일터였다. 대공황 시기까지 이곳을 남북으로 관통하는 철도 선로에는 화물차가 바쁘게 지나다니며 공장에 화물을 실어 날랐다. 이후 이웃한 미트패킹과 함께 오랜 퇴락의 세월을 거치게 된다.

　뉴욕의 경제가 부흥하면서 첼시는 부활했다. 1990년대 미국 전역을 뒤흔든 '닷컴 붐'이 뉴욕에도 불어닥쳤다. 첼시 인근에 '실리콘 앨리^{Sillicon alley}'라는 별명이 붙을 정도로 첨단 기술 창업 회사들이 밀집했다. 첼시의 공장 건물은 로프트 아파트로 개조되어 일층에는 카페와 레스토랑, 패션 부티크가 들어서고 화랑이 밀집한 거리가 조성되었다. 인접한 그리니치빌리지의 비싼 임대료를 피해 예술가들과 동성애자들이 이곳으로 이주했다. 보헤미안의 분위기를 풍기면서 변화를 선호하는 젊은 전문직 종사자들이 모이기 시작했다. 이 지역에 있는 예술과 패션을 전문으로 하는 SVA, Pratt, FIT 같은 대학은 보헤미안 분위기를 더욱 북돋운다. 이 지역 역시 역사 보존 지구로 지정되어 기존의 건물을 허물거나 새로 짓는 것이 엄격히 규제되므로, 건물과 가로에서 20세기 초반 뉴욕의 모습을 찾을 수 있다.

　첼시는 남쪽의 미트패킹과는 달리 주거 지역이 대부분을 차지한다. 가로수가 우거진 한적한 뒷길에 있는 오래된 아파트에서 유모차에 아이를 태우고 산보를 나온 젊은 부부나 동거하는 듯이 보이는 젊은 커플과 흔히 마주친다. 간혹 은퇴한 노인들도 보인다. 첼시의 대로변은 뒷길과는 전혀 다른 모습이다. 아파트로 개조된 공장과 창고 건물이 줄지어 있고 일층에는 화려한 점포가 있다. 나이트클럽과 레스토랑은 밤이 되면 불을 환히 밝히며, 디자이너 부티크와 화랑을 구경하러 온 관광객과 이들을 고객으로 하는 카페는 길가에 내놓은 테이블까지 번잡하다.

옛날 것을 재활용해
성공한 세 가지 사례

첼시 마켓

첼시 마켓은 9번가와 11번가 사이의 두 블록 전체에 걸쳐 22개의 빌딩을 내부로 연결한 쇼핑몰이다. 이 건물들은 19세기 말에 지어진 벽돌 건물로 1950년대 후반까지 내비스코사의 과자 제조 공장으로 사용되었다. 이 공장에서 오레오 등 내비스코사의 베스트셀러 품목이 생산되었다. 내비스코사는 이 건물을 부동산 업자에게 팔았으며, 몇 번의 손을 거쳐 1990년대에 어빈 코헨이라는 개발업자가 건물 소유주를 조직해 두 블록 전체에 대해 기획 개발을 추진했다. 그 결과 1997년 현재 모습의 첼시 마켓이 개장했다.

그는 기존의 건물을 부수지 않고 그대로 놔둔 채 통로로 연결해 하나의 거대한 단일 용도의 건물로 만드는 아이디어를 기획했다. 이렇게 연결된 건물의 1층에는 음식 관련 업종을 유치하고, 위층은 사무실 공간으로 개발했다. 그는 통합된 건물 전체를 관통하는 새로운 이미지를 만들어냈다. 그의 아이디어는 이 건물의 공장 분위기를 테마파크 형태로 살려 볼거리와 재미를 추가하면서 젊은이 취향의 식문화 공간을 만든다는 것이었다.

첼시 마켓은 상업적으로 크게 성공한 재개발 모델임을 한눈에 알 수 있다. 오래된 벽돌 건물인 첼시 마켓의 입구에는 들고 나는 사람으로 붐빈다. 사람들은 음식점이나 식품 전문점의 매장 밖에 전시한 것을 기웃거리며 구경한다. 식품 전문점에는 동네 슈퍼마켓에서는 보지 못한

● ● 첼시 마켓의 내부. 오래된 벽돌 벽과 철제 천장의 채광창은 이곳이 과거에 공장 건물이었음을 말해준다. 조명과 인테리어가 테마파크의 분위기를 연출한다.

특이한 것이 많다. 미국이 불경기라는데 이곳은 장사가 잘 된다.

첼시 마켓의 성공 요인은 두 가지다. 하나는 공장의 모습을 인테리어로 활용해 테마파크 같은 볼거리를 제공하면서 흥미를 자아내는 공간으로 잘 연출했다는 점이다. 건물의 중앙을 관통하는 구불구불한 통로는 오래된 공장의 바닥재로 마감하고, 지금은 사용되지 않는 공장의 배관 파이프가 노출된 높은 천장을 장식하고, 공장 회랑을 연상시키는 조명등이 줄지어 길게 드리워지고, 물건을 운반하는 화물용 엘리베이터와 육중한 철문이 곳곳에 보인다. 과거 이 건물을 관통했던 철로의 일부가 노출되어 있고, 인공 폭포에서 물이 쏟아져 내리고, 주철로 된 기둥과 가로막, 굵은 쇠로 된 동아줄 뭉치와 거대한 바퀴, 내비스코사의 청동 명판, 오래된 연장, 계기와 신호판, 기타 옛날 공장에서 봄 직한 자질구레한 산업용품들이 구석구석을 장식한다. 적재적소에 조명을 비춰 마치 연극 무대를 관람하는 것 같은 효과를 낸다. 통로를 거니는 것 자체가 옛날 공장의 내부를 구경하는 듯한 착각을 불러일으킨다.

첼시 마켓의 두 번째 성공 요인은 마켓에 입점한 점포를 방문자의 소비 취향과 일치하도록 잘 조직했다는 점이다. 마켓에 입점한 업체들은 젊은 전문직 종사자의 취향에 맞도록 세심하게 선정되었다. 유기농 빵으로 유명한 '에이미스 브레드'를 필두로 이탈리안 레스토랑, 일본 레스토랑, 타이 레스토랑, 해산물 전문 레스토랑, 유기농 레스토랑, 치즈 전문점, 소시지 전문점, 와인 전문점, 델리 슈퍼마켓, 초콜릿 전문점, 쿠키 전문점, 허브 전문점, 아이스크림 전문점, 샌드위치 전문점, 부엌용품 전문점, 요리책 전문 서점 등등. 이들 점포는 일상에서 벗어난 식도락을 제공한다. 물건의 질과 가격은 소비 수준이 높은 전문직층의 생활양식에 맞춰져 있으며, 이곳에서 일하는 점원들 또한 대학생 차림의 세련된 태도를 갖추고 있다. 마켓 통로에서는 수시로 시식회나 연주회, 퍼포먼스 등이 펼쳐지면서 방문자에게 다양한 볼거리를 제공한다.

첼시 마켓은 단순히 물건을 구입하는 것보다는 이곳에서 시간을 보내며 체험을 소비하는 데 초점이 맞춰져 있다. 예컨대 '에이미스 브레드'에서는 빵을 만드는 전 과정을 유리창 너머로 볼 수 있게 해 소비자에게 빵 만드는 경험을 간접적으로 체험하도록 한다. 자동 기계를 흘러가면서 쿠키가 만들어지는 것도 흥미롭고, 흰색 옷과 흰색 모자를 쓴 빵 만드는 사람들의 분주한 움직임을 보노라면 마치 영화 〈찰리와 초콜릿 공장〉에 나오는 난쟁이를 보는 것 같다. 빵 만드는 모습을 보다 보면 자연히 사고 싶은 마음이 생긴다.

사람들은 통로를 한가롭게 거닐면서 주변의 장식과 가게에 진열된 상품들을 보고 별미를 맛보면서 즐거운 시간을 보낸다. 이곳 레스토랑은 허기를 채우는 목적이 아니며 중요한 비즈니스 미팅을 갖는 곳이 아니다. 이곳의 점포들은 일상의 필요를 충족하기 위한 필수품을 구매하는 공간이 아니다. 테마파크를 방문해 시간을 보내는 것처럼 가족이나 친구와 함께 즐거운 시간을 보내도록 하는 데 초점이 맞추어져 있다. 이곳에서 보낸 즐거운 시간은 별미 빵이나 소시지, 치즈를 사 가지고 집으로 돌아가 그것들을 즐기면서 기억될 것이다.

첼시 마켓은 건강과 식문화에 관심이 많으며 환경과 문화 보존에 대한 의식이 높아지는 미국 중상류층의 경향과 잘 맞는다. 또한 중상류층의 소비 패턴이 물건 구입에서 체험을 소비하는 쪽으로 변하고, 특히 옛날이야기를 소비하는 박물관 관광이 인기를 끄는 추세에 영합하고 있다. 미국의 대중문화는 대량으로 생산된 모조품이 아니라 '진짜'를 선호하는 방향으로 흐르고 있다. 그러나 그들이 선호하는 '진짜'는 과거의 것 그대로가 아니라 현재의 관심으로 연출된 것이다. 중상류층이 구경하고 소비하고 즐기기에 편리하면서도 동시에 과거의 분위기를 느끼게 하는 것이 잘 팔린다. 옛날 것을 동원해 잘 꾸며놓아 사람들의 호기심을 자극하면서 동시에 소비 욕구도 만족시키는 상업화된 문화 보존 행위라고 할 수 있다.

미국을 돌아다니다 보면 곳곳에서 박물관 광고를 본다. 막상 찾아가 보면 잘 해놓은 곳도 있지만 그야말로 보잘것없는 것을 가지고 입장료를 받는 곳이 많다. 사설 박물관 중 열에 아홉은 실망하기 십상이다. 첼시 마켓은 입장료를 내지 않고 평소에 먹기 힘든 맛있는 음식을 사 먹으면서 옛날에 대한 호기심을 즐기는, 일석삼조의 아이디어로 성공했다. 오래된 공장 건물을 밀어버리고 그 자리에 쇼핑몰을 지었다면 이렇게 성공할 수는 없었을 것이다. 첼시 마켓에는 개발 과정을 상세히 설명해주는 명판이 있고 안내자가 곁들인 투어 코스까지 제공한다. 첼시 마켓은 좋은 아이디어로 잘 기획한 문화 관광이 중산층에게 각광을 받는다는 것을 확인하는 장소다. 미국처럼 사방에 물건이 넘쳐나는 풍요로운 사회에서 사람들은 물건을 구입해 소비하는 것만으로는 만족하지 않는다. 그보다는 물건을 소비하면서 재미와 의미가 덧붙여진 체험을 누리고 싶어 한다. 스타벅스가 각광을 받은 것이 바로 그 분위기를 파는 데 성공했기 때문이듯이 말이다.

1층의 쇼핑몰뿐만 아니라 위층 사무실 공간에 임대한 회사에서도 첼시 마켓 기획자의 의도가 엿보인다. 이 건물의 위층에는 요리 케이블 방송으로 유명한 '푸드 채널'이 입주해 있다. 이 방송국은 아래층에 있는 레스토랑에서 여러 프로그램을 녹화하면서 이곳을 대외적으로 홍보하는 데 큰 역할을 담당한다. 그 외에도 옥시젼 네트워크, NY1 등의 케이블 방송국, EMI 뮤직 등의 미디어 업체, 전미야구협회, 마케팅 회사, 구글 등이 입주해 이곳을 신세대 문화가 살아 있는 곳으로 만드는 데 일조한다.

하이라인 파크 High line park

미트패킹을 걷다가 하이라인 파크를 만난 것은 정말 우연이다. 하이라인 파크는 2009년 여름에 처음 개방해서, 내가 갔을 때 가지고 있던 여행 안내서에는 아직 올라 있지 않았기 때문이다. 하이라인 파크는 맨해튼의 남서부를 관통하는 고가 철로를 개조해 만든 공원이다. 2009년 전체 공원 계획 구간의 일부가 시민에게 개방된 이래 뉴욕의 명물로 자리 잡았다. 버려진 고가 철로를 부수고 재개발하자는 개발업자의 주장에 맞서 지역의 시민 단체가 주체가 되어 시의 협조하에 새로운 공원으로 재단장하여 성공한 사례다. 고가 철도가 만들어진 지 80년이나 지났기 때문에 밑에서 보는 철골 구조는 녹이 많이 슬고 페인트가 벗겨진 흉물스러운 모습이다. 그러나 계단을 올라가 공원으로 들어서면 완전히 별천지가 펼쳐져 있다.

하이라인 파크의 바탕이 되는 고가 철로에 대해 간단히 언급하자. 19세기 중반 맨해튼의 서

● 하이라인 파크에서 바라본 스카이라인. 앞에 보이는 벽돌 건물은 유명한 런던 테라스 아파트 단지다. 도심을 거닐면서 보는 도심의 스카이라인이 파란 하늘과 대비된다.

● ● 도심 건물 사이로 난 고가도로 위로 길게 이어지는 공원길이 보인다. 야생의 풀이 바람에 나부껴 주변 조망과 함께 상쾌한 느낌을 준다.

쪽 지역에 시내 중심과 외곽을 연결하는 철로가 건설되었다. 이 철도는 맨해튼의 남쪽에 있는 미트패킹의 공장 지대에 화물을 운송하는 데 주로 사용되었다. 그러나 19세기 후반 뉴욕의 인구가 팽창하고 도심지가 북쪽으로 확장되면서 지상의 철로는 자동차 교통을 방해하는 존재가 되었다. 이에 20세기 초에 고가 철도를 건설해 새로 개통했다. 그러나 이후 화물 운송에서 트럭이 철도를 대체하면서 1980년 마지막 열차를 끝으로 고가 철도는 사용을 중단하고 버려졌다.

철로 주변의 토지 소유주들이 고가 철로를 허물고 재개발하려 했으나 지역 시민의 반대로 뜻을 이루지 못했다. 1999년 철로를 공원으로 개조하는 것을 목적으로 '하이라인의 친구들'이라는 시민단체가 결성되었다. 이들은 20년 가까이 사용되지 않은 고가 철로에 야생 식물이 무성하게 자라나 있는 것을 보고 공원화의 타당성을 확인했다. 또한 프랑스 파리에서 폐철로가 공원으로 탈바꿈한 사례인 '프롬나드 플랑테'에서 배웠으며, 폐철도 창고에 공원을 만든 시카고의 밀레니엄 파크에서도 아이디어를 따왔다.

뉴욕 시장으로 당선된 블룸버그는 전임 시장이 부정적인 의견이었던 것과는 달리 이들의 제안에 큰 관심을 표명했다. 뉴욕 시는 이곳의 철로를 공원으로 바꾸는 사업에 5,000만 달러를 투자하기로 약속했다. 공원화 아이디어의 디자인을 공모해 34개국에서 720개 팀이 응모했는

● 하이라인 파크의 조경. 폐철로와 조화되도록 길쭉한 막대 형상으로 만든 콘크리트 조형물과 사이사이에 심어진 풀들을 보면서 이 공원을 만드는 데 세심한 예술 감각이 동원되었음을 짐작한다.

데, 이들의 응모 작품을 시민들이 많이 이용하는 그랜드 센트럴역에 전시해 뉴욕 시민의 관심을 불러일으켰다. 2006년 공원화 공사에 착수해 남쪽 구간을 일차로 2009년 여름에 개방했으며, 2011년 나머지 구간을 완공했다. 하이라인 파크는 미트패킹에서 시작해 고가 철도를 따라 북으로 계속 올라가 최종적으로 30번가의 허드슨 강 변에서 끝나는 것으로 되어 있다. 이렇게 20개 블록 가까운 거리를 고가 철로로 잇는 공원의 총연장은 2.3킬로미터에 달한다.

하이라인 파크는 철로와 구불구불 이어지는 예술적인 감각으로 모양을 낸 콘크리트 보도와 야생 식물의 조경이 절묘하게 조화돼 있다. 하이라인 파크의 야생 식물 중 일부는 공원을 조성하기 전에 자생하던 것도 있으나 대부분은 건조한 환경에서도 잘 자라는 식물을 외부에서 가져다 심은 것이다. 하이라인 파크의 풀은 강가나 들의 잡초와 같은 야생성을 풍긴다. 철로의 침목 사이사이에서 풀이 자라고 산책길의 좌우에 심어져 있어 마치 들판의 오솔길을 걷는 느낌이다.

하이라인 파크는 아직 사람들에게 많이 알려지지 않아서 그런지 비교적 한산하며, 보헤미안의 분위기가 풍긴다. 벤치에서 멀리 건물의 스카이라인과 하늘을 바라보며 쉬는 사람, 허드슨 강에서 비쳐오는 햇빛과 바람을 마주하고 비스듬히 누워 책을 보는 사람, 한가하게 낮잠을 자는 사람, 사랑을 나누는 사람들이 눈에 들어온다. 자유의 여신상이나 엠파이어스테이트 빌딩이 뉴욕 관광의 정석이라면, 이곳에서는 뉴욕의 관광지 사이클이 시작되는 초기 단계를 보는 것 같다.

맨해튼의 관광지에서 흔히 보는 부류의 관광객을 이곳에서는 찾을 수 없다. 장사하는 사람도 없으며 왁자지껄하고 번잡한 분위기는 더더욱 찾아보기 어렵다. 그러나 이곳이 새로운 문화체험 관광지로 사람들에게 알려지는 것은 시간문제일 것이다. 관광 안내서에 오르고 입소문이 퍼지면 뉴욕 순회 관광 루트에 포함될 것이고, 기념품을 파는 사람, 먹을 것을 파는 사람, 단체 관광객들로 번잡해질 것이다. 이곳을 돌아보면서 문득 아이디어가 좋으면 사람들의 먹고사는 문제가 해결된다는 생각이 들었다. 이 고가 철도를 부수고 그 자리에 건물을 짓거나 도로를 확장했다면 뉴욕의 또 하나의 명물은 탄생하지 못했을 것이다.

하이라인 파크는 상징과 개발이 만나고, 예술과 실용이 결합된 장소다. 옛날 것을 재활용한다는 콘셉트는 산책로 중간 중간 폐선로를 보여주면서 야생 식물과 적절히 섞이게 한 조경에서 잘 살아난다. 의자와 바닥 보도는 예술적인 조형품을 보는 것 같다. 철로의 이미지와 조화되는 리본형의 콘크리트 패널을 사용해 철로와 패널이 자연스럽게 섞이도록 연출했다. 허드슨 강이 잘 보이는 곳에 비스듬히 기댈 수 있는 벤치를 나란히 설치해서 마치 해변에 비치파라솔이 연이어 있는 듯한 분위기를 풍긴다.

● 하이라인 파크의 방문자들. 마치 광고의 한 장면 같다. 주변 사무실에서 나와 점심을 먹고 휴식을 즐기는
  직장인들일 것이다. 이 공원이 어떻게 주변에 벤처나 첨단 IT 업종을 끌어들이는 효과를 가져왔는지 짐작이 간다.

주변보다 높은 고가 도로여서 서쪽으로 허드슨 강을 굽어보고 동쪽으로 도심 건물의 스카이
라인을 건너다보는 탁 트인 조망을 선물한다. 고가 도로의 특성상 공원에 진입하는 입구를 몇
개로 제한함으로써 공원을 산책하는 사람이 중간 침입자에게 방해받지 않고 공원 길의 전 과정
을 천천히 즐길 수 있다. 하이라인 파크에서 시내 가로를 보면 마치 높은 산에서 아래를 내려다
보는 듯한 통제감을 느낀다. 저 아래 펼쳐지는 것이 시시한 인간사인 듯한 초월의 감정 말이다.

공원 곳곳에는 벤치가 있어 휴식을 취하면서 주변을 조망할 수 있다. 건물 지붕 너머로 허드
슨 강이 내려다보이며 강물 위로 떨어지는 낙조를 감상할 수 있다. 공원 내에 인공 시설물을 최
소한으로 하여 자연 속을 거니는 느낌을 극대화했다. 현재 개방된 구역에 두 곳의 인공 시설물
이 있다. 하나는 철로의 갈림길이 만나는 곳에 설치된 광장이다. 이곳에 의자를 놓고 간단히 커
피를 즐기는 장소를 만들었다. 다른 하나는 또 다른 철로의 갈림길을 이용해 조성한 야외 공연
장이다. 이 야외 공연장은 특이한 구조인데, 객석보다 무대가 낮고 뒤가 투명 플라스틱으로 되
어 있어 객석에 앉아 무대를 보면 아래의 시내가 훤히 내려다보인다. 사람들은 고가 철로 위에
설치된 반원형의 야외 공연장에서 다리를 쉬면서 주변 경관을 내려다보고 또 서로를 구경한다.

이 공원은 정교하게 연출된 것으로 환경 친화의 메시지를 전한다. 공원의 이용은 엄격하게

규제되는데, 풀밭에 들어가는 것은 물론 애완동물을 데려오거나 롤러스케이트를 타는 행위도 금지된다. 공원 곳곳에는 공원으로 개발되기 이전의 모습을 담은 사진이나 철로의 자취를 남겨두고 설명을 붙임으로써 옛것을 되살렸음을 부각시킨다.

이 공원은 많은 사람이 동시에 이용하기에는 부적절하다. 고가 도로 위에 조성되어 있으므로 출입 통로가 제한되어 있을 뿐만 아니라 보도의 폭이 넓지 않아 많은 사람이 무리 지어 지나갈 수도 없다. 공원 안에는 일체의 상업 시설이 없으며 화장실도 없다. 천천히 거닐면서 예술적인 조경과 하늘, 바람과 햇볕과 주변 경관을 감상하도록 고안된 하나의 예술 작품이라는 인상을 준다.

사실 하이라인 파크는 그냥 동네 공원과는 다르다. 이 공원은 규모는 크지 않지만 아이디어가 잘 구현된 창작물이다. 세련된 디자인으로 아름다운 분위기를 연출하고 옛것을 보존한다는 환경주의와도 잘 맞아떨어져 젊은 전문직 종사자의 취향에 맞는 문화 공간을 제공한다. 젊은 이의 보헤미안적 세련됨을 의미하는 '힙'(hip)한 취향에 잘 맞는 것이다. 최근 하이라인 파크가 시작되는 지점에 위치한 인터넷 기업 구글이 이 파크에 100만 달러를 기부해 화제가 되었다. 그만큼 이 공원이 구글의 이미지와 잘 맞는 것이다.

하이라인 파크는 상업적으로도 큰 성공을 거두었다. 《뉴욕타임스》에 따르면 공원을 개발하는 데 1억 5,300만 달러가 들었는데, 주변 지역에 이 돈의 일곱 배에 달하는 20억 달러의 개발 효과를 가져왔다. 공원 주변에 29개의 새로운 개발 프로젝트가 진행되고 있으며, 2,500개 이상의 주택과 1,000개 이상의 호텔 방, 50만 제곱피트 이상의 사무실과 화랑 공간이 새로 생겼다. 새로이 창업하는 기업이나 아이디어 산업이 속속 이 주변으로 모여들고 있다.

이 공원이 촉진한 개발 사업의 대표적인 예로 하이라인 파크가 가운데를 관통하는 특이한 모양의 호텔이 최근 들어섰다. 층의 정 가운데로 하이라인 파크가 지나고 있다. 이 호텔은 현대식 건축미를 자랑하는 지역의 명소가 되었다. 공원 하나가 그렇게 큰 경제적 유발 효과를 내리라고는 뉴욕 시도 예상하지 못했다고 한다. 하이라인 파크가 크게 성공을 거둔 것을 보고 시카고, 필라델피아, 세인트루이스, 애틀랜타 등 오래된 다른 도시에서도 폐철로를 공원으로 개발하는 계획이 진행되고 있다. 뉴욕이 아닌 다른 곳에서도 성공을 거둘지는 미지수라고 《뉴욕타임스》는 전한다.

웨스트배스 예술인 공동체

웨스트배스 예술인 공동체는 과거 벨 연구소의 연구 단지를 개조해 중하층 소득의 예술인에게 저렴한 비용으로 주거와 작품 활동 공간을 해결하도록 한 곳이다. 미트패킹의 남쪽에 위치한 이 단지에는 미술, 무용, 음악, 연극, 문학, 사진, 영화 등 다양한 장르의 예술인 383가구가 가족과 함께 입주해 있다. 또한 뉴스쿨 연극 대학원, 브레히트 포럼 예술 학교, 머스 커닝햄 무용 회사, 체리 피트 극단 등 예술 관련 교육 기관과 단체가 입주해 있으며, 전시장, 공연장, 스튜디오, 회의실 등 예술인을 양성하고 작품 활동을 지원하는 시설을 갖추고 있다.

웨스트배스 예술인 공동체는 일반에게 개방된 공간은 아니다. 바깥에서 보이는 고풍스러운 건축의 아름다움도 눈길을 끌지만, 그보다는 마치 수도원처럼 사방을 둘러싼 건물 가운데 정원이 있는 것이 특이한 분위기를 자아낸다. 건물 중앙에 있는 정원으로 들어가니 가운데 분수와 나무들이 있는데, 한쪽 구석에서는 아이들이 놀고, 다른 구석에서는 무슨 세미나인지 수업인지 10여 명의 학생이 옹기종기 모여 이야기를 하고, 또 다른 곳에는 이젤을 버티어 놓고 작업하다 잠시 자리를 뜬 것 같은 작품이 몇 개 놓여 있다.

예술가는 가난하고 불안정한 생활을 견디어야 한다. 대중의 화려한 조명을 받는 몇몇을 제외하고 대부분은 무명으로 작업하고 살다가 스러진다. 이렇게 공동의 공간에서 가족을 돌보고 작업도 하고 서로 격려하며 아이디어를 교환하는 장소는 예술가에게 그야말로 천국일 것이다. 새로운 아이디어와 씨름하며 창조의 작업을 해야 하는 예술가에게 벨 연구소라는 과거 발명의 산실이었던 이곳이 제공되었다는 것은 그야말로 환상적인 결합이라고 할 수 있다. 자본주의가 극단적으로 전개되는 미국에서 마치 사회주의 사회의 해방구와 같이 소유에 신경 쓰지 않고 참여 민주주의 원칙으로 운영되는 공동체가 있다는 것은 놀랍다. 예술가들이 서로 힘을 얻는 이런 공간이 있기에 뉴욕이 예술과 아이디어의 메카로서 저력을 유지한다는 생각이 들었다. 그곳을 나오면서 바로 옆에 있는 허드슨 강 변으로 산보 갔다 돌아오는 젊은이들과 마주쳤다. 또 다른 주민은 식품을 쇼핑한 종이봉지를 옆구리에 끼고 들어오고 있었다.

웨스트배스는 1960년대 대학가 청년들이 주축이 된 문화 운동의 산물이다. 웨스트배스가 들어선 건물은 19세기 말 웨스턴 일렉트릭 회사의 벨 연구소로 시작해 1960년대까지 사용되었다. 이곳에서 20세기 현대 문명을 빛낸 진공관, 트랜지스터, 콘덴서 마이크, 음성 영화, 초기 컴퓨터 모델 등이 발명되었다. 벨 연구소가 다른 곳으로 이전한 후 1968년 민간 재단인 캐플런

펀드가 초기 기금을 내놓고 연방 정부의 예술 진흥 기금이 추가로 자금을 출연해 이 건물을 구입하고 예술인을 지원하는 공간으로 쓰기로 했다. 건물을 구입한 후 대대적으로 리노베이션을 해 1970년 예술인들에게 임대되었다.

웨스트배스는 자본주의 사회에서는 볼 수 없는 방식인 공공 기금을 바탕으로 구성원의 참여 민주주의로 운영되는 독특한 곳이다. 이곳의 아파트와 문화 공간의 운영은 입주자로 구성된 운영 위원회를 통해 자치적으로 이루어진다. 웨스트배스는 각 예술 분과별 대표자로 구성된 위원회에서 일정한 소득 기준을 넘지 않는 예술가를 선정해 염가로 아파트를 임대해준다. 웨스트배스는 도심의 집값이 비싸서 예술가들이 떠나가는 경향을 완화시키면서 예술적 전통의 맥을 살리고 있다.

● 웨스트배스의 내부. 조각상과 전시물과 자전거가 이곳에 예술인들이 살고 있음을 말해준다. 100년이 넘은 벽돌 건물을 재활용하기 위해 벽면을 흰 페인트로 칠한 것이 보인다.

웨스트배스는 예술인 공동체로서 성공한 모델로 평가된다. 웨스트배스의 성공은 두 가지 면에서 돋보인다. 하나는 공공의 기금으로 예술가의 거주와 작업을 함께 해결하는 공간이 집적의 효율을 발휘한다는 점이다. 1,000명 이상의 예술가와 그 가족들이 모인 공간은 규모에서도 독보적이거니와 다양한 예술 분과를 모아놓아 분과 간에 협조와 융합의 효과가 나타난다. 이곳을 매개로 예술가들 사이에 예술 분과를 넘나드는 다양한 실험이 시도된다. 이곳의 시설을 예술 교육과 사업 단체에게 개방함으로써 예술 활동이 활발하게 전개되는 공간으로 명성을 얻고 있다. 인근에 있는 예술 및 디자인 관련 대학인 뉴스쿨의 파슨스, SVA, Pratt, FIT와 밀접한 연계를 가지고 예술 발표회 및 세미나가 항시 열리며, 교육과 작품 제작 및 전시가 하나로 결합된 공간으로 발전했다.

웨스트배스의 또 다른 성공 포인트는 역사적으로 보존 가치가 높은 곳을 공익 목적으로 재활용함으로써 공간의 가치를 더 높인 것이다. 역사적 보존 가치가 있는 공간을 활용하지 않고 그대로 보존하는 데는 막대한 비용이 소요되는데 웨스트배스는 이 문제를 효과적으로 해결했다. 보존 비용이 두려워 이 건물을 헐어버리고 재개발했다면 이곳의 역사적 가치는 영원히 사라졌을 것이다. 역사적 의미가 없는 상업 건물에 예술가의 공동체를 만드는 것 또한 막대한 비용을 지불해야 함은 물론, 장소의 상징적 의미를 획득할 수 없다. 웨스트배스에서는 항시 세미나와 전시회가 열리고 사람의 발길이 이어짐으로써 역사적 공간의 의미를 한 단계 더 고양시킨다. 역사적인 유물을 보존하면서 예술도 진흥시킨다는 두 마리 토끼를 한꺼번에 잡은 것이다.

3. 센트럴 파크, 도심 한가운데 구현한 완벽한 인공 자연

CENTRAL PARK

호수 주변의 숲 사이로 난 산책길도 아름답거니와 주위로
보이는 아파트 또한 중세의 성처럼 고풍스러운 분위기를 풍긴다.

센트럴 파크는 뉴욕 맨해튼 중심에 있는 동서 0.8킬로 남북 4킬로미터의 직사각
형 모양의 공원이다. 도시 공원으로는 매우 커서 한국 여의도의 절반에 가깝다. 미국
전역을 통틀어 가장 많은 사람이 찾는 공원으로 매년 2,500만 명이 방문한다. 영화나
텔레비전에 자주 등장하는 덕에 센트럴 파크는 세계적 명소가 되었다. 센트럴 파크
의 쉽 메도우Sheep meadow 잔디밭 광장 너머로 삐죽삐죽 솟아오른 성채 같은 건물은 우
리에게도 익숙한 그림이다. 넓은 잔디밭 광장, 인공의 손길이 가지 않은 것처럼 보이
는 자연림, 공원을 둘러싸고 있는 아름다운 건축물은 이 공원의 상징이다. 공원 내에
인공적인 조성물은 많지 않다. 공원 면적의 대부분을 차지하는 것은 호수와 숲과 잔
디밭이다. 그러나 자세히 보면 센트럴 파크에는 다양한 시설이 있다. 인공 연못, 정원
과 분수대, 수영장과 스케이트장, 동물원, 중세의 성 모양 조망대, 야외 원형 극장, 놀
이터와 운동장, 쉼터와 정자, 조각상과 탑 등 다양한 인공물이 곳곳에 흩어져 있다. 그
중 공원 구석에는 기원전 1500년 경 람세스 2세를 기려서 제작된 이집트의 오벨리스
크 석탑 원본이 있다.

센트럴 파크는 순전히 인공적인 노력의 산물이다. 19세기 중반 뉴욕의 인구가 급
속히 불어나면서 런던의 하이드 파크나 파리의 불로뉴의 숲과 같은 공원이 필요하

센트럴 파크에 있는 정자

노출된 바위 위에 지형을 살려서 지었다. 센트럴 파크에는 분위기 있는 정자가 곳곳에 숨어 있다. 센트럴 파크에 있는 모든 것은 자연 속에 있는 느낌을 최대한 살리도록 연출된 하나의 거대한 인공 작품이다.

다는 여론이 높아졌다. 그 당시 뉴욕 시민이 밀집해 살던 맨해튼의 남쪽 지역을 피해 북쪽으로 넓은 시유지를 공원으로 건설했다. 센트럴 파크는 거대한 조경 공사의 산물이다. 이 지역의 표토가 수목의 성장에 필요한 양분을 충분히 머금지 않아서 허드슨 강을 건너 이웃 뉴저지로부터 엄청난 양의 흙을 운반해 와 깔았다. 공원 조성을 위해 1,500종에 400만 그루 이상의 나무를 외부에서 가져다 심었다. 늪지는 연못으로 만들거나 물을 빼고 정원과 잔디밭으로 조성했으며, 넓은 면적의 땅을 파 인공 호수를 만들었다. 1857년 시작한 공사는 남북전쟁을 거치고 16년이 지난 1873년에야 완성을 보았다.

센트럴 파크를 설계한 프레더릭 옴스테드와 칼베르 보는 자연의 모습이 그대로 살아 있는 환경을 만들려고 했다. 인공적 구조물을 최소화하는 대신 울창한 숲, 목가적인 잔디밭과 산책길에서 시민이 여유롭게 시간을 보내며 휴식을 취하는 것을 목표로 했다. 숲의 경관이 훼손되지 않도록 공원을 관통하는 도로는 최소로 만들었다. 공원이 남북으로 긴 직사각형 모양이어서 동서 횡단로가 필요했는데, 횡단로를 지면보다 낮게 만들고 그 주변을 관목 숲으로 뒤덮어 공원 내에서는 도로 위로 지나다니는 자동차의 모습이 보이지 않도록 한 것도 그들의 발상이다.

놀라운 사실은 그들이 공원을 만들 때 자동차는 아직 출현하지 않았다는 점이다. 그들은 마차가 다니는 것조차도 공원을 거니는 사람의 휴식에 방해가 된다고 생각했던 철저한 자연주의자다. 이러한 그들의 아이디어는 공원 건설 단계에서부터 인공물을 건축하려는 외부의 압력과 싸우지 않으면 안 되었다. 정치인은 기념비와 동상을 공원에 만들려고 했고 사업가는 상업 시설을 설치하려고 했다. 공원이 완성된 후에도 시대에 따라 다양한 인공물이 공원 내에 들어섰다. 특히 1950년대에 뉴욕 시의 재개발을 주도한 로버트 모제스는 가장 많은 인공물을 만들었다. 현재 공원 내에 설치된 인공물은 대부분 그가 주도해서 만든 것이다.

센트럴 파크는 완공 이후 수차례의 부침을 겪었다. 엄청난 돈과 노력을 들여 건설했지만 완공되자 정치권의 관심 밖으로 멀어져 예산 부족으로 퇴락하게 되었다. 20세기 초반 센트럴 파크는 오랫동안 관리하지 않고 방치돼 잔디밭에는 잡초가 무성하고, 숲에는 부러지고 썩은 나무가 사방에 나뒹굴고, 홈리스의 천막이 곳곳에 자리 잡고, 호수는 오물 천지로 고약한 냄새를 풍겼다. 중류층이 휴식을 취하는 공원의 기능을 상실한 채 버려진 것이다. 1930년대 센트럴 파크는 새 단장을 하고 공원의 기능을 회복한다. 뉴욕 시장에 선출된 라과디아는 뉴욕 시 전반을 부흥시키는 노력을 전개하면서 센트럴 파크를 청소하고 수리, 개선하는 데 힘썼다. 대공황 시대에 실업을 해소할 목적에서 전국적으로 공원 건설 운동이 전개되었을 때 센트럴 파크도 정부로부터 인력과 예산을 배정받아 재건 운동에 착수할 수 있었다.

1960년대에 센트럴 파크는 사람이 많이 모이는 곳이었다. 센트럴 파크의 잔디밭 광장에서 대규모 문화 행사와 정치 집회가 자주 열렸다. 지금까지 매년 열리는 셰익스피어 공연이나 뉴욕 필하모닉 연주회, 메트로폴리탄 오페라단의 공연도 그 무렵부터 시작되었다. 잔디밭 광장에서 대규모로 반전 집회나 대중 가수의 콘서트가 열리기도 했다. 그러나 1970년대 뉴욕 시가 전반적으로 쇠퇴하면서 센트럴 파크는 범죄와 마약이 난무하는 곳이 되어, 대낮에 산보하는 것조차 위험한 지경에 이르렀다. 1980년대 초반 센트럴 파크에서는 매일 평균 세 건 이상의 크고 작은 범죄가 발생했다.

현재처럼 센트럴 파크가 잘 관리된 것은 1980년대 후반 센트럴 파크를 관리하는 비영리 기구가 조직돼 독립적으로 운영하면서부터다. 민간 자치 기구인 센트럴 파크 관리 위원회에서는 민간과 뉴욕 시 양쪽의 기금 보조를 받으면서 공원을 체계적으로 관리하고 있다. 관리 위원회는 공원 재건 계획을 세우고 운영을 체계화했다. 공원 전체를 49개 구역으로 구분하고, 조경과 공원 관리에 전문적인 경험이 있는 구역 책임자를 두고, 그 밑에 광범위하게 자원봉사자를 활용해 운용하고 있다. 치안에 힘을 쏟은 결과 센트럴 파크가 위험한 곳이라는 과거의 오명은 이제 많이 불식되었다. 20년 전과 비교해 범죄 발생 건수는 10분의 1로 줄었고, 최소한 대낮에는 안전을 염려하지 않고 숲에 들어갈 수 있게 되었다.

센트럴 파크에서 가장 흔하게 보는 광경은 한가롭게 거니는 산보객이나 잔디밭에서 햇볕을 쬐면서 시간을 보내는 사람들이다. 공원 내 일주 도로를 따라 조깅을 하거나 자전거나 인라인스케이트를 타는 사람도 많다. 공원 안에는 동물원과 스케이트장

센트럴 파크의 호수 주변

호수에는 한가롭게 보트를 타는 사람이 보인다. 호수 주변의 숲 사이로 난 산책길도 아름답거니와 주위로 보이는
아파트 또한 중세의 성처럼 고풍스러운 분위기를 풍긴다.

등 다양한 인공 시설이 있지만 공원을 방문하는 사람은 공원의 시설을 이용하기보다는 숲 속의 산책길을 걷거나 잔디밭과 호수 주변에서 자연이 제공하는 풍광을 즐기며 한가한 시간을 보낸다. 공원 안에 있는 큰 호수인 재클린 케네디 저수지 주변을 조깅하는 장면은 영화에 자주 등장한다. 공원에는 쉽 메도우와 그레이트 론Great Lawn이라는 두 개의 넓은 잔디밭 광장이 있는데, 이곳에서는 한가로이 선반 던지기를 하며 놀거나 모포를 깔고 잔디에 누워 책을 읽거나 낮잠을 자는 사람을 볼 수 있다. 공원에는 어린이 놀이터와 운동장이 사방에 있어 부모와 함께 나온 아이들의 모습을 자주 본다. 센트럴 파크의 스케이트장에서 얼음을 지치는 남녀의 모습 또한 아름다운 숲과 집을 배경으로 영화에 자주 등장한다. 센트럴 파크의 호수는 철새들이 머물며 쉬어 가는 곳으로, 벨버디어 캐슬Belvedere Castle에 있는 조류 전망대는 어린이들이 많이 찾는다.

여름에는 공원의 곳곳에서 다양한 행사가 열리며 많은 사람이 운집한다. 야외 원형 극장에서는 매년 셰익스피어 공연이 개최되며, 잔디밭 광장에서는 뉴욕 필하모닉과 메트로폴리탄 오페라단의 무료 공연이 열린다. 어린이 놀이터에 가설된 여름 무대에서는 가수나 연주자의 무료 콘서트가 자주 열린다. 과거에는 유명 연예인의 콘서트가 잔디 광장에서 열려 수십만 명의 관객이 운집했다. 그러나 근래에는 자연 훼손을 염려해 집회를 허가하지 않기 때문에 대규모의 군중이 운집하는 대중문화 행사는 별로 열리지 않는다. 공원을 둘러보기 위해서는 도보 이외에 말이나 자전거에 연결된 인력거를 이용할 수도 있다.

센트럴 파크는 인접한 지역이 어떠냐에 따라 분위기가 다르다. 다운타운에 접한 남쪽 지역에는 스케이트장, 정원, 동물원 등 인공물이 많고 산책로도 다양하며 아기자기하다. 이곳은 관광객이 많이 찾으며, 인근 사무실에서 일하는 직장인이 점심시간에 와서 도시락을 먹거나 잠시 휴식을 취하는 모습을 흔히 볼 수 있다. 반면 흑인이 사는 할렘에 접한 북쪽 지역은 방문객이 적으며 텅 빈 공간이 많다. 공원의 북쪽은 관리가 잘 안 되어 있어 스산하기까지 하다. 부자 동네와 면한 동쪽 지역이 중류층 거주지인 서쪽 지역에 비해 더 잘 관리되고 방문자도 더 많다. 시간대에 따라서도 방문자가 다른데, 이른 아침에는 운동 나온 사람이나 산책을 즐기는 노인이 많은 반면 오후에는 젊은이들과 아이를 데리고 나온 젊은 여성들이 많다. 점심 식사를 전후로 붐비던 사람들은 오후 두 시를 넘으면 싹 사라진다. 평일에는 주변에 사는 사람들의 산책과 운동 장소로 많이 이용되는 반면 주말에는 전철이나 차를 타고 멀리에서 이곳을 이용하려고 찾아오는 사람들과 관광객으로 붐빈다.

센트럴 파크를 둘러싼 지역은 뉴욕에서도 집값이 가장 비싼 곳이다. 이 공원의 주변에는 외관이 아름다운 건물이 많으며 부자와 유명 인사들이 많이 산다. 센트럴 파크를 내려다보는 고층 아파트에 존 레넌의 부인 오노 요코를 비롯해 데미 무어, 다이앤 키튼, 마돈나 등 유명 연예인이 살고 있는 것으로 알려져 있다.

생활 속의 자연, 센트럴 파크

잠시 뉴욕에 관광 온 사람은 센트럴 파크를 둘러보기가 쉽지 않다. 넓은 공원에서 어디를 둘러보아야 할지 막막하거니와 그 유명한 재클린 케네디 저수지나 쉽 메도우 혹은 그레이트 론의 잔디밭 광장까지 시간을 들여 간다고 해도 특별히 사진을 찍을 관광 포인트가 없기 때문이다. 아마도 베데스타 정원과 연못 주변이 그나마 사진을 찍을 만한 관광지일 텐데, 차가 다니는 도로에서 이곳까지 걸어 들어갔다 나오려면 제법 시간이 소요된다.

센트럴 파크는 생활 속의 자연 공원으로 이용할 때 그 진가를 알 수 있다. 아침저녁으로 여유 시간에 큰 부담 없이 편한 옷을 입고 산책을 하거나 조깅을 할 때 센트럴 파크는 정말 멋있는 곳으로 느껴질 것이다. 이곳에서 개를 데리고 혹은 어린아이를 유모차에 태우고 산보를 즐기는 여인을 보면 부유한 사람이라는 인상을 받는다. 오후 늦은 시간에 저수지 주변을 뛰는 중년 남녀를 볼 때도 풍요로운 삶이란 이런 것이겠구나, 하고 생각한다.

뉴욕에서 지내던 어느 날, 오후 일찍 일을 끝내고 전철을 타고 공원에 와서 저수지 주변을 한 바퀴 돌았다. 평소 달리기를 좋아하기는 하지만 그날의 조깅은 유난히 가슴 벅찼다. 해가 비스듬히 비치고 주변 건물의 모습이 수면에 반사되면서 펼쳐지는 아름다운 경관에 감탄을 거듭했다. 힘든지도 모르고 도취 상태에서 뛰다가 떠나기가 못내 아쉬워 몇 바퀴나 돌았는지 모른다. 결국 해가 지고 주위가 어둑해져서야 집으로 걸음을 옮겼다. 센트럴 파크는 어두울 때는 위험하다는 말이 있는 데다 더 이상은 힘이 들고 앞이 잘 안 보여 뛸 수가 없었던 것이다. 바로 집에서 걸어 나온 차림으로 이곳에서 가볍게 운동을 하는 사람을 보니 부럽고 배가 아팠다. 이렇게

● 센트럴 파크의 재클린 케네디 저수지. 도심에 있는 공원 호수로는 매우 넓어 하늘이 크게 열려 있다. 센트럴 파크를 둘러싸고 있는 고급 아파트들이 보인다.

● ● 저수지 주변의 산책로. 저수지 주변으로 2~3킬로쯤 되는 조깅 트랙이 있다. 경관이 너무 아름다워 힘든지 모르고 몇 바퀴고 돌다가 주위가 어둑해져서야 집으로 향했다. 이 주변에 살면서 가벼운 차림으로 바로 나와 운동을 하는 사람들이 정말 부러웠다.

아름다운 곳에서 마음 내키는 대로 운동하고 산다면 삶이 훨씬 건강하고 즐거울 것이다. 주말에 이곳은 사람들로 붐벼서 조깅의 즐거움보다는 앞사람의 발뒤꿈치에 걸려 넘어지지 않을까 조심해야 한다. 주중에는 주변에 사는 부자들의 앞마당이지만 주말에는 서민의 공간이 된다.

센트럴 파크를 거니는 것이 마냥 즐겁기만 한 것은 아니다. 센트럴 파크에서 빈부의 격차를 뚜렷이 볼 수 있기 때문이다. 주중 오후에 센트럴 파크에 가면 아이를 돌봐주는 사람을 만난다. 그들은 대부분 유색인이어서 그들이 돌보고 있는 백인 아이와 뚜렷이 구별된다. 초등학교에서 돌아오는 아이들의 가방을 들고 그들의 발랄한 뜀박질을 뒤쫓아 허덕이며 달려가는 히스패닉 여성의 모습은 그리 보기 좋은 모습은 아니다. 센트럴 파크의 북쪽 지역에 가면 대낮에도 하릴없이 소요하는 흑인 남자를 만난다. 그들의 허름한 옷차림과 자신 없는 표정을 보면 처량한 느낌이 든다. 센트럴 파크의 남쪽이나 동쪽에서 보았던, 잘 입은 중상류층 사람의 자신 있고 활발한 태도와 뚜렷이 대조된다. 센트럴 파크의 어린이 야구장에서는 잘 차려입은 어머니가 뒤에서 지켜보는 가운데 자원 봉사자 아버지의 지도하에 어린아이들이 운동하고 있는 것을 볼 수 있다.

센트럴 파크에서 내가 가장 좋아하는 곳은 숲이다. 주중에 숲 속으로 난 오솔길로 걸어 들어가면 자연림 속에 있는 듯한 원시성을 느낀다. 나무와 잡초가 우거지고, 바람에 넘어진 나무가 썩어가고, 실개천의 바위틈에는 이끼가 두텁게 끼어 있다. 햇빛이 들지 않을 정도로 울창한 나무 사이로 한 뼘의 햇빛을 받고 있는 공터는 괴괴할 정도로 조용하다. 숲길을 돌아가면 나오는 조그만 통나무 정자는 인적이 드물다. 소설『채털리 부인의 사랑』의 주인공 코니가 숲 속에서 처음으로 산장지기를 만나는 장면이 문득 연상된다.

이 공원을 설계한 옴스테드의 의도가 자연의 원시성을 그대로 살리는 것이었던 만큼, 완전히 인공적으로 만들어진 자연이지만 워낙 연출이 뛰어나 속아 넘어갈 만하다. 물론 이러한 자연을 만들기 위해 외부에서 나무와 흙을 들여오고 10년이 넘는 대규모 토목 공사를 벌이기는 했지만 말이다. 호수 주변을 도는 숲길도 호젓하고 아름답다. 평일 주중 두세 시 경에는 조깅하는 사람도, 관광객도 별로 없이 한적해서 참 좋다. 뉴욕에 머물 때 이곳이 너무 조용하고 아름다워서 공부하다 말고 이곳으로 와 어정거리며 한동안 마음을 가다듬다 간 적도 있다.

인공 시설물이 많고 사람들이 붐비는 남쪽 지역으로는 발을 들이고 싶지 않다. 베데스타 분수대 주변이 아기자기하고 아름다워 사람들이 많이 찾지만, 인간이 만들어놓은 구조물로 연출한 아름다움일 뿐 다른 관광지와 별반 다르지 않다. 그곳에서는 분수대와 조각상을 배경으로 사진 찍는 사람을 많이 만난다. 센트럴 파크의 매력은 무엇보다 도심 한가운데 자연 그대로를 느낄 수 있다는 점이다. 근래 들어 뉴욕의 치안 사정이 나아져 대낮에 숲길을 걷는 것이 안전하다고는 하지만 호젓한 숲길에서 사람과 마주치면 마음이 움츠러든다. 과거 이곳은 마약과 범죄가 횡행하던 곳이 아니었던가. 곳곳에서 순찰 도는 경찰을 보는데 숲 속까지는 들어오는 것 같지 않다. 뉴욕은 빈부 차이가 심한 도시이므로 공공장소에서는 안전을 항상 염려해야 한다.

여름에 센트럴 파크에서 공짜로 맛볼 수 있는 고급 문화 행사들은 대부분 주말 저녁 시간에 열린다. 공연이 열리는 날에는 오후부터 공원 잔디밭에 사람들이 모여들기 시작한다. 간이 의자를 버티고 모포를 펼치고 앉아서 먹고 즐기면서 해가 떨어지기를 기다린다. 공연은 대부분 기업체의 협찬으로 열린다. 부익부 빈익빈이라고, 뉴욕에는 문화 행사가 맨해튼에 집중해 있고 주변으로 나가면 볼 것도 즐길 것도 별로 없다. 그 차이가 너무 크다. 맨해튼의 높은 집값을 감당할 수 있는 사람만 이러한 혜택을 편하게 누린다는 것에 왠지 마음이 편치 않다. 사실 공짜 공연을 필요로 하는 사람은 부유한 맨해튼 주민이 아니라 퀸스나 브루클린과 같이 주변에서 힘들게 살아가는 사람일 텐데 말이다. 여하간 공연이 있는 날이면 주변에서 공원으로 전철과 버스를 타고 사람들이 구름같이 모여든다.

New York

06_ 상류층 대 소시민

1. 어퍼 이스트사이드, 소위 '부자이며 유명한' 사람들의 동네

UPPER EASTSIDE

부자들의 삶은 좀처럼 밖으로 노출되지 않으며,
부자들은 그들의 생활을 도와주는 사람들에게 둘러싸여 지낸다.

맨해튼의 북동쪽에 있는 어퍼 이스트사이드는 부자들이 사는 동네다. 이 이름의 동네는 그리 넓지 않다. 동서로는 센트럴 파크와 이스트 강을 접하고 있으며, 남북으로는 센트럴 파크가 시작되는 59번가에서 센트럴 파크의 동서 횡단로인 96번가 사이에 있다. 어퍼 이스트사이드의 북쪽은 동부 할렘이라 불리는데, 히스패닉이 몰려 사는 곳으로 도로 하나를 사이에 두고 사람들과 거리의 모습이 바뀐다. 어퍼 이스트사이드 내에서도 센트럴 파크에 가까운 서쪽에는 고급 주택과 상점이 밀집해 있는 반면 동쪽으로 갈수록 부자 동네의 격이 조금씩 떨어진다.

과거 '실크 스타킹 디스트릭트'라고도 불렸던 이 지역은 철강왕 카네기, 석유 재벌 록펠러, 철도 재벌 밴더빌트, 담배 재벌 듀크, 루스벨트 대통령, 케네디 대통령 일가 등 미국 역사에서 큰 부를 쌓거나 명성이 높은 상류층이 살던 곳이다. 현재에도 우디 앨런, 마돈나 등 연예인과 재클린 케네디 등 소위 '부자이며 유명한' 사람이 살고 있다. 이곳을 남북으로 관통하는 파크 애비뉴나 매디슨 애비뉴에는 부자 고객들을 상대하는 명품점, 디자이너 부티크, 고급 레스토랑이 줄지어 있다. 이 지역에는 부자의 자제를 교육하는 사립 초중등 학교가 몰려 있다. 여학교인 스펜서 스쿨이나 남학교인 브라우닝 스쿨 등 유명한 사립 초중등 학교가 20개를 넘는다. 〈가십걸〉, 〈내니 다이어

어퍼 이스트사이드의 파크 애비뉴

양편으로 고급 아파트들이 늘어서 있다. 아파트 입구에는 차양을 친 현관이 있고 그곳을 수위가 지키고 있다.

리〉, 〈악마는 프라다를 입는다〉 등 부자의 생활을 그린 텔레비전 드라마나 영화가 이 지역을 배경으로 종종 제작된다.

어퍼 이스트사이드가 부촌이 된 것은 19세기 중반 센트럴 파크가 들어선 이후다. 19세기 후반 산업화 시대에 엄청나게 많은 돈을 번 사람들이 부를 과시적으로 소비하던 시절을 일컬어 '도금 시대Gilded Age'라고 한다. 그 시대에 어퍼 이스트사이드에 화려한 맨션이 들어서면서 본격적으로 부촌의 역사가 시작되었다. 이러한 맨션은 20세기 초반 10층 남짓의 고급 아파트로 개축되면서 현재에 이른다. 당시 고급 아파트는 센트럴 파크에 면한 남서쪽에 주로 지어졌기 때문에 북쪽이나 동쪽으로 갈수록 부촌의 이미지는 약화된다. 20세기 초반에 센트럴 파크에 면해 연이어 지어진 고급 아파트들은 어퍼 이스트사이드를 상징하는 대표적인 건물로서 역사 지구로 지정되어 건축물의 개보수가 엄격히 규제된다.

이 지역이 미국에서 가장 부촌이라고 하는데 부동산 값은 대체 어느 정도일까? 미국의 부동산 거품이 걷히기 이전인 2006년에 어퍼 이스트사이드의 평균 부동산 값은 1제곱미터당 1만 2,000달러 정도였다. 이를 환산하면 한 평에 4,000만 원 정도 된다. 한국 강남의 고급 아파트 가격과 비슷한 수준이다. 물론 센트럴 파크에 면한 고급 아파트는 이보다 훨씬 더 비쌀 것이다. 이곳에 사는 사람 중 유색인을 찾아보기는 어렵다. 인구 통계에 따르면 이 지역 주민의 88%는 백인이고 아시아 인은 6%를 차지한다. 흑인은 2%에 불과하다.

어퍼 이스트사이드에 사는 사람 모두가 부자는 아니다. 어퍼 이스트사이드의 북동쪽은 '요크빌Yorkville'이라고 해서 과거 독일계가 모여 살았고, 지금은 동유럽에서 온 이민자와 후손이 밀집해 살고 있다. 이곳에는 체코, 슬로바키아, 폴란드, 헝가리 등지에서 온 이민자가 많은데, 특히 79번가에서 83번가 사이의 네 블록은 '리틀 헝가리'라고 부를 정도로 헝가리 사람이 많다. 이곳에서는 동유럽의 민족 음식을 파는 레스토랑이나 그리스 정교 교회를 볼 수 있다. 요크빌에는 동유럽 이민자는 물론 독신자나 학생도 많이 산다. 요크빌과 이웃한 지역을 과거에는 '아이리시 타운'이라고 했다는데, 아일랜드 인 또한 독일인과 마찬가지로 미국 주류 사회에 완전히 동화되었으므로 더 이

5번가의 명품점 거리
명품점들은 특이하게 자기 나라의 국기를 걸어놓는다. 맨 앞에 보이는 베르사체와 뒤의 페르가모에는 이탈리아 국기가 걸려 있으며, 가운데 영국 국기가 걸려 있는 곳은 버버리였던 것 같다.

상 이곳에 몰려 살지 않는다.

어퍼 이스트사이드에는 박물관이 많다. '뮤지엄 마일'이라 불리는 어퍼 이스트사이드의 5번가에는 20개 이상의 크고 작은 박물관과 미술관이 몰려 있다. 메트로폴리탄 미술관, 구겐하임 미술관, 휘트니 미술관 등 뉴욕의 주요 미술관은 물론 프릭 컬렉션, 노이에 갤러리, 디자인 미술관, 유대 인 박물관 등 예술품을 전시하는 다양한 미술관·박물관이 있다. 이 박물관들은 6월 하루를 정해 뮤지엄 마일 축제를 벌이는데 매년 100만 명 이상의 방문자를 기록하는 뉴욕의 중요한 관광 자원이다.

어퍼 이스트사이드에 인접한 '5번가Fifth Avenue'는 세계 최고의 쇼핑 거리로 명성을 굳히고 있다. 어퍼 이스트사이드와 마찬가지로 5번가가 최고의 명품 쇼핑 지역이 된 것 역시 19세기 말 과시적인 소비가 풍미할 무렵 이곳에 고급 백화점이 들어서면서부터이다. 루이뷔통, 구치, 티파니, 샤넬, 카르티에 등 최고의 사치품 매장은 물론이고 색스 피프스 애비뉴, 버도그프 굿맨 등 최고급 백화점이 줄지어 있다.

축제 퍼레이드는 명품 매장과 함께 5번가의 명물이다. 5번가에서 열리는 주요 퍼레이드를 월별로 나열해보면, 3월에 성 패트릭 데이 퍼레이드를 시작으로 4월에 부활절 퍼레이드, 5월에 마틴 루서 킹 퍼레이드, 6월에 동성애자 퍼레이드, 10월에 콜럼버스 데이 퍼레이드, 11월에 예비군의 날 퍼레이드와 메이시 백화점의 추수감사절 퍼레이드가 열린다. 이 중 가장 큰 퍼레이드인 성 패트릭 데이 퍼레이드에는 15만 명이 행진에 참여하며 200만 명의 관중이 도로 양편의 인도를 가득 메운다. 이외에도 각 민족마다 자신의 날을 기념해 5번가에서 퍼레이드를 벌이는데 그중 그리스 인 퍼레이드와 푸에르토리코 인 퍼레이드가 성대하게 치러진다. 5번가는 맨해튼의 동쪽과 서쪽의 주소지를 구분하는 중심 도로이며 뉴욕을 대표하는 가로로서 상징성이 높아 모든 주요 퍼레이드는 이곳을 사용하려고 한다. 대부분의 퍼레이드는 명칭에 관계없이 기본적으로 매우 흡사하다. 패트롤 카, 군악대, 소방관, 경찰, 고등학교 치어걸 등이 선두를 지휘하며 각양각색의 사람들이 참여하는 뉴욕 시민 모두의 축제다. 예컨대 동성애자 퍼레이드에는 동성애자만 행진하는 것이 아니라 각양각색의 일반 사람들이 참여하며 상업적인 광고를 목적으로 한 사람도 눈에 띈다.

어퍼 이스트사이드에 사는 부자들의 삶을 엿보다

　　뉴욕에서 가장 부유한 사람들이 산다는 어퍼 이스트사이드의 분위기는 어떨까 궁금해 이 지역의 거리를 동서남북으로 휘저으며 돌아다녔다. 이 동네에서 받은 첫 번째 인상은 부유층이 사는 곳치고는 동네가 번잡하다는 점이다. 가로수가 양쪽으로 우거진 것은 보기 좋으나 도로에 차가 많으며 거리에는 사람이 제법 많다. 대로변은 물론이고 뒷길에도 차가 많이 다닌다. 일부 거리는 차가 정체되어 쾌적한 동네라는 인상을 주지 않는다. 고급 아파트 건물은 도로에 면해 벽을 맞대고 서로 연이어 있어 지면을 볼 수 없다. 넓은 대지에 저택이 들어서 있어 도로에서는 건물이 보이지 않으며 거리에 사람 그림자도 볼 수 없는 미국 다른 대도시의 부촌과는 딴판이다.

　　거리에서 만나는 사람 대다수는 여기에 사는 부유층이 아니라 그들에게 서비스를 하는 사람들이다. 모든 아파트 건물의 입구에는 제복을 입은 수위가 한 명 내지 두 명 지키고 있다. 그들은 하루 종일 출입하는 사람을 감시하는 역할만 하므로 많은 시간을 무료하게 서 있다. 출입하는 주민이 있으면 이들의 행동이 갑자기 바빠진다. 출입하는 사람에게 인사를 하고 짐을 들어주고 문을 열어주며 부산하게 왔다 갔다 한다. 때때로 일하는 사람이 드나들면서 이들과 간단히 인사를 한다. 그렇지 않을 때는 무료하게 서서 지나가는 사람을 멍하니 구경하거나 다른 건물 수위와 잡담을 하며 시간을 보낸다. 아마 의자에 앉아 있는 것은 허용되지 않는 모양이다. 인생이 재미없다는 표정이 이들의 얼굴에서 묻어난다. 남 잘사는 것만 보면서 하릴없이 시간을 죽이는 것이 얼마나 재미없겠는가? 이 직업으로 가족을 먹여살리기는 하겠지만 왠지 측은한

생각이 든다. 이들 중에는 중년의 동유럽 백인이 많으며 때때로 흑인의 얼굴도 보인다. 아시아
인이나 히스패닉은 보지 못했다. 아마도 영어가 잘 통하지 않는 데다 성취동기가 높은 사람에
게는 적합한 일이 아니기 때문일 것이다.

거리에는 아파트를 관리하는 일에 종사하는 사람이 많다. 자질구레한 수리를 하는 사람, 화
단을 관리하는 사람, 청소하는 사람, 비품을 운반하는 사람 등 아파트 건물 주변에는 서비스를
하는 사람이 항시 맴돌고 있다. 주민이 소유한 승용차를 운전하는 고용 운전사도 운전하지 않
는 시간에는 건물 주변에서 어정거린다. 거리에서 만나는 또 다른 부류는 배달을 하는 사람이
다. 소포를 배달하는 사람은 물론이고, 세탁물을 배달하는 사람, 구입한 물건을 배달하는 사람,
슈퍼마켓의 식품을 배달하는 사람도 자주 보인다. 오후가 되면 아이를 돌보는 사람이 유모차에
아이를 태워 돌아다니는 모습이 보인다. 아이를 돌보는 사람은 히스패닉 여자가 많다. 아이를
돌보는 사람과 그가 돌보는 아이의 인종이 전혀 다른 데에서 이들의 관계를 금방 인식할 수 있
다. 그들이 보는 아이는 척 봐도 비싼 옷을 입고 있다. 옛날 귀족의 생활과 이곳 부자의 생활은
공통점이 있다. 이들을 위해 일하는 사람의 손길을 많이 필요로 한다는 점이다.

이곳 가로의 분주함을 더하는 것 중 하나는 내부를 완전히 들어내고 수리하는 리모델링 공
사다. 엄격한 건축 규제 때문에 건물의 외관은 그대로 둔 채 내부를 주로 수리한다. 내부의 물

● 어퍼 이스트사이드 아파트의 현관 수위. 차에서 내려 들어가는 사람을 도와주는 수위의 뒷모습을 멀리서 잡았다.
  그들은 얼굴 사진이 찍히는 것을 극도로 꺼려 몇 번을 찍으려다 실패했다.

건들을 창문을 통해 모두 밖으로 꺼내 트럭으로 운반해버리고 필요한 건축 자재를 다시 창을 통해 들여놓는 작업을 하니 얼마나 번잡하고 인력과 시간이 많이 들겠는가. 이곳의 고급 아파트는 20세기 초에 지어진 것이 대부분이므로 이러한 공사를 여러 번 거치면서 오늘날에 이르렀으리라. 한국에서도 아파트의 어느 가구가 새로 이사해 리노베이션을 하면 주위가 온통 시끄러운데, 이곳에서는 좁은 창문을 통해 모든 것을 들여내고 들여놓으니 공사는 두 배는 더 성가실 것이다.

내가 사는 아파트에도 일전에 한 가구가 이사 와 내부를 완전히 들어내고 수리했는데 거의 두 주 동안 무척 시끄러웠다. 한동안 참다가 아내가 한마디 한다. "자기들이 잘났으면 얼마나 잘났다고, 대충 살지." 부자들은 인테리어가 자신의 마음에 들지 않으면 수시로 바꾸니 이곳에서는 공사가 끊일 날이 없다. 도로변에는 공사 자재를 버리는 덤프 카트가 있고, 공사 자재가 행인의 머리 위에 떨어지지 않도록 보도 위에 베니어판으로 임시로 가설한 천장, 덤프 카트와 창문을 굵은 호스로 연결한 것이 곳곳에 보인다. 거리 모퉁이에는 공사 트럭이 자신의 차례를 기다리며 엔진을 끄지 않고 주차해 있다. 부자들의 변덕 덕분에 많은 사람이 벌어먹고 살기는 하지만 그리 편안한 동네같이 보이지 않는다. 거리는 분주하지만 이곳에 사는 부자들은 아파트 위층의 내부에서 살므로 별로 개의치 않는 모양이다. 혹은 개인의 재산에 대해 절대적인 권리를 부여하는 미국의 자본주의 때문에 불편해도 어쩔 수 없는지 모른다.

부자들의 생활은 좀처럼 밖에 노출되지 않는다. 이들이 아파트 현관에서 나와 대기하고 있는 차에 타거나 혹은 차에서 내려 아파트로 들어갈 때 잠시 볼 수 있을 뿐이다. 수위가 문을 열어주고, 이들은 잽싸게 차 안이나 건물 속으로 들어가니 그들의 모습을 포착하기는 쉽지 않다. 다른 경우는 이들이 캐주얼한 운동복 차림을 하고 센트럴 파크로 산보나 운동을 나갈 때다. 고급 아파트 앞을 지나다 캐주얼한 차림의 중년 남성이 불쑥 나오는 것을 보고 의아해한 일이 있다. 별로 특별해 보이지 않았기 때문이다. 센트럴 파크에서 우연히 이들과 마주친다면 연 소득이 최소한 수억 달러를 넘는 거부라는 사실을 믿기 어려울 것이다. 비싼 종자의 개를 끌고 나오는 사람도 있다. 오후 5~6시 무렵 이곳을 지나면 이러한 차림의 남성을 많이 만난다. 영어에 'blue blood'라는 관용어가 있다. 귀족처럼 출신 성분이 고귀한 사람을 일컫는 말이다. 내 눈에는 그들의 피가 푸른지 붉은지 아무래도 구별되지 않는다.

이곳 주민을 만나는 또 다른 경우는 매디슨 애비뉴나 파크 애비뉴의 고급 상점가를 거닐 때다. 오후 무렵이면 이곳의 디자이너 부티크, 명품점, 미장원, 인테리어 소품점, 카페, 레스토랑을 드나드는 중년 여성들을 볼 수 있다. 학교에서 돌아오는 아이의 손을 잡고 걷는 멋쟁이 젊은 여성의 모습도 보인다. 이들은 편안해 보이지만 비싸고 세련된 옷을 입고 피부와 머릿결이 고우며 얼굴이 예쁘고 몸매가 좋다. 옷과 몸에 돈을 많이 쓴 티가 난다. 그들은 쇼윈도를 보면서 천천히 걷다가 별로 망설임 없이 매장 안으로 들어가 옷을 고른다. 관광객과는 달리 쇼핑백을 주렁주렁 들고 다니지 않는다. 아마 구입한 옷을 배달시키는 것이리라. 이곳 슈퍼마켓에는 쇼핑 카트 이외에 손수레가 있다. 용도가 무엇이냐고 점원에게 물어보니 손님이 구입한 물건을 배달하는 데 쓴다고 한다. 가까운 거리는 자동차가 아니라 손수레로 배달을 하나보다. 그러고 보니 구입한 식품 꾸러미를 들고 다니는 사람은 별로 보이지 않는다.

이곳 거리의 특징은 노상에 물건을 내놓은 번잡한 점포가 없다는 점이다. 대부분의 점포는 물건들을 유리창 너머에 단출하게 진열한다. 유리창 너머 옷이 걸린 마네킹 하나가 달랑 서 있는 식이다. 길거리에 면해 상품을 직접 노출하는 일은 전혀 없다. 거리에 테이블을 내놓은 카페가 있기는 하지만 대체로 유리창 안에 있다. 레스토랑은 내부의 모습을 볼 수 없게 되어 있다. 상류층은 남들이 보는 데서 물건을 고르고 사람을 만나는 노출된 행동을 좋아하지 않기 때문이다. 대로변에 있는 점포 중에는 무엇을 파는지 알 수 없는 곳도 있다. 진열대에 꽃만을 간단히 장식하거나 인테리어 문양만 보일 뿐 속이 들여다보이지 않는다. 느낌에 옷가게일 것 같은데, 사실 나처럼 지나가는 뜨내기에게 무엇을 파는지 알려줄 필요는 없을 것이다. 어차피 단골 손님만 상대하는 곳일 테니 말이다.

이곳을 걷다 보면 조그만 현관문 옆에 손바닥만 한 명패만 달랑 붙어 있는 집을 지나치게 된다. 아파트의 일부이기는 하지만 수위가 지키고 있는 현관 쪽이 아니므로 분명히 이곳 주민이 일상적으로 출입하는 곳은 아니다. 거리 쪽으로 나 있는 문이므로 서비스하는 사람들이 출입하는 곳도 아니다. 명패를 자세히 보면 이곳이 병원, 법률 사무소, 회계 사무소, 디자이너 부티크, 미장원, 레스토랑이라는 것을 짐작하게 된다. 그런데 밖에서는 안이 전혀 보이지 않게 굳게 닫힌 현관문만 보이거나, 혹은 유리 현관문이라고 해도 꽃이 꽂힌 화병만 달랑 놓인 테이블과 벽이 보일 뿐이다. 명패는 중고생의 이름표만큼이나 작고 사람 이름만 달랑 쓰여 있어 무엇을 하는 곳인지 전혀 알 수 없는 경우도 있다. 이름 앞에 'MD'라고 붙어 있는 것으로 이곳이 병원이라고 짐작한다. 아는 사람의 소개가 아니면 환영하지 않는다는 무언의 메시지인 것이다.

평일 오후 사립 학교 학생들이 학교를 파하고 거리로 쏟아져 나오는 광경과 마주친다. 그리 넓지 않은 어퍼 이스트사이드에 20개가 넘는 사립 학교가 있으니, 오후 3시경이면 이들이 일시에 거리로 쏟아져 나오는 것이다. 이 시간 무렵이면 주변 가로에 아이들을 기다리는 자가용과 주변에 통학용 고급 관광버스가 주차돼 있어 교통 체증이 심하다. 미국 사람의 운전 습

● 아시아 소사이어티의 전시장. 불교를 테마로 하여 일본과 인도의 공예품을 팔고 있는 전시장에 딸린 매점이다. 오리엔탈리즘의 신비주의가 잘 연출되어 있어 아시아 사람인 나에게도 신비롭게 보인다.

관대로 이 차들은 모두 시동을 켠 채 대기하면서 매연을 뿜어낸다. 아이들은 교복을 입고 스타킹을 신고 가방을 멘 모습이 영화에 나오는 사립 학교 학생 그대로다. 그들은 별로 주변을 의식하지 않고 자기들끼리 웃고 장난하면서 거리를 몰려나간다. 사립 학교는 초중고교가 함께 있는 경우도 있고 초등학교 8학년까지와 중등학교 4학년까지가 각각 따로 있는 경우도 있는데, 이들은 오랫동안 한 학교에서 함께 지내면서 상류층 내의 인맥을 형성한다. 이곳의 청소년을 소재로 한 텔레비전 드라마 〈가십걸〉에 나오는 아이들처럼 어릴 때부터 그들만의 파티에서 서로 교제하는 것이다.

피상적인 관찰인지는 모르나 이곳에서는 부부간에 불평등이 크다는 인상을 받았다. 여성보다 훨씬 나이가 많은 남성이 함께 걸어가는 것, 아이는 주로 여성이나 아이 돌보는 여자와 함께 다니는 것, 남성은 캐주얼 운동복을 입고 있는데 여성은 세련되게 차려 입고 가는 것, 부부가 함께 산보하는 경우가 많지 않은 것 등에서 이들의 남녀 간 지위 차이를 느낀다. 교외에 사는 중류층의 경우 대체로 남녀 간의 연령 균형이 맞고 남녀의 생활 리듬이 일치하며 여성 못지

않게 남성도 아이와 시간을 함께 하는 것이 보통인데, 이곳 부유층에게는 이러한 중류층의 삶의 방식이 통용되는 것 같지 않다. 우연히 길에서 부부간의 불화를 목격해서 이러한 편견이 생겼는지도 모르겠다. 남편으로 보이는 사람이 나이 차이가 많이 나는 여성에게 무언가 고압적으로 말하고 여성은 남자의 눈을 찌를 듯이 쏘아보았다. 부자라고 해서 모두 인생이 즐겁고 행복한 것만은 아닐 것이다.

어퍼 이스트사이드를 다니다가 뜻밖에 일본 문화를 접하게 되었다. 파크 애비뉴에 있는 아시아 소사이어티라는 이름의 빌딩에서였다. 나도 아시아 인인지라 이곳이 무엇을 하는 곳인지 호기심이 일어 무턱대고 들어가 보았다. 그곳은 록펠러 3세가 아시아를 이해하자는 목적으로 조직한 아시아 펀드의 본부 건물이다. 1층 전시실에 일본의 불교 미술과 기모노, 공예품 등 우리 눈에 익숙한 것들이 전시되어 있다. 일본 것과 함께 인도와 중국의 문물도 전시하고 있었으나 눈 씻고 찾아봐도 한국의 것은 없다. 기념품 매장 맨 구석에 한국 안내 책자가 꽂혀 있는 것이 보인다. 이곳 전시장은 백인이 관리하고 있었으며 미국의 많은 박물관에서 보듯이 할머니 자원 봉사자들이 안내를 했다. 막상 아시아 인은 직원 한 명을 제외하고는 보이지 않는다. 미국에서 일본인은 주류 백인 사회에 어울리는 '백인으로 대우할 만한 인종(Honorary White)'이다. 미국의 일본인은 한국인이나 중국인보다는 백인과 주로 어울리는데, 이곳에서 그들의 위상을 보는 듯해 입맛이 썼다. 외국 생활을 오래 하다 내 나라 한국을 연상하는 경우를 만나면 마음이 복잡해진다. 자신이 나고 자란 나라란 어쩔 수 없다. 자신의 이익만 챙기는 한국의 위정자를 밉게 느낄 때가 바로 이때다.

2. 미드타운 이스트와 어퍼 웨스트사이드

MIDTOWN EAST

이곳에 사는 맨해튼 사람들은 그야말로 평범하게 살아간다.
이들의 사는 방식은 우리와 별로 다르지 않다.

    미드타운 이스트와 어퍼 웨스트사이드는 맨해튼의 보통 사람들이 사는 곳이다. 미드타운 이스트는 맨해튼 중간의 동쪽 지역을 지칭하는데, 북쪽으로는 부자들이 사는 어퍼 이스트사이드가 있고 남쪽으로는 이민자들이 사는 이스트 빌리지가 있다. 맨해튼의 다른 곳이 번잡한 비즈니스 지역이거나 혹은 보헤미안 전문직 종사자가 사는 유행을 좇는 지역인 데 비해, 미드타운 이스트는 비즈니스 지역을 지척에 두고 있으면서도 조용하고 안전한 주택가다. 한편 어퍼 웨스트사이드는 센트럴 파크의 서쪽 지역을 지칭하는데, 센트럴 파크의 동쪽이 부자들이 사는 곳으로 화제를 불러일으키는 데 비해 이곳은 중류층 거주지로서 평범한 사람들이 사는 곳이다. 이 두 지역은 주거 지역으로 관광객의 관심을 불러일으킬 만한 것이 없어 관광 안내서에서 거의 언급하지 않는다. 이 지역을 다니다 보면 맨해튼에도 아이를 키우면서 살아가는 소시민이 사는 동네가 있다는 것을 새삼 깨닫는다.

    뉴욕에서 일하는 사람은 거주지에 따라 세 부류로 나눌 수 있다. 첫째는 뉴욕 외곽의 교외에 사는 중류층 사람이다. 맨해튼의 오피스 빌딩에서 일하는 화이트칼라 중류층은 대부분 뉴욕에 인접한 뉴저지 주나 롱아일랜드 섬의 교외에 산다. 대체로 학교에 다니는 자녀가 있고, 부부가 맞벌이하는 전형적인 미국 중류층이다. 교외에서

미드타운 이스트의 주택가

한 집에 여러 세대가 사는 다세대 주택이 연이어 있다. 길에 다니는 사람이 드물고 조용하다.
이곳에 사는 사람들은 부자도 가난한 사람도 아닌 뉴욕의 보통 사람들이다.

사는 사람은 잔디가 깔린 정원과 뒷마당, 두 대의 차를 주차하는 주차장이 있는 넓은 집에서 산다. 이들의 직장은 맨해튼의 중심가에 있으므로 차를 운전해 통근하는 것이 쉬운 일이 아니다.

매일 아침 7시 무렵이면 맨해튼 섬과 인근 교외 지역을 연결하는 도로는 교통 체증으로 몸살을 앓는다. 서쪽으로 허드슨 강을 건너 뉴저지 주와 연결되는 링컨 터널이나 워싱턴 다리는 아침 일찍부터 차가 밀리며, 동쪽으로 코네티컷 주와 롱아일랜드 섬이 연결되는 다리와 터널 역시 마찬가지다. 맨해튼에 직장을 둔 많은 사람들이 통근 열차를 타고 다니는데, 열차의 출발점인 펜실베이니아역과 그랜드 센트럴역은 출퇴근 시간에 엄청난 사람들을 토해내고 빨아들인다. 통근 버스를 이용하는 사람도 있다. 한국의 광역버스와 비슷한 고급 관광버스에 몸을 싣고 교외에서 맨해튼 시내까지 단번에 이동하는 것이다.

맨해튼에서 일하는 사람의 자동차 의존도는 매우 높다. 근래에 블룸버그 시장이 맨해튼 중심가에 진입하는 데 통행료를 징수하는 방안을 추진했으나 결국 시민의 반대에 부딪혀 폐기되고 말았다. 맨해튼으로 진입하는 주요 간선 도로에는 다인승 차 전용 차로가 설치돼 있다. 그러나 카풀이라고 해 한 차에 여러 명이 함께 타고 출근하는 사람의 비율은 근래로 오면서 줄어들었다. 모두들 자신의 차를 이용하고 싶어 하기 때문이다. 자가용의 안락함을 포기하지 않고 교외의 쇼핑몰 주차장 같은 곳에서 남을 한 명 더 태워서 다인승 차 전용 차선을 이용하는 경우도 많다. 《뉴욕타임스》에서는 미국인이 과거보다 부유해지고 개인주의 성향이 높아지면서 나타난 현상이라고 꼬집는다. 기름 값이 비싸서 살기 힘들다고 아우성을 치면서도 자가용만을 고집하는 미국 사람의 고질병은 어쩔 수 없다.

뉴욕의 도로 정체는 출퇴근 때만 국한된 것이 아니다. 맨해튼 섬의 면적은 제한돼 있는데 높은 빌딩 숲으로 가득 들어차 있기 때문에 주간에 과도하게 많은 인구가 활동한다. 맨해튼에서는 하루 종일 도로에 차가 밀린다고 해도 과언이 아니다. 주차 요금이 매우 비싸서 중심가 부근은 한 시간에 10달러가 넘으며, 주차 단속도 심해 중심가에서는 잠시도 차를 대놓을 수 없다. 노상의 공용 유료 주차장은 수가 적기 때문에 대체로 건물 지하나 주차 건물 같은 상업적인 주차 공간을 이용할 수밖에 없다. 맨해튼 중심가에 직장을 두고 자신의 차로 출퇴근하는 사람은 정말 고급 직장을 다니는 사람이다.

두 번째 부류는 맨해튼이 아닌 뉴욕 시의 주변 지역, 즉 브루클린, 퀸스, 브롱크스에 사는 사람들이다. 이곳은 교외 지역과는 달리 주거 공간이 협소하고 동네가 낡아 있으며 안전을 염려해야 한다. 이곳에는 주로 흑인, 히스패닉, 아시아 인 등 유색인이 살며 백인의 경우 블루칼라 계층 사람이 주로 산다. 이곳에는 흑인과 같이 토종 미국인도 있지만 대체로 근래에 미국에 이민 온 사람이 다수를 차지한다. 뉴욕 시 주변은 주거 환경은 물론 학군이 좋지 않으므로 자녀가 있는 중류층 백인은 선호하지 않는다. 이곳에 사는 블루칼라 백인과 세계 각지에서 모여든 이민자들은 뉴욕에 있는 수많은 서비스 직종에서 일한다. 뉴욕의 모든 점포와 공사장에서, 혹은 사무실에서 잡일을 하는 사람이 바로 이들이다. 이들은 전철이나 버스로 출퇴근하므로 아침에 전철을 타면 직장에 출근하는 다양한 인종의 얼굴을 만나게 된다.

세 번째 부류는 앞의 두 집단보다 훨씬 작은데, 맨해튼의 주택가에 사는 사람이다. 맨해튼의 부동산 값은 어디를 막론하고 비싸므로 이들은 최소한 중류층 이상이다. 도시 생활의 다양성을 선호하면서 출퇴근에 시간과 정력을 소모하는 것을 기피하는 사람들이다. 어떤 직업의 사람일 것 같은가? 일반 회사의 사무 관리직처럼 '조직인'이나 '비즈니스맨'이기보다는 문화계, 예술계, 언론 미디어, 교육계 등과 같이 자신의 능력을 바탕으로 비교적 창의적인 일을 하는 전문직 종사자가 많다. 이러한 범주가 아니라면 학생이나 독신 직장인과 같이 커리어의 초기 단계에서 엄청나게 일하면서 좁은 공간에 사는 것을 참고 지내는 사람이거나, 아니면 은퇴한 노인과 같이 평생의 직장 생활에서 모아놓은 돈과 집을 배경으로 도시의 다양성과 편안함을 즐기는 사람이다.

미드타운 이스트와 어퍼 웨스트사이드에서 보는 사람은 바로 이러한 세 번째 부류의 사람들이다. 이곳은 예전부터 맨해튼의 주택가로 지금까지 큰 변화 없이 이어왔다. 미드타운 이스트는 북에서부터 남쪽으로 각각 고유한 이름을 가진 동네가 연이어 있다. 서튼 플레이스, 터틀 베이, 튜더 시티, 머레이 힐, 로즈 힐, 킵스 베이, 그래머시

어퍼 웨스트사이드의 브로드웨이에 있는 노천카페

노천카페에서 한가하게 친구와 점심을 먹고 커피를 마시는 보통 사람의 생활을 엿볼 수 있다.
이곳의 손님은 대부분 지역 주민이나 주변의 직장인과 학생이다.

파크, 스타이브샌트 타운, 피터쿠퍼 빌리지가 그것이다. 뉴욕의 지역 신문을 보면 이
러한 지명이 가끔 나오는데 외지인은 이러한 조그만 동네의 이름을 잘 알지 못한다.
대단위 아파트 지역인 스타이브샌트 타운과 피터쿠퍼 빌리지를 제외하면 나머지는
대체로 비슷하다. 약간 더 부유한 사람이 살거나 덜 부유한 사람이 사는 차이가 있기
는 하지만, 이 지역 북쪽에 있는 어퍼 이스트사이드의 부자와는 비교가 되지 않는다.
　　이곳은 주민의 생활 수준이나 인종 구성이 동질적인 동네다. 교외 중류층의 생활
과 달리 이곳에는 도시 소시민의 생활 방식이 자리 잡고 있다. 사람들은 물건을 소량
으로 구매하며, 자가용이 없거나 있어도 주중에는 거의 이용하지 않는다. 걷거나 대

스타이브샌트 타운-피터쿠퍼 빌리지

서울의 반포 아파트 단지처럼 똑같은 모양의 고층 아파트가 넓은 지역을 차지하고 있다.
건물의 외관은 공공 임대 주택처럼 우중충하지만 이곳에 사는 사람들은 엄연히 뉴욕의 중류층이다.

중교통을 이용해 모든 일상생활이 가능하다. 이들의 집은 낡고 협소해 1인당 사용할 수 있는 공간에 제한이 많다. 교외에 사는 사람들처럼 침실이 네댓 개씩 있고 거실이 넓은 그런 집은 꿈도 꾸지 못한다. 이곳 사람은 '콘도미니엄'이라고 부르는, 우리의 아파트처럼 각자 자신의 집을 소유한 집단 주택에서 산다. 잔디밭의 풀을 깎는 일이나 뒷마당에서 소시지를 구워 먹는 것은 이곳 사람의 생활 방식과 거리가 멀다. 대신 창가에 화분을 기르거나 옥상에 정원을 조성하며, 조금 더 큰 자연을 맛보고 싶으면 동네 공원을 산책한다.

지난 50년간 이 지역의 큰 변화는 터틀 베이에 UN 본부가 들어선 것과, 1990년대 이래 인도 레스토랑이 머레이 힐 주변에 여럿 생기면서 '커리 힐카레 언덕'이라는 별칭이 붙고 주변에 오피스 빌딩이 여럿 들어서는 개발 바람이 분 정도이다. 근래 맨해튼의 부동산 값이 치솟고 미드타운의 비즈니스 지역의 인기가 높아지면서 인접한 미드타운 이스트 쪽으로 상업 건물이 조금씩 침범하고 있다. 근래에 이 지역에서 공사 중인 고층 건물을 다수 볼 수 있다.

미드타운 이스트에서 그래머시 파크와 스타이브샌트 타운-피터쿠퍼 빌리지는 특이한 곳이다. 그래머시 파크는 일반인에게 개방되지 않은 사설 공원으로 관광 안내서에까지 소개돼 있다. 이 공원은 서울 종로에 있는 탑골 공원보다도 작은데, 19세기 초반부터 개인 소유로 오늘까지 이어져 오고 있다. 이 공원은 주변 지역 주민이 공동으로 소유하고 있다. 이들은 공원으로 출입하는 열쇠를 각자 가지고 배타적으로 이용한다.

스타이브샌트 타운은 이스트 강에 면해 14번가에서 23번가까지 이어지는 넓은 지역에 세워진 아파트 단지다. 이 단지는 서울의 반포 아파트 단지에 필적할 만큼 넓다. 이 단지는 20세기 중반 뉴욕을 무자비하게 개조한 로버트 모제스의 치적 중 하나로, 뉴욕 시와 메트로폴리탄 보험 회사가 연합해 민관 공영개발 방식으로 개발했다. 이 단지가 만들어지기 이전에는 가스 저장 탱크가 있는 가난한 사람이 사는 곳이었다. 이 단지의 건설로 1만 1,000명 이상이 일시에 강제 이주를 해야 했기 때문에 개발을 둘러싸고 큰 갈등이 벌어졌다. 잇달아 세워놓은 성냥갑처럼 보이는 단조로운 검붉은색 벽돌조의 고층 아파트 56개 동에 1만 1,250가구가 있으며, 약 2만 5,000명이 살고 있다. 이 아파트는 겉으로 보기에는 미국의 여느 공공 아파트와 흡사하지만 민간 소유의 아파트다. 한국과 다른 점이라면 반포 아파트는 개인에게 분양해 각자가 자신의 집을 소유하고 있는 데 비해 이 아파트 단지는 한 회사의 소유로 그곳에 입주한 가구는 매월 임대료를 내면서 산다는 점이다. 메트로폴리탄 보험 회사는 이 아파트 단지 전체를 2006년 54억 달러, 우리 돈으로 약 6조 원에 한 부동산 회사에 매각해 큰 화제가 되었다. 자본 시장이 잘 발달되어 있는 미국에서나 가능한 일이다.

이 아파트의 입주와 관련해 흥미 있는 이야기가 있다. 아파트가 지어진 1950년대에는 미국의 대도시에서 흑인에 대한 주거 차별 관행이 널리 퍼져 있었다. 흑인은 백인이 사는 동네에서 집을 구하는 것이 불가능하던 시절이다. 이 아파트를 개발한 회사가 흑인 입주자를 받지 않는 정책을 취하자 흑인 민권 단체가 소송을 냈다. 이러한 도전에 대해 뉴욕 주 대법원은 개인의 소유지는 소유자가 자신의 뜻대로 입주자를 선택할 권리가 있다는 판결을 내려, 이는 주거의 인종 차별을 법적으로 허용한 대표적인 사례로 지적된다. 물론 1963년 민권 운동으로 인종 차별을 금지하는 법률이 제정된 후 인종을 고려해 주택의 입주자를 선택하는 것은 위법이 되었다. 그러나 1980년대까지도 백인 동네에 흑인이 입주하는 것을 극도로 꺼리고, 심지어는 입주 조건으로 나중에 이사 갈 때 흑인에게 집을 양도하지 않는다는 것을 명문화한 이면 계약서를 요구하는 경우가 많았다. 이 아파트는 주거의 인종 차별 관행을 둘러싼 갈등의 선두에 있었던 것이다.

이 아파트 단지는 하나의 독립된 공동체다. 자체 경찰을 가지고 있으며 자체 신문을 매주 발간한다. 미국의 공공 임대 아파트가 주로 저소득층의 흑인을 수용하는 데 비해, 이곳은 민간 소유 아파트이므로 임대료가 비싸며 중류층이 주로 산다. 임대가 시작된 1947년에 침실 한 개를 가진 아파트의 월 임대료가 50달러이던 것이 근래에는 2,500달러에 달하며, 가장 규모가 큰 다섯 개의 침실을 가진 가구의 임대료는 월 7,000달러를 넘어선다. 이곳에는 뉴욕 도심에 직장을 둔 중류층 소득의 다양한 인종과 민족이 섞여 산다.

어퍼 웨스트사이드 대
어퍼 이스트사이드

센트럴 파크를 사이에 두고 어퍼 웨스트사이드와 어퍼 이스트사이드는 전혀 다른 부류의 사람들이 산다. 한쪽이 보통 사람의 동네라면 다른 쪽은 부자 동네. 가로의 풍경도 매우 다르다. 한쪽에는 길가에 상품을 진열한 점포와 안이 들여다보이는 음식점이 줄지어 있다면, 다른 쪽에는 상류층만을 상대하는 폐쇄적인 점포가 있다. 위치나 자연 조건으로만 본다면 달라야 할 하등의 이유가 없는데 왜 그렇게 다른지 의아하다. 두 지역은 모두 주거 지역으로 시작해 현재에 이르고 있는데 말이다.

이 두 지역이 그렇게 뚜렷하게 차이가 나게 된 것은 지역 자치 때문이다. 지역의 주요 현안을 지역 주민이 자치적으로 결정하고, 지역의 사업에 소요되는 재원도 지역 주민의 세금으로 조달하는 것이다. 지역에 따라 특색이 뚜렷이 드러나고 지역 간 격차가 크게 벌어지는 것은 바로 이러한 지역 자치의 원칙 때문이다. 미국의 중상류층이 사는 동네에는 지역 주민으로 구성된 주민 위원회가 조직돼 있는데, 이 위원회에서는 지역 주민의 이익과 관련된 중요한 사안을 모두 결정하고 지역 주민과 다른 성격의 사람이 진입하는 것을 제한하는 규칙을 만들기도 한다. 정원 관리 규칙, 임대 제한 규칙, 주차 제한 규칙, 공유지 사용과 관련한 규칙, 상점이나 공공시설에 관한 규칙, 건물 개보수에 관한 규칙 등 이들이 만드는 규칙의 종류는 무수하다. 지역 정부의 행정에서 주민 위원회의 의견은 최우선시되며, 주민이 정한 규칙은 지방 정부의 지역에 관한 규제에 큰 영향을 미친다. 과거에는 유색인이 이사 오는 것을 막기 위해 유색인에게 집을 임대하거나 팔지 못하게 하는 규칙이 있었다. 요즘에는 노골적으로 유색인을 제한할 수는 없지만 여전히 다른 계층 사람의 진입을 차단하는 규칙을 만든다. 일정 규모 이상의 집만 지을 수 있도록 하고, 한 집에는 한 가구만 살 수 있도록 하는 규칙을 정해 소득이 낮은 사람이 이사 올 수 없도록 하는 것이다. 유색인은 소득이 낮기 때문에 이런 규칙은 간접적으로 유색인의 진입을 차단하는 결과를 가져온다.

주민 자치로 인해 발생하는 지역 간 격차의 가장 뚜렷한 사례는 공립 학교의 지역 간 격차다. 각 지역마다 지역 주민 위원회와 유사한 성격인 지역 교육 위원회가 조직되어 있다. 전국적으로 1만 개 이상의 교육 위원회가 있는데, 이 교육 위원회의 위원은 지역 주민 중에서 선출된다. 이 위원회에서는 지역에 있는 초중등 학교와 관련된 중요한 결정을 한다. 학교의 건립, 교육 시설, 교사의 자격 수준과 임용, 교과목의 내용과 교과서 선정에 이르기까지 지역 교육 위원회가 결정한다. 지역 주민이 내는 재산세는 원칙적으로 지역 내 학교에서만 쓰도록 되어 있다. 공립 학교의 재정에서 주민의 재산세에 의존하는 비율이 50%를 넘으므로 학교의 돈줄을 쥐고 있는 지역 교육 위원회 위원의 권한은 막강하다.

부자 동네는 재산세를 많이 거두기 때문에 이 동네의 공립 학교는 재정이 풍부하다. 부자 동네의 학교에는 수영장과 현대식 강당이 있으며, 교사의 수준이 높고 다양한 과학과 예술 프로그램을 운영한다. 반면 가난한 동네의 학교는 재산세 수입이 적으므로 학교의 재정이 항시 부족하다. 이곳 학교는 시설이 형편없고 교사를 고용할 돈이 없어 임시 교사로 때우기도 한다. 전국적으로 가난한 동네의 학교와 부자 동네의 학교 간 학생 일인당 지출액의 차이는 다섯 배를 넘는다. 한국에서도 서울의 강남이 강북보다 학교나 공공시설이 좋지만 미국에서는 지역 자치의 원칙이 극단적으로 적용되므로 그 차이가 매우 큰 것이다. 지역 자치 원칙이 흔히 미국식 민주주의의 장점으로 거론되지만, 기득권을 가진 사람들이 배타적으로 자신의 이익을 지키려는 목적에 이용되는 부작용을 낳는다.

센트럴 파크를 사이에 두고 동쪽에 있는 동네와 서쪽에 있는 동네의 계층 차이도 처음에는 우연히 시작되었을 것이다. 처음에는 우연히 시작된 사건이 뒤이어 오는 사건에 영향을 미치면서 이것이 쌓여 오늘과 같이 큰 차이를 가져오는 것을 사회 과학에서는 '경로 의존성'이라고 한다. 예컨대 사람들의 인생 경로를 추적해보면 어렸을 때 부모의 관심의 차이에 따라 아이의 지적인 관심에 차이가 나고, 이것이 학교에 들어가서 성적 차이로 나타나며 결국 직업의 차이로 이어지는 등등…… 인간사는 모든 것이 경로 의존적이다. 미국인이 가장 좋아하는 시로 로버트 프루스트의 「가지 않은 길」이라는 유명한 시가 있다. 그 시에 "인생의 갈림길에서 사람들이 많이 가서 잘 닦여진 길보다 풀이 더 무성하고 사람들이 덜 간 듯한 길을 선택했노라" 라는 구절이 나온다. 그러나 "길은 길로 이어지기 때문에 그때 가지 않은 길을 다음에 가기로 남겨놓았지만 결국은 가지 못하리라는 것을 알면서" 라고 말한다. 일단 한 길을 걷기 시작하면 거기에는 뒤이어 다른 길이 계속 펼쳐진다. 삶이라는 것은 경로 의존적이고, 사람이 사는 동네도 마찬가지다.

사실 두 지역은 객관적으로 보면 별 차이가 없다. 맨해튼 다운타운과의 근접성, 지형과 경관, 공원 및 강과 인접한 정도 등 모든 면에서 두 지역은 동등하다. 자연조건의 차이는 없지만 처음에 어떤 사람이 어디에 모여들기 시작했는가는 역사적인 우연이다. 19세기 후반 미국의 산업화 시기에 부자들이 센트럴 파크의 동쪽에 집을 짓기 시작하면서 이후 동쪽 지역에는 갈수록 부자들이 더 모여들게 된 반면, 서쪽 지역은 가난한 이민자들이 정착한 곳으로 굳어진 것이다. 물론 이것이 완전한 우연의 산물은 아니다. 맨해튼의 서쪽은 허드슨 강과 접해 있어 남북으로 부두가 있고 물건을 하역하는 등 맨해튼의 동쪽보다 번잡하기는 했을 것이다. 보통 사람들이 사는 어퍼 웨스트사이드의 남쪽 지역은 공장이나 철도 등 노동자 계층이 사는 곳이 다운타운까지 연이어 있다. 어퍼 웨스트사이드의 남쪽 첼시나 미트패킹 지역에 아일랜드 노동자들이 모여 살았기 때문에 자연히 그에 인접한 북쪽 지역에도 서민들이 주로 살게 되었으리라. 반면 어퍼 이스트사이드 지역은 남쪽으로도 중류층의 주거 지역이 계속 이어지기 때문에 주변이 훨씬 조용하다.

서민이 사는 어퍼 웨스트사이드에는 전철 노선이 여럿 지나고 버스 노선도 많으나 부자가 사는 어퍼 이스트사이드는 한 개의 전철 노선이 지날 뿐이며 버스 노선 또한 많지 않다. 지역 주민의 특성에 맞춰 대중교통 체계도 발달한 것이다. 여하간 지도상에서는 쌍둥이처럼 대칭인 두 지역이 이처럼 서로 다른 성향을 보이는 것은 흥미롭다. 보통 사람이 사는 어퍼 웨스트사이드의 주민은 동쪽의 어퍼 이스트사이드의 주민에 대해 미묘한 시기심과 경쟁의식을 가지고 있다. 예컨대 뉴욕 시의 지역 개발이나 시설 관리 예산 배정 등에서 상대는 얼마나 받는지를 의식하는 것이다.

수년 전에 어퍼 이스트사이드의 우편 번호를 변경하려고 했을 때 큰 논란이 벌어졌다. 이 지역에 거주하는 인구가 증가하면서 우편 번호를 두 개로 쪼개려고 했는데 지역 주민의 반대에 부딪혀 결국 포기했다. 이곳의 우편 번호는 10021인데 이는 뉴욕에서 가장 부유한 곳의 상징으로 사람들에게 알려져 있다. 마치 텔레비전 드라마 제목으로 쓰인 로스앤젤리스 할리우드의 우편 번호인 '캘리포니아 90210'처럼 말이다. 다섯 자리로 된 우편 번호는 미국 생활의 거의 모든 경우에 필요하다. 주유소에서 자동차 기름을 넣을 때 우편 번호를 입력하도록 돼 있는 곳이 많으며, 상점에서 신용 카드를 쓸 때 우편 번호를 넣으라고도 하며, 모든 서류에서 거주지의 우편 번호를 기입하도록 요구한다. 우편 번호로 분류된 지역 단위에 따라 인구 특성이나 생활 수준이 다르기 때문에 마케팅 회사에서는 소비자 정보를 분석하는 데 이를 널리 쓴다. 미국의 주소 체계에서는 한국의 동 개념이 없이 도로를 중심으로 일련번호를 매기기 때문에 도로의 주소만으로는 그 사람이 어떤 성격의 동네에서 사는지 분명치 않다. 잘게 세분화된 우편 번호가 한 지역 주민의 특성을 파악하는 데 더 효율적이다.

M A N H A T T A N

맨해튼 보통 사람들의 생활

　　뉴욕 맨해튼의 보통 사람은 어떻게 살고 있을까? 관광객의 눈이 미치지 않는 곳에서 벌어지는 인생 드라마는 어떨까? 인류학자의 눈으로 맨해튼 사람들이 사는 모습을 들여다보고 싶었다.

　　맨해튼은 독특한 건물과 박물관과 쇼핑 거리, 축제로 넘쳐나지만 보통 사람이 사는 곳은 관광 안내서에서 언급조차 하지 않아 더욱 궁금하다. 특별히 부자가 사는 곳이나 특별히 가난한 사람이 사는 곳은 관광 포인트가 되기도 하는데 말이다. 보통 사람이 사는 동네를 돌아다녀 보니 과연 관광 안내서에서 왜 언급을 하지 않는지 이해가 간다. 특별한 것이 없다. 사람도 특별하지 않고, 화제가 될 만한 것도, 사진 찍을 만한 것도 없다. 특별히 부자도 특별히 가난하지도 않은 보통 사람들이 일상을 사는 곳이다. 항시 볼거리로 넘쳐나는 여행지에서 벗어나 평범한 거리 속으로 들어오니 일상이라는 평범함이 도리어 새삼스럽게 다가왔다.

미드타운 이스트를 다니면서 든 첫 번째 인상은 이곳에 노인이 많다는 사실이다. 미국의 노인은 다 양로원에 있을 것 같지만, 이곳을 걷다 보면 그것이 사실이 아님을 확인한다. 특별한 목적 없이 천천히 산책하는 노인, 카페에서 커피 한 잔을 놓고 담소를 나누는 노인, 식품을 구입한 비닐봉지를 손에 들고 걸어가는 노인, 길거리에 마주 서서 이야기를 하는 노인, 길가 벤치에 멍하니 앉아 있는 노인, 집 앞을 청소하는 노인 등 그야말로 평범한 일상을 살아가는 많은 노인들과 마주친다. 그렇다고 서울의 탑골 공원처럼 노인들만 있는 그런 곳이 아니라 젊은 가족과 어린이들이 사는 곳에 노인이 섞여 있다.

《뉴욕타임스》에서 맨해튼 노인의 일상을 다룬 기사를 읽은 적이 있다. 그들은 아침에 배달되는 신문을 읽고, 거리를 산보하고, 장을 보고, 친구를 만나면서, 도시의 삶을 여유롭게 즐긴다. 거동이 불편하거나 무료할 때는 아파트 창가에 앉아 가로를 내다보면서 지나가는 사람들을 구경하는 것도 즐거움의 하나다. 그들은 이곳에 오래 살아서 주위 환경에 익숙하고 이곳에 있으면 마음이 편하다. 따뜻한 남쪽의 플로리다나 애리조나처럼 노인을 위한 편의 시설이 있고 노인들만이 모여 있는 곳에서 살고 싶어 하는 노인도 있지만, 자신이 한평생 익숙하게 살아

● 미드타운 이스트의 노인들. 뉴욕의 주택가 거리에서 노인과 흔히 마주친다. 길거리 벤치에 앉아 한가하게 책을 읽는 할머니의 모습에서 노년을 즐기고 있음을 느낀다.

온 곳에서 살다가 생을 마감하는 노인도 많다. 조사에 따르면 건강이 허락하는 한 지금까지 살던 데에서 젊은이들과 섞여 살고 싶어 하는 사람이 훨씬 더 많다.

어퍼 웨스트사이드에는 일상생활에 필요한 것을 파는 가게가 많은데, 그곳에서 일하는 사람 중에 나이가 많은 사람이 꽤 보인다. 뉴욕 시에 사는 60대 연령층의 70%가 경제 활동에 종사한다. 한국의 대도시에 사는 60대 노인의 다수가 경제 활동에 종사하지 않는 것과는 대조적이다. 반면 뉴욕의 보통 사람이 사는 동네에서는 일하는 노인을 흔히 본다. 공원의 벤치에는 노인과 젊은이가 섞여 앉아 있다. 그들은 젊은이와 함께 일을 하고 함께 여가를 즐기며 일상을 함께 살아가고 있는 것이다. 한국이 미국보다 노인을 더 공경하는 사회라는 주장은 이곳을 둘러보면서 의심할 수밖에 없다.

미국에서는 베이비 붐 세대가 은퇴 연령에 접어들고 정부의 재정 적자가 늘면서 인구 노령화 문제가 크게 부각되고 있다. 미국은 젊은 이민자를 외부에서 계속 받기 때문에 젊은 사람 수에 비해 노인이 지나치게 많아질 문제는 현재까지는 없다. 그러나 노인의 수명이 늘어나고 절대 숫자가 급격히 증가하면서 연금과 의료비 부담이 크게 늘고 있다. 특히 75세 이상의 고령 노인이 증가하는 것은 사회적으로 큰 시한폭탄이다. 고령 노인은 체력이 쇠해 혼자 생활하기 어렵고 의료비가 많이 들기 때문이다. 노인 인구가 증가하는 문제에 대한 해결책은 지금까지 살던 곳 근처에서 일할 수 있을 때까지 일하면서 젊은 사람과 섞여 부분적으로 도움을 받으며 사는 것이 될 것이다. 노인도 일할 수 있을 때까지 부분적으로 일을 계속하면 재정적인 부담을 덜 수 있고, 젊은 사람과 섞여 살 때 노인의 부양 비용이 절감되기 때문이다. 이곳에서는 돌아다니는 노인들의 얼굴에서 편안함을 읽을 수 있다.

보통 사람이 사는 동네를 다니면서 받은 두 번째 인상은 맨해튼에 사는 중류층의 삶이 한국 대도시 주민의 삶과 별반 다르지 않다는 사실이다. 이곳의 거리에는 슈퍼마켓, 과일 가게, 미장원, 이발소, 음식점, 카페, 철물점, 안경점, 인테리어점, 편의점 등 크고 작은 가게가 무수히 많다. 반면 엄청난 크기의 대형 점포는 보이지 않는다. 거리를 걸으며 가게에 들러 필요한 물건을 사는 사람들이 많다. 흔히 미국 중류층의 삶은 교외에 잔디가 있고 면적이 넓은 집에서 가족마다 자동차를 굴리며 쇼핑몰이나 대형 할인점에서 카트 가득 물건을 구입해 소비하는, 물질주의와 소비문화가 지배하는 삶이라고 생각한다. 실제 미국의 중부나 서부에 사는 사람들은 이런 방식으로 살아간다. 그들은 엄청나게 소비하며 산다. 심지어 옷가게에서도 카트 한 가득 옷을 주워 담는 사람을 보고 어이가 없었다.

맨해튼에 사는 사람의 삶은 그런 미국적인 삶과는 거리가 멀다. 비좁은 아파트에서 4~5층까지 걸어 올라가야 하고, 잔디가 있는 정원은 꿈도 못 꾸며, 지하철이나 버스, 택시를 주로 이용하고, 동네에 있는 슈퍼에서 장을 봐 비닐봉지를 양손에 들고 집으로 돌아온다. 뉴욕에 사는 사람의 절반은 자가용이 없다. 집에 주차장이 없고 주차 요금이 엄청나게 비싸기 때문에 차를 사지 못한다. 대신 지하철과 버스가 잘 연결돼 있어 자주 이용하며, 단거리면 걷고 바쁘면 택시를 탄다. 뉴욕의 카페나 레스토랑에서는 중서부에서와 같이 1인분의 식사가 한 사람 반은 먹을 정도로 양이 많지 않다. 이들의 사는 방식에서는 물질적으로 넘치는 풍요를 찾을 수 없다. 뉴욕과 같은 동부 대도시의 주민은 중서부나 남부 주민에 비해 비만도가 낮은데, 이는 이들의 삶의 방식이 많이 움직이고 적게 먹기 때문이다.

이곳에서 만나는 얼굴은 제각각이다. 상대적으로 더 서민층에 속하는 어퍼 웨스트사이드 사람의 얼굴이 더 다양하다. 남유럽과 동유럽 이민자의 후예, 유대 인, 남미 백인 이민자의 얼굴이 주종이다. 교외에 사는 사람은 대체로 동질적인 중류층 백인인 것과 대비된다. 이곳에도 백인이 많지만 얼굴 모양이 제각각이다. 남유럽 사람처럼 키가 작고 얼굴색이 까무잡잡하고 검은 머리칼의 사람이 있는가 하면, 북유럽 사람처럼 눈부신 금발의 머리칼에 피부색이 매우

● 어퍼 웨스트사이드의 암스테르담 애비뉴. 이곳 사람들은 오며 가며 동네 슈퍼마켓에서 수시로 필요한 물건을 산다. 도심에 사는 보통 사람들의 분주한 일상이 느껴진다.

흰 사람도 있다. 동유럽 사람처럼 건장한 체구에 움푹 들어간 눈에 윤곽이 뚜렷한 금발의 백인도 보인다. 유대 인처럼 검은 머리칼에 지적이며 날카로운 눈매의 얼굴도 있다. 물론 아일랜드 인처럼 전형적인 서유럽 인 모습을 한 사람이 가장 많기는 하다. 그 외에도 인도인, 필리핀 인, 중동인, 중남미인, 흑인 등 각양각색의 얼굴이 섞여 있다. 이곳에서는 상대적으로 동아시아 인이 그리 많이 보이지 않는다. 아마도 어느 정도 성공한 동아시아 인은 언어 장벽과 자녀의 학군 때문에 도심보다는 교외를 선호하는 것 같다. 미국에 오면서 꿈꾸었던 잔디밭이 있는 넓은 집에서 살아보고 싶었으리라.

브루클린 다리 위를 걸으면서 맨해튼을 보면 똑같은 높이와 모양의 붉은색 벽돌 건물이 끝없이 펼쳐진 곳이 있다. 뉴욕을 방문할 때마다 대체 저곳은 무엇을 하는 곳일까 궁금했다. 이곳은 뉴욕에서 가장 큰 아파트 단지인 스타이브샌트 타운-피터쿠퍼 빌리지다. 프랑스의 한 지리학자가 서울의 5,000분의 1 지번약도를 동료에게 보여주었더니 한강 변의 군사 기지 규모가 정말 대단하다며 놀랐다는데, 바로 강남 아파트 단지였다. 맨해튼에도 그런 곳이 있다. 미국의 대도시에 있는 대규모 아파트는 대체로 '프로젝트 하우징(가난한 사람들이 사는 공공 임대 주택)'이라고 부르는데, 정부에서 운영하는 임대 주택으로 가난한 흑인이 살고 있다. 건물은 철조망으로 막혀 있고 곳곳이 부서지거나 낙서로 뒤덮여 있으며, 후미진 곳에는 오줌 냄새가 진동한다. 원래 잔디밭이었을 곳에는 잡초만 듬성듬성 나 있고, 오래된 낙엽이 쌓여 썩어가고, 검은 비닐봉지와 포장지가 사방에 날리는 그런 곳이다. 흑인 젊은이들이 하릴없이 곳곳에서 배회하고 놀이터에는 아이들이 없다. 아파트 단지 놀이터가 위험하기 때문에 아이들은 밖에 나와서 놀지 않는다. 상상이 가는가?

맨해튼 미드타운의 동쪽에 있는 스타이브샌트 타운-피터쿠퍼 빌리지 아파트 단지에 가보니 건물의 외관은 전형적인 프로젝트 하우징이다. 그런데 그곳에서 사는 사람의 외모나 그곳의 관리 상태는 천양지차다. 검붉은 벽돌로 지은 성냥갑 같은 직사각형 건물이 계속 이어져 있는데, 한국의 아파트 단지보다 외관은 훨씬 어둠침침하다. 그러나 잔디는 잘 관리돼 있고, 낙서나 쓰레기는 보이지 않으며, 지린내도 나지 않는다. 돌아다니는 사람은 백인, 흑인, 다양한 얼굴색의 이민자들로 가난에 찌든 모습이 아니다. 그들은 월세 2,000달러 이상의 집에서 사는 중류층이다.

미국의 대단지 아파트는 모두 가난한 사람이 사는 곳인 줄 알았는데 미국에서도 이렇게 사는 중류층 사람들이 있다는 데 놀라지 않을 수 없다. 사실 이 사람들은 미국의 전형적인 중류층은 아니다. 그만한 돈을 월세로 지불하고 사는 것보다 20~30년의 장기 대부를 받는 모기지 방식으로 집을 사면 매월 같은 돈을 내고도 자기 집에서 사는 것이 되기 때문에 훨씬 이익이다. 모기지 연한이 끝나면 완전히 내 집이 되고, 집값이 상승하는 데 따른 이익을 온전히 챙길 수 있다. 모기지에 대한 이자는 세금 감면이 되기 때문에 이재에 밝은 중류층이 이를 포기할 리 없다. 대단지 아파트에 사는 이들은 뉴욕의 도심에 살기 위해 전형적인 중류층 생활 방식을 포기한 사람들이다. 여하간 이곳은 안전하다는 느낌은 들지만, 중류층의 풍요와는 거리가 먼 생활을 하는 것 같다. 작가나 저널리스트 등 전문직에 종사하며 맨해튼 시내에 직장을 둔 젊은 사람이 이곳에 많이 산다고 한다. 그러고 보니 한국의 아파트 단지에서 보는 청소년들이 이곳에서는 그리 많이 보이지 않는다.

뉴욕의 관광객이 많이 드나드는 지역에는 화려한 상점과 젊은 종업원들이 많다. 한편 부자들이 사는 곳에는 패션 부티크나 고급 레스토랑과 같이 과시적인 소비를 충족시키는 점포가 많다. 그곳에서 일하는 사람은 젊고 예쁘며 잘 차려입고 있다. 그곳을 둘러보고 온 관광객은 뉴욕 맨해튼은 화려한 삶이 지배하는 곳으로 착각하기 쉽다. 그러나 대다수의 맨해튼 사람은 그야말로 평범하게 살아간다. 이들의 사는 방식은 우리와 별로 다르지 않다.

3. 엘리트 대학 대 서민 대학

UNIVERSITY

뉴욕에는 소수의 엘리트를 위한 사립 대학부터 서민층에게
문호가 완전히 개방된 공립 대학까지 다양한 대학이 있다.

뉴욕은 대학의 도시다. 뉴욕에는 세계적으로 유명한 대학이 많다. 종합 대학뿐만
아니라 특정 전문 분야에서 명성을 날리는 대학도 여럿 있다. 예술과 디자인 분야에
서 유명한 SVA, FIT, Pratt에 한국 학생이 많지만, 여기에서는 뉴욕에 있는 대표적인 종
합 대학을 살펴본다.

컬럼비아 대학교 전 세계 엘리트들의 치열한 경연장, 아이비리그 명문 사립대

맨해튼의 북서쪽 모닝사이드 하이츠에 있는 컬럼비아 대학교는 동부에 있는 명문
사립학교 그룹인 아이비리그 대학 중 하나다. 다른 아이비리그 대학과 마찬가지로 미
국이 독립하기 이전 식민지 시대에 설립된 오랜 역사를 자랑한다. 아이비리그 대학은
미국 각계에서 활약하는 지도자를 배출하는 대학이다. 미국의 역사를 이끈 정치인이
나 과학계를 빛낸 학자, 최고 경영자와 자본가 중 아이비리그 대학을 나온 사람은 헤

아닐 수 없이 많다. 컬럼비아 대학교만 해도 오바마 대통령이 이 학교를 다녔으며, 미국 최고의 부자인 워런 버핏이 이 대학 출신이고, 97명의 노벨 수상자를 배출했으며, 26명의 외국 수반이 이곳에서 학창 시절을 보냈다. 미국의 젊은이 네 명 중 세 명은 대학에 진학하기 때문에 단순히 대학을 나왔다는 것만으로는 사회에서 성공하는 데 큰 도움이 되지 않는다. 어느 대학을 나왔는지가 중요하다. 근래 미국에서도 학력 인플레 현상이 두드러지고 대학 졸업자의 실업이 사회 문제로 부각되면서 미국 학생들은 명문 대학의 졸업장을 따는 데 목숨을 걸게 되었다. 아이비리그 대학의 입학 경쟁률은 근래 더욱 높아져 컬럼비아 대학교의 경우 10대 1을 넘어선다.

아이비리그 대학은 미국에서 가장 우수한 사람이 가는 곳이지만, 미국에서 가장 힘 있는 가문이 기부 입학을 통해 기득권을 다음 세대에게 물려주려는 통로이기도 하다. 미국 대학이 시행하는 입학사정관제도라는 것은 편리한 측면이 있는데, 학교가 어떤 사항을 고려해 입학을 결정하는지 드러나지 않는다는 점이다. 미국의 사립 대학은 신입생 선발 과정에 대해 일체 공개하지 않으므로 한국처럼 정부가 공정한 선발을 하는지 감사를 하는 것은 생각하기 어렵다. 한국처럼 입학사정관들이 특목고 학생을 우대한다고 해서 난리가 날 리도 없다. 미국의 명문 사립대에서 부자나 고위 정치인 자녀를 받아들이는 관행이 큰 잡음 없이 지속될 수 있는 이유다. 아이비리그 대학 신입생 열 명 중 한 명은 소위 '레거시 스튜던트Legacy student'라고 해서 부모나 가문 중 이 대학을 나온 사람의 자녀를 우대해 입학한 경우이다. 이런 제도를 활용하기 위해 미국의 부자들은 미리미리 학교에 기부한다. 공부와는 담을 쌓은 아들 부시 대통령이 예일 대학교를 나왔다는 것이 대표적인 예이다.

반면 정부의 세금으로 운영되며 의회의 감사를 받는 공립 대학교는 이러한 제도를 실행할 수 없으므로 유명 인사의 자제가 입학하는 경우는 드물다. 기부금 또한 적다. 미국의 명문 대학이 모두 사립 대학인 이유가 여기에 있다. 대학의 재정이 풍부해야 훌륭한 교수를 끌어오고 훌륭한 시설을 유지하며 장학금을 많이 주고 다양한 프로그램을 학생들에게 제공할 수 있을 텐데, 재정 면에서 공립대는 사립대와 경쟁이 안 되는 것이다. 한국의 유명 사립대들이 기여 입학제를 도입하자고 아우성을 치는 이유가

컬럼비아 대학교의 캠퍼스

그리스 신전을 모방한 돌기둥이 도열한 도서관 건물 앞에 웅장한 계단이 있고 지혜의 신이 버티고 있다.
미국 사립 대학교의 캠퍼스는 어느 관광지보다도 더 아름답게 가꾸어놓았다.

여기에 있다. 미국의 예를 볼 때 한국에서도 기여 입학제를 도입하면 연세대나 고려대가 서울대를 제치는 것은 시간문제이다.

미국에서 사립 대학은 공립 대학보다 학교 규모가 작다. 미국은 한국와 달리 대학이 완전히 자율적으로 운영되는데, 사립 대학은 높은 질을 유지하기 위해 적은 수의 학생만을 받아들이기로 스스로 선택한 것이다. 사립 대학 중에서도 최고의 엘리트 교육을 지향하는 아이비리그 대학은 특히 학교 규모가 작다. 컬럼비아 대학교의 경우 1년에 약 1,400명만 학부 과정의 신입생으로 받아들인다. 이는 연세대나 고려대의 3분의 1 수준이다.

미국의 명문 대학은 모두 연구 중심 대학이다. 연구 중심 대학이란 학부생의 교육보다는 대학원 교육에 중점을 두며, 교원의 평가에서도 학생을 잘 가르치는 것보다는 얼마나 훌륭한 연구 업적을 내는지를 더 중요시하는 대학을 말한다. 컬럼비아 대학교의 경우 대학원생 수가 학부생 수보다 두 배나 더 많다. 컬럼비아 대학교 학부 과정에 입학한 학생은 90%가 대학원에 입학한다. 아무리 명문 대학을 나와도 학부 졸업장만으로는 일반 회사의 사원으로 취업할 뿐이다. 대학원을 졸업해야 전문직으로 진출이 가능하기 때문에 명문 대학생은 거의 대부분 대학원에 진학한다. 각 전문 직군별로 전문 직업 대학원이 있는데 이곳에 들어가는 것은 학부에 입학하는 것 못지않게 어렵다. 경영 대학원, 법학 대학원, 의학 대학원, 저널리즘 대학원, 사회복지 대학원, 교육 대학원, 국제 관계 공공행정 대학원, 예술 대학원 등등 끝이 없다.

아이비리그 대학의 등록금은 엄청나게 비싸다. 2010년 컬럼비아 대학교 학부생의 1년 등록금은 4만 1,000달러인데, 여기에 기숙사비와 책값, 의료보험비 등으로 2만 불 이상 들기 때문에 1년에 모두 합해 6만 달러 이상을 지불해야 학교를 다닐 수 있다. 학부 과정 4년을 다닌다고 하면 25만 달러가 들며, 학부 졸업 후 2년의 전문 대학원을 나오면 15만 달러가 더 든다. 우리 돈으로 3억 원을 들여야 이 대학의 학부 졸업장을 딸 수 있으며, 전문 대학원까지 나오려면 5억 원이 조금 못 든다. 한국도 그렇지만 미국의 대학 등록금은 지난 20년간 물가상승률의 두 배 이상 빠른 속도로 올랐다. 물론 모든 학생이 이렇게 많은 돈을 전부 내고 다니는 것은 아니다. 가정 형편이 어려운 학생은 다양한 장학금 혜택을 받거나 정부에서 장기 저리로 융자하는 대여 장학금을 이용한다. 그러나 전문 대학원은 장학금 혜택이 거의 없으므로 민간 금융 기관에서 빚을 얻어 학교에 다닌다. 그들은 대학원을 졸업하면서 엄청난 빚을 지고 사회에 나간다. 전문 대학원의 비용이 엄청나기 때문에 이 기간 동안 직장에서 돈 버는 것을 포기하고 대학원 졸업장을 따는 것이 과연 그만한 가치가 있는지 논란이 된다. 많은 대학교는 전문 대학원을 졸업해 관련 직업에 취업할 가능성을 터무니없이 부풀리는 방식으로 등록금 장사를 한다고 비난받는다. 물론 컬럼비아 대학교와 같은 명문 대학교를 졸업해 관련 업계에 취직하면 몇 년 이내에 본전을 뽑을 수 있다.

졸업한 뒤 전문직 자격을 획득해 고액의 연봉을 올릴 수 있는 전문 대학원과 달리 박사를 따고 학자가 되는 것을 목표로 하는 학생을 교육하는 일반 대학원은 대체로 등록금 면제에 생활비까지 대준다. 근래에 하버드 대학교를 시발로 하여 우수한 재능을 가진 가난한 학생을 무료로 교육시키는 운동이 아이비리그에서 전개되었다. 컬럼비아 대학교에서도 가구 연 소득이 6만 달러가 못되는 학생은 등록금은 물론 기숙사와 책값까지 모두 무료로 다닐 수 있게 해준다고 한다. 물론 외국인에게는 이러한 혜택이 주어지지 않는다. 미국의 대학에서 외국인 학생은 봉이다. 외국인 학생은 장학금 혜택 없이 등록금을 전액 내고 다니는 경우가 많으므로, 재정난에 쪼들리는 공립 대학의 경우 외국인 선호 경향이 두드러져 문제가 되고 있다.

공립 대학은 재정의 상당 부분을 주민의 세금으로 충당하는데, 해당 주에 사는 학생에게는 현저히 싼 등록금을 부과한다. 그러나 학교의 재정난을 타개하는 데는 두세 배의 등록금을 내는 외국인 학생이 효자이므로 지역 주민보다 외국인 학생을 더 선호하는 것이다. 미국의 공립 대학이 한국에 사무소까지 두고 적극적으로 유학생을 유치하는 데는 다 이유가 있다. 사립 대학의 경우 내국인과 외국인의 등록금 차이는 없지만 그래도 장학금을 요청하지 않는 외국인을 더욱더 환영하는 분위기이다. 물론 이 대학들도 대외적으로는 입학 사정에서 학생의 우수성만 따지지 재정 능력이나 장학금 요청 여부를 고려하지 않는다고 공표하기는 하지만 말이다.

과거 컬럼비아 대학교는 진보 성향의 대학이라는 색깔을 가지고 있었다. 1960년대 이 대학의 학생은 반전 데모에 앞장섰다. 1960년대 후반 1,000명 이상의 학생이 학교 건물을 점거했을 때 경찰이 대학 구내로 들어와 무자비하게 진압하는 장면은 많은 미국인의 기억 속에 생생하다. 그때 학생들은 컬럼비아 대학교와 국방부 간의 산학 협동을 반대하면서 데모했는데, 지금 돌이켜보면 호랑이 담배 피던 시절의 이야기다. 요즈음 미국의 대학은 연구비를 따는 데 사활을 걸고 있다. 연구 내용이 사람을 죽이는 일인지 혹은 제삼 세계의 독재자를 돕는 일인지 여부는 전혀 개의치 않는다.

보수적인 미국 사회에서 컬럼비아 대학교는 그 사건으로 대외 이미지에 타격을 입어 대학 순위가 많이 떨어졌다. 현재도 컬럼비아 대학교는 다른 아이비리그 대학보다 상대적으로 더 진보적인 성향을 보인다. 신입생 구성에서 아이비리그 대학 중 소수자의 비율이 가장 높다. 이 대학의 학생 중 유색인은 절반을 넘는 58%에 달하며, 여성의 비율도 50%이다. 최근 기숙사의 남녀 구분을 없애고 이성 룸메이트도 허용하겠다고 공표해 화제가 되었다. 근래에는 미국의 대학생들이 너나없이 오로지 돈을 많이 벌고 개인의 성공에만 몰두하는 개인주의적 성향이 짙어졌다. 60년대와 같은 사회 정의나 공익에 대한 관심은 컬럼비아 대학교 사회에서도 찾아보기 힘들다.

아이비리그 대학은 근래 새로운 부흥기를 맞고 있다. 수억 달러에 달하는 기부금이 들어오며 신입생의 경쟁률이 갈수록 높아지고 있다. 지난 수십 년간 미국 사회의 부가 부자들에게 치우치고 세계화로 문호가 확대되면서 아이비리그 대학의 명성은 더욱 올라갔다. 세계의 우수한 학자와 학생은 유럽의 명문 대학을 외면하고 미국의 아이비리그 대학으로 몰린다. 세계화와 정보 기술의 발달로 미국의 명문 대학을 졸업할 때 얻게 되는 프리미엄이 과거보다 더 높아졌기 때문에 높은 등록금과 치열한 경쟁을 감수하고라도 이곳에 입학하려고 한다.

컬럼비아 대학교는 들어오는 기부금을 이용해 장학금을 늘리는 한편으로 학교 확장에 열을 올리고 있다. 모닝사이드 하이츠 캠퍼스 북쪽 125번가에서 133번가에 걸친 넓은 부지를 매입해 캠퍼스 확장 공사를 진행하고 있다. 미국의 부자들이 벌어들이는 엄청난 돈은 그들이 졸업한 사립 학교에 기부돼 최고의 시설을 짓고 최고의 교직원을 고용하고 최고로 똑똑한 학생을 유치하는 선순환을 만들어내고 있다. 엄청난 부를 최고의 인재에게 몰아주는 미국 경제의 게임 규칙은 세계에서 똑똑하다고 하는 사람을 모두 이곳 엘리트 대학으로 불러 모은다. 이들은 졸업한 뒤 미국에 남아 미국의 혁신과 부를 창출하는 인재로 일하는 선순환을 이끌어간다.

컬럼비아 대학교 캠퍼스는 마치 성채로 둘러싸인 진지에 들어가는 느낌을 준다. 차도로 난 출입문은 모두 철문으로 되어 있으며 구름다리로 건물을 연결하고 있다. 대부분의 건물은 성채 안에서만 출입할 수 있다. 흑인이 밀집한 할렘이 바로 옆이기 때문에 이들의 출입을 막기 위해서일 것이다. 일단 성채 안으로 들어가면 아늑하고 아름답다. 오래된 학교의 역사를 반영하듯 대리석으로 지은 아름다운 건물을 곳곳에서 만나며 잔디밭은 잘 다듬어져 있다. 주변과는 완전히 별세상인 공중 정원을 돌아다니는 느낌이다. 대학 현관 대문을 들어서서 조금만 걸어가면 건물로 둘러싸인 광장을 만나게 되는데, 웅장한 그리스 양식의 도서관과 계단에는 햇볕을 쬐면서 책을 읽고 담소를 나누는 학생들의 평화로운 모습이 보인다. 그러나 그들의 마음속은 그리 평화롭지 않을 것이다. 미국의 엘리트 대학의 학습량은 엄청나며 경쟁의 압력을 못 이겨 자살하는 사건이 종종 발생하기 때문이다.

컬럼비아 대학교는 미국 대학이라고 하지만 유색인과 외국인 학생이 다수이므로 색다른 느낌이다. 마치 국제적인 도시에 온 것 같다. 이곳은 세계의 우수한 학자와 학생이 모두 모여 경연을 벌이는 곳이다. 미국의 대학은 학생에게나 교수에게나 경쟁과 성취를 강조하므로 학생들의 경쟁의식은 매우 높다. 과거 미국에서 공부할 때 대학원 세미나 수업에서 학생들이 경쟁적으로 발언을 해 신선한 충격을 받았었다. 한국 대학에서는 교수가 질문을 던져도 학생들이 고개를 숙이고 아무도 말하려고 하지 않는데 말이다. 초기에는 이러한 경연에 잘 끼어들지 못하고 벙어리로 지내야 했던 기억이 있다. 컬럼비아 대학교 문을 나서면서 새삼 열심히 살아야겠다고 다짐한다.

뉴욕 대학교 맨해튼 도심 속 낭만적인 대학 생활

　　뉴욕 대학교는 맨해튼 도심에 있는 사립 대학으로 캠퍼스를 별도로 가지고 있지 않다. 대학의 주요 건물이 그리니치빌리지 주변 일반 상업 건물과 섞여서 흩어져 있다. 대학 도서관 앞에 있는 워싱턴 스퀘어 공원에서 졸업식이나 학교의 주요 행사가 열린다. 남북전쟁 이전에 설립되었으니 제법 역사가 오래된 대학이지만 1990년대 뉴욕이 부흥할 때까지 평판이 그리 좋은 대학은 아니었다. 뉴욕 대학교는 근래 각광을 받는 신흥 명문이다.

　　이 대학은 동부의 명문 사립 대학과는 약간 성격이 다르다. 소수의 엘리트를 배출하는 것을 목표로 하는 아이비리그 대학과 달리 학생 수가 유난히 많다. 한 해에 학부 과정에만 4,300명을 받아들이는데 이는 아이비리그 대학의 세 배 규모다. 아이비리그 대학이 연구 중심 대학을 지향하며 학부보다 대학원 규모가 더 큰 것에 비해 뉴욕 대학교는 학부와 대학원생 수가 각각 1만 9,000명으로 비슷하다. 다른 사립 대학에 비해 비학위 과정 학생 수도 많아 1만 2,000명이나 된다. 뉴욕 대학교는 명문 사립 대학치고는 해외에 적극적으로 진출하는 것으로 유명하다. 유럽의 주요 도시는 물론 중동의 아부다비와 중국 상하이에도 분교가 있다. 최근에는 한국에 분교 설립을 타진했다.

　　뉴욕 대학교는 근래에 대학 순위가 급속히 상승했다. 철학이나 문학과 같은 인문학 분야에서는 전국 순위를 따질 정도로 평판이 좋으며, 영화, 창작, 비즈니스, 법의 분야도 강한 편이다. 반면 브루클린에 캠퍼스가 있는 공과 대학 쪽은 거의 존재가 없다. 학교 전반적으로는 입학 경쟁률이 그렇게 높지 않아 지원자 대비 최종 등록자의 비율은 25%에 달한다. 즉, 이 대학에 지원한 사람 네 명 중 한 명이 입학을 한다. 뉴욕 대학교는 부자들이 다니는 학교로 이름이 났는데, 한때 미국의 사립 대학 중 등록금이 가장 비싼 대학으로 지목되었다. 근래 《유에스에이 투데이》의 조사에서 뉴욕 대학교는 미국의 고등학교 졸업생이 선호하는 대학 1위에 올라 화제가 되었다. 이처럼 뉴욕 대학교가 근래에 각광을 받는 이유는 무엇일까?

근래에 뉴욕이 부흥하면서 맨해튼 도심에 위치한 이 대학도 덩달아 평판이 높아졌다. 특히 대중문화의 덕을 톡톡히 보았다. 뉴욕의 전문직 젊은이들의 생활을 그린 텔레비전 드라마인 〈프렌즈〉와 〈자인 펠트〉나 뉴욕 부유층의 생활을 배경으로 하는 〈가십걸〉에서 뉴욕 대학교는 낭만적인 곳으로 그려진다. 실제 뉴욕 대학교에서 학창 생활을 한 지인에 따르면 관광객으로 버글거리는 워싱턴 스퀘어 공원, 유니언 스퀘어, 그리니치빌리지 주변에서 강의를 듣고 기숙사에서 생활하기 때문에 심심할 겨를이 없다고 한다. 미국의 모든 젊은이들이 한 번쯤 생활해보고 싶어 하는 맨해튼의 생활을 뉴욕 대학교 학생은 매일 누리는 것이다. 시트콤에서 묘사하듯이 맨해튼 도심에서 대학 생활의 낭만을 즐긴다는 콘셉트는 좋은 마케팅 전략이다. 물론 실제 생활해본 사람 말로는 사람과 가게로 번잡한 곳에 있는 기숙사에서 사는 것이 반드시 즐겁지만은 않다고 하지만 말이다. 뉴욕 대학교는 근래에 평판이 올라간 덕에 엄청나게 기부금을 모으고 주변 건물과 땅을 사들여 열심히 확장하고 있다. 그리니치빌리지 곳곳에서 새 건물을 짓는 공사를 벌이며, 이스트 빌리지 쪽에서는 오래된 건물을 부수고 대규모 기숙사를 건립해 지역 주민과 마찰을 빚기도 했다.

물 좋은 캠퍼스에서 대학 생활을 하면서 엄청난 학업 부담과 경쟁을 이겨내는 것은 쉽지 않다. 그래도 학부생은 공부를 많이 하지 않고 그럭저럭 대학 졸업장을 딸 수 있으니 맨해튼 도심에서의 학창 생활을 낭만적으로 즐길 수 있을 것이다. 이 대학 캠퍼스는 연애하기 정말 좋은 곳이다. 강의실을 나서면서 커피 한 잔 하자고 말을 건네는 것이 얼마나 손쉬운가. 주변에 분위기 있는 카페 천지인데. 그러나 대학원생은 입학 후 조금 지나면 학교 주변의 물 좋은 환경이 눈앞에서 사라질 것이다. 미국의 대학원생은 엄청난 독서량을 소화하랴, 매 학기 듣는 과목마다 과제로 나가는 논문을 쓰기 위해 틈틈이 도서관에서 자료 조사하랴, 장학금을 받는 대가로 교수의 연구를 돕거나 학부 수업을 하랴 정말 바쁘게 생활한다. 물론 그러면서 연애도 하고 동거도 하지만 말이다. 뉴욕 대학교는 맨해튼에 있기 때문에 세미나도 자주 열린다. 외부의 학자를 초청해 강연을 듣기도 용이하다. 이래저래 학교 생활이 다양하고 흥미롭다. 뉴욕 대학교는 한두 달이나 한 학기 정도를 지내기에는 환상적이다.

뉴욕 대학교의 모습

사진에 보이는 학교 건물 바로 앞에 워싱턴 스퀘어 공원이 있다. 맨해튼 도심에서 보내는 낭만적인 학창 생활의 이미지 덕분에
뉴욕 대학교는 최근 미국 고등학생이 가장 가고 싶은 대학으로 지목되었다.

뉴욕 시립대학교 오고 싶어 하는 모든 학생들을 받아주는 대학

미국에는 소수의 엘리트를 위한 사립 대학보다는 서민을 위한 공립 대학이 훨씬 많다. 뉴욕 시립대학교는 보통 사람을 위한 대학이다. 흔히 약자를 따서 CUNY라고 불리는 뉴욕 시립대학교는 이전에 뉴욕 시 곳곳에 독립적으로 흩어져 있던 여러 개의 공립대학을 통합해 1961년 설립했는데 그 규모가 어마어마하다. 뉴욕의 다섯 개 구 모두에 캠퍼스가 흩어져 있는 11개의 4년제 대학과, 6개의 2년제 전문 대학, 그리고 하나로 통합된 대학원으로 구성되어 있다. 기존에 독립적으로 존재하던 대학들을 통합해 하나로 만들기는 했지만, 대학 간에 격차가 있던 것을 통합했으므로 당연히 반발이 있었다. 지금까지도 각 대학이 자신의 정체성을 포기하는 것을 반대해서 대학마다 별도의 행정 체계를 가지고 서로 느슨하게 연대 관계를 맺고 있다. 특히 네 개의 대학, 즉 헌터, 시티, 브루클린, 퀸스 칼리지는 각각의 개성이 뚜렷하며 신입생도 별도로 모집한다.

이 학교에 등록한 재학생 수는 무려 53만 명에 달한다. 학위 과정에 26만, 비학위 과정에 27만 명이 있다. 뉴욕 시의 대졸자 세 명 중 한 명은 이곳 출신이며, 뉴욕 시 대학생의 절반은 이 대학에 다니고 있다. 이 대학에 이렇게 많은 사람이 다닐 수 있는 데에는 두 가지 이유가 있다. 첫째는 무엇보다 등록금이 매우 저렴하다는 것이다. 이 대학의 등록금은 주변의 다른 공립 대학의 등록금보다 더 싸다. 뉴욕 주 주민의 경우 2010년에 등록금으로 일 년에 4,800달러를 낸다. 이는 미국 명문 사립대의 8분의 1 수준이며 한국 사립대 등록금의 절반에 불과하다. 집에서 학교를 다닐 경우 책값과 기타 비용으로 6,000달러 정도 들기 때문에 일 년에 모두 합쳐서 약 1만 1,000달러 정도면 된다. 가정 형편이 어려운 학생에게는 장학금 혜택이 풍부하며 뉴욕의 아르바이트 자리도 넘쳐나므로 부모의 도움을 전혀 받지 않고 자력으로 대학을 다닐 수 있다. 뉴욕 주 주민이 아닐 경우 등록금과 생활비는 훨씬 많이 든다. 다른 주 학생은 등록금으로 일 년에 1만 3,000달러를 내야 하며 책값과 생활비로 1만 6,000달러 정도 들어서 이를 모두 합하면 일 년에 2만 9,000달러가 든다. 비용만 따지자면 다른 주의 학생이 굳이 이 학교에 다닐 이유가 없다. 미국의 공립 대학은 지역 주민의 세금으로 운영되므로 철저하게 지역 주민의 이익에 봉사하는 구조로 되어 있다.

많은 사람이 이 대학에 다닐 수 있는 둘째 이유는 입학의 문호가 크게 열려 있기 때문이다. 학위 과정에만 26만 명이 등록해 있다는 것은 대체로 수학 능력이 있는 사람은 모두 받아들인다는 의미다. 이 대학의 설립 목적은 엘리트 사립 대학에는 갈 수 없지만 대학 교육을 받고 싶어 하는 모든 사람을 조건 없이 받아들인다는 것이었다. 1970년대 중반 뉴욕 시의 재정이 어려움에 처하기 전까지 이 학교의 등록금은 완전히 무료였다. 1970년대 초까지 이 학교는 유대 인 학교라는 별칭을 얻기도 했다. 그 당시까지 엘리트 사립 대학에서 유대 인을 차별해 입학을 제한했기 때문에 뉴욕에 사는 우수한 유대 인 학생들이 이 학교에 대거 입학했기 때문이다.

이 학교는 대학에 오고 싶어 하는 모든 학생을 받아주는 개방 입학제를 실시한 학교로 유명하다. 물론 이 학교가 처음부터 모든 학생을 받아들였던 것은 아니다. 이 학교의 개방 입학제는 1960년대 진보주의적 사회 분위기의 소산이다. 할렘의 캠퍼스인 시티 칼리지에서 흑인 학생들이 대학 당국에 집단적으로 항의한 것이 계기가 되어 개방 입학제를 실시하게 되었다. 학생들의 주장은 다음과 같다. 즉, 주민의 세금으로 운영되는 공립 대학은 주민의 욕구를 반영해야 하는데, 대학 주변에 주로 흑인이 살고 있는 데 비해 재학생은 주로 백인이었으므로 이 점을 시정해달라는 요구였다. 이러한 소수자 학생들의 요구를 수용해 이 대학의 모든 캠퍼스에서 입학의 문호를 개방했다. 그 당시에도 혁명적인 발상이었던 개방 입학제는 실패할 것이라는 주위의 우려를 뛰어넘고 정착했다. 개방 입학제를 시행하면서 기초 학력이 부족한 학생을 위해 '보충 학습 과정'을 운영했는데 입학생의 4분의 3은 일 년 이내에 보충 학습 과정을 마쳤다.

그러나 1990년대 들어 공화당 출신의 보수적인 줄리아니 시장이 들어서면서 개방 입학제에 수정이 가해졌다. 대학 이사회는 입학 기준을 강화하기로 하고, SAT 등 수학 능력 시험 점수를 커트라인으로 사용해 입학 기회를 제한했다. 이는 결국 유색인종의 입학률 저하와 함께 보충 학습 프로그램의 축소로 이어졌다. 수학 능력이 떨어

뉴욕 시립대학교의 헌터 칼리지

네 개의 학교 건물을 고가 통로로 연결한 것이 전부인 단출한 캠퍼스다. 학생들은 학교 건물 앞의 계단에서
간단히 점심을 먹고 커피를 마시고 친구를 만나기에 이 거리 주변은 학생들로 항시 북적인다.

지는 유색 인종에게 보충 학습을 제공하는 데 돈을 쓰기보다는 수학 능력이 검증된 학생만을 받아 교육하는 정책으로 바뀜으로써 재학생의 학력 수준은 전반적으로 상승했으나, 교육 받기를 희망하는 모든 사람에게 문호를 개방한다는 원래의 철학은 손상된 것이 사실이다.

개방 입학제는 폐지되었지만 뉴욕 시립대학교는 다른 학교와 비교해 문호가 훨씬 더 넓게 열려 있다. 수학 능력 미달로 4년제 대학의 입학이 거부된 학생은 조건 없이 모두 이 대학 소속의 2년제 전문 대학에서 공부할 수 있다. 이들은 2년제 대학을 다니면서 한 학기 동안 개설되는 소정의 프로그램을 성공적으로 이수하면 4년제 대학으로 모두 편입할 수 있다. 이 대학의 문호가 넓은 것은 학생 구성에서도 드러난다. 학부 과정에서 백인은 전체 학생의 4분의 1에 불과하다. 흑인과 히스패닉이 각각 4분의 1씩 차지하며 아시아 인도 15%에 달한다. 여성이 남성보다 많아 전체 학생의 60%를 차지하며, 직장을 다니며 공부하는 25세 이상 연령의 학생이 3분의 1에 달한다. 뉴욕에 이민자가 많은 사정을 반영해 이 학교의 신입생 중 37%가 외국에서 출생한 학생이며, 전 세계 170여 개 나라 출신의 학생이 수학하고 있다. 명문 사립 대학을 갈 수 없는 지역 주민, 특히 소수자와 이민자를 폭넓게 수용한다는 철학이 학생의 구성에 반영된 것이다.

보통 사람을 위한 대학이라는 설립 목적은 배우는 내용에도 반영돼 있다. 이 학교는 명문 사립 대학에서 역점을 두는 전문 대학원의 구성에서 차이가 있다. 미국에서 가장 돈 잘 버는 직업인 의사를 양성하는 의학 전문 대학원이나 치의학 전문 대학원이 없는 대신 공중 보건 전문 대학원이 있다. 기업의 경영자나 월가의 금융인을 길러내는 MBA 과정, 즉 경영 전문 대학원을 운영하지 않는다. 이곳 법학 전문 대학원에서는 교육의 내용이 월가의 변호사를 양성하는 것보다는 공익을 위해 일할 인재를 기르는 데 초점을 맞추고 있다.

이 학교는 지역 주민의 자녀를 우선적으로 선발하므로 각 대학이 속한 지역의 특성에 따라 학생 구성이나 학교의 수준에 차이가 있다. 특히 뉴욕의 부촌인 어퍼 이스트사이드에 위치한 헌터 칼리지는 이 대학 소속의 다른 학교들과 뚜렷이 차이가 난다. 할렘에 위치한 시티 칼리지의 경우 흑인과 히스패닉이 학생의 대부분을 차지하는 데 비해 헌터 칼리지는 백인과 아시아 인의 비율이 유난히 높다. 학교의 평판에도 차이가 있어, 헌터 칼리지는 전국 공립 대학 중 10위권 내에 드는 우수한 대학으로 평판이 높다. 뉴욕 시립대학교는 서민을 위한 대학이지만 졸업자 중 우수한 인재가 많이 배출되었다. 이곳 졸업생 중 지금까지 12명의 노벨상 수상자가 나왔으며, 콜린 파월 미 국무장관이 이 대학 출신이고, 대법관, 상원 의원, 장군 등 많은 미국의 지도자가 나왔다. 1960년대 포크 뮤직의 스타 사이먼 앤 가펑클의 폴 사이먼도 이곳 출신이다.

공립대는 사립대에 비해 확실히 서민적인 분위기다. 세금으로 운영되므로 학교 시설이 명문 사립대처럼 화려하지 않다. 사립대는 캠퍼스 건물이나 조경이 그림처럼 아름답고 잘 관리돼 있는 데 비해 공립대는 모든 것이 수수하다. 과시적이기보다는 꼭 필요한 것에만 절약해서 돈을 쓴 인상을 준다. 중후함과 역사를 자랑하거나 아니면 모던한 건축미를 뽐내는 건물이 없다거나, 도서관의 열람실 바닥에 고급 카펫이 깔려 있지 않고 가죽 소파가 없다거나, 학생 식당이 세련된 감각의 인테리어로 장식되어 있지 않으며 메뉴가 다양하지 않다거나, 컴퓨터실의 기자재가 애플 컴퓨터의 최신 기종이 아니라 델이나 휴렛패커드의 보급형이라거나, 세미나실의 책상이 장중한 마호가니 책상이 아니라거나, 계절이 바뀔 때마다 화단의 꽃을 모두 뽑아내고 싱싱한 꽃을 다시 심는 것을 볼 수 없다거나, 강의실에 책상과 칠판 이외의 인테리어가 별로 없어 밋밋하다거나 등등 명문 사립 대학과 뉴욕 시립대학교를 비교해보면 외관에서 큰 차이를 느낀다.

캠퍼스에서 돌아다니는 학생들의 옷차림이나 태도에서도 서민의 냄새가 풍긴다. 이 학교 학생들은 수수한 옷차림에 다소 껄렁한 태도로 돌아다닌다. 반면 명문 사립대 학생은 세련되게 신경을 써 입고, 행색에는 엘리트주의에 경도된 엄숙함과 자부심이 엿보인다. 시끄럽게 떠들면서 친구에게 허물없이 대하는 이 대학 학생들의 모습은 경쟁에 익숙하고 자신의 것을 잘 챙기는 개인주의자 같은 컬럼비아 대학교 학생들의 모습과 대비된다. 뉴욕 대학교 주변의 아파트 앞에서 우연히 마주쳤던 고급 자동차 트렁크에서 골프채를 꺼내는 대학원생의 모습을 이곳에서는 전혀 기대할 수 없다.

뉴욕 시립대학교 시티 칼리지의 컴퓨터실

이 캠퍼스는 할렘에 있기 때문에 학생 대다수가 흑인이다. 사진에 보이는 컴퓨터는 저렴하고 실용적인 IBM 범용 모델로 공립 대학교에서 주로 쓰는 반면, 사립 대학교에서는 부유함의 상징인 애플 컴퓨터를 사용한다.

이들 중 많은 수는 아르바이트로 학비를 벌면서 학교를 다니고 번 돈의 일부를 가족 생계에 보태는 사람도 있으리라. 뉴욕 시립대학교 캠퍼스를 돌아보면서 이들 중에 어려움을 딛고 열심히 공부해 성공한 사람이 많이 나오기를 바라는 마음이었다. 이웃에 있는 컬럼비아 대학교 학생에게 기죽지 말고 말이다.

뉴스쿨 진보적이고 실험 정신이 살아 숨 쉬는 대학

뉴욕은 대학의 도시라고 할 만큼 많은 대학이 있다. 그 중에는 일반적인 종합 대학과 달리 특정 분야에 특화돼 있거나 독특한 역사와 성격을 갖는 대학도 있다. 여기에 소개하는 뉴스쿨은 독특한 역사에서 출발해 사회 과학과 예술 분야에서 명성을 높이고 있는 종합 대학이다.

뉴스쿨은 이웃에 있는 뉴욕 대학교와 마찬가지로 맨해튼의 한복판 그리니치빌리지 주변에 학교 건물이 흩어져 있는 도심 대학이다. 별도의 대학 캠퍼스는 없고 학교 건물이 일반 상업 건물과 섞여 있다. 뉴스쿨은 미국의 여타 대학과 달리 진보적인 색채가 매우 강하며, 예술 분야에서도 전통을 부수는 실험적인 접근을 마다하지 않는 대학으로 유명하다. 이러한 학교의 색깔은 이 학교의 독특한 출발에서 비롯한다. 1910년대 컬럼비아 대학교의 교수들이, 전 사회적으로 국수주의 열풍이 불면서 불온한 사상을 검열하고 모든 교수에게 충성 서약을 강요하는 등의 억압적 풍토에 반발해, 새로운 학교를 만들기로 뜻을 모았다. 그들은 자유롭게 아이디어가 토론될 수 있는 학교를 만들자는 생각을 실천에 옮겼다. 역사학자 찰스 비어드, 경제학자 소스타인 베블런, 철학자 존 듀이 등이 주동이 되어 이 대학을 설립했다.

1930년대 이 대학은 중흥의 계기를 맞는다. 유럽에서 나치의 탄압을 피해 건너온 유대 인 학자를 대거 초빙하면서 '망명 대학'이라는 이름으로 사회 과학에 특화된 대학원 과정을 만들었다. 독일의 비판 사회 과학의 중심인 프랑크푸르트 학파 소속의 학자들이 대거 이곳으로 건너왔다. 심리학자 에리히 프롬, 정치학자 해나 아렌트, 레오 스트라우스, 인류학자 클로드 레비스트로스 등 독일과 프랑스의 쟁쟁한 학자들이 이곳에서 연구하고 가르쳤다. 유럽의 망명 학자들 덕분에 뉴스쿨은 유럽 색채가 강한 비판적 사회 과학의 터전으로 명성을 날리게 되었다. 1970년대에는 예술 분야로 확장해 미술과 디자인을 전문으로 하는 파슨스, 드라마를 전문으로 하는 단과 대학, 재즈와 현대 음악을 전문으로 하는 단과 대학을 설립하면서 영역을 넓혀갔다.

미국의 보수적인 풍토에서 뉴스쿨과 같이 마르크시즘 계열의 반골들이 시작해서 비판적인 학풍을 트레이드마크로 내세우는 대학이 성공하기는 쉽지 않다. 미국 학계에서는 유럽 학계를 얕잡아 보거나 무시하므로 세계적으로 유명한 유럽 학자들이 다수 포진한 것에 비해서는 학교 순위가 그리 높지 않다. 그동안 재정 곤란으로 학교가 위기에 빠지기도 했으며, 학교의 운영 원칙과 발전 방향을 둘러싸고 학내 구성원 간에 갈등이 번져 학교가 마비 상태까지 간 적도 있다.

그럼에도 뉴스쿨은 비판적인 학자들이 포진한 대학으로 뚜렷한 색깔을 견지하고 있다. 비판적 시각이 빛을 발하는 학문 분야에서는 명성이 높다. 예컨대 정치학과 사회학에서는 평판이 좋으며, 실험적인 접근을 높게 쳐주는 예술 분야에서는 뉴스쿨의 진가가 인정받는다. 뒤늦게 시작한 예술 분야의 명성이 높아져 원래 이 대학의 뿌리인 사회 과학을 압도하는 상황에 이르렀다. 예술 분야에서는 실험적인 성격의 과목을 많이 개설하며, 학생들에게 교과목 구성의 자유를 최대한 허용해 각자 개성 있는 인재를 키워내는 것을 지향한다. 이 학교의 진보적인 색채는 학생 구성에서도 드러난다. 소수자가 41%를 차지하며 외국 학생이 24%를 차지하는 등 사립대로는 드물게 미국의 주류 집단에 속하지 않는 사람이 많다. 이 대학의 유명 졸업생으로 1950년대 비트 세대의 기수인 잭 케루악이나 영화계에서 특이한 존재인 우디 앨런, 말런 브랜도 등을 배출한 것에서도 이 학교의 특성이 드러난다.

한국에서도 비판적인 사회의식이 높았던 1970~1980년대에 대학교를 다닌 학생들은 이 학교를 잘 알고 있다. 이 대학의 교수가 쓴 책을 많이 읽었으며 이곳에 유학하는 것을 꿈꾼 학생이 많다. 필자도 그중 한 사람이었다. 세월은 바뀌어 비판적인 목소리를 뚜렷이 내는 지성인을 존경하지 않는 시대가 되었다. 1980년대에 신보수주의가 서구를 지배하고, 보수주의 공화당 정부가 장기 집권하고, 동구권의 공산 정권이 무너지면서 사회 과학계에서 뉴스쿨의 명성은 예전만 못하다. 요즈음 미국의 대학에서는 실용적 학문인 경영학이나 법학만 잘나갈 뿐 철학이나 사회학은 물론 심지어 경제학도 파리를 날린다. 각자 개인의 성공을 위해 치열하게 경쟁하는 젊은이들에게 돈벌이도 안 되는 비판적인 이성을 좇아 엄청난 정력과 돈을 들이는 것은 어리석게 보일 것이다.

뉴스쿨도 시대의 변화에 맞춰 변신하는 데 성공했다. 사회 과학 중심의 대학에서 예술 분야 쪽으로 중심 이동을 한 것이다. 요즈음 한국 학생들에게 이 학교는 선망의 대상이다. 사회 과학 분야가 아니라 예술 분야에서 공부하기 위해서다. 미술·디자인을 전문으로 하는 파슨스나 재즈와 현대 음악 대학원은 한국 학생들로 바글거린다. 그리니치빌리지에 있는 뉴스쿨의 사회 과학 대학원의 낡은 건물에 들어서면, 왠지 지금은 빛바랜 필자의 젊은 시절의 꿈과 마주치는 듯해 마음이 허전해진다.

New York

07_ 흑인 문화의 고향

1. 할렘, 흑인 사회 문화의 중심지

HARLEM RENAISSANCE

할렘은 재개발 중이다. 조만간 전통적인 할렘의 이미지는
사라지고 흑인 이외의 사람을 더 많이 보게 될 것이다.

할렘은 맨해튼 북쪽에 위치한 넓은 지역으로 센트럴 파크를 사이에 두고 다운타운
과 떨어져 있다. 할렘은 주민의 특성에 따라 셋으로 구분된다. 5번가를 중심으로 동쪽
은 동부 할렘이라고 하는데 주로 중남미 이민자들이 밀집한 지역이다. 5번가의 서쪽
은 중부 할렘으로 흑인이 밀집 거주하며 할렘의 전형적인 이미지가 가장 많이 묻어나
는 곳이다. 세인트 니콜라스 애비뉴 서쪽은 서부 할렘으로 이중 허드슨 강에 면한 지
역은 모닝사이드 하이츠라고 부른다. 이곳에는 컬럼비아 대학교가 있으며 고급 아파
트가 많이 있다. 서부 할렘은 중류층 흑인과 백인이 섞여 사는 곳으로 이웃한 중부 할
렘과는 건물의 외관부터가 다르다.

할렘은 흑인 사회 문화의 중심지다. 이곳을 중심으로 20세기 초반 흑인 문화 부흥
운동이 일어났으며, 20세기 중반에 인종 폭동이 일어났다. 20세기 미국 역사에서 중
요한 흑인들은 대부분 이곳을 거쳐 갔다. 한동안 할렘은 빈곤과 마약과 범죄가 만연하
며 삶의 기반이 허물어진 도시 황폐화의 전형으로 지적되었다. 그러나 근래 이 지역에
는 다시 활기가 찾아들고 있다. 할렘의 중심가인 125번가에는 행인이 넘치며 새 건물
이 올라가고 새로이 점포가 문을 열고 관광객이 찾아오는 곳이 되었다.

할렘이라는 이름은 네덜란드 도시의 이름에서 유래했다. 19세기 말 맨해튼의 인구

할렘의 125번가

할렘의 중심가답게 사람과 차로 붐빈다. 뒤로 근래에 지은 고층 빌딩이 보인다. 전면의 깃발은 흑인 문화센터로 마르쿠스 가비가 시작한
'세계 흑인 지위 향상 협회'의 깃발 색깔과 미국 국기를 결합한 문양이다.

가 늘면서 다운타운에서 거리가 먼 이곳까지 지하철이 연결될 것이라는 소문이 돌고 개발붐이 불어닥쳐 아파트와 고급 주택이 우후죽순으로 들어섰다. 그러나 지하철의 건설이 늦어지고 부동산 값이 폭락하면서 싼 주택을 찾아 이민자들이 이곳으로 몰려들었다. 이탈리아 인, 아일랜드 인, 유대 인이 이곳에 집단으로 거주했다. 이탈리아 인이 많이 사는 곳은 '이탈리안 할렘', 유대 인이 많은 곳은 '유대 인 할렘'이라고 불렸다. 그러나 할렘에 정착한 유럽 이민자들은 이곳에 오래 머물지 않았다.

할렘에 흑인이 살기 시작한 것은 20세기 초반부터다. 19세기 말까지 뉴욕에 흑인은 거의 없었다. 인종 차별 때문에 흑인은 일자리를 찾을 수 없었기 때문이다. 20세기 초반 남부의 흑인은 북부의 산업 도시로 집단적인 이주를 단행한다. 남부의 면화 농업이 기계화하고 다변화하면서 흑인 노동력의 수요가 급격하게 감소한 것이 배출 요인이라면, 북부의 산업 도시에서 대규모로 저임금 노동력을 필요로 한 것이 흡인 요인이다. 제1차 세계대전 기간 동안 유럽으로부터 이민자가 오지 않았으며, 1924년 도입된 이민법은 유럽의 이민을 실질적으로 중단시켰다. 유럽으로부터 밀려오던 이민자를 대체할 인력으로 흑인을 대규모로 필요로 했던 것이다.

뉴욕으로 이주한 흑인은 심한 인종 차별을 겪어야 했다. 백인 집주인은 그들에게 집을 임대해주지 않았다. 만일 흑인이 이웃에 이사 올 경우 주변의 백인은 신속히 그 지역을 떠났다. 맨해튼 남부에 사람이 많이 사는 곳에서 집을 구할 수 없었던 흑인들은 그 당시 뉴욕의 변두리인 맨해튼 북부의 할렘이나 브루클린에 정착할 수밖에 없었다. 그들이 할렘에 이주하면서 그곳에 살던 유럽 이민자들은 신속히 그곳을 떠났다. 그 결과 1930년경 할렘은 흑인만이 사는 지역이 되었다.

1920~1930년대에 '할렘 르네상스'라고 해 흑인 지식인이 주도한 문화 운동이 활발하게 전개되었다. 할렘 르네상스는 문학, 음악, 미술, 저널리즘, 사회 운동 등 사회 문화계의 모든 분야에서 동시에 전개되었다. 이들은 그때까지 존재가 부정되었던 흑인 문화유산의 가치를 새로이 정립했으며, 노예제와 인종 차별 속에서 억압되고 왜곡된 흑인의 정체성을 새로 세우는 데 기여했다. 할렘 르네상스의 중심은 문학인에서부터 시작됐다. 랭스턴 휴스, 클로드 매키 등 많은 흑인 소설가, 극작가, 시인이 할렘을

중심으로 활발하게 활동했다. 이들의 작업은 이후 흑인 문학의 토대를 형성한다. 재즈 음악은 할렘 르네상스의 또 다른 축이었다. 아프리카 음악에 뿌리를 두고 남부 뉴올리언스에서 시작된 재즈는 북부 도시인 뉴욕과 시카고로 전파되었다. 할렘에서 활동하던 듀크 엘링턴, 제임스 P. 존슨, 베니 카터 등 재능 있는 연주가를 통해 재즈는 미국 고유의 중요한 음악 장르로 정착한다. 1920년대는 '재즈의 시대'라고 칭할 만큼 재즈의 열풍이 불었던 시기다.

이 시기에 할렘 지식인의 활동은 1950년대 민권 운동의 초석이 되었다. 특히 윌리엄 듀보이스의 활동은 흑인의 지위 향상을 위한 사회 운동의 기반을 단단히 했다. 그의 주도로 흑인 운동의 중심 조직인 '전미 유색인 지위 향상 협회NAACP'가 설립되었다. 또한 마커스 가비의 활동은 흑인들에게 백인과는 구별되는 흑인 고유의 가치와 독립을 자극하는 메시지를 전파했다. 듀보이스와 가비는 같은 시기에 할렘에서 활동했으면서도 워낙 다른 성격의 운동가로 이후 흑인 운동에 큰 영향을 미친다.

1990년대 뉴욕이 부흥하기까지 할렘은 오랜 기간 동안 쇠락을 거듭했다. 1920년대 최고조에 달한 할렘 르네상스는 대공황으로 막을 내렸다. 제2차 세계대전 이후에도 남부에서 흑인이 많이 이주하고 할렘에 가난한 흑인 인구가 증가하면서 할렘의 환경은 더욱 열악해졌다. 초기에 이주해 중류층으로 부상한 흑인은 이곳을 떠나 교외로 이사해 나가면서 이곳에는 극빈층 흑인만 남게 되었다.

1970년대 할렘은 미국 영화에 흔히 나오는 폐허의 도시였다. 빈곤과 범죄와 마약이 이곳의 삶을 피폐하게 했고, 빈번하게 발생하는 폭동과 방화는 많은 주택을 폐허로 만들었다. 뉴욕 시의 의도적인 방치 정책 또한 이곳을 폐허로 만드는 데 일조했다. 뉴욕 시는 할렘 지역에 대해 '계획된 축소' 정책을 실시했다. 이는 열악한 지역에 대해 치안, 소방, 시설 보수 등 도시 생활에 필요한 기본적인 공공 서비스를 중단함으로써 거주자들이 자연 감소하도록 유도하는 정책이다. 주민이 버리고 떠난 자리는 궁극적으로 다 밀어버리고 새로 집을 짓는 방식의 도시 개발을 추진했다. 1970년대 10년 동안 할렘 인구의 42%가 감소했으며, 할렘에 소재한 주택의 23%가 소멸했다. 1987년 할렘에 있던 주택의 65%는 주택 소유주가 세금을 체납하고 소유를 포기해 뉴욕 시 소유가 되었다. 이러한 주택은 대부분 사람이 살지 않는 곳이었다. 1990년 할렘의 인구는 10만 명을 기록했는데 이는 1950년 23만 명 인구의 절반에도 미치지 못한다. 지금도 할렘의 곳곳에서 이 시기에 폐허가 된 유령 같은 건물을 볼 수 있다.

할렘의 부활은 1990년대 뉴욕의 경제가 부활하는 것과 궤를 같이한다. 근래 뉴욕 시 정부는 이 지역에 치안 활동을 강화하는 한편 지역 개발을 장려했다. 개발 자금을 지원하고 세제 혜택을 주는 등 민간 개발 회사를 통해 개발을 유도했다. 도로와 보도를 정비하고, 상하수도관을 새로 놓고, 가로수와 가로등을 새로 설치하면서 도시의 기능을 되살리기 위한 공공시설에 투자했다. 그 결과 할렘에 건축 개발이 활기를 띠고 새로이 인구가 유입되었다. 할렘은 맨해튼 시내와 거리가 가깝고 교통이 편리해 중류층 흑인은 물론 히스패닉, 독신자, 학생 등이 이 지역에 다수 이주했다. 지금도 여전히 할렘 주민은 뉴욕 평균보다 소득이 낮지만 일부 지역의 경우 극빈자가 사는 곳이라는 과거의 이미지에서 탈피했다. 과거 중부 할렘은 마약과 범죄의 소굴로 악명이 높았으나 지난 20년간 살인은 80% 이상 감소했으며, 절도나 강도 등 모든 종류의 범죄에서 70~80%가 감소했다.

할렘은 미국 흑인 사회의 중심이다. 1920년대의 할렘 르네상스가 주로 문예를 중심으로 한 문화 운동이었다면, 1960년대의 할렘에서는 흑인의 지위를 향상하기 위한 사회 운동이 활발하게 전개되었다. 할렘에서 전개된 흑인 운동은 마틴 루서 킹 목사가 주도한 민권 운동과는 다른 방식으로 전개되었다. 킹 목사의 민권 운동이 평화적인 저항 전략을 택했다면 할렘에서 전개된 흑인 지위 향상 운동은 폭력적인 방법을 선택했다. 킹 목사가 주도한 민권 운동은 1955년 앨라배마 주 몽고메리 시에서 시작된 버스 보이콧 운동에서 시작되었다. 그 당시 남부에서 보편적이던 버스 좌석의 흑백 분리 관행을 철폐하는 운동에서 시작해 1964년 흑인의 참정권을 보장하는 법을 만듦으로써 일단락되었다. 민권 운동은 비폭력적인 방법으로 백인 중류층의 양심에 호소함으로써 흑백이 통합된 사회를 만드는 것을 목표로 한다. 그러나 뉴욕을 포함한 북부에서는 남부와 같은 흑백 분리 관행이나 투표권 박탈 같은 제도적 차별은 상대적으로 덜했다. 대신 경제적 차별과 그로 인한 빈곤이 북부 흑인 사회의 심각한 문제였다.

경제적인 문제는 인권 문제와는 차원이 다르다. 백인이 흑인을 착취하고 있는 상태에서 백인의 기득권을 제한하고 경제적인 기회를 흑인에게 나누어 주는 제도를 도입한다는 것은 자본주의 질서의 근간을 위협하는 일이다. 인권에 대한 위반 사례는 경제적인 결핍 사례를 고발하는 것보다는 백인 중류층의 양심에 호소하기가 훨씬 용이하다. 인권 위반은 명백히 가해자의 책임인 반면 가난은 가난한 사람 자신의 책임으로 돌릴 수 있기 때문이다. 평화적으로는 경제적인 기득권을 포기할 리 없기 때문에 투쟁을 통해 백인으로부터 경제적으로 독립함으로써 백인의 착취로 인한 결핍을 종식시키는 것이 유일한 방법이라는 메시지가 설득력을 얻을 수밖에 없다.

할렘에서는 마틴 루서 킹의 평화적 통합의 메시지는 별로 환영받지 못했다. 대신 맬컴 엑스의 흑인 민족주의에 근거한 분리주의적 입장과 이를 과격한 방법으로라도 실현하려고 한 '블랙 팬서Black Panthers' 단체의 주장이 호응을 얻었다. 1960년대 할렘에서는 흑인의 빈곤과 절망에 저항하는 방화가 이어졌으며, 폭력적 수단에 의지해서라도 투쟁해 자신의 정당한 권리를 확보해야 한다는 목소리가 두드러졌다. 물론 이러한 급진적 주장은 백인 사회의 억압에 부딪혀 좌절로 끝날 수밖에 없었으며 이는 또 다른 폭동으로 이어졌다. 맬컴 엑스는 흑인 민족주의를 기치로 내건 종교인 '이슬람의 나라Nation of Islam'를 주창해 매스컴의 주목을 끌었으나 결국 암살되고 말았다. 남부에서 주로 활약한 마틴 루서 킹도 후반에 북부 도시에서 경제적 차별 철폐와 흑인의 경제적 자립을 중시하는 전략으로 방향을 틀었다. 흑인의 인권 문제에서 경제적인 문제로 운동의 중심을 옮기려 하자 그때까지 그를 지지하던 백인과 주류 매스컴은 그를 떠났으며 그도 결국 암살되고 말았다. 1960년대 할렘은 폭동과 지도자가 암살되는 고통을 연거푸 겪었으며 흑인의 지위 향상을 독립적으로 도모하는 계획은 벽에 부딪혔다. 그러나 그들의 노력은 헛되지 않아 할렘에서 꽃피운 흑인 민족주의는 이후 계속 발전했다.

요즈음 할렘은 한창 변화하고 있다. 할렘에서도 지역에 따라 변화의 양상은 조금씩 다르다. 전통적으로 할렘의 중심인 중부 할렘은 1970~1980년대에 도시 황폐화가 가장 심하게 진행된 곳이지만 이곳에도 변화의 바람이 불고 있다. 대로변을 중심으로 개발이 이루어지고 있으나 뒷골목으로 가면 여전히 버려진 건물을 쉽게 발견한다. 중

서부 할렘의 모닝사이드 하이츠

허드슨 강 변에 있는 공원이 아름답다. 주변에 컬럼비아 대학교가 있으며 중류층 백인도 많이 산다.
그러나 이곳도 할렘인지라 철제 쓰레기통이 기둥에 자물쇠로 고정되어 있었다.

부 할렘은 여전히 흑인이 주민의 대부분을 차지하지만 근래 히스패닉과 백인의 비중도 조금씩 늘고 있다. 2010년의 인구 조사에 따르면 중부 할렘에서 백인의 인구는 지난 10년 동안 2%에서 10%로 다섯 배나 늘었다.

한편 서부 할렘에는 20세기 초반에 지은 고급 주택이 많은데 중류층, 특히 전문직에 종사하는 흑인이 많이 이주하면서 고상한 중류층 주택가로 탈바꿈했다. 서부 할렘의 일부인 모닝사이드 하이츠 주변으로 컬럼비아 대학교가 북상하면서 학교 건물과 학생 및 교직원의 주거 시설이 이 지역을 완전히 점령해버렸다. 조만간 컬럼비아 대학교의 확장 공사를 위해 125번가 너머 북쪽으로 여러 개의 블록이 완전히 헐릴 것이다. 컬럼비아 대학교 신문에 따르면 현재 이 지역에 버티고 있는 몇 명의 지주들과 마지막 구매 협상을 벌이고 있는데, 대학은 공공 용도를 위해 강제로 토지를 수용하는 법적 절차를 진행하지 않을 것이라고 공언하고는 있다. 그러나 그들도 조만간 굴복하지 않을 수 없다. 왜냐하면 이미 철거 공사에 착수해서 밀어내는 작업을 진행하고 있고, 컬럼비아 대학교가 마음만 먹으면 언제든지 강제 수용할 수 있기 때문이다. 어차피 할렘의 지주들은 이 지역에 살고 있지 않기 때문에 이들도 금액의 다과가 문제이지 생존권이 걸린 문제는 아니다. 그곳에 실제 살고 있는 사람의 반대에 대해서는 신문에서 언급하지 않는다.

한편 동부 할렘은 근래 급속히 증가한 중남미 이민자들이 많이 정착하면서 이민자의 활력이 느껴지는 곳으로 변모했다. 다양한 인종·민족이 이곳으로 이주한 데에는 1980년대 이래 미국 사회가 다문화에 대해 개방적이 된 것도 한 원인이다. 전통적인 모습의 할렘은 급속히 자취를 감출 것 같다. 《뉴욕타임스》에 따르면 뉴욕 시 정부가 앞장서서 이 지역의 재개발에 착수했다고 한다. 뉴욕이 부흥하면서 몰려드는 사람과 비즈니스를 수용할 공간이 다운타운에는 부족해서 점차 맨해튼의 북쪽으로 북상하다가 마침내 전통적인 흑인 구역인 할렘까지 진출한 것이다. 개발업자들은 할렘 부동산의 매력에 새삼 눈뜨며 쇠락한 건물이나 소규모 점포를 부수고 그 자리에 아파트와 쇼핑몰, 오피스 빌딩을 지으려고 한다. 이미 동부 할렘에서는 곳곳에서 대규모 공사가 진행되는 모습을 볼 수 있다.

대규모 재개발 사업은 기존에 그곳에서 살고 장사하던 가난한 사람들을 몰아낸다. 할렘의 중심가인 125번가는 외부의 관광객이 자주 찾는 관광 포인트가 되었다. 이곳에는 고층 오피스 빌딩, 상점, 음식점, 은행 등이 지난 수년간 급속히 증가했다. 결국 전통적인 할렘의 이미지였던 흑인 문화의 공간은 뉴욕 맨해튼의 어디에서나 볼 수 있는 아파트와 오피스 건물, 프랜차이즈 점포와 쇼핑몰이 혼재된 곳으로 바뀔 것이다. 할렘에서는 조만간 흑인 이외의 사람을 더 많이 마주치게 될 것이다.

할렘을 대표하는 두 흑인 운동가의 대조적인 생애

1920년대 할렘 르네상스는 흑인의 문예 부흥이 중심이지만 흑인의 지위를 높이는 사회 운동에서도 큰 자취를 남겼다. 그 당시 할렘을 중심으로 흑인의 지위 향상을 위해 노력한 두 흑인 운동가, 윌리엄 듀보이스(W.E.B. Du Bois)와 마르쿠스 가비(Marcus Garvey)의 활동은 이후 흑인 운동에 큰 영향을 미쳤다. 두 사람의 성격은 정반대이며 그들의 운동 방식 또한 그들의 성격만큼이나 차이가 크다. 이들의 생애와 흑인 운동이 서로 어떻게 연관되는지 살펴보면 자못 흥미롭다.

듀보이스는 1868년 보스턴의 엘리트 흑인 집안에서 태어났다. 그의 어머니 쪽 가계는 노예제 시절 매우 예외적이었던 자유 흑인이다. 조상이 미국의 독립전쟁에 참가해 자유를 획득했다. 그의 아버지 쪽 가계는 프랑스 인과 흑인의 혼혈로 아이티에서 대지주였다. 듀보이스는 지식인 부모 밑에서 어릴 때부터 고급 교육을 받고 자랐으며, 하버드 대학교에서 역사학 박사 학위를 받은 엘리트다. 한때 대학교수를 했으며 활발한 저술 활동을 통해 백인 사회의 위선과 불의를 고발하고 흑인의 지위 향상을 위한 일에 매진했다. 그는 글뿐만 아니라 흑인 중류층을 중심으로 1909년 '전미 유색인 지위 향상 협회(NAACP)'를 만들었다. 수십 권의 책을 저술했으며 사회학, 역사학, 정치학, 심리학 등 사회 과학 전반에 걸쳐 그가 논의하지 않은 주제가 없을 만큼 지적인 활동 범위가 넓었다. 그는 흑인의 시민권 획득과 자결, 자조를 강조했는데 대체로 자유, 평등, 인권 등 유럽의 가치에 입각해 흑인의 지위 향상을 도모한 지식인이다. 그의 글과 활동은 이후 흑인 운동의 주류를 형성해 1950년대 민권 운동으로 연결되었으며, 그가 만든

● 듀보이스, 1918년. 흑인과 백인의 혼혈로 지적인
분위기를 풍기는 귀인상이다. 흑인 최초로 하버드
대학교를 졸업했으며 흑인 운동에 큰 기여를 한
인물이다.

전미 유색인 지위 향상 협회는 흑인 사회를 대표하는 조직으로 현재까지 활발하게 활동하고
있다. 그는 말년에 공산주의를 찬양하다 FBI의 조사를 받았으며, 해외에 출국한 뒤 입국이 거
절되어 1961년 93세의 나이로 아프리카 가나에서 사망했다.

   가비는 지식인 듀보이스와 달리 선동가이고 풍운아다. 그는 1887년 카리브 해에 있는 자메
이카의 소도시에서 석공의 아들로 태어났다. 어릴 때부터 닥치는 대로 책을 많이 읽었으며 인
쇄공으로 일하면서 노동조합 운동에 참여했다. 중남미 여러 나라를 돌아다니며 인쇄공으로 일
했고, 한때 영국 런던으로 건너가 대학 강의를 듣기도 했다. 영국에 머무는 동안 흑인 독자를
대상으로 하는 신문사에서 일했으며, 런던의 하이드 파크에 유명한 '연설자의 코너'라고 이
름 붙여진 연단에서 수시로 연설을 하기도 했다. 이후 자메이카로 돌아와서는 '세계 흑인 지
위 향상 협회(UNIA)'를 결성했다. 이 조직은 백인의 억압 때문에 전 세계에 흩어져 있는 흑인
이 아프리카에 있는 흑인과 단결해 하나의 나라를 만드는 것을 목표로 했다. 그의 발상이 엉
뚱하지 않은가?

   그는 미국에 건너가 전국을 돌면서 흑인에게 연설해 큰 호응을 얻었다. 이 조직의 미국 지
부를 만들어 미국 흑인의 사회적, 정치적, 경제적 자유를 획득하기 위한 사회 운동을 추진했다.
할렘을 근거로 흑인을 위한 신문을 발간했으며, 흑인의 경제적 자립을 위한 산업을 건설하기

위해 회사를 설립했다. 미국의 흑인을 아프리카 서안에 위치한 라이베리아에 단체로 이주시키는 계획을 세웠다. 미국의 흑인이 아프리카로 모두 건너가서 자신의 나라를 건설한다는 웅대한 계획을 실천에 옮기기 위해 참가자를 모집하고 그곳에 단체로 건너갈 선박을 구입하는 계획을 추진했다. 그가 역설한, 아프리카로 단체 이주하는 계획에 실제 동조한 흑인은 많지 않았다. 그러나 그의 조직에 400만 명이나 가입했으며, 그가 연설하는 곳마다 흑인으로 넘쳐흐를 정도로 호응은 대단했다. 그는 천부적인 연설가였다.

가비가 불러일으킨 흑인 사회의 열광은 엄청났으므로 미국 정부는 긴장하지 않을 수 없었다. FBI는 그를 감시하고 사소한 구실로 그들 잡아들였다. 미국 정부는 그의 계획이 사기라고 발표하고 3년간 수감한 후 자메이카로 강제 추방했다. 미국에서 추방된 후 그는 자메이카에서 정치인으로 활동했으며, 아프리카와 서인도 제도의 여러 나라에서 활동하다 1940년 영국 런던에서 사망했다.

가비가 미국에서 활동한 기간은 길지 않다. 감옥에 갇힌 기간을 제외하면 7년에 불과하다. 그러나 그의 자취는 이후 오래 지속되었다. 1960년대 맬컴 엑스가 주도한 흑인 분리주의 운동으로 이어지며, '검은 것이 아름답다'는 주장으로 대표되는 흑인 문화의 고유한 가치를 찾는 흑인 정체성 운동과, 흑인 민족주의와 '범아프리카주의'로 이어진다. 중남미와 아프리카의 여러 나라에서 가비의 영향을 읽을 수 있다. 가나의 국기는 가비가 조직한 '세계 흑인 지위 향상 협회'의 깃발 문양을 빌려 왔으며, 그가 제안한 아프리카 인의 단결은 '아프리카 합중국(United States of Africa)'이라는 이름으로 여전히 논의되고 있다. 맬컴 엑스가 흑인의 주체성에 대한 의식을 가지게 된 것이 그의 부모가 가비가 조직한 세계 흑인 지위 향상 협회의 회원으로 열렬히 활동하던 것에서 영향을 받았다고 하니 놀랍다. 맬컴 엑스는 할렘에서 활동하면서 분명히 가비의 숨결을 느꼈을 것이다.

가비는 흑인의 지위 향상을 위해 실제적인 정책을 제안한 것은 아니다. 그가 제시한, 전 세계 흑인이 단결해 하나의 나라를 건설한다는 목표나 미국의 흑인이 아프리카로 돌아가 그들만의 나라를 건설한다는 계획은 실현되기 어려운 꿈이다. 반면 듀보이스는 흑인 엘리트로서 백인 사회에 대해 신랄한 비판과 함께 흑인 지위 향상을 위해 실제적인 활동을 많이 했다. 흑인들은 누구를 더 기억할까? 물론 실제 미친 영향력으로 보면 듀보이스가 훨씬 크지만, 흑인에게 꿈을 가져다준 사람으로 가비를 기억하는 사람이 적지 않다. 가비의 부름에 흑인들은 열렬히 응답했다. 그가 활동하던 때에 할렘의 흑인들 사이에서 불러일으킨 열광은 물론이고 현재도 흑인 대중의 사랑을 받고 있다. 예컨대 힙합의 노랫말에서 가비의 이름을 만난다. 가비는 실행자이

● 가비, 1924년. 짙은 고동색 피부, 두터운 입술, 뭉툭한 코. 투박한 복장. 전혀 세련되지 않은 모습이나 그의 연설에 흑인들이 열광했다. 그는 흑인의 응어리진 가슴을 풀어줄 희망을 전하는 전도사였다.

기보다는 종교적인 카리스마를 가진 전설적인 선지자로 삶을 살다 간 것이다.

유사한 시기 할렘에서 활동한 이 두 인권 운동가는 외모에서부터 활동 성향까지 뚜렷이 대조적이다. 듀보이스는 유럽 인의 윤곽과 짙은 갈색 피부에 지적 풍모를 풍기는 세련된 엘리트의 모습이다. 반면 가비는 짙은 고동색의 피부에 아프리카 흑인의 두터운 입술과 뭉툭한 코를 지닌, 세련과는 거리가 먼 비서구적인 모습이다. 가비는 청중의 마음을 움직이는 정열적인 연설가이기는 했지만 논리 정연한 주장을 폈던 것 같지는 않다. 듀보이스의 글은 지금도 대학에서 광범위하게 읽히고 있으나 가비의 연설은 글로 출판된 것이 없다.

가비는 조직을 체계적으로 관리하는 스타일은 아니었다. 그가 만든 조직은 듀보이스가 만든 조직에 비해 이상은 높지만 흑인의 지위 향상을 위해 실제 한 일은 별로 없다. FBI가 그를 조사해 사기죄로 감옥에 집어넣었을 때, 그가 한 약속에 비해 실제 진척된 것이 별로 없기 때문에 사기를 친 것으로 볼 수도 있다. 그러나 사실은 이상적인 약속을 실행에 옮기려 했으나 일이 잘 진행되지 않았던 것이다. 그의 약속을 믿고 참여했던 사람들이 그가 사기를 치려는 의도를 가지고 있었다고 생각했을 것 같지는 않다. 백인이 지배하는 사회에서 듀보이스는 백인을 능가하는 지력을 이용해 백인에게나 흑인에게나 논리적으로 설득하려고 했다. 반면 가비는 흑인의 응어리진 가슴을 풀어줄 희망을 전하는 전도사였다. 가비가 그렇게 짧은 시간에 엄청난 수의 추종자를 얻을 수 있었던 것은 흑인의 감정에 호소했기 때문이다. 백인 식민주의와 백인 우월주의가 지배하던 세상에서 억눌리고 자기의 정체성을 부정당한 흑인에게, 흑인도 고유한 가치를 가진 존귀한 존재이고 아프리카의 뿌리를 다시 회복할 수 있다는 희망을 가져다주었다. 흑인에게 인간으로서의 자존심을 되찾게 해준 것이다.

후세 사람은 그들의 삶의 방식만큼이나 다르게 그들을 기억하고 있다. 듀보이스는 '흑인 연구'라는 새로운 학문 분야를 개척한 학자로서, 하버드 대학교에는 그의 이름을 딴 연구소가 있다. 그 연구소에는 그의 지적 활동과 관련된 유물이 보존돼 있다. 반면 가비의 자취는 그의 이름을 따서 만든 할렘의 공원이 전부다. 그가 활동했던 할렘의 사무소나 집은 헐린 지 오래이며, 그의 유물은 아무 곳에서도 찾을 수 없다. 그는 흑인 민중의 기억 속에만 남아 있다.

HARLEM RENAISSANCE

할렘을 걷다

동서로 뻗은 125번가는 할렘의 중심가다. 길가에는 행인이 넘쳐나고 관광객이 주위를 기웃거리며 지나간다. 행인은 대부분 흑인인데, 잘 차려입은 흑인도 있지만 그냥 어슬렁거리는 젊은이도 제법 많다. 길모퉁이에는 하릴없이 시간을 보내는 청년이 많은데, 얼굴로 볼 때 마약상이 아니라 일자리가 없어서 고민하는 궁색한 사람이다.

붐비는 보도 한편으로 노점상이 줄지어 있다. 사진, 향과 향유, 그림을 인쇄한 티셔츠, 중고책, 액세서리, 불법 복제 CD와 DVD를 길바닥이나 손수레에 놓고 판다. 그들이 파는 물건은 별로 돈이 될 것 같지 않고, 파는 데도 열심이지 않다. 길거리 음식을 파는 포장마차에서는 고기와 야채를 불판에서 지져 밥이나 밀가루 전병에 싸주는 음식을 파는데 손님이 별로 없다. 교차로에서는 파인애플과 멜론을 깎아 꼬치에 끼워 파는 흑인 부부가 지나가는 사람의 흐름을 방해하며 사라고 조른다. 그 옆에는 부지런히 광고 전단을 나누어 주는 젊은 청년이 있다. 금을 사고파는 가게를 광고하는 전단이다. 거리의 점포 앞에는 호객 행위를 하는 젊은이가 밥값을 하느라고 사람들에게 좋은 것이 있으니 들어오라고 열심히 말을 붙이며 다가온다. 이곳 흑인들도 나름대로 열심히 살고 있다.

125번가에는 두 종류의 가게가 있다. 하나는 흑인 동네에서만 볼 법한 가게인데, 주로 흑인을 대상으로 장사한다. 미장원, 미용용품점, 옷 가게, 신발 가게, 잡화점, 음식점 등 온갖 자잘한 가게들이 있다. 흑인을 대상으로 하는 가게는 특징이 있다. 점포의 외관이나 내부가 세련되지 않아서 중류층 백인이 들어갈 것 같지 않다. 잡화점에는 온갖 것들이 뒤섞여 있다. 흑인 상점에 진열한 패션은 원색을 많이 쓰고 크고 화려한 문양의 것이 주종을 이루며, 흑인 마네킹이나 흑인 여성 사진이 전시돼 있다.

두 번째 부류는 백인 동네에 있는 쇼핑몰에서 흔히 보는 것들이다. 햄버거 가게, 치킨 가게, 피자 가게, 아이스크림 가게, 스타벅스, 목욕용품점, 슈퍼마켓 등등. 이들은 모두 최근에 생긴 듯한데 사람들로 미어터진다. 할렘 흑인들이 이러한 풍요의 산물에 목말라 있었다는 느낌이 문득 든다. 마치 한국에 대형 할인점이 처음 생겼을 때 사람들이 감탄하며 몰려갔듯이 말이다. 이러한 프랜차이즈 가게는 비교적 새로 지은 건물에 들어서 있다. 곳곳에서 올라가고 있는 새 건물에는 이러한 종류의 더 많은 가게가 속속 입주할 것이다.

125번가가 할렘의 중심가라고는 하지만 건물은 낡아 있고 건물과 건물 사이에 듬성듬성 뻥 뚫린 공터가 있다. 오래되어 낡은 건물은 거리 쪽에서 보이는 외관만 그럴싸하게 손을 보았을 뿐, 옆으로 보이는 면은 형편없다. 공터 건너로 보이는 건물의 옆모습은 험악하기까지 하다. 한국의 남대문 시장도 그렇기는 하다. 건물의 벽면이나 가게의 블라인드에는 울긋불긋 요상한 그림의 그래피티(스프레이 낙서)가 그려져 있다. 백인 사회의 기준으로 이곳의 볼거리를 기대해서는 안 된다. 흑인 음악의 메카라고 하는 아폴로 극장은 보잘것없는 건물에 쇠락한 느낌이 들었으며, 흑인 문화 박물관은 교외 쇼핑몰에서 흔히 보는 아프리카 공예품을 파는 상점보다 볼 것이 없다. 곳곳에 교회가 있지만 평범한 외관의 조그만 교회이거나 아니면 일반 건물의 위층 일부를 세내서 쓰는 개척 교회다. 아름다운 건축미를 자랑하는 건물도 없으며, 세련된 전시를 과시하는 상점은 이곳과 거리가 멀다. 그래도 이것이 과거에 비하면 많이 발전한 모습이다. 1980년대까지만 해도 할렘 흑인의 삶의 질은 아프리카의 앙골라 수준에 견주어졌으니 그때의 사정을 짐작할 수 있다. 이곳에 오면 나도 선진국에서 온 관광객 같은 우월감을 느낀다.

할렘의 중심가에는 관광객도 꽤 보인다. 배낭을 멘 배낭족이나 유럽의 젊은이를 자주 만난

● 125번가의 상점. 흑인이 사는 동네에서 스프레이로 그린 그림과 그래피티를 많이 본다. 점포 옆에 노출된 벽에 그린 그림은 마치 '흑인은 아름답다(Black is beautiful)'는 메시지를 전하는 것 같다.

다. 미국의 여타 관광지에서 보는 전형적인 미국인 관광객이나 아시아 인 관광객은 이곳에서 찾을 수 없다. 문화적 다양성을 느낀다는 것 외에는 먹을 것도 놀 것도 없는 이곳을 미국인 관광객이 찾을 리 없다. 흑인의 가난한 삶은 굳이 이곳에 오지 않더라도 미국의 대도시 어디에서 나 볼 수 있다. 반면 외국인에게는 미국 흑인의 비참한 삶이 구경거리다. 풍요의 나라라는 미국 에서 마주치는 흑인 사회의 비참함은 미국의 속살을 보는 것처럼 신선하다.

외국인 관광객은 미국 중류층에게 익숙한 가게만을 이용할 뿐 흑인 대상의 가게는 밖에서 윈도 쇼핑만 한다. 흑인의 발음 억양과 흑인 음악을 주위에서 들으면서 흑인이 선호하는 상품 을 파는 가게를 구경하는 것도 색다른 재미이리라. 관광객의 얼굴에서 색다른 것을 발견하는 데서 오는 흥미를 느낄 수 있다. 이곳에서는 돈을 쓸래도 쓸 곳이 없다. 관광객의 돈을 노려서 개발될 만큼 아직 상업화되지 않은 것이다. 길거리를 거니는 관광객보다는 관광버스의 지붕에 올라앉아 움직이는 차 위에서 주위를 둘러보는 관광객이 더 많이 보인다. 연신 관광버스가 지 나간다. 할렘은 위험하다는 선입견이 있어서 안전하면서도 발을 더럽히지 않고 구경하는 방법을 택했으리라. 할렘은 뉴욕에서 새로 개발된 관광지로 마치 제삼 세계를 구경하는 흥미를 불러일으킨다. 오지 관광이 유행이라지 않는가.

할렘의 중심가에서도 흑인 패션은 그리 눈에 띄지 않는다. 흑인의 전형적인 '똥 싼 바지'를 입은 젊은이는 별로 보지 못했다. 후드를 뒤집어쓴 무서운 표정의 사람이나 금줄을 주렁주렁 매달고 다니는 남자도 보기 어렵다. 젊은 흑인 남성 다섯 중 하나는 교도소에 있다고 하니 그들을 거리에서 보기는 어려울 것이다. 여성도 흑인 특유의 위로 올린 머리 모양을 뽐내는 사람이나 무늬가 큰 에스닉 패션의 옷을 입은 사람을 보지 못했다. 이곳에서 본 것으로만 판단한다면 흑인 특유의 패션은 대중문화를 파는 미디어나 장사꾼이 과장한 것일 뿐이다. 대다수의 흑인은 넉넉지 않은 돈으로 살아가는 데 바빠서 흑인 패션을 생각할 겨를이 없다. 그냥 가난한 사람들이다.

할렘의 진면목을 보려면 125번가를 넘어서 할렘 안쪽으로 깊숙이 들어가야 한다. 할렘에는 두 종류의 서로 다른 곳이 공존한다. 하나는 1970년대에 폐허가 된 도시의 자취가 그대로 남아 있는 구역이고, 다른 하나는 근래 고급 주택지로 변해 흑인 중류층 전문직 종사자가 많이 산다

● 할렘의 버려진 건물 모습. 할렘에서 가장 번화한 125번가지만 곳곳에 이렇게 버려진 건물이 있다. 브라운 스톤으로 지어진 고급 건물의 창문과 출입구가 벽돌로 막혀 있다.

는 고풍스럽고 세련된 구역이다. 사실 신기한 구경을 하려면 폐허가 된 도시의 모습을 구경하는 편이 낫다. 중부 할렘에 있는 세인트 니콜라스 공원 동쪽은 '브래드허스트'라고 부르는 곳인데 이곳의 뒷길을 걸으면 유령이 나올 것 같다. 건물은 부서지거나 벽의 시멘트가 떨어져 나가 있고, 불에 탄 그을음으로 창문과 벽이 시커멓고, 창문이 있던 곳은 벽돌로 쌓거나 베니어판으로 못질해 막아두었다. 유리창이 부서진 창문은 뻥 뚫린 공간을 그대로 보여주어 살바도르 달리나 르네 마그리트가 그린 초현실주의 미술 작품을 보는 것 같다. 이곳의 건물에는 흑인 동네에서 흔히 보는 색색 문양으로 그림을 그린 그래피티는 보이지 않고, 검은색이나 빨간색의 단색 스프레이로 욕설을 낙서한 것이 듬성듬성 보인다. 곳곳에 철조망으로 사방을 막은 공터에는 잡초가 무성하고 못쓰게 된 냉장고나 버린 타이어, 건물의 부서진 잔해가 있다.

거리에는 버린 지 오래된 것으로 보이는 쓰레기가 굴러다닌다. 인도와 차도의 구분이 따로 없다. 사방에 잡초가 나 있고 도로는 아스팔트가 갈라졌으며 곳곳에 구멍이 깊이 패어 있다. 도로에 차는 전혀 없다. 가로수도 없고 주차된 차도 지나다니는 차도 없이 바람만 날리는 도로는 허무한 느낌을 준다. 사람이 살 것 같지 않은 이곳에서도 흑인들이 때때로 걸어다니고 버려진 것으로 보이는 건물에서 그들이 나오면 정말 무섭다. 흑인 젊은이들은 길모퉁이에서 삼삼오오 하릴없이 어슬렁거리고 있다. 그들은 나를 겁주느라 일부러 말을 걸기도 하고, 내 팔을 툭툭 치는 녀석까지 있다. 가로등은 등이 아예 없거나 부서진 것이 많다. 밤중에 이곳을 걸으면 정말 무서울 것이다. 공포 영화를 따로 볼 필요가 없다.

반면 할렘의 서쪽에 '슈거힐'이라는 곳에는 브라운 스톤이라고 해 붉은색 석회암으로 외벽을 붙인 고급 주택이 줄지어 있다. 가로수가 무성하고 길에는 고급 승용차가 잇대어 주차해 있다. 이곳의 주택은 20세기 초반 부동산 붐 때 지어진 것으로 근래 다시 수리해서 말끔하게 해놓았다. 옛날 집의 고풍스러운 분위기와 새로 수리한 집의 산뜻한 분위기를 동시에 풍긴다. 이곳이 할렘이라는 것은 주민의 얼굴색이 흑인에 근접한다는 사실로 확인할 뿐, 백인 중상류층 동네와 다름이 없다. 폐허가 된 중부 할렘에 사는 흑인의 피부색은 짙은 고동색인 데 비해 이곳 흑인의 피부색은 훨씬 밝다. 버락 오바마나 오프라 윈프리, 머라이어 케리의 피부색을 가진 사람이 이곳 흑인의 주종을 이룬다. 흑인들 사이에서도 피부색에 따라 계층이 구분된다고 하는데 할렘을 돌아다니면 직접 눈으로 확인할 수 있다.

중상류층이 사는 동네에는 길거리에서 배회하는 사람을 볼 수 없다. 바로 인접한 동네인데 분위기가 전혀 다르다는 사실이 놀라울 따름이다. 이곳의 가로를 걷다 집 앞의 화단을 가꾸거나 연장을 들고 자질구레한 집안일을 하는 아저씨를 마주치게 될 때 간단히 '하이' 하고 눈인

사를 하는 것도 백인 중류층의 문화 그대로다. 보통의 흑인 동네에서는 서로 눈을 피하는 것이 관례인데 말이다. 이들의 얼굴에서 '나는 이제 이만한 집을 누릴 만큼 성취했다'고 하는 자긍심을 엿본다. 이곳은 근래 부동산 값이 올라서 100만 달러가 넘는 집이 수두룩하다고 하니 그럴 만도 하다.

할렘에서 대부분의 사람들이 사는 모습은 위의 두 극단의 중간쯤 되는 것 같다. 이들은 극빈은 아니지만 그렇다고 중상류층 전문직의 풍요와도 거리가 멀다. 악착같이 살아야만 자식을 키우면서 빠듯하게 살아갈 수 있는 평범한 삶을 할렘에서 주로 만난다. 할렘 사람의 소득이 뉴욕 전체 평균보다는 낮지만 빈곤선 소득보다 높다는 통계 수치가 말해주듯이 이들은 힘들게 열심히 살고 있다.

할렘 거리의 전형적인 풍경을 묘사하면 다음과 같다. 몇 명의 사람들이 버스 정류장에서 버스가 오기를 기다리고, 직장에서 퇴근한 사람이 지친 표정으로 버스에서 내리고, 젊은 어머니들이 몇 명의 아이들을 주렁주렁 데리고 다니고, 할머니들은 장 본 것을 조그만 손수레에 끌고 다니고, 청소년들이 방과 후에 서로 희롱하며 밀며 지나가고, 미장원에서 한두 명이 한가하게 머리를 하고, 실업자 남자들이 잡화점에서 싸구려 술을 사서 들고 나오면서 한 모금 들이켜고, 집 주변은 허술하긴 하지만 가끔씩 사람의 손이 간 듯 보이고…… 등등. 할렘의 뒷골목에서 잘 정돈된 '커뮤니티 가든'을 발견하고 놀랐다. 조그만 야채밭이 있고 화단도 조성되어 있다. 손바닥만 한 공간을 쪼개 등나무로 그늘을 만든 휴게소도 보인다. 그들도 이웃과 함께하는 공동체를 아끼고 가꾸는 것이다. 치안이 좋아졌다고 하지만 수도원처럼 외부에 대해 닫혀 있는 'ㅁ'자 모양의 건물과 창문에 쳐진 철조망에서 그들의 안전에 대한 염려를 읽을 수 있다.

할렘을 다니며 눈에 띈 것은 길에서 만나는 남자와 여자의 태도가 다르다는 점이다. 여성이 생활의 주도권을 잡고 있는 반면 남성은 주변적인 존재로 보인다. 장을 보거나 아이를 챙기는 것은 물론 직장 생활도 주로 여성의 몫인 것 같다. 직장에 출근하는 차림으로 아침에 말끔하게 하고 나가는 사람은 대체로 여성이다. 여성들은 무엇을 들고 바쁘게 걷거나 무언가 몰두해 있는 얼굴인 반면 남성은 하릴없이 막연한 태도와 멍한 표정을 보인다. 할렘 흑인 여성의 절반 이상은 남편 없이 자녀를 키우며 산다. 집에 성인 남성 없이 여성이 직장에 나가 돈을 벌어오기 때문에 집안일과 아이들을 챙기는 할머니의 역할이 중요하다. 아이의 손을 잡고 걷는 할머니나 장을 봐 오는 할머니와 흔히 마주친다. 반면 아이와 함께 걷는 성인 남성을 거의 볼 수 없다. 오바마 대통령이 흑인 사회에 대고 남성도 가정을 책임져야 한다고 훈계해 논란이 되었는데 그럴 만도 하다. 사실 흑인 남성은 흑인 여성보다 취업하기가 훨씬 어렵다. 그들은 일자리를 찾는 것을 포기하고 호주머니에 돈이 없어 삶에 주눅 든 모습이다. 그들에게는 주체할 수 없이 주어진 많은 시간을 해결하는 것이 유일한 과제인 듯하다. 측은한 마음이 절로 들었다.

근래 할렘에서 범죄가 현저히 줄어들었다. 뉴욕의 경제가 되살아나면서 최저 임금이나마 돈을 벌 일자리가 늘어난 것이 원인일 것이다. 뉴욕의 곳곳에서 흑인 청소년들이 바쁘게 일하는 것을 보면 이들에게도 희망이 있다. 1990년대 이래 경찰을 늘리고 처벌을 엄격히 한 것이 또다른 범죄 감소의 원인이라고 한다. 할렘에서는 주요 거리의 모퉁이마다 지키고 있는 경찰을 볼 수 있다. 여자 경찰이 많은데, 이들은 지나가는 사람을 유심히 쳐다보고 어린이나 노인이 길을 건너는 것을 도와주고 무거운 물건을 든 아주머니의 짐을 들어주기도 한다. 비용이 많이 들어서 그렇지 이렇게 모퉁이마다 경찰을 배치하면 범죄가 발생할 가능성은 분명히 줄어들 것이다. 할렘에서는 곳곳에서 경찰차를 수시로 보게 된다. 미국의 경찰차는 중무장한 장갑차나 다름없다. 차 안에는 앞뒤 좌석을 구분하는 철망이 쳐 있고, 앞좌석에는 컴퓨터가 탑재되어 있으며 다른 장치들도 보인다. 길가에 주차해 있는 경찰차에는 주변을 살펴보면서 시간을 보내는 남자 경찰들이 타고 있다. 길모퉁이를 지키는 경찰이 주로 여자인 데 비해 경찰차로 돌아다니는 경찰은 남자인 것으로 보아, 여자 경찰은 범죄를 예방하는 것이 임구이고 남자 경찰은 범죄를 제압하는 것이 임무인 듯하다.

할렘에서 본 특이한 것 중 하나는 감시탑이다. 한국에서 전력 공사하는 사람이 올라가서 작업하는 것과 유사한 탑이 유압으로 움직이는 기계 팔에 의지해서 길가에 멀뚱하게 세워져 있다. 탑 위에 검은 창문으로 사방을 막아 안이 들여다보이지 않는 초소가 있다. 처음에는 이것이 무슨 요상한 것인가 궁금했다. 미국다운 발상이다. 미국은 모두가 총을 가지고 있기 때문에 경찰은 항시 신변에 위협을 느낀다. 미국 경찰은 자신의 방어를 위해 상대방에게 과잉 대응을 하는 것으로 악명이 높다. 방탄유리로 된 감시탑 안에서 안전하게 사방을 감시하면서 범죄를 막아보겠다는 의도이다. 미국 경찰의 흑인 주민에 대한 신뢰 수준은 '제로'이다.

할렘의 중심에 마르쿠스 가비 공원이 있다. 이 공원은 주변 지역의 이름을 따서 마운트 모리스 파크라는 이름으로 오랫동안 불렸는데, 1973년에 마르쿠스 가비 공원으로 개명되었다. 1960년대 민권 운동으로 소수자의 문화에 대한 사회적 관심이 높아지면서 흑인 사회 운동가의 이름을 따서 개명한 것이다. 마르쿠스 가비의 사무실이 125번가에 있었고, 그의 추종자들이 이 거리를 행진하고 그의 연설이 이 주변에서 이루어졌다고 하니, 분명 이 공원에 그의 발길이 잦았을 것이다. 그러나 그의 이름만 달았을 뿐 공원에는 그를 기억할 만한 아무것도 없다.

이 공원에 6~7년 전에도 한 번 온 적이 있는데 그동안 아무것도 바뀌지 않았다. 여름에는 동네 아이들이 뛰어노는 수영장이 이곳을 활기차게 하지만, 땡볕이 내리쬐는 야구장에는 개미 한 마리 없으며, 개를 산보시키는 곳에는 개가 없다. 숲 군데군데 흑인 남자가 하릴없이 어정거리고, 벤치에 죽치고 있는 사람들이 보인다. 공원의 중앙에 언덕이 있고 계단을 올라가면 위에 넓은 평지가 조성돼 있다. 언덕 위 평지에 주변을 관망할 수 있는 탑이 있다. 과거에 화재를 감시하는 탑이었다고 하는데, 한쪽이 부서져 있고 철조망이 쳐 있어 접근할 수 없다. 전에 왔을 때는 탑 주변에 철조망은 없었으나 탑 속에 오물이 가득 차 올라가지 못했던 것이 기억난다. 언덕으로 올라가는 계단은 곳곳이 허물어졌고 언덕 위의 평지에는 바닥을 포장한 돌이 온통 부서졌고 잡초가 무성하다. 언덕 위에서 흑인 청년이 벽에 기대서서 아래를 내려다보고 있다. 숲으로 둘러싸인 외딴 곳이라 계단을 올라가기가 주저된다. 주위가 어두워지면 이곳은 마약 복용자의 소굴일 것 같다는 느낌이 든다. 구석에 주사기가 굴러다닌다.

미국에서 흑인을 기념하는 시설에 가보면 백인을 기념하는 시설과 너무 차이가 나서 화가 날 때가 있다. 일전에 백인 주류 사회에서도 영웅으로 칭송하는 마틴 루서 킹 기념관을 가보고

● 마르쿠스 가비 공원. 공원 가운데 언덕으로 올라가는 계단에 사람들이 군데군데 서 있다. 혼자서 이곳을 겁 없이 돌아다녔지만 사진을 보니 약간 무서운 느낌이 든다. 사실 이들은 할 일이 없어 시간을 주체 못하는 딱한 처지의 사람들일 뿐이다.

의아했다. 애틀랜타에 있는 마틴 루서 킹 기념관의 전시실은 비좁은 데다 여러 방이 사용되지 않고 막혀 있으며, 화장실은 냄새나고 변기는 녹이 슬어 있었다. 흑인의 현실을 실감나게 감상하라고 그렇게 해놓은 것인가? 마르쿠스 가비 공원을 둘러보면서 미국 사회의 흑인이 느끼는 좌절과 분노가 어렴풋이 전해오는 것 같다. 미국의 흑인은 차별에 대한 분노와 좌절에 에너지를 소진해 자신의 개발을 위한 노력을 소홀히 한다. 외국에서 미국으로 건너온 이민자라면 현실이 아무리 어려워도 미국의 흑인과 같은 분노와 좌절을 맛보지는 않는다. 이민자들은 새로운 삶을 개척할 결단을 본인이 내렸으며, 열심히 노력하면 성공할 수 있다는 아메리칸드림을 간직하고 있으므로 미국에서 겪는 어려움에 분노할 이유가 덜하다. 그러나 흑인들은 이곳이 자신의 모국임에도 눈을 뜨면 항시 인종 차별의 현실을 접해야 하기 때문에 분노와 좌절이 자신을 갉아먹는다. 인간적으로 충분히 이해된다. 힙합 가사에서 분출하는 그들의 분노를 접할 때 안타깝고 슬프지 않을 수 없다. 열심히 노력하면 조금이라도 나아질 수 있다는 것을 알고 있지만 그들도 인간이기에 때때로 끓어오르는 분노를 삭이기 힘든 것이다. 흑인 남성이 범죄에 가담하고 공부나 취업에 소홀한 것이 이해가 간다. 백인 사회는, 흑인이 스스로 노력하지 않으므로 비참한 생활을 하는 것이 당연하다고, 냉정하게 고개를 저으며 그들을 가까이 하려 하지 않는다.

2. 흑인 교회, 정신적 구원과 실질적 뒷받침이 함께하는 곳

CHURCH IN HARLEM

흑인은 백인보다 믿음이 깊다.
교회는 흑인 사회의 구심점이다.

　할렘 흑인 사회에서 교회는 중요한 역할을 한다. 흑인은 백인보다 믿음이 깊다. 할렘에는 400여 개의 크고 작은 교회가 있는데 미국의 어느 곳보다 교회의 밀도가 높다. 매 블록마다 여러 개의 교회가 보인다. 단독 건물을 가진 교회도 있지만 일반 건물의 위층이나 점포를 임대한 개척 교회가 더 많다. 할렘의 대표적 교회인 '아비시니안 침례교회'처럼 등록 교인이 수천 명을 헤아리는 큰 교회가 있는가 하면, 교인 수가 수십 명에 불과한 영세한 교회도 많다. 할렘 교회의 대부분은 복음주의 계열의 개신교 교회다. 미국에서 교회는 인종 분리가 가장 심한 장소다. 흑인 교회는 백인 교회와 구분되는 독자적인 교파를 형성하고 있으며, 목사를 비롯해 신도의 대다수가 흑인이다.

　흑인 동네에 교회가 많은 이유는 두 가지다. 하나는 교회가 제공하는 정신적 뒷받침이며, 다른 하나는 교회가 제공하는 실제적인 도움이다. 노예제 시절부터 흑인의 신앙심은 매우 깊었다. 개신교의 교리가 흑인의 고통과 좌절을 위무하는 기능을 했다. 이 세상에서 겪는 고난에는 하느님의 깊은 뜻이 담겨 있다는 메시지, 내세에서 구원받는다는 메시지, 메시아가 찾아와 그들의 고통을 종식시키고 자유를 주리라는 약속, 하느님에게 의지하면 마음의 평화를 얻으리라는 약속 등의 개신교 교리는 험한 일상을 감내해야 하는 흑인에게 깊은 신앙을 갖도록 이끌었다. 현실이 힘들기 때문에 그들은 신앙에 더욱 매달린다. 흑인의 신앙생활은 교리를 이해하는 지적인 접근보다는 신의 은총을 체험하는 정서적인 접근이 주를 이룬다. 교회 예배나 신앙생활에서 그들은 감정적인 행동이나 표현을 통해 믿음을 온몸으로 표출한다. 흑인 신도들은 예배 시간에 말이나 동작으로 목사의 설교에 화답하고 자신의 종교적 체험을 표출으로써 정서적인 승화를 체험한다. 이러한 정서적인 승화 경험은 현실의 어려움을 극복하는 힘이 된다. 흑인 교회 특유의 예배 스타일이 발전한 데는 그들이 종교를 갖는 이유가 워낙 절박하기 때문이다.

흑인 지역에 교회가 많은 두 번째 이유는 교회가 교인들의 삶에 실질적으로 도움을 주기 때문이다. 흑인 사회에서 교회는 지역 사회의 구심점이다. 흑인 교회는 지역 사람들에게 사회 복지 센터이며 직업 알선소이자 관공서이다. 가난한 사람을 구호하고, 병든 사람을 치료받도록 도와주며, 방과 후 학교와 보호소와 고아원을 운영하고, 수감자의 가족을 돌보고 수감자를 위무하며, 법률적인 도움을 받게 도와주고, 취업을 알선하며, 주민 대신 민원을 제기하고, 관공서와 접촉하는 것을 도와주는 등 주민이 필요로 하는 모든 서비스를 교회가 제공하거나 혹은 주선한다. 흑인 교회는 또한 지역 사회를 조직하는 정치적인 구심점으로 활동한다. 지역 청년층을 조직하며, 목사 설교를 통해 사회적 쟁점에 관해 교육하고 정치 의식화시키며, 선거 시기에 누구에게 투표할지 아이디어를 제시하고, 집회 장소를 제공하며, 뜻을 모을 수 있도록 지도력을 발휘한다.

흑인은 어려운 일이 발생하면 목사에게 먼저 달려간다. 흑인 교회의 목사는 흑인 지역 사회에서 교육을 가장 많이 받은 사람이다. 이들은 대외적으로 어려운 사람을 대신하거나 억울한 일을 당했을 때 흑인 사회를 대표하는 사람으로 활동한다. 흑인 교인이 백인 사회와 접촉하는 데 도움을 주고 문제를 해결하는 중재자 역할을 한다. 흑인들은 교회를 통해 서로 간에 네트워크를 형성하고 도움을 주고받는다. 흑인 교회는 예배가 열리지 않는 주중에도 지역 주민을 위해 활발히 활동한다. 흑인 교회의 목사는 교인의 삶에 깊게 간여하기에 작은 규모의 교회라도 목사가 해야 할 일이 많다. 백인 동네의 교회에 비해 흑인 교회의 규모가 전반적으로 작은 이유다. 반면 흑인들은 호주머니 사정이 빈약하므로 훌륭한 교회 건물을 지을 능력이 없기 때문에 백인 동네의 교회에 비해 흑인 교회의 외관은 초라하다.

중류층으로 부상해 할렘을 떠난 흑인도 할렘에 있는 교회를 계속 다니는 경우가 적지 않다. 흑인 교회는 신앙만이 아니라 공동체의 중심으로서 기능하기 때문에 그들의 친족이나 지인이 할렘에 남아 있는 한 교회 활동을 통해 그들과 유대를 계속 유지한다. 물론 중류층으로 부상한 후 과거와 인연을 끊기 위해 교회를 옮기는 흑인도 적지 않은 것이 사실이다.

흑인 교회의 목사가 지역의 리더로서 흑인의 지위 향상을 위해 일하는 두 가지 모델 중 하나를 뉴욕에서 볼 수 있다. 남부의 교회 목사인 마틴 루서 킹이 흑인의 정치적 지위 향상을 위해 지도력을 행사한 모델이라면, 할렘에 있는 아비시니안 침례교회는 지역 주민의 경제적 지위 향상을 위해 교회가 직접 발 벗고 나선 모델이다.

중부 할렘 한가운데 있는 아비시니안 침례교회는 뉴욕 최초의 흑인 침례교회로 1808년 에티오피아의 이민자들이 건립했다. 이 교회는 할렘에서 가장 큰 교회로 흑인 중류층 신자를 많이 보유하고 있다. 이 교회의 파월 주니어 목사는 뉴욕의 시의원을 거쳐 연방 하원 의원으로 정치에 참여하기도 했다. 그는 1950~1960년대에 하원 의원으로 있으면서 흑인의 경제적 지위 향상을 위한 입법 활동을 활발히 했다. 근래 이 교회는 지역 개발 사업을 직접 주도해 성공한 것으로 유명하다. 이 교회는 목사를 이사회 의장으로 해 '아비시니안 개발 회사'라는 비영리 법인을 설립했다. 《뉴욕타임스》에 따르면 이 회사는 1989년 설립 당시 한 명의 직원과 5만 달러의 기금으로 시작해 20년이 지난 지금 125명의 직원과 5억 달러의 자산을 가진 회사로 성장했다. 이 회사는 1,500가구의 아파트를 새로 짓거나 기존 건물을 개보수해 임대 혹은 판매했으며, 버려진 상가 건물을 수리해 재임대하는 사업을 했다. 또한 할렘에 대형 슈퍼마켓을 유치했으며 할렘의 중심인 125번가에 대형 쇼핑몰을 개발하기도 했다. 이 회사는 부동산 개발 외에도 지역 사회 개발과 관련된 다양한 사업을 한다. 지역에 초중등학교, 청소년 직업 훈련 센터, 홈리스 수용 시설, 노인 요양원 등을 직접 건립해 운영

할렘의 흑인 교회는 전혀 화려하지 않다

이 교회는 바로 이웃의 아파트와 벽을 공유하고 있는데, 흑인 교회 특유의 열광적인 예배 시간에 이웃 사람들은 무엇을 할지 궁금하다.

하고 있다. 이 교회가 벌이는 사업의 일부는 정부의 지원하에 이루어진다. 정부로부터 공유지를 염가에 불하받고 민간의 자금을 끌어모아 개발 사업을 진행하는 것이다. 물론 이 회사의 사업에 대해 반대가 없는 것은 아니다. 이 회사가 근래에 할렘에서 분양한 아파트는 연 소득 6만 달러의 중류층을 타깃으로 한 것인데, 이는 주변에 사는 빈민층 흑인 소득의 서너 배에 달하는 것이다. 이 회사의 부동산 개발 사업이 결국 가난한 흑인을 지역에서 몰아내는 역할을 하는 것이 아니냐는 비판을 받았다. 이에 대해 교회 측 관계자는 할렘이 가난한 흑인의 지역으로만 남아서는 안 되며 중산층 흑인도 거주하는 장소가 되어야 한다고 반박했다. 여하간 이 교회의 지역 개발 사업은 민간 기업이 참여하지 않으려고 하는 지역의 개발 사업을 교회가 정부의 도움 아래 수행해 성공한 특이한 모델이다.

미국의 흑인은 대체로 개신교를 믿는다. 그러나 1960년대 맬컴 엑스가 활동하던 시기에 흑인 민족주의를 표방한 '이슬람의 나라^{Nation of Islam}'의 신도가 일시적으로 증가했었다. 이슬람의 나라는 미국 흑인 사회에서 독립적으로 시작된 이슬람교 종파이다. 유명한 권투 선수인 캐시어스 클레이가 '이슬람의 나라'로 개종해 무하마드 알리로 이름을 바꾸면서 화제에 올랐다. 맬컴 엑스는 말기에 이 종파를 이탈해 아랍의 수니파 이슬람교로 개종했다. 이슬람의 나라는 맬컴 엑스의 암살을 둘러싸고 내분에 휘말려 현재 신도 수가 수천 명에 불과하다. 할렘의 많은 흑인들은 맬컴 엑스의 뒤를 이어 아랍의 수니파 이슬람교를 믿고 있다. 기독교는 유럽계 백인에 의해 주도되며 백인 식민주의의 도구로 사용되고 백인 우월주의를 정당화한 역사를 가지고 있다. 반면 할렘의 흑인이 믿는 이슬람교는 흑인의 고유한 정체성을 인정하는 흑인 민족주의의 상징으로 여겨지고 있다. 할렘의 이슬람 사원에는 미국 흑인과 함께 아프리카에서 이민 온 흑인도 다수 다닌다.

아비시니안 침례교회
방문기

할렘의 대표적인 흑인 교회이고, 여행 안내서에서 관광객이 많이 찾는 곳이라기에 서둘러 아침을 먹고 숙소를 출발했다. 일요일 오전 9시와 11시에 두 차례 예배가 있는데 9시 예배에 맞추려고 서두른 보람이 있어 8시 반경에 교회에 도착했다. 교회에 가까이 가자 멀리에서도 바로 구별되는 관광객 차림의 사람들이 50명쯤 가로로 길게 줄지어 있는 게 보였다. 나도 줄 끝에 서서 9시가 되기를 기다리는데 내 뒤로 급속하게 줄이 불어난다. 한 10분쯤 기다렸을까, 목에 교회 안내 휘장을 기다랗게 두르고 멋진 검은 양복을 입은 흑인 남자가 나타나 '여러분은 11시 예배에 참관할 수 있다'고 하며 일정이 급한 사람은 주위의 다른 교회에서도 방문자를 환영 하니 그리로 가라고 한다. 이 말을 듣고 내 앞에 서 있던 사람 중 포기하고 돌아간 이도 있 지만 대부분 자리를 지키고 기다리기에 나도 어찌할까 망설이다가 그대로 있기로 했다. 10월의 아침 공기가 쌀쌀해 관광객들은 코트 깃을 세우고 기다린다. 일행이 함께 온 사람들은 번갈아서 주변 레스토랑에서 아침 식사를 해결하고 오거나 커피를 사 오거나 하면서 들락날락하고, 서로 모여 이야기를 나누면서 관광객 특유의 들뜬 분위기를 발산한다. 특이한 것은 뉴욕의 다른 관광지에는 미국의 다른 지방에 서 가족과 함께 여행하고 휴가를 즐기러 온 사람이 많으나 이곳에는 거의 전 부가 유럽 사람이라는 점이다. 내 앞에는 대학생 딸 둘을 데리고 온 중년의 독일인 멋쟁이 여성이 있고, 내 뒤에는 은퇴한 듯 보이는 독일인 부부가 있다. 그 앞에는 프랑스 말을 하는 부부가 자리를 지키고 있다. 내 몇 사람 뒤에 일본인 남자 두 명의 일행을 제외하고는 아시아 인 관광객은 별로 보이지 않는다.

주변 사람들의 행태를 관찰하면서 시간을 보내다 보니 기다리는 것이 지루한지도 몰랐다. 사실 유럽 인의 노는 모양을 그렇게 가까이에서 관찰한 것은 처음이어서 흥미로웠다. 유럽 인 관광객의 나이는 대체로 쉰은 넘어 보이며, 제법 교양이 있고 직장에서 상사로 일하거나 전문 직에 종사했던 사람들로 보인다. 부부가 함께 여행을 온 사람이 많았으며 대학생 나이의 자녀 를 동반하고 온 경우도 간혹 눈에 띈다. 찬 아침 공기 속에서 두 시간 반이나 끈기 있게 기다리 는데 놀라지 않을 수 없었다. 다른 관광지라면 무척 소란스럽고 번잡했을 텐데 이들은 별로 큰 소리를 내지 않고 제 자리를 지키며 이야기한다. 소란하고 행동이 큰 미국인 관광객과는 확실 히 다른 부류다. 내 앞에 있는 어머니와 딸이 커피를 먹고 컵을 어디에 버릴지 망설이며 손에 들고 있다가 마침 청소차가 지나가자 멀리 있는 쓰레기통을 발견하고 그곳에 갖다 버리는 것을 보기도 했다. 미국인이었다면 별 망설임 없이 옆에다 일회용 컵을 버렸을 것이다.

나는 혼자라 화장실에 자주 들락거리는 것이 귀찮아서 커피를 사서 마시지 않고 아무것도 먹지 않고 말도 없이 서 있었다. 내 앞에 있는 두 딸의 엄마가 나를 눈여겨 보았나 보다. 나에게 커피나 다른 먹을 것을 사 와도 다시 자리에 돌아올 수 있도록 자신이 자리를 지켜주겠다고 친 절하게 말을 건넨다. 어느덧 10시 40분쯤 되자 아까 보았던 교회 안내인이 다시 나타나 안내한 다. 두 줄로 서라며 사람 수를 세고 또 세고, 교회 안에서는 사진을 절대 찍어서는 안 되며 모든 전자 제품은 전원을 끄고 가방에 집어넣으라는 등 주의 사항을 과장되게 여러 번 이야기하고 는 바로 입장할 것이라고 한다.

그런데 예배 시간이 다 되어가는데 교회에 오는 흑인 신자들이 별로 많이 눈에 띄지 않는 것이 이상하다. 신자는 없고 관광객만 참석해 예배를 보는 것이 아닌가 하는 생각이 들기도 한 다. 그러나 11시가 다 되자 그야말로 최고로 차려입은 흑인 남성, 여성, 할머니, 할아버지, 아이 들이 차에서 내려 하나둘 모여든다. 공들여 차려입은 옷과 멋진 모자를 쓴 여성, 1950년대에나 봄 직한 챙이 넓은 흰 모자를 쓴 할머니, 깜직한 양복을 입은 남자 아이들. 남성은 흰색 와이셔 츠에 검은 양복 차림 일색이다.

두 시간 반을 꼬박 서서 기다린 끝에 11시가 넘어서야 마침내 우리들도 입장했다. 소풍 가는 초등학교 아이들처럼 둘이서 짝을 지어 들어간다. 교회 안내인의 성화에 밀려 나도 앞에 있는 독일인 여성과 짝을 지어 들어갔다. 들어가서 보니 관광객은 2층 좌우의 주변 자리에 앉게 되 어 있는데, 200명 정도밖에는 앉지 못할 것 같다. 밖에서 기다리는 내 뒤의 300~400명은 족히 돼 보이던 사람 중 다수는 허탕을 치고 돌아가야 할 것이다. 교회 내부는 그렇게 크지는 않으나

● 아비시니안 침례교회의 관광객. 저 줄에서 기다리는 사람들은 대부분 유럽 관광객이다. 중부 할렘의 폐허가 된
건물들 사이에 교회가 있다.

잘 관리돼 있으며 아늑한 느낌을 준다. 1층에 200명 정도 수용하는 좌석이 있고 반원형으로 된
2층 발코니에 네다섯 줄의 좌석이 가지런히 있다.

흑인 신자들은 전혀 서두르는 기색 없이 11시가 넘어서도 하나둘씩 들어온다. 막상 예배 시
작을 알리는 오르간 소리는 11시 반에야 첫 음을 낸다. 그러고 나서도 처음 약 30분 동안 목사
가 나와 교회 안내를 하기도 하고, 성금 모금을 위한 긴 광고를 하기도 한다. 12시쯤 되니 신도
들이 대충 자리를 잡은 것 같다. 이들은 11시 예배 시작을 아마도 반 시간이나 한 시간쯤 후에
시작하는 것으로 당연히 해석하는 모양이다. 백인 교회에서는 정시에 예배를 시작하는 것이
관례인데 확실히 다르다. 흑인 신도의 자리는 아래층에 주로 있고, 2층 정면에도 일부 있는데
이날은 200명 남짓의 신도가 참석했다. 얼핏 둘러보니 신도와 관광객이 거의 반반인 것 같다.

목사 설교단 뒤편에 찬양대석이 정면을 보고 있는데 1층 신도들이 앉아 있는 뒤의 문으로부
터 줄지어 들어와 자리를 잡는다. 마치 음악회나 결혼식에 온 느낌이다. 여행 안내서에서 이곳
찬양대가 대단하다고 칭찬해 궁금했다. 처음에는 파이프 오르간 소리가 너무 강렬해 찬양대의
목소리를 압도하는 듯했는데 찬양이 이어질수록 열이 오르면서 정말 감동적이다. 몸 전부를
사용해 진심에서 우러나서 노래를 부른다. 찬양이 이어지면서 그들의 얼굴에서 흐뭇함과 환희

가 퍼진다. 피아노 반주로 하는 찬양이나 단독 찬양을 들으며 나도 은연중 눈물이 고이면서 감동했다. 삶이 고단하다는 것을 새삼 느끼면서 문득 여행자의 감상에 젖는다.

찬양이 시작된 지 얼마 안 돼 연보(헌금)를 바치는 접시를 돌린다. 한국은 설교가 다 끝나고 오늘 받은 서비스의 대가로 연보를 바치는데, 이곳에서는 서비스를 받기 전에 아직 무엇을 얻을지 모르는 채로 연보를 바쳐야 하니 언뜻 조금은 불합리하다고 생각했다. 놀라운 것은 연보 접시가 돌려고 하자 내 주위에 앉은 사람들이 1달러짜리 지폐를 꺼내는 것이 아닌가. 내 왼쪽에 앉은 유럽에서 온 여자는 처음에 1달러를 꺼내 손 안에 쥐고 있었는데 좀 있다가 이것이 적다고 생각했는지 1달러를 더 보태어 2달러를 준비했다. 내 오른쪽에 앉은 두 딸을 동반한 독일 여자도 아마 딸에게 1달러씩 주고 자신도 1달러를 내는 것 같다. 이곳에 들어오려고 기다리면서 커피를 마시기도 하고 아침을 먹는 데 족히 5~10달러는 들었을 텐데, 또 뉴욕의 웬만한 볼거리는 10달러가 넘는 입장료를 내야 하는데 이 사람들 너무한다는 생각이 들었다. 나는 최소한 10달러는 내야 한다고 생각하는데, 20달러를 내야 하나 하고 미리 고민하다 10달러를 내는 것으로 낙착을 보았다. 어려운 흑인을 도와준다는 의미도 있었고, 성가대 찬양에서 받은 감동에 대한 대가로 쳐도 10달러는 내야 한다고 생각했다.

연보가 끝나고 10분 정도 더 찬양이 이어진 뒤 목사의 설교가 시작되었다. 목사의 설교 또한 하나의 퍼포먼스였다. 목사를 옆에서 바라보는 2층 자리에 앉은지라 설교대가 바로 내려다 보이는데, 손바닥만 한 쪽지 이외에는 아무것도 준비하지 않고 즉석 설교를 한다. 사실 설교 내용은 별것이 없었다. 날씨가 맑은 가을 주일날 교회에 오는 어려운 선택을 한 여러분은 축복을 받을 것이라는 인사말을 장황하게 하고, 이어 여러분은 하느님과 직접 소통하는 성직자라는 내용을 반복해서 말하고, 예수는 여러분을 위해 희생했으며 여러분은 그 덕분에 죄 사함을 받은 것이며, 요즈음과 같이 어려운 때에 믿음은 용기를 줄 것이니 믿음을 공고히 하기 위해 더 열심히 신앙생활을 해야 하며, 성경은 하느님의 말씀이니 이를 충실히 따르라는 그런 내용이다.

어떤 설교를 할까 귀를 쫑긋 세우고 들었는데, 일상의 경험에서 우러나오는 지혜나 주변의 사례를 통해 교훈을 전달하는 설교보다는 하느님을 열심히 믿으면 죄 사함과 축복을 받는다는 말을 반복한다. 중류층 백인 교회에서는 목사가 일상의 경험이나 주위의 사례를 인용하면서 지적으로 접근하는데 이곳에서는 전혀 그런 방식으로 하지 않는다. 그러나 특징적인 것은 목사의 말이 억양과 운율이 잘 맞아 마치 물결치는 강물을 연상시킨다는 점이다. 1960년대 민권 운동을 이끈 마틴 루서 킹 목사의 '나는 꿈이 있습니다'라는 연설에서 보이는 연설풍 그대로다. 과거 한국의 웅변 경연 대회에서 보았던 목청과 과장된 억양을 구사한다. 이곳의 목사는 내용보다는 소리로 승부하는 것이다. 사실 우리의 판소리도 내용보다는 소리라고 할 수 있잖은가. 여하간 그는 지적인 지도자이기보다는 감성적인 접근으로 신도들을 열 오르도록 하는 사람이다.

설교는 그렇게 길지 않았다. 반 시간 조금 못 미치게 한 것 같다. 마침 오늘이 영성체를 하는 날이라 설교가 끝나고 밀떡과 포도주 잔이 돌려졌다. 내 왼쪽에 앉은 여성은 밀떡도 포도주도 받지 않았으며, 내 오른쪽에 앉은 여성은 밀떡은 받아서 기념품으로 간직하려는지 가방에 집어넣고 포도주만 마신다. 영성체를 집전하는 여성 부목사의 목소리가 정말 아름답다. 설교하는 목사와는 또 다른 어조에 흐르는 물과 같다. 테너의 목소리로 아름다운 영어를 구사하는 것이 엄숙함과 함께 매력적으로 느껴진다. 다시 성가대의 찬송이 이어지고 신자들의 흥겨운 합창이 함께한다. 흑인 교회는 신자들이 목사의 설교에 적극적으로 화답하는 방식으로 시종 예배가 진행된다고 들었는데, 이 교회는 비교적 점잖은 분위기이고 나이 많은 노인 중 몇 사람이 예배 내내 적극적으로 화답한다.

관광객 중 다수는 박물관을 구경 온 것처럼 예배 중에 주위를 계속 둘러본다. 아래층에 앉은 흑인 신자들을 동물원 원숭이 쳐다보듯 계속 관찰하며 예배에 몰입하지 않는다. 사실 찬송은 아름답지만 설교나 그밖의 것은 한 수 아래로 내려다보일 수도 있었으리라. 내 옆에 있는 두 딸은 영어를 잘 못 알아듣는지 어머니에게 계속 질문했으며 예배가 길어지면서 무척 지루해했다. 그중 한 명은 속이 불편한지 두 번이나 비닐에다 토했다. 얼굴이 예쁘고 멋을 많이 부린 대학생인데 어제 늦게까지 너무 과하게 놀았나 보다. 아침 일찍 일어나 찬바람을 맞으며 두 시간 반이나 서 있었던 것이 무리였을 게다.

예배와 찬송이 끝을 향해 달려가면서 찬송가의 내용과 음정에서, 또 신도들의 얼굴에서 극을 잘 마친다는 안도와 카타르시스가 퍼져나간다. 나도 흐뭇한 가슴을 안고 이들과 함께 예배를 마친다. 과거에 교회를 다닌 적이 있지만 한 번도 신을 믿는다고 생각해본 적이 없는 나조차도 오늘의 예배는 감동적이었다. 신자들은 한 주를 살아가는 힘을 얻었겠구나 하고 생각하며 교회 문을 나섰다. 왠지 이들과 가깝게 함께하며 살아간다는 느낌을 받으며 말이다. 교회 문을 나서니 한 시 반이 훌쩍 넘었다. 슬슬 배가 고파지기 시작했다.

3. 베드퍼드-스타이브샌트, 흑인만의 세상

STUYVESANT

흑인만 사는 동네는 특이한 느낌을 준다. 내가 그들을
구경하는 게 아니라 그들이 나를 호기심에 차 쳐다본다.

베드퍼드 스타이브샌트Bedford-Stuyvesant는 '베드스타이'라고 줄여 부르는데 브루클린에 있는 흑인 밀집 주거 지역이다. 19세기 중반 노예 해방 이전부터 전통적으로 뉴욕의 자유 흑인들이 살던 곳이다. 1930년대에 할렘과 이곳을 잇는 전철이 개통되면서 할렘의 흑인이 대규모로 이곳으로 이주했다. 2차 세계대전 이후 남부에서 이주한 흑인이 이곳에 정착하면서 할렘을 능가하는 전통적인 흑인 주거지가 되었다.

인구 규모로만 따지면 이곳은 할렘보다 흑인이 더 많으며 밀집해 살고 있다. 이곳 사람의 대부분은 흑인이며, 이곳이 속한 브루클린의 흑인 수는 맨해튼 흑인 수의 다섯 배에 달한다. 미국의 남부에서 온 흑인이 주류를 이루며 외국에서 건너온 이민자 흑인 인구 또한 적지 않다. 1980년대 이래 미국의 인종 차별이 약화되면서 아프리카와 카리브 해 연안의 흑인이 대거 미국으로 건너오고 있다. 이들은 백인이나 다른 이민자가 사는 지역보다는 흑인이 밀집한 곳을 선호한다. 흑인이 사는 지역의 집세가 싼 것도 이유지만 그보다는 흑인에게 가해지는 인종 차별의 압력을 피하기 위한 것이다.

20세기 중반까지 브루클린은 뉴욕의 공장 지대였다. 남부로부터 이주한 흑인은 브루클린의 공장에서 일하며 사회 경제적으로 지위가 상승했다. 그 당시 베드스타이에는 브라운 스톤으로 지은 중류층 거주지가 형성되었다. 그러나 1960년대 이래 미

베드스타이의 거리 풍경

벽돌로 창을 막고 그래피티로 뒤범벅이 된 버려진 집이 보인다. 이곳에서는 후드를 뒤집어쓴 흑인 청년을 흔히 볼 수 있다.

국 북부의 제조업 기반이 해외와 남부로 이전하면서 이 지역은 경제적으로 피폐해졌다. 이곳 사람의 제일 큰 일터였던 브루클린 조선소가 문을 닫은 것도 그 무렵이다. 맨해튼의 할렘과 마찬가지로 1980년대까지 베드스타이는 암흑의 도시였다. 건물이 버려지고 범죄와 마약과 갱들의 폭력이 횡행하고 인종 폭동과 방화로 폐허가 되었다.

1990년대 뉴욕의 경제가 부활하면서 이곳도 다시 살아났다. 뉴욕의 경제가 부흥하면서 서비스 일자리가 많이 만들어졌다. 브루클린에 사는 사람은 저임금 서비스 일자리를 채우는 값싼 노동력을 공급한다. 브루클린은 집세가 싸고 생활비가 적게 들기 때문에 중하층 노동자는 이곳에 살면서 맨해튼에 출퇴근한다. 맨해튼의 화려한 상점에서 일하고, 물건을 배달하고, 레스토랑에서 허드렛일을 하고, 건물과 도로를 청소하고, 공사장에서 일하고, 조경을 관리하고, 호텔 시트를 갈고, 아파트를 지키는 등의 모든 허드렛일은 뉴욕의 주변부에 사는 이들이 도맡아 한다.

베드스타이는 맨해튼 할렘의 할렘 르네상스와 같은 화려한 역사를 가지고 있지 않다. 그러나 수많은 흑인들이 이곳에서 태어나고 자랐기 때문에 미국의 흑인 문화에서 이 지역은 고향과 같은 곳이다. 할렘이 흑인 사회의 할리우드라면 베드스타이는 흑인 보통 사람이 사는 곳이다. 이곳에서 힙합 뮤직이 시작되었으며, 영화나 소설에서 이곳은 흑인의 마음의 고향처럼 그려진다. 예컨대 한국에서도 인기를 끈 미국 드라마인 〈프리즌 브레이크〉에서 흑인 주인공은 이곳으로 도피해 추적자의 눈을 피한다. 할렘보다는 이곳이 더 흑인의 본거지라고 할 수 있다.

할렘보다
더 진짜 흑인 문화가
숨 쉬는 곳

베드퍼드-스타이브샌트를 다니면 진짜 흑인 문화를 볼 수 있다. 힙합 바지를 입은 사람, 아프리카 여인 비슷한 무늬의 원피스를 입은 여성, 흑인 특유의 따거나 묶어 올린 머리 모양을 한 사람, 랩 음악 같은 억양과 화법, 흑인 특유의 서로 응대하는 방식, 흑인 동네 이발소와 미장원 풍경 등등.

베드스타이는 한국의 관광 안내서에는 등장하지 않는다. 서구의 관광 안내서에도 지나가면서 언급돼 정확한 위치를 알 수 없었다. 인터넷을 뒤져 대강의 위치를 파악한 뒤 맨해튼에서 지하철 C선을 타고 유티카 애비뉴 역에서 내려 무작정 흑인이 밀집한 지역으로 걸어 들어갔다.

베드스타이는 맨해튼의 할렘과는 다른 분위기를 풍긴다. 히스패닉이 많이 이주하고 새로운 관광지로 부상하면서, 근래 할렘의 거리에는 흑인 이외의 사람들이 많이 보인다. 그러나 이곳 베드스타이는 완전히 흑인으로만 구성된 동네다. 길거리에서 마주치는 사람이나 상점의 점원, 순찰을 도는 경찰 모두가 흑인이다. 이곳 흑인의 피부색은 할렘의 흑인보다 훨씬 짙은 색이다. 흑인끼리는 우연히 이곳 출신이라는 것을 알게 되면 마치 동향 사람을 만난 듯 친밀한 감정을 느낀다고 한다.

베드스타이에는 다양한 계층의 흑인이 살고 있다. 브라운 스톤의 집 수십 채가 일렬로 연이어 지어진 거리는 아름다운 가로수가 있

● 베드스타이의 역사 보존 지구 건물들. 수십 채가 연이어 지어진 브라운 스톤의 집들이 양쪽으로 도열된 특이한 거리다. 좋은 차가 주차되어 있고 말끔하게 관리된 집이 있는가 하면, 어떤 집은 창문이 부서지고 페인트가 벗겨진 흉물스러운 모습이다.

는 중류층 주택가다. 이 집들은 20세기 초반에 지어진 건물로 현관으로 올라가는 계단이 있고 집집마다 조그만 정원이 있다. 아마도 한때는 이 현관에 의자를 내놓고 혹은 계단에 걸터앉아 집 앞 길가에서 노는 아이들을 내려다보고 바로 옆의 이웃과 한가롭게 잡담을 주고받으며 시간을 보내는 장면이 펼쳐졌을 것이다. 지금은 피폐된 지역 경제를 반영하듯 벗겨진 페인트와 부서진 문이 수리되지 않고 있어 쇠락한 모습을 보인다. 집집마다 길가에 주차된 차를 보면 웬만큼은 살고 있는 듯하다. 이곳은 역사 보존 지구로 지정되어 있는데, 그곳에 사는 주민에게 이 사실을 말하니 자신이 사는 동네가 그런 유서 깊은 곳이라는 것을 처음 듣는 듯 대견해하는 표정이 우스웠다.

반면 끔찍하게 보이는 동네도 있다. 유령이 나올 듯 황폐한 건물이 휑하니 서 있고 철조망이 둘러쳐진 주변 공터에는 잡초와 쓰레기가 나뒹군다. 창문의 유리창은 모두 사라지고 뻥 뚫린 공간이 들여다보인다. 건물 외벽에는 붉은색과 검은색 스프레이 낙서가 제멋대로 휘갈겨져 있다. 이런 동네의 길에는 차가 거의 주차되어 있지 않으며 설사 있다고 해도 폐차장에서

나 봄직한 차가 버려져 있다. 운전석 쪽 계기 패널은 부서져 있고, 좌석은 뜯겨져 나가고, 쓰레기가 차 안에 가득하다. 이곳에도 사람은 사는지 구석에 흑인 청년들이 두세 명씩 모여서 시간을 죽인다.

사실 평범한 흑인 주택가가 이곳의 대부분을 차지하기는 한다. 3~4층 건물이 일렬로 늘어서 있으며 현관 옆에는 화분이나 인형으로 장식한 집도 눈에 띈다. 그런 곳에는 아이들이 들락거리고 물건을 산 비닐 백을 든 아낙네들이 드나든다. 쉬는 날을 이용해 집을 수리하는 아저씨도 보인다. 교외의 백인이 사는 집과 다른 점은 집 주변에 잔디밭이 없으며 대체로 집 앞에 차가 주차되어 있지 않다는 것이다. 집들이 다닥다닥 붙어 있고, 집 앞의 공간이 협소해 잔디밭을 가꿀 사치를 누릴 수 없는 사람들이다. 작은 집이나마 틈날 때마다 자신의 손으로 수리하고 단장하는 그런 소시민들이 사는 곳이다. 이곳에는 버스가 자주 다니는데 버스는 이들의 발인 것 같다.

뉴욕에는 공원이 많은데 이곳도 예외가 아니다. 곳곳에 있는 공원은 한산하다. 하릴없는 젊은이들이 군데군데에서 시간을 죽이고 있는 것 외에는 사람이 별로 없다. 놀이터에서도 아이들의 자취를 찾을 수 없다. 쓰레기가 날리고 낙엽은 치우지 않아서 쌓여 있다. 잔디밭에 잔디는 없고 흙바닥을 드러낸 채 잡초만 나 있다. 주차장은 바닥 아스팔트가 패어 있고 주차된 차가 없다. 백인 동네 공원에서 흔히 보는, 유모차를 끌고 나온 젊은 부부나 조깅을 하는 사람을 이곳에서는 볼 수 없다. 이곳 사람들에게서 나오는 세금이 빈약하니 공원이 잘 관리될 수 없고, 사람들이 먹고살기 힘드니 공원을 이용할 여유가 없는 것이다. 위험하기도 하거니와 곳곳에 경찰이 참 많이 보인다. 경찰은 대부분 중년 여성인데 별로 하는 일 없이 길모퉁이에 서서 지나가는 사람들을 쳐다보고 있다.

미국 땅에서 흑인만 사는 동네는 특이한 느낌을 준다. 주위의 모든 사람이 흑인이다. 이들의 삶을 엿보는 관광객도 전혀 없다. 내가 그들을 구경하는 것이 아니라 그들이 나를 호기심에 찬 눈으로 쳐다본다. '여기에서 대체 무엇을 하겠다는 것인가?' 하는 표정이다. 길거리에는 학교를 파한 아이들이 줄 서서 길을 건너고, 견학 여행을 가는 듯한 초등학교 아이들이 흑인 선생님의 인솔하에 길게 줄을 서서 인도를 걸어간다. 이곳에도 할렘과 마찬가지로 조그만 교회들이 많다. 그들이 겪는 질곡과 좌절을 버티고 살기 위해 신앙의 힘이 필요한 것이다. 베드스타이에서는 높은 건물을 볼 수 없다. 4~5층의 아파트가 곳곳에 서 있기는 하지만 대부분의 건물은 2~3층 주택이다. 어디서나 하늘이 잘 보이고 일렬로 늘어선 가로수가 두드러진다.

흑인만이 사는 세상은 할렘 르네상스 때 마르쿠스 가비나 민권 운동 시절 맬컴 엑스가 주창했던 것이다. 그들은 백인과 함께하면 영원히 종속적인 입장에서 벗어날 수 없다고 주장했다.

백인의 인종 차별에 주눅 들지 않고 자신이 흑인이라는 사실을 부정할 필요 없이 자유롭게 가슴을 펴고 우리끼리 살아보자는 그런 이념이다. 사실 미국에서 백인이 아닌 사람은 모두 미묘한 차별과 열등의식 속에서 살아야 한다. '유색인은 태생적으로 열등하다', '백인은 근본적으로 우월하다'는 관념은 백인과 함께 사는 한 좀처럼 떨쳐버리기 어렵다. 그것을 긍정하건 혹은 부정하건 간에 말이다. 백옥같이 흰 피부를 최고로 치고 유럽 인의 이목구비를 모델로 하는 미의 기준은 우리의 마음속 깊숙이 자리 잡고 있다. 흰 것은 아름답고 깨끗하고 선하고 고귀하고 좋은 것인 반면, 검은 것은 추하고 더럽고 악하고 천하고 나쁜 것이다. 천사는 순백색의 흰색이며 밝고 축복받은 세계에서 사는 반면, 사탄은 검은색이며 사악하고 저주받은 암흑 세계의 제왕이다.

흑인은 게으르고, 지능이 낮고, 감정적이고, 욕구를 억제하지 못하며, 의존적이고, 육체적이라는 고정관념은 서구 문화에 뿌리 깊이 자리해 있다. 흑인은 어리석고 가난하고 더럽고 냄새나고 위험한 존재다. 요컨대 흑인은 인간보다는 동물에 가까운 본성을 지닌 존재인 것이다. 미국의 백인은 이렇게 흑인에 대한 부정적인 고정관념을 만들어 흑인을 노예로 소유하는 데서 오는 양심의 가책을 정당화했다. 이러한 백인 사회의 믿음을 정당화하고 재확인하기 위해 19세기에 미국에서 유행한 '민스트럴 쇼(minstrel show)'라는 코미디풍의 쇼에서는 흑인으로 검게 분장한 백인 배우가 바보 같은 행동을 하고 백인 관중은 이를 보고 즐기며 마음의 위안을 얻었다. 흑인을 이등 시민으로 취급해 선거권을 주지 않고, 흑인은 백인으로부터 불의를 당해도 소송을 제기할 수 없게 하고, 백인과의 혼인을 금지하고, 백인이 이용하는 공공시설에 흑인이 접근하지 못하도록 한 차별 관행이 불과 반세기 전까지 미국 사회를 지배했다. 흑인이 자신들만의 사회에서 살고 싶어 한 것은 당연하다.

흑인들만 사는 곳을 다니면 백인과 접촉하는 데서 오는 스트레스가 없다는 것을 유색인인 나도 어렴풋이 느낀다. 이곳에서는 살 집을 구하거나, 은행에 가거나, 상점에 가거나, 길을 묻거나, 무엇을 하거나 간에 차별당할 것을 염려하지 않아도 된다. 피부색 때문에 상대가 나를 열등하게 생각하지 않을까, 혹시 나를 어리석고 위험한 사람이라고 의심하지 않을까, 나를 속이고 따돌리지 않을까, 나를 얕잡아보고 무시하지 않을까 하는 염려는 이곳에서는 전혀 없다. 미국 사회에서 유색인이라고 노골적으로 차별을 당하는 경우가 많지는 않지만 은연중에 차별을 받을 수 있다는 피해 의식에서 해방되는 것만으로도 마음이 편해진다.

이렇게 흑인들만 사는 곳이 만들어진 것은 백인의 선택이 낳은 결과다. 백인은 흑인과 함께 사는 것을 기피하기 때문에 백인 동네에 흑인이 이주하는 것을 막았다. 혹시 이웃에 흑인

풀턴 스트리트의 벽화

베드스타이의 번화가에 있는 식품점 벽에서 만난 이채로운 벽화다. 흑인들만이 사는 이상향을 그린 듯하다. 이 벽화를
본 순간 민중 예술이란 이런 것이구나 하는 느낌이 확 다가왔다.

이 들어오면 백인은 하나둘 떠났고, 결국 흑인만 사는 동네로 변했다. 근래 중류층으로 부상한 흑인이 늘면서 백인이 사는 교외에서 이웃해 함께 살기보다 흑인만 거주하는 중류층 흑인 동네가 교외에 별도로 형성되는 경향이 나타나고 있다. 또한 역사적으로 남부에서 북부로 이주해 오던 흑인의 물결이 근래에는 북부에서 남부로 이동하는 쪽으로 바뀌었다. 이들은 경제 능력만 보면 백인 동네에서 거주하는 것이 가능하지만 속 편하게 흑인만 사는 동네나 흑인이 많은 남부에서 살고 싶은 것이다. 근래에 중류층 흑인이 할렘이나 베드스타이로 이주해 오는 것도 같은 맥락이다.

베드스타이의 중심가인 풀턴 스트리트는 무척 번화하다. 옷에서부터 신발, 가방, 장신구 등 갖가지 물건을 파는 상점이 있고, 음식점이 있고 병원이 있고 영화관이 있고 슈퍼마켓이 있다. 개인주의적인 분위기가 나는 백인 동네의 쇼핑몰과는 달리 사람들의 어깨가 부딪치고 물건을 소리치며 파는 상인의 목소리와 사람들의 웃고 떠드는 소리가 사방에서 들린다.

특이한 것은 이곳의 상점 점원이나 거리를 거니는 사람 중 영어가 모국어가 아닌 사람이 제법 많다는 사실이다. 흑인이라면 당연히 랩을 읊조리는 방식으로 영어를 하리라고 기대했는데 외국인 억양이 섞인 엉터리 영어를 더듬거리는 흑인을 보면 스르르 웃음이 난다. 아프리카나 카리브 해 연안에서 온 흑인도 이곳에서 사는 게 속 편한가 보다. 흑인 이민자는 다른 유색인 이민자와 섞여 살기보다 흑인끼리만 사는 이곳을 선호한다. 외국인이라는 차별에 흑인이라는 차별이 덧붙어 피곤하게 사는 것보다는 이곳이 편하지 않겠는가. 베드스타이를 돌아다니며 이들이 왠지 나의 형제 같고, 마음이 편안해지는 느낌이 든다. 혹시 나는 그들보다 낫다는 우월감 때문인지도 모른다.

New York

08_ 뉴욕의 마이너리티

1. 코리아타운, 한국 이민자들의 풍경

KOREATOWN

코리아타운에 들어서면 왠지 마음이 복잡해진다. 겉으로
보이는 코리아타운은 친숙함과 실망감을 동시에 안겨준다.

뉴욕이나 뉴욕 근처에 한국 사람이 몰려 사는 곳이 세 곳 있다. 맨해튼 미드타운
의 32번가 주변, 퀸스의 플러싱, 뉴저지 주 버건 카운티의 팰리세이즈파크 시가 그곳
이다. 이 세 곳은 성격이 매우 다르다. 맨해튼의 코리아타운은 한인 상점이 밀집한 곳
으로 한인이 거주하는 곳은 아니며 규모도 그리 크지 않다. 뉴욕 시 외곽에 위치한 퀸
스의 플러싱에는 한인이 중국인과 섞여 살며 한인 점포도 많다. 뉴저지의 팰리세이
즈파크 시는 허드슨 강에 접한 조그만 베드타운인데 뉴욕의 생활권이면서 학군이 좋
은 곳으로 소문이 나 근래에 한인이 급속히 증가했다. 이곳의 한인은 뉴욕에 직장을
둔 전문직이나 사무직에 종사하는 사람이 많으며, 플러싱에 거주하는 사람보다 사회
경제적 수준이 높다.

한국인이 미국 땅을 밟은 것은 1884년 서재필 선생이 처음이다. 그는 갑신정변에
실패한 뒤 미국으로 망명해 의학을 공부하고 미국 여성과 결혼도 했다. 1900년대 초
반에는 하와이 사탕수수 농장에서 일하기 위해 대규모로 한국인이 이주했다. 1965년
이민법이 개정되기 전까지 한국인의 미국 이주는 특수한 사정에서만 이루어졌다. 한
국 전쟁 이후 미군의 배우자로 건너가거나 혹은 미국인 가정에 입양된 사례가 그것이
다. 1950년대부터 지금까지 미국에 입양된 사례가 10만 건을 넘는다고 하니 적지 않

맨해튼 32번가의 코리아타운

간판이 층마다 어지럽게 붙어 있는 것이 어쩌면 그리도 한국의 모습을 빼다 박은 것 같은지.

은 수다. 현재 미국에 살고 있는 한인 대부분은 1960년대 후반 이후 건너간 사람들이다. 이민 시기에 따라 이민자의 특성에 차이가 있다. 1960년대와 1970년대에 건너간 사람은 교육 수준이 높은 편인데, 의사와 같은 전문직 사람과 유학생이 이 시기 이민자의 주를 이룬다. 반면 1980년대의 이민은 가족 초청으로 건너간 사례가 많으므로 보다 다양한 계층에서 이루어졌다. 1990년대 한국이 민주화를 이룩하고 소득 수준이 높아지면서 이민자는 급격히 감소했다. 미국에서 한국으로 역이민이 발생하기 시작했다. 2000년대 들어 이민자가 약간 늘기는 했지만 1980년대에 비하면 훨씬 적다. 2000년대의 이민자는 이전 세대와 달리 이민을 간 후에도 미국과 한국을 수시로 왕래하며 인적·물적 관계를 지속하는 사람이 많다.

미국 인구조사국의 통계에 따르면 미국에 있는 한인은 140만 명가량 된다. 한국 정부는 미국에 있는 한인 동포가 200만 명을 넘어선다고 추산한다. 한인은 아시아 인 중에서 다섯 번째로 큰 규모다. 중국인, 인도인, 필리핀 인, 베트남 인이 우리보다 많고 우리 다음에 일본인이 있다. 아시아 인은 평균적으로 미국의 백인보다 사회 경제적 수준이 높다. 2005년 미국 내 아시아 인의 연평균 가구 소득은 6만 1,000달러로 미국 백인의 4만 9,000달러보다 25%나 높았다. 그러나 아시아 인 내에서의 불평등은 미국 전체 인구보다 높아 아시아 인 중에 부자도 많지만 가난한 사람이 많다. 한인은 아시아 인 중에서는 별로 성적이 좋지 않다. 평균 소득으로 볼 때 일본인, 인도인, 중국인, 필리핀 인보다 떨어지며 가난한 인구의 비율도 높은 편이다. 반면 한인은 아시아 인 중에서는 인도인 다음으로 학력 수준이 높다. 한인은 평균 14.7년의 교육 수준을 보이는데, 이는 대학교 3학년 중퇴에 해당하는 높은 학력이다.

미국에 거주하는 한인 중 3분의 2 이상은 이민 1세대이며, 미국에서 태어난 2세는 3분의 1에 못 미친다. 한인의 이민이 1960년대 후반 이후 이루어졌으므로 이민 2세는 아직 사회적으로 성공하기에는 나이가 어린 30대 이하가 많다. 한인 1세대의 절반 이상은 미국에 귀화하지 않고 한국 국적을 보유하고 있다. 한인 2세는 부모의 높은 교육열 덕분에 대학 졸업자의 비율이 높으며, 명문 대학 졸업 후 의료, 법, 컴퓨터, 금융 등 전문직에 진출한 사례가 많다. 그러나 한인 2세 중 고등학교 졸업에 그치거나 중류층의 지위에 올라서지 못하고 단순 서비스 직종에서 일하는 사람도 적지 않다.

　코리아타운에 들어서면 왠지 마음이 복잡해진다. 겉으로 보이는 코리아타운은 친숙함과 실망감을 동시에 안겨준다. 타국에서 한글 간판을 만나서 느끼는 반가움과 함께 그다지 화려하지도 세련되지도 않은 외관에서 오는 실망감. 한국인이 미국 땅에서 인종 차별을 견디고 이만큼이나 자리를 잡고 있다는 자긍심이 드는 한편으로 고생하면서 힘들게 살아가는 모습을 볼 때 마치 나의 가까운 피붙이가 이역만리에서 고생하는 것 같은 연민이 느껴진다. 사실 미국에서 오래 살다보면 이런 복잡한 감정이 무뎌지기는 한다. 그러나 영어가 어눌하고 백인과 접해서 주눅이 드는 한인을 볼 때 무엇이 모자라 저런 고생을 하는지 의문이 들지 않을 수 없다. 그들도 한국에서는 대학 교육을 받고 중류층에 속하는 사람들인데 이곳에 와서는 이 사회의 바닥에서부터 올라가야 하는 것이다.

　한인 1세대의 생활 방식은 한국의 풍습을 따른다. 집에서 한국말을 하고 한국 음식을 좋아하고 한국 신문과 한국 방송을 시청하며, 남자들은 동창회나 등산 클럽을 조직해 친목 활동을 하며, 여자들 역시 동창회나 계 모임으로 자주 만나며, 한인 교회가 한인 사회의 중심 역할을 한다. 뉴욕의 코리아타운에서는 멕시코나 브라질 등 남미나 캐나다에서 이민 생활을 하다 미국으로 건너온 사람을 흔히 만난다. 코리아타운에 사는 한국인들은 한국 사정에 관심이 많다. 한국 뉴스를 보고, 모이면 한국 정치에 관해 이런저런 말을 많이 한다. 한인과 주로 접촉하고 한국에 관심이 많으므로 미국에 살기는 하지만 미국의 사정에 어둡다. 미국의 사정은 한인 신문을 통해 간접적으로 습득할 뿐이다. 이민 1세대의 경우 아무리 해도 언어 장벽을 극복하기 어렵고 미국의 주류 사회에 참여할 기회가 차단돼 있으므로 남아 있는 에너지를 한국에 쏟아 붓는다. 최근 미국 이민자에게 복수 국적을 허용하고 한국의 선거에 투표권을 주는 정책이 발표되면서 이민자 사회가 활기를 띠기 시작했다. 과거 김영삼 정부 시절에 유사한 정책이 발표되었을 때 이민자 사회가 술렁이던 것과 비슷하다. 코리아타운의 1세대 이민자는 본국의 기억을 되새김질하며 살아가는 사람들이다.

　미국 한인 사회의 중심은 한인 교회다. 미국의 한인 중 70%가 교회에 다니는데 이는 다른 아시아 인보다 두드러지게 높은 수치다. 한인은 대부분 개신교를 믿으며 한인이 주요 신자인 한인 교회에 다닌다. 한인 중 가톨릭 신자나 불교도의 비율은 미미하다. 미국 전역에 약 3,000개의 한인 교회가 있으며, 한인이 몰려 사는 캘리포니아에는 1,000개 이상의 한인 교회가 있다. 미국의 주요 도시에는 한인 단체가 있지만 회원의 열성이나 사업의 다양성에서 한인 단체는 한인 교회의 경쟁자가 될 수 없다. 기독교에 대한 한국인의 종교적 열정은 세계에 유례가 없다. 미국의 신학 대학에는 한국인 유학생이 학생의 주축을 이루며, 세계적으로 한국인 선교사는 미국인 다음으로 많다. 한국 교회도 그렇지만 미국에 있는 한인 교회도 전 세계에 선교사 파견 사업을 경쟁적으로 벌인다. 주위에서 어렵게 살고 있는 한인이나 한인 사업의 주 고객층인 흑인과 히스패닉은 외면하면서 한인 교회가 해외 선교에 열심인 것에 대해 비판의 목소리가 높다.

한인이 교회에 많이 다니는 이유는 두 가지다. 하나는 이민자 교회의 역할 때문이다. 한인 교회는 백인 사회의 차별과 언어 장벽에 대응해 이민자들이 미국 생활에 적응하고 물질적 및 정서적으로 서로 도움을 주고받는 실질적인 공동체다. 교회를 통해 친구를 만나고, 자녀 교육 등 살아가는 데 필요한 정보를 교환하고, 일자리를 구하며, 사업의 기회를 획득한다. 물론 신앙생활은 이민자의 힘든 삶을 위무하는 정신적 힘을 준다. 한인 교회는 주일 설교 이외에 다양한 프로그램을 통해 신자들 사이에 밀접한 유대 관계를 형성하는 구심점으로 작용한다. 신자들 간에 소모임 활동을 통해 서로의 개인 사정을 알고 도움을 주고받는데, 미국 사회에서 이방인으로서 살아가는 한인들에게 정서적 및 실질적으로 큰 도움이 된다. 한인 교회에 다니는 사람 중 미국에 와서 처음으로 교회 문턱을 밟아본 사람이 적지 않다. 이들은 기독교 신앙보다는 이민자 교회가 제공하는 서비스에 이끌려서 교회를 찾는다. 과거 유럽 이민자와 마찬가지로 한인은 그들의 민족 교회를 통해 미국 생활에 적응하는 것이다.

두 번째 이유는 한인 중에는 미국에 건너오기 전부터 기독교 신자였던 사람이 많다는 점 때문이다. 한국의 근대화에 미국의 선교사가 큰 역할을 했으며, 한국의 개신교는 미국과 밀접한 관련을 맺고 있다. 한국에서 기독교를 믿은 사람은 미국에 대해 보다 긍정적인 태도를 가지고 있으므로 자신의 믿음의 종주국인 미국에 이민 가는 적

퀸스 플러싱의 코리아타운

이곳에서는 중국인과 한인이 섞여서 산다. 버스가 자주 다니고 낡은 건물이 흩어져 있어 어딘지 모르게 궁핍한 분위기를 풍긴다.

극적인 선택을 하기 쉽다. 한국의 전체 인구 중 30%를 차지하는 기독교가 미국에 있는 한인 중에는 70%에 달하는 반면 한국에서 가장 많은 신자를 가진 불교가 한인 사회에서 거의 발견되지 않는 이유는, 미국에 건너오기 이전부터 기독교를 믿은 사람이 많기 때문이다. 물론 미국이 개신교 국가인 것도 한인이 개신교를 많이 믿는 데 영향을 주었다. 예컨대 한국인 개신교 목사를 미국에 초청하기는 비교적 수월하며, 미국에서 신학을 공부하고 미국에 남아 선교 활동을 하는 것을 미국 정부가 쉽게 허용하며, 한인 교회는 미국인의 교회에서 물적·인적 지원을 받는 등 개신교 나라에서 한인 교회와 기독교 신자는 여러 가지로 유리하다.

미국에서 한인 2세를 처음 만나면 복잡한 감정이 든다. 이들을 한국인으로 대해야 할지 미국인으로 대해야 할지 망설여진다. 그들의 마음속에는 한국인과 미국인이 동시에 들어 있어 그들이 미국인이고 싶어도 미국의 백인 사회는 그들을 이방인으로 간주한다. 그들이 미국 사회에서 백인과 경쟁해 우수하게 성취한 학생이라는 것을 알기에 대견하면서도 한편으로는 안쓰럽기도 하다. 한인 2세에게 한국말을 하자니 의사소통이 안 되고, 그렇다고 영어로 말을 하자니 나도 그렇지만 그들이 부담을 느낄까 염려되어 망설여진다. 그러나 일단 말을 트기 시작하면 미국의 백인과는 달리 같은 배에 탔다는 느낌을 가지며 허물없이 이런저런 이야기를 나눌 수 있다.

일전에 우연히 가난하게 사는 한인 2세를 만난 일이 있다. 인터넷에서 방을 세준다는 광고를 보고 찾아갔을 때였는데, 얼굴이 한인 2세로 보이는 10대 후반의 여성이 방을 보여주는 것이었다. 아버지는 멀리 일하러 나갔는데 일주일에 한두 번 집에 들른다고 했고, 그녀 또한 편의점 같은 데서 아르바이트를 하며 빠듯하게 살아가고 있는 듯했다. 집에는 가구랄 만한 것이 없이 누추하고, 그녀는 미국에서 태어났다는데도 그리 교양 있는 영어를 구사하지 못했다. 한인 교회를 다니는 것도 아니고, 학교를 다니는 것 같지도 않고, 미국 사회에서 완전히 외톨이가 돼 힘들게 삶을 꾸려가고 있는 이민자 부녀의 삶을 엿보는 것 같았다. 그의 아버지는 이민 와서 이런저런 사업을 하다 가지고 온 돈을 모두 없애고 아내와 헤어져 딸과 둘이 살게 됐을 것이다. 한국에는 뿌리를 뽑고 온 터라 돌아갈 처지가 못 되고, 한국의 친지들에게 맨손으로 돌아갈

체면이 서지 않아 겨우 입에 풀칠을 하는 수준으로 삶을 유지하고 있는 듯했다. 미국의 인구 통계에 잡힌 한인 빈곤층은 18%에 달한다. 아마 이들 중 적지 않은 수가 이러한 삶을 꾸리고 있으리라.

한인 이민자 2세는 의도적으로 한인 사회와 접촉을 피하는 경우가 많다. 가정에서 부모를 통해 한국과의 인연에 대해 애증 관계를 가지고 있기 때문이다. 그들은 미국에서 태어나 미국 교육을 받았지만 한국인이라는 정체성에서 그리 멀리 떨어져 있지 않기 때문에 이를 부담으로 느낀다. 미국의 주류 사회에서 유색인으로서 또 이민자로서의 차별을 항시 의식해야 되기 때문에 가급적 이러한 지위와는 거리를 두려고 한다. 유럽 이민자의 경우 3세대가 되면 이민자의 후손으로서의 심리적 부담은 거의 사라진다. 유럽의 이민자 3세대는 평안한 마음으로 조부모의 민족성과 문화에 대해 관심을 가질 수 있다. 그러나 한인의 경우는 다르다. 아무리 세대가 흘러도 유색인의 외관을 벗어던질 수 없기 때문인데, 이들은 3세대가 되어도 평안한 마음으로 조부모의 민족성을 바라볼 수는 없을 것이다. 물론 시간이 지나면 점차 그러한 부담이 줄어들기는 하겠지만 말이다.

한인 2세 남성은 배우자로 한인이나 혹은 한국에 사는 여성을 선호한다. 반면 한인 2세 여성은 한인 남성을 별로 선호하지 않는다. 아시아 인 전체로 보면 이민 2세 여성 혼인자 중 절반 이상은 아시아 인 밖에서 배우자를 찾으며 그중 3분의 2는 백인이다. 이렇게 한인 2세의 배우자 선호 성향이 크게 다른 이유는 가부장제 문화 때문이다. 아시아계 여성은 가부장제 문화를 혐오하는 반면 아시아계 남성은 이를 계속 누리고 싶어 한다. 시간이 지나면 한인이 한민족 바깥의 사람과 혼인하는 경우가 늘어날 것이다. 한인이 아닌 아시아 인과 혼인하거나 백인 혹은 히스패닉과 혼인하는 경우가 더 잦아질 것이다. 시간이 지나면서 의식은 물론 혈통으로도 미국인이 되는 것이다.

미국인을 만나면 흔히 듣는 질문은 어디서 왔냐는 것이다. 나처럼 미국에 잠시 방문한 사람에게는 이러한 질문이 아무렇지도 않지만 미국에서 태어난 한인에게는 자신의 정체성을 의심하게 하는 질문이다. 아무리 미국에서 태어나서 미국인의 본토 영어 발음을 구사해도 처음 만나는 사람들은 아시아 인을 보고 어디서 왔냐고 묻는다.

뉴저지 주 팰리세이즈파크 시의 코리아타운

이곳은 2000년대에 들어 형성된 코리아타운으로 주민들의 생활 수준이 높다. 맨해튼이나 플러싱의 코리아타운보다 훨씬 번듯한 모습이다.

(사진 출처: Flicker.com, 저작자 xoundbox)

미국인의 의식 속에서 미국이란 백인의 나라이고, 아시아 인은 아무리 그가 미국에 오래 살아도 여전히 이방인이라고 생각하기 때문이다. 미국인은 아시아 인의 민족 간의 차이를 별로 생각하지 않는다. 아시아 인은 중국인이라는 고정관념이 뿌리 깊이 박혀 있으며 아니면 일본인 정도라고 생각한다. 한국인과 중국인의 차이는 그들에게 관심 밖이며 대충 동일하다고 생각한다. 사실 백인이나 흑인과 비교하면 아시아 인의 민족 간 차이는 크지 않다. 대학 캠퍼스에서 중국계 학생은 자신이 중국인임을 자랑스럽게 여기고 활발하게 활동한다. 반면 한국인은 자신이 한국인임을 굳이 드러내려고 하지 않는다. 이는 미국인의 한국에 대한 인식이 긍정적이지 않기 때문이다.

한인에 대한 미국인의 인식은 한국에 대한 미국인의 인식과 궤를 같이한다. 미국인이 '한국' 하면 첫 번째로 떠올리는 이미지는 한국 전쟁, 북한 핵 위협, 괴팍한 독재자 김정일이다. 최근까지 군부 독재와 가난이 지배하던 곳, 폭력적인 데모와 전투적인 진압 경찰의 무시무시한 방패와 곤봉질, 호전적이고 괴팍한 독재자의 북한을 지척에 두고 전운이 감도는 곳, 주먹질이 난무하는 정치, 외부인을 배척하는 폐쇄적인 문화, 불공정 무역으로 미국인의 일자리를 빼앗아가는 나라 등등 부정적인 이미지가 지배적이다. 고등 교육을 받지 않은 미국인은 한국이 베트남 인근에 있는 나라라고 생각하기도 한다. 미국인은 대체로 주위에 한국 전쟁에 참전했거나 한국에 주둔한 경험을 가진 사람이 많다. 그들을 통해 한국이란 나라에 관해 개인적인 의견을 듣는데, 사실 한국에 주둔한 미군의 한국에 대한 인식은 거의 없거나 있다고 해도 매우 부정적이다.

근래에는 한국에 대해 긍정적인 이미지가 조금씩 쌓이는 것 같다. 한국을 제삼 세계 국가 중 빠르게 성장한 나라로 기억하는 사람이 많다. 미국인이 많이 쓰는 휴대 전화의 제조업체가 삼성이나 엘지라는 점을 기억하는 사람도 있고, 삼성 브랜드의 텔레비전은 미국인들 사이에 인기가 좋다. 물론 삼성은 한국의 기업이라고 알리지 않기 때문에 둘의 연관 관계를 모르는 사람이 많기는 하다. 흑인이나 히스패닉이 즐겨 타는 현대나 기아 차와 한국을 연상하기도 한다. 근래 미셸 리 전 워싱턴 D.C. 교육감의 강성 교육 정책이 논쟁이 되고, 중국계 엄마의 스파르타식 자녀 교육이 화제에 오르고, 오바마 대통령이 한국 교육에 대해 언급하는 것은 좋은 일이다. 한국이 매우 경쟁적인 나라로 인식되기는 하겠지만 말이다. 그것이 우리의 현실이지 않은가?

　근래에 한인 사회에서 제법 큰 자본을 가지고 사업을 하는 경우가 늘었다. 에이치마트H-mart가 대표적인 경우인데, 슈퍼 체인으로 미국의 슈퍼보다 큰 규모의 단위 점포를 가지고 있으며 전국 여러 곳으로 사업장을 늘리고 있다. 에이치마트는 매장이 깨끗하고 한국은 물론 중국과 일본의 민족 식품을 다 갖추고 있다. 신선 식품의 질이 좋고 가격이 저렴해 한인뿐만 아니라 중국인과 일본인도 많이 찾는다. 그러나 에이치마트는 극히 드문 예외일 뿐 한인 중 사업을 해 축적한 이익을 재투자하는 사업 확장 모델은 흔하지 않다. 사업의 규모가 영세하며 노동집약적 사업을 하기 때문이다. 한인 사업체는 경쟁이 치열한 업종에 집중되어 있으며 장시간 가족 노동으로 운영된다. 세탁업, 식품점, 잡화점, 봉제업, 장신구점, 손톱 전문 미용실, 델리 음식점 등이 일반 미국인을 상대로 하는 주요 자영업종이며, 한인이 밀집한 곳에서 한인을 고객으로 해 다양한 종류의 가게를 운영한다. 특히 세탁업의 경우 한인의 밀집이 심해, 미국 전체 세탁소 세 곳 중 한 곳은 한인이 경영하고 있다. 한인 1세대 중 다수가 자영업에 종사하는 것은 한국에서 대학을 졸업해도 미국 사회에서 언어 장벽과 인종 차별 때문에 공식 부문의 직장에 취업하기 힘들기 때문이다. 전문 기술을 가진 한인의 경우에도 사정은 별반 다르지 않다. 사정이 이렇기에 한인 부모들은 자녀에게 사업을 물려주는 것을 아메리칸드림의 실현으로 보지 않는다. 그보다는 2세의 교육에 전력을 쏟아 2세들이 좋은 대학을 나와 미국의 주류 직장에서 일하는 것을 성공으로 삼는다. 의사나 변호사를 선호하는 한국의 취향이 이곳에까지 전파된다.

　한인이 운영하는 식품점이나 잡화점은 주로 흑인이 밀집한 곳에 있다. 이들은 과거 이 지역에서 장사하던 이탈리아 인이나 유대 인의 점포를 인수해 운영한다. 이제 이탈리아 인이나 유대 인은 도매업으로 이전하고, 그들로부터 물건을 받아 한인이 그들의 뒤를 이어 위험한 지역에서 장시간 노동을 한다. 백인 자본가와 가난한 흑인 사이에 끼어 영세한 자본으로 자신의 노동력을 팔아 생계를 이어가는 것이다. 한인은 그 지역에 살지 않으면서 장사만 그곳에서 하기에 지역 주민의 반발을 사기도 한다. 1990년대에 수차례나 뉴욕 브루클린에서 6개월 이상 지속된 보이콧 운동이 일어났다. 1994년 로스앤젤레스에서 일어난 폭동은 한인 상점이 흑인 주민의 공격으로 피해를 본 가장 심한 사례이다.

아시아 인은 열심히 일하고, 교육열이 높고, 가족을 소중히 하기에 '모범적인 소수자'라고 지칭된다. 이 용어는 미국의 대표적인 소수자인 흑인의 낮은 성취와 가족 가치관의 결여를 비난하는 뉘앙스로 사용된다. 이러한 칭찬에도 불구하고 아시아 인은 유색인에 대한 차별 때문에 같은 교육 수준의 백인보다 낮은 대우를 받는다. 문제는 아시아 인에 대한 긍정적인 고정관념이 아시아 인에게 엄청난 스트레스를 가져다준다는 점이다. 이러한 틀에 따라 살지 못하는 아시아 인은 이중의 고통을 당한다. 이웃 아시아 인으로부터 받는 비난은 물론 미국의 주류 사회로부터도 실패자라고 낙인찍힌다. 한인들 중 제대로 된 직업이나 가게가 없이 허드렛일을 전전하는 사람은 한인 사회로부터 고립된 생활을 한다. 모범적인 소수자라는 고정관념에 맞추려면 백인 사회의 차별 속에서도 경쟁에 이기기 위해 엄청나게 노력해야 한다. 한인들은 낙오에 대한 두려움 속에서 엄청나게 노력하지만 정신질환에 빠지거나 자살을 선택하는 사람이 적지 않다. 근래에 버지니아 대학교에서 무차별적으로 총을 쏘아 사람을 죽여 화제가 된 조승희 사건이 대표적인 예이다. 아시아 인 중에서도 불평등 수준이 가장 큰 한인에게 낙오에 대한 스트레스는 더욱 크다.

근래에 들어 미국에서 아시아 인의 정치적 성장이 두드러진다. 과거 아시아 인은 정치적으로 무관심한 집단이었다. 그러나 2세의 교육 수준이 높아지고 사회 경제적 지위가 상승하면서 정치적으로 영향력을 키우려고 노력하고 있다. 아시아 인 사이에는 민족적 다양성이 높아 하나의 조직으로 정치적 힘을 모으기 힘들다. 이민 1세대는 무엇보다 서로 간에 의사소통이 원활하지 않다. 중국인과 한국인이 같은 아시아 인이라고 하지만 이해관계가 다르며 서로를 동일시하지 않는다. 그러나 1990년대 후반부터 아시아 인 전체를 아우르는 조직이 2세를 중심으로 활발히 활동하고 있다. 아시아 인이 많이 거주하는 로스앤젤레스나 샌프란시스코에서는 아시아 인 민족 단체들이 연합해서 아시아 인 후보를 당선시키려는 노력이 결실을 보기도 한다. 아시아 인은 대체로 민주당을 지지하나, 사회 경제적으로 성공한 아시아 인은 공화당을 지지하는 경우도 많다. 사회적 약자인 이민자에게 유리한 정책을 표방하는 민주당을 아시아 이민자들이 선호하는 것은 당연하다. 그러나 한인의 경우 전통적으로 민주당보다는 공화당을 지지해왔다. 이는 한인 중 독실한 기독교 신자가 많아 기독교 세력과 연대한 공화당을 선호하기 때문이다. 한인과 다른 아시아 민족이 정치적 연대를 맺는 데 작용하는 걸림돌로 바로 한인 교회의 복음주의적 색채를 띤 보수주의 경향이라고 지적하기도 한다. 그러나 교육 수준이 높은 한인 2세들은 부모 세대와 다른 생각을 가지고 있으므로 그들의 부모와는 다른 길을 갈 것이다.

근래 미국 사회에 한인의 진출이 늘어나면서 2003년 미국 의회는 1월 13일을 '한국계 미국인의 날 Korean American Day'로 지정했다. 이와는 별도로 매년 10월 초에는 '한인 축제'가 전국의 코리아타운에서 열린다. 뉴욕에서는 작년에 맨해튼 시내의 코리아타운 주변에서 2,000명의 한국인이 참가한 조촐한 한인 퍼레이드가 벌어졌다. 이민의 역사가 짧으므로 아직 두드러지지는 않지만 한인도 조금씩 미국에서 자신의 입지를 구축하고 있다.

2. 동부 할렘, 푸에르토리코 인의 근거지

EAST HARLEM

동부 할렘은 열심히 살아가는 이민자의 모습을
현장에서 느낄 수 있어 매력적이다.

동부 할렘은 할렘의 동쪽 지역을 따로 구분해 부르는 이름이다. 5번가를 중심으로 서쪽에 흑인이 주로 거주하는 것과는 달리 할렘의 동쪽에는 히스패닉이 많이 거주해 '스패니시 할렘'이라 부르기도 한다. 센트럴 파크 서쪽 96번가에서부터 북쪽으로 동부 할렘이 시작된다. 이곳은 할렘이라고는 하지만 이민자가 주로 사는 곳이므로 이민자 동네 특유의 분위기를 풍긴다.

동부 할렘의 남쪽과 북쪽은 주민의 구성이 약간 다르다. 동부 할렘의 남쪽에는 푸에르토리코 인^{미국 자치령, 서인도 제도에 있는 섬나라 푸에르토리코 사람들}이 주로 밀집해 사는 반면, 북쪽에는 도미니카 인과 기타 중남미 국가에서 온 이민자와 미국의 흑인이 섞여 산다. 푸에르토리코 인과 도미니카 인에게 뉴욕의 동부 할렘은 미국 생활의 중심지이다. 근래에는 멕시코 인도 이곳으로 많이 흘러들어와 주민 수로만 보면 도미니카 인을 압도하고 있다. 푸에르토리코 인은 히스패닉 이민자에 속하기는 하지만 미국으로 건너오기 이전부터 미국 시민이기 때문에 그들이 뉴욕에 정착하는 방식이나 그들의 문화는 다른 이민자들과 다르다.

동부 할렘은 20세기 초반까지 이탈리아 이민자들이 밀집해 살던 곳이었다. 이후 제1차 세계대전 무렵에는 남부에서 올라온 흑인과 미국에 병합된 푸에르토리코 인들이 이곳에 대규모로 이주해 섞여 살았다. 1924년의 이민법으로 유럽으로부터의 이민은 실질적으로 중단된 반면 흑인과 푸에르토리코 인의 이주 행렬은 이곳으로 계속 이어졌다. 대공황기에 일시 중단된 푸에르토리코 인의 이주 행렬은 1940~1950년대에 폭발적으로 증가했다. 1940년대 전쟁 물자를 생산하는 공장이 밤낮없이 돌아가면서 푸에르토리코 인은 미국의 젊은이들이 전장에 나가느라 빈 일자리를 채운 것이다. 1950년대 미국 경제의 호황은 역사상 가장 많은 수의 푸에르토리코 인을 미국으로 불러들였다. 1970년대 미국 경제가 불황에 빠졌을 때 미국에 살던 푸에르토리코 인 중 상당수가 실업에 처해 일시적으로 본국으로 되돌아가기도 했으나 푸에르토리코 인의 이주는 지금까지도 매년 수만 명씩 지속된다. 그 결과 2000년대 초반에 미국 본토에 거주하는 푸에르토리코 인이 푸에르토리코 섬에 거주하는 인구를 초과하게 되었다.

뉴욕은 푸에르토리코 인이 가장 많이 사는 도시다. 그들은 이곳을 기반으로 해 전국으로 흩어져 나갔다. 현재 뉴욕에 사는 푸에르토리코 인 인구는 80만 명가량 되는데, 이는 미국 본토에 있는 전체 푸에르토리코 인 중 4분의 1을 차지한다. 과거에는 미국에 사는 전체 푸에르토리코 인의 80%가 뉴욕에 집중했으나 근래로 오면서 시카고와 플로리다 등 전국으로 확산되었다. 20세기 초반에 푸에르토리코에서 온 이주민은 유럽 이민자와 마찬가지로 맨해튼 남부의 이민자 집중 거주지인 이스트 빌리지에 정착했다. 그러나 맨해튼 남부가 개발되고 부동산 가격이 오르면서 그들의 거주지는 북쪽으로 이동해 동부 할렘과 브롱크스에 집단적으로 살고 있다.

푸에르토리코 인은 미국의 여타 이민자와는 성격이 다르다. 푸에르토리코는 오랫동안 스페인의 식민지였다가 1898년 미국과 스페인의 전쟁을 통해 미국의 식민지로 전환되었다. 1917년 푸에르토리코 인에게 미국의 시민권을 주는 조치가 취해지긴 했지만 1952년 푸에르토리코 헌법이 만들어질 때까지 미국 정부에서 통치자를 일방적으로 임명하는 식민지 상태가 지속되었다. 푸에르토리코는 미국의 일부이기는 하지만 법적 지위가 애매하다. 푸에르토리코 인은 미국 시민으로서 여권 없이 미국 본토에 자유롭게 왕래할 수는 있다. 그러나 푸에르토리코는 미국의 정치 체제와는 별개의 주권을 갖는 영토다. 그들은 미국 대통령 선거에 참여할 수 없으며, 미국 연방 정부에 대표를 보내기는 하지만 투표권이 없다. 법적으로 푸에르토리코의 최고 지위는 미국 대통령과 미 연방 정부에 있지만 자치적으로 정부를 구성하고 있다. 푸에르토리코 인은 본국에 있을 때는 본국의 선거에 참여할 수 있으나 미국의 선거에는 참여할 수 없는 반면, 미국에 있을 때는 반대로 미국의 선거에 참여할 수 있으나 푸에르토리코의 선거에는 참여할 수 없다. 푸에르토리코 인은 그동안 수차례에 걸쳐 법적 지위의 변경에 대한 국민 투표를 실시했지만, 국민 대부분은 현재의 애매한 상태에 수동적으로 지지를 보낼 뿐, 적극적으로 독립을 주장하는 정당은 인기가 없다.

푸에르토리코 인은 다른 이민자와 달리 미국으로 이주한 후에도 푸에르토리코와의 연결을 단절하지 않고 관계를 계속 유지하는 경우가 많다. 미국에서 본국으로 혹은 본국에서 미국으로 친지들이 자주 방문하고, 미국에서의 삶이 어려우면 일시적으로 본국으로 돌아가기도 한다. 본국에 남은 친지에게 송금하는 것은 물론 미국에서 번 돈을 가지고 본국의 토지를 사거나 공장을 세우는 등 투자 활동도 활발히 한다. 일반적으로 미국의 이민자들이 일단 미국에 건너오면 모국에 남은 사람들과 관계를 단절하는 것과는 대조적이다. 동부 할렘에서는 푸에르토리코 못지않게 본국의 문화가 수입되어 통용된다. 스페인 어가 보편적으로 사용되는 것은 물론 본국의 음식과 대중문화 및 관행이 동부 할렘에서도 그대로 통한다. 미국에 사는 푸에르토리코 인은 이주 1세대는 물론 2세나 3세대도 스페인 어와 영어 양쪽을 모두 잘 구사한다. 그들의 일상생활에서 두 언어를 써야 할 기회가 많기 때문이다.

아시아나 중남미에서 온 이민자는 1965년 이민법 개정 이후 주로 미국 땅을 밟았으므로 이민 1세대가 주류다. 반면 푸에르토리코 인은 일찍부터 미국 이주를 시작했으므로 현재 미국에 사는 푸에르토리코 인의 3분의 2는 미국에서 출생한 사람들이다. 푸에르토리코 인은 미국의 시민권자지만 중남미의 스페인 문화권에 속한 사람이다. 미국에 사는 푸에르토리코 인은 다른 중남미 이민자와 마찬가지로 가톨릭을 독실하게 믿고, 자식을 많이 낳으며 가족적인 유대가 매우 강하다. 푸에르토리코 인 중에는 백인이 많지만 미국에서는 히스패닉으로 취급되어 인종 차별을 받는다. 1950년대에 제작된 영화 〈웨스트사이드 스토리〉에서 푸에르토리코 인 갱과 백인 갱 간에 다툼을 벌이는 이야기는, 인종적으로는 동일한 푸에르토리코 백인이 이 시기에 급속히 증가하면서 기존의 미국 백인 특히 이탈리아 인들로부터 텃세와 차별을 받던 상황을 그린 것이다. 푸에르토리코 인의 사회 경제적 수준은 그다지 높지 않다. 푸에르토리코 인의 소득은 백인 소득의 70% 정도에 불과하며 빈곤율도 23%에 달한다. 이는 흑인보다는 높지만 백인이나 아시아 인보다는 크게 낮은 수준이다.

푸에르토리코 인은 할렘에서 흑인과 이웃하고 있지만 이들 두 인종 간의 교류는 별로 없다. 각자 인종에 따라 정치적 지지 기반과 사회적 관계망이 구분되어 있으며, 문화적으로도 공유하는 부분이 많지 않다. 두 집단 모두 민주당을 지지하기는 하지만 흑인이 거주하는 할렘과 푸에르토리코 인이 거주하는 할렘은 선거구가 완전히 구분돼 있다. 푸에르토리코 인은 백인임에도 히스패닉이라는 이유로 미국 사회의 인종 편견과 인종 차별로 고통을 받고 있다. 그러나 흑인에 대한 백인 사회의 인종 편견을 그대로 물려받아 흑인과 관계 맺는 것을 꺼리는 경향이 있다. 근래에도 푸에르토리코 인은 이웃한 흑인과 영역 다툼을 벌여 종종 뉴스에 오르내린다.

미국 전체로 볼 때 히스패닉 중 푸에르토리코 인이 차지하는 비중은 10%에 불과하다. 그러나 이들은 뉴욕에 집중해 살기 때문에 뉴욕에서 푸에르토리코 인은 다른 중남미계 이민자를 포괄하는 정치적 구심점 역할을 한다. 뉴욕의 선거에서 흑인과 함께 푸에르토리코 인은 무시할 수 없는 정치 세력을 형성하고 있다. 이주의 역사가 오래된 만큼 푸에르토리코 인 중 성공한 사람이 근래 들어 속속 등장하고 있다. 오바마 정부 들어 연방 대법원 판사로 임명된 소니아 소토마이어는 뉴욕의 브롱크스에서 푸에르토리코 인의 가난한 노동자 가정에서 태어나 성장했다. 푸에르토리코 인은 여러 명의 국회의원을 배출했으며, 지난 선거에서 민주당의 뉴욕 시장 후보로 푸에르토리코 인이 지명되기도 했다. 푸에르토리코 인 중 성공한 사람은 다른 이민자들과 마찬가지로 동부 할렘의 밀집 거주지를 떠나 뉴욕의 교외에서 산다.

푸에르토리코 인의 자부심은 매년 6월 중순, 5번가에서 벌어지는 푸에르토리칸 데이 퍼레이드에서 잘 나타난다. 아일랜드 인의 축일인 성 패트릭 데이나 이탈리아 인의 축일인 콜럼버스 데이와 달리 푸에르토리칸 데이는 국정 공휴일은 아니다. 그러나 이

푸에르토리칸 데이 퍼레이드
매년 6월 중순에 맨해튼 5번가에서 벌어지는 푸에르토리칸 데이는 연인원 200만이 참여할 만큼 뉴욕의 큰 행사가 되었다.
이날에는 푸에르토리코 인이 밀집해 사는 동부 할렘 전체가 축제의 물결에 휩싸인다.

퍼레이드에는 푸에르토리코 인이 10만 명이나 참가하며 200만 명 이상의 관중이 지켜
본다. 이날은 뉴욕 시장을 비롯한 주요 정치인과 제니퍼 로페즈, 리키 마틴 등 푸에르
토리코 인 중 유명 인사들이 모두 모습을 드러내는 큰 축제의 장이다.

　　동부 할렘은 푸에르토리코 인 못지않게 도미니카 인에게도 중요한 미국 생활의 근
거지이다. 그들은 뉴욕에만 66만 명이 살고 있는데, 이는 미국에 있는 전체 도미니카

인의 거의 절반에 육박한다. 이들의 대부분은 1965년 이민법 개정 이후 미국에 이민 오기 시작해 1980년대 이후에 주로 미국 땅을 밟은 사람들이다. 도미니카 인은 피부색에서는 미국 흑인과 차이가 없다. 그러나 노예제의 어두운 역사를 물려받지 않았으므로 미국 흑인과는 달리 백인 사회의 인종주의에 반항해 자기 파괴적인 적개심의 문화를 가지고 있지 않다. 도미니카 인 이민 1세대는 아메리칸드림을 품고 열심히 일하는 전형적인 이민자의 삶을 산다. 도미니카 인의 2세대의 경우 미국 흑인으로 완전히 동화된 사람이 있는가 하면 이민자의 생활 태도를 부분적으로 유지하기도 한다. 도미니카 인 2세의 교육 수준은 흑인보다 높은 편이다.

도미니카 인이나 푸에르토리코 인이나 미국 사회에서 히스패닉에 대한 인종 차별의 대상이 된다. 그러나 인종주의의 강도는 동일하지 않다. 백인이 많으며 상대적으로 피부색이 밝은 푸에르토리코 인이 인종 차별에서 훨씬 유리한 입장이다. 푸에르토리코 인은 도미니카 인보다 사회 경제적 지위가 높고 미국 주류 사회에 많이 진출해 있는데, 이는 그들의 피부색과 무관하지 않다. 물론 이들의 사회 경제적 차이는 이민의 기간과도 관련이 있다. 푸에르토리코 인의 이주 역사는 20세기 초반으로 거슬러 올라가므로 3세대의 푸에르토리코 인도 많이 볼 수 있는 반면, 도미니카 인은 다른 중남미 이민자와 마찬가지로 대부분이 1세대 이주민이다. 도미니카 인으로 미국 정치나 경제계에서 두각을 나타내는 사람은 아직 없다. 동부 할렘에 사는 도미니카 인은 푸에르토리코 인의 정치적 영향력에 포섭돼 있다.

동부 할렘 사람들의 사는 모습

센트럴 파크의 동쪽에 있는 96번가를 남에서 북으로 넘어서면 바로 거리의 분위기가 바뀌는 것을 느낀다. 거리 아래쪽은 어퍼 이스트사이드의 부촌으로 백인이 주로 지나다니고 세련된 상점이 줄지어 있는 데 비해, 거리를 건너 올라가면 사람들의 피부색이 짙은 색으로 변해 있고 점포나 건물의 외관도 낡았다.

그러나 동부 할렘에 들어서면 이민자 동네 특유의 활기를 느낄 수 있다. 상점 앞에 진열된 물건, 부지런히 닦고 정돈하는 점원, 양손에 짐을 들고 걸어가는 사람, 어린아이들을 안고 또 함께 걷는 젊은 엄마, 버스에서 타고 내리는 사람 등 거리에 사람들이 많다. 그들은 어퍼 이스트사이드 사람들처럼 세련된 옷을 입거나 교양 있는 태도를 가진 것은 아니지만 아이를 키우고 먹고살기 위해 부지런히 움직이는 사람들이다. 그들이 입는 옷은 실용적이며 그들의 발걸음과 손놀림은 빠르다.

동부 할렘의 남단 센트럴 파크와 면한 곳에 바리오 박물관이 있다. '바리오(bar-rio)'란 스페인 어로 지역 혹은 동네를 뜻하는데, 미국에서는 히스패닉이 집중적으로 거주하는 곳을 의미한다. 푸에르토리코 인의 삶과 예술을 보여주는 박물관이다. 이 박물관에는 푸에르토리코 인의 역사와 미국으로 이주한 과정을 설명하는 자료가 전시돼 있다. 이곳을 돌아보며 이전에는 한 번도 관심을 기울이지 않았던 푸에르토리코 인의 존재를 새삼 인식하게 된다. 이 박물관에 고고학적 가치가 있는 유물이나 유명한 예술가의 작품은 없지만, 푸에르토리코 인의 존재를 대외적으로 과시하고 그들의 후손에게 자신의 정체성을 교육시키는 장으로서의 역할을 다하고 있다. 푸에르토리코 인 학생들이 단체 관람을 와서 와글거리고, 2층 강당에서는 강연과 전시회가 수시로 열린다. 이 박물관은 인구 규모는 크지 않지만 뉴욕에서 자신들의 지위를 인정받은 푸에르토리코 인을 상징하는 것처럼 보인다. 차이나타운에 있다는 중국 박물관과 대조된다. 중국 박물관은 대외적으로 알려지지 않아 찾는 사람이 없으며, 이곳처럼 뉴욕의 박물관이 모여 있는 센트럴 파크 주변의 '박물관 거리'에 있지 않다.

동부 할렘에는 특별히 관광을 하거나 사진을 찍을 만한 볼거리는 없다. 대신 열심히 살아가는 이민자의 모습을 현장에서 느끼는 것이 매력이다. 이들 삶의 현장을 가까이에서 느낄 기회가 있었다. 그곳을 지나다 점심때가 되어 사람들로 붐비는 식당에 들어갔다. 가게는 속으로 길쭉한데, 한쪽으로 음식이 진열돼 있고 그 앞으로 나무 탁자가 기다랗게 놓여 있다. 손님은 마치 바에 온 듯이 나무 탁자에 일렬로 걸터앉고, 탁자 건너에서 일하는 사람에게 음식을 시키기도 하고 잡담을 하기도 한다. 예상대로 영어는 통하지 않았지만 탁자에 걸터앉아 앞에 놓인 음식을 한동안 둘러보다 옆에 앉은 사람이 먹는 것을 보고 손짓으로 요리를 시켰다. 나와 동행한 사람과 함께 두세 가지 요리를 시켰는데 양이 많은 데에 우선 놀랐다. 접시 가득히 듬뿍듬뿍 담아준다. 쇠고기를 야채와 함께 오래 삶아서 고동색의 걸쭉한 소스가 나온 스튜를 밥 위에 얹어 먹는 요리는 한 입 베어 물면 쇠고기 덩어리가 결대로 부드럽게 부서지는 것이 마치 미국의 전통음식인 비프스튜를 먹는 느낌이다.

닭고기에 노란색 양념을 해 익힌 것은 인도의 카레 요리를 먹는 것 같은데 달고 매콤하다. 바나나를 세로로 길게 잘라 가운데를 벌려서 그 속에 양념한 돼지고기로 소를 넣어 찐 요리는 달고 돼지 냄새가 강해 우리 입맛에 잘 맞지는 않지만 색다르다. 투명한 통에 담긴 음료도 특이하게 보이기에 주문했다. 쌀뜨물 색깔의 부드러운 음료인데 달콤한 것이 열대의 맛이다. 주문한 음식의 절반 정도밖에 먹지 못하고 나머지는 집에 싸 가지고 갔다. 요리 세 가지에 음료수 두 잔을 합해서 15달러 남짓을 냈으니 정말 싼 가격이다. 그곳에 앉아 천천히 먹으면서 일하는 사람을 구경하고, 음식을 사서 들고 가는 단골손님과 대화하는 것을 들으니, 한 마디도 알아들을 수는 없지만 과연 이곳이 이민자의 삶의 현장이라는 것이 실감났다. 뉴욕의 매력은 이런 곳에 있다. 멀리 가지 않아도 한 도시 안에서 다양한 민족들의 삶의 현장을 접하면서 활력을 얻을 수 있다.

동부 할렘 거리는 옆에 흑인이 사는 할렘과는 달리 동네가 살아 있다. 흑인이 사는 할렘은 대로변은 사람 사는 것 같지만 조금만 후미진 곳으로 가면 곳곳에 버려진 건물이 있고 지나다니는 사람이 없는 음산한 지역이 이어진다. 반면 동부 할렘에는 거리를 지나는 사람이 많으며 거리에 있는 가게에는 다양한 종류의 물건을 쌓아놓고 주인과 그의 친척인 듯 보이는 점원이 바쁘게 정돈하고 청소도 하며 손님을 기다린다. 동부 할렘은 뒷골목에서도 아이들이 놀고 사람들이 부지런히 드나든다.

동부 할렘의 상점에서 파는 물건은 무척 다양하다. 옷 가게, 신발 가게, 가방 가게, 그릇 가게, 가구 가게, 식료품점, 청과물상, 음식점, 미장원, 이발소, 그야말로 없는 것이 없다. 미국의 어디에나 있는 자동차 수리점이 없는 것이 특이하다. 미국의 중류층은 자동차를 몰고 쇼핑몰에 가서 슈퍼나 백화점에서 일주일분의 식품을 한 번에 쇼핑하므로 동네에 자잘한 상점이 없는 반면, 이곳 사람들은 필요한 것들을 수시로 거리의 상점에서 사는 것이다. 이곳에서는 구입한 물건을 담은 비닐 백을 양손에 들고 걷거나 버스를 타는 모습을 흔히 볼 수 있다. 거리에는 아이와 어른이 함께 외출한 가족이 자주 눈에 띈다. 아이 손을 잡고 걸어가는 아버지를 이곳에서는 흔히 보는데 흑인의 할렘에서는 절대 볼 수 없는 풍경이다.

동부 할렘에서 만나는 흑인은 미국의 흑인과는 분위기가 다르다. 복장이 말쑥하고 이발도 제대로 하고, 어디선가 일을 하고 있는 것 같은 태도를 보인다. 반면 미국의 흑인이 사는 동네에서 만나는 흑인 남자에게서는 복장이나 몸단장, 얼굴 표정에서 흐트러지고 삶에 지치고 체념한 듯한 모습을 읽는다. 동부 할렘의 흑인 청소년은 대체로 자기 통제가 된 학생인 듯한 분위기인데, 중부 할렘의 청소년은 반항적인 모습이다. 뉴욕에서 흑인 대학생이나 전문직 종사자를 종종 마주치는데 이들 중 도미니카에서 온 흑인이 적지 않다. 이들은 미국 흑인의 억양을 쓰지 않고 외국인 티가 나는 영어를 구사하며 주위의 흑인들과 몰려다니지 않는다. 도미니카의 이민자 흑인은 태도나 가치관에서 미국의 흑인 문화보다는 미국 주류 사회의 것을 본받고 있는 것 같다.

히스패닉은 대체로 신앙심이 깊다. 일전에 히스패닉이 주로 다니는 가톨릭 성당에서 예배를 보면서 이들의 종교 생활을 엿볼 기회가 있었다. 미국에서 교회는 민족에 따라 철저하게 구분되어 있으므로 예배는 물론 스페인 어로 진행되며, 호기심에서 방문한 나를 제외한 모든 참석자는 히스패닉이었다. 내 앞 좌석에 뚱뚱한 어머니와 험한 일을 하며 살아가는 듯한 그의 남편, 20대로 보이는 남자와 10대로 보이는 여자 청소년, 초등학교 아이와 학교에 아직 다니지 않는 어린이들이 한 부대가 되어 교회의 좌석을 차지하고 있다. 20대 남자는 복장이나 태도로 볼 때 불량기가 있어 보이는데 어머니의 위엄에 눌려 마지못해 그곳에 온 듯했다. 처음에는 그 나이에도 부모와 함께 교회에 오는 것이 창피하고 예배 같은 것은 자신의 관심 밖이라는 태도를 보이더니 예배가 시작되고 기도를 하는 시간이 왔을 때 제법 진지하게 성호를 긋고 속으로

● 소니아 소토마이어 대법원 판사. 여성이면서 소수자라는 이중의 불리함을 딛고 2009년 여름 대법원 판사로
  임명된 뒤 찍은 기념사진이다. 그녀의 당당한 발언은 푸에르토리코 인의 자존심을 크게 높여주었다.

무언가 열심히 기도를 하는 것이 아닌가. 그에게서 그런 행동이 나오리라고는 정말 예상하지
못했다. 그는 예배가 끝나자마자 가족을 떠나 휭하니 도망가 버렸다. 10대 청소년 딸은 성가
대원인데, 성가대 옷을 입은 채 연신 성가대와 가족들 사이를 들락날락하며 동생들과 장난을
치고 성가대 친구들과 희롱하면서 논다. 어린아이들은 교회가 놀이터인 양 서로 까불고 놀다
가 어머니에게 혼나기도 하면서 부모 곁에서 예배 시간을 보낸다. 그들이 예배하는 모습을 보
면서 그들의 신앙생활이 가족적인 결속과 분리될 수 없다는 생각이 들었다. 이렇게 어릴 때부
터 부모의 손에 이끌려 매주 교회에 오기 때문에 20대가 되어도 분가하지 않는 한 교회에 함께
다니며 신앙생활을 지속하는 것이다. 그들은 독립해서도 부모와 함께 교회를 다니던 시간을
소중하게 기억할 것이며, 그들이 가정을 가지면 분명 그러한 방식을 그들 자녀들과 함께 반복
할 것이다. 미국 백인 중류층 교회의 냉랭한 개인주의적인 분위기와는 사뭇 다른 풍경이었다.

일전에 미국의 연방 대법원 판사로 임명된 소니아 소토마이어가 기자들과 만나 자신의 성장 배경에 대해 허심탄회하게 이야기한 기사를 보았다. 그녀는 가난한 이민자 가정에서 태어나 예일 대학교에서 법학 박사 학위를 받고 미국인이 가장 존경하는 지위인 대법원 판사에 오른 입지전적 인물이다. 대법원 판사로 지명된 뒤 청문회에 앞서 '현명한 라틴계 여성'이 더 다양한 경험을 했으므로 백인보다 낫다는 뉘앙스의 발언으로 구설수에 올랐다. 미국 역사상 처음으로 히스패닉이 대법원 판사로 지명된 것이고, 그녀의 당당한 태도에 공화당 의원들이 반감을 가져 청문회에서 그녀를 몹시도 괴롭혔다. 그녀의 임명이 상원을 통과해 확정된 후 보다 허심탄회하게 자신의 인간적 배경을 말하고 싶었을 것이다. 지금의 자신은 이민자 가정에서 성장한 경험이 토대가 되었다고 말하면서 어린 시절 가족들과 함께 브롱크스의 이민자 동네에서 지냈던 시절을 회고했다. 비록 고생스러운 시절이었지만 자기 절제 태도가 내면화되고 아메리칸드림이라는 삶에 대한 긍정적 가치관이 형성된 것은, 궁핍했지만 열심히 일하며 자식을 끔찍이 사랑하고 신뢰하는 푸에르토리코 이민자 부모와 이들이 살던 이민자 동네의 덕이라고 말했다. 백인 중류층의 개인주의적 생활 태도보다 이곳 사람들의 삶의 태도를 더 우월하게 생각하는 이민자 후손의 자긍심이 그녀의 말에서 배어 나왔다.

3. 인 도 사 람 들, 백인인가 아시아 인인가?

INDIAN AMERICAN

미국에 성공한 인도인이 많거니와 두각을 보이는 인도인이
대부분 이민 1세대라는 사실은 정말 놀랍다.

　뉴욕에서 인도계 미국인을 자주 만난다. 맨해튼의 다운타운 사무실에서, 대학교
와 연구소에서, 모텔에서, 인도 식당에서 그들과 흔히 마주친다. 그들은 영어를 모국
어로 불편 없이 구사하며 피부색은 약간 까무잡잡하지만 유럽 인의 얼굴을 닮았다는
점에서 다른 비유럽계 이민자와 차이가 있다.

　인도 사람들은 미국에서 독특한 집단이다. 백인인지 유색인인지 여부가 삶의 조
건을 크게 바꾸어놓는 미국에서 인도인의 인종은 애매하다. 인도·유럽 어족에 속하
며 DNA 특징이 유럽의 백인에 가깝다는 점에서 인도인은 다른 어느 인종보다 유럽
계 백인에 근접하다. 그들과 이웃한 중동 사람들이 유럽계 백인으로 분류되고 있는
데 중동인과 이웃사촌인 인도인이 백인으로 분류되지 않을 이유가 없어 보인다. 그러
나 미국의 공식적인 인종 분류 체계에서 인도계 미국인은 아시아 인의 범주에 들어간
다. 1990년대에 인도계 미국인이 대학 입학이나 공무원 채용 등에서 소수자에게 우선
권을 주는 소수자 우대 정책의 수혜를 받을 자격이 있는가 여부를 두고 논쟁이 붙었
다. 결국 인도인을 동아시아 인과 같은 아시아 인의 범주로 넣는 것이 타당하다는 대
법원 판결이 나왔다. 이유인즉 생물학적으로 보면 유럽계 백인에 가깝지만 역사적 경

험이나 문화적 배경이 아시아 인에 보다 근사하기 때문이라는 것이다. 인도계 미국인은 자신을 어떻게 생각할까? 미국의 인구 조사에서 그들이 인도인임을 밝히면 아시아 인으로 표기되지만 일부 인도인은 백인에 표기하거나 혹은 백인도 아시아 인도 아닌 '기타'의 범주에 표기한다. 이는 인종이라는 것이 얼마나 자의적인 성격인가를 논의할 때 흔히 인용되는 사례다.

미국에 있는 인도 사람은 총 260만 명으로 아시아계 이민자 중 중국인 다음으로 많다. 대다수 인도계 이민자들이 1965년 이민법 개정 이후 미국에 건너왔다는 점에서 다른 아시아 이민자들과 흡사하다. 그러나 인도계 이민자들은 인도뿐만 아니라 그들이 일찍이 진출한 영국, 아프리카, 동남아시아에서 많은 수가 미국으로 건너왔으며, 근래에는 캐나다에서 미국으로 이주한 이민자들도 적지 않다. 인도 사람들은 미국에서 히스패닉 다음으로 가장 빠르게 성장하는 이민자 집단이다.

미국에 있는 인도 사람은 대부분 영어를 구사하는 데 문제가 없다. 인도 사회에서도 교육을 받은 중간 이상의 계층은 영어를 학교나 가정에서 쓰고 있으므로 미국에 와서 언어 장벽으로 고통을 당하지 않는다. 물론 인도에서 건너온 지 얼마 안 되는 인도인의 영어 발음은 미국 사람이 알아들을 수 없는 경우가 있다. 그러나 이민 초기 인도의 강한 억양을 구사하는 인도인의 영어는 미국에서 살면서 급속히 미국 영어로 동화된다. 인도계 미국인의 교육 수준은 놀랄 만큼 높다. 이들의 67%가 대졸 이상이며, 40% 이상은 석사 이상으로 의사나 공학 박사가 된 사람도 많다. 이는 교육 수준이 높다는 아시아계 전체 중에서 대학 졸업 이상의 학력을 가진 사람의 비율이 44%이며 미국 전체 평균은 28%에 불과하다는 것과 비교하면 놀랄 만한 수치이다. 인도인은 미국의 이민자 중에서도 월등하게 높은 학력을 자랑한다.

미국 사회에서 인도계 이민자의 진출은 놀랍다. 미국 대학에서 인도계 학생은 중국계 다음으로 많은데, 특히 공학 분야에서는 압도적인 다수를 차지한다. 한국 유학생의 상당수가 인문 사회계를 전공하고 있어 학위를 받은 후 미국에서 직장을 잡는 것이 쉽지 않은 반면, 인도 유학생은 다수가 공학 분야를 졸업하고 영어도 문제가 없으므로 공부가 끝난 후 대부분 미국에서 직장을 잡는다. 인도계 미국인의 절반 이상은

맨해튼 미드타운의 '커리힐(Curry Hill)'

인도 레스토랑이 몰려 있는 곳이다. 인도 요리는 미국인의 입맛에 익숙하고 비교적 저렴해 부담 없이 많이 찾는다.

기업체의 매니저나 의사, 엔지니어와 같은 전문직에 종사한다. 인도계는 정치 경제계 곳곳에서도 두각을 보인다. 《포춘》 선정 세계 500대 기업의 최고 경영자로 인도계가 다수 있으며, 실리콘 밸리의 기업에서 일하는 엔지니어의 3분의 1은 인도계다. 노벨 상을 수상한 인도계 미국인 과학자들이 여럿 있으며, 월가에서 일하는 금융인의 상당 수가 인도인이다. 정치에도 활발히 진출해 두 명의 주지사를 포함해 다수의 장관이 인 도계다. 이공계 외에 인도인이 특별히 두각을 나타내는 분야가 있다. 바로 숙박 업계 다. 미국 전체 모텔 비즈니스의 50% 이상, 전체 호텔 비즈니스의 5분의 1을 인도계가 장악하고 있다. 그 결과 미국에서 여행하면 반드시 인도인이 경영하는 모텔에서 묵게 된다. 왜 이렇게 인도인이 미국의 숙박 업계에 많이 진출하게 되었을까?

교육 수준이 높고 영어 구사에 문제가 없으나 외국인으로서 차별을 받는 인도인 에게 숙박업은 차별을 덜 경험하는 분야다. 또한 숙박업은 개인 혹은 가족이 독자적 으로 경영할 수 있는 자영업이기 때문이다. 고객들 또한 숙박 여부를 결정할 때 숙박 업 주인의 인종을 고려하는 경우는 많지 않다. 인도인 이민자들은 민족 집단 내에서 숙박업의 영업 정보를 교환하면서 서로 돕는다. 마치 한인들이 밀집한 세탁소나 잡 화점 업종에서 한인만의 협회를 구성해 서로 돕는 것과 마찬가지다. 인도인은 아시 아 인 중에서 가장 소득이 높다. 인도인의 2004년 가구 연 소득은 8만 8,000달러로 미 국 전체 평균 4만 4,000달러의 두 배에 달하며, 한국인의 5만 4,000달러보다 1.5배 이 상 높다. 인도인은 2000년대 중반에 들어 이전까지 아시아계 미국인 중 소득 1위를 달 리던 일본인을 앞서게 되었다.

놀라운 점은 이렇게 미국 사회에서 두각을 보이는 인도인이 대부분 이민 1세대라 는 사실이다. 1970년대 이후에 이민 온 사람이 대부분이므로 인도계 2세 중 사회적으 로 두각을 보이는 나이에 도달한 사람은 그리 많지 않다. 인도인 1세대 이민자들이 의 사나 엔지니어, 교수 등 전문직은 물론이고 기업의 최고 경영자나 심지어 정치계의 높 은 지위까지도 획득하는 것을 보면 궁금증이 발동하지 않을 수 없다. 미국 사회에서 외국인이나 유색인에 대한 차별이 적지 않은데도 이민 1세대에서 이러한 성취를 이 루었다는 것은 정말 대단하다. 미국 사회에서 성취한 정도를 비교할 때 중국인과 일본인은 인도인에 비하면 초라한 수준이다. 중국인이나 일본인이 인도인보다 미국에 이민 온 역사는 훨씬 오래되었음에도 말이다. 한국의 이민 1세대가 소규모 자영업을 하면서 힘들게 살아가는 것은 더 말할 필요도 없다.

어떻게 인도인은 이민 1세대에서부터 성공할 수 있었을까? 인도인이 크게 성취한 데에는 다음의 몇 가지 요인이 복합적으로 작용했다. 첫째는 무엇보다도 그들이 영국의 식민지 시대를 거치면서 영어와 영미권의 사회 관습에 익숙하다는 점이다. 인도인은 다른 이민자와 달리 1세대에서도 언어 문제로 고생하지 않는다. 미국은 영어 구사 정도에 따라 사회적 대우에 차이가 크다. 교육, 취업, 교제 등 사회생활의 모든 측면에서 영어 구사 여부는 성공의 가장 중요한 요인이다. 미국인의 정체성에서 영어 구사는 핵심적인 것이므로 영어를 제대로 구사하지 못하면 모든 중요한 결정에서 배제된다. 학교에서는 성적과 장학금에서 배제되고, 취업을 하기 어렵고, 주류 사회의 구성원과 교제하기 어렵다. 근래에 히스패닉이 증가하면서 스페인 어가 많이 통용되기는 하지만 여전히 주요한 결정과 공식적인 장에서는 영어만이 강요된다. 따라서 이민자 여부보다는 영어를 제대로 하는지 여부가 성공의 열쇠로 작용한다.

이민자라도 영어를 제대로 하면 이민자의 불리함을 극복할 수 있는 반면, 미국에서 태어났지만 영어를 제대로 구사하지 못하면 미국 사회에서 성공할 수 없다. 후자의 대표적인 예가 차이나타운에서 나고 자란 중국인이 영어 구사의 한계로 인해 미국 사회에서 성공에 제약이 있다는 사실이다. 미국 사회에서 영어의 중요성을 알기 때문에 히스패닉도 스페인 어보다는 영어를 잘하는 것을 중요시해, 그들의 자녀가 영어 습득에 어려움이 없도록 영어로만 가르치는 학교에 보내는 것을 선호한다. 그 결과 미국에서 교육받은 히스패닉 2세는 대부분 영어와 스페인 어 양쪽을 모두 모국어 수준으로 잘 구사한다.

영어 구사에 더해 인도인이 영미권의 사회 관습에 익숙하다는 점도 미국 생활에 적응하는 데 유리하다. 민주적 정치 체제에서 생활해왔고 영미권의 제도 속에서 교육받았으므로 인도인은 미국에 건너와서도 미국 사회나 제도가 낯설게 느껴지지 않는다. 영국이나 캐나다에서 건너온 사람이 미국에서 별 어려움 없이 생활하며, 재능만 있다면 미국의 백인과 동일한 조건에서 경쟁하고 성공하는 것과 같은 이치다.

인도인 1세가 미국에서 성공하는 두 번째 이유는 인도계 이민자의 높은 성취동기다. 인도계 이민자들은 유난히 교육 수준이 높다. 인도계 이민자 중에는 미국에 유학을 와서 눌러앉은 경우가 많다. 미국의 대학에 유학을 온 경우도 많지만 중고등학교를 미국에서 다닌 경우도 많다. 미국의 중등학교에서 인도인 학생은 한국인이나 중국인에 뒤지지 않는 학업 성취를 보인다. 인도인의 가족적 유대는 매우 강하며, 자녀의 성취를 위해 모든 것을 희생하는 전형적인 동아시아 인의 가치관을 가지고 있다. 이들의 높은 성취동기에 더해 인도에서 교육 수준이 높은 중상류층이 이민을 선택하거나 혹은 자녀를 유학시키므로 미국에 있는 인도인의 교육 수준은 매우 높을 수밖에 없다. 마치 1960년대 말 1970년대 초반에 미국으로 건너간 한국인 중 유학생이 많은 것과 흡사하다. 이들은 미국에 건너가기 이전부터 높은 성취동기를 가지고 있었으며 교육 수준이 높은 사람들이었다. 인도의 중류층 중에서도 미국으로의 유학이나 이민을 선택한 사람들은 인도에 남아 있는 사람보다 성취동기나 위험을 감수하는 성향이 더 높은 도전적인 성격의 소유자일 것이다.

인도계 이민자의 성취동기가 높은 것은 필리핀계 이민자와 비교해보면 차이가 드러난다. 필리핀계 이민자 또한 본국에서 영어를 사용했다는 점에서는 인도계와 차이가 없다. 그러나 필리핀계의 교육 수준은 아시아의 다른 이민자와 비교해 그다지 높은 수준이 아니다. 필리핀 인 중 대졸 이상의 비율은 47%로 전체 미국인보다는 높지만 한인이나 중국인보다 낮다. 미국의 중고등학교에서 필리핀계 학생은 인도나 동아시아계 학생보다 학업 성취도가 낮다. 필리핀계 이민자의 성취동기는 높지 않지만 그들 역시 영어 구사에 어려움이 없다는 이점 때문에 다른 이민자보다는 앞서 있다. 중국인이나 한국인 중 많은 수가 소규모 자영업에 종사하는 데 비해 필리핀 인은 인도인과 마찬가지로 대기업의 중견 관리직으로 많이 진출해 있으며 의료계에도 많이 있다. 그들의 연평균 가구 소득은 7만 5,000달러로 아시아계로는 인도인과 일본인 다음으로 높다. 그러나 인도계가 미국의 주류 사회에서 크게 성공했음에 비해 필리핀계는 전반적으로 그에 못 미친다.

퀸스 플러싱에 있는 힌두교 사원
퀸스에는 근래에 이민 온 인도, 방글라데시, 파키스탄 인들이 많이 살고 있다.
인도계 이민자들은 그들의 민족 종교인 힌두교를 독실하게 믿는다.

    뉴욕 시 광역 생활권에는 인도인이 60만 명이나 살고 있다. 인도인은 뉴욕에 사는
아시아 인 중에서 가장 규모가 크지만 그 존재가 두드러지지 않는다. 인도인은 미국
생활에 쉽게 적응할 수 있어 아시아의 다른 이민자들과 달리 집중적으로 거주하는 지
역을 크게 가지고 있지 않기 때문이다. 뉴욕에 사는 다양한 인종·민족의 축제가 많지
만 인도인들의 축제는 없다. 맨해튼의 미드타운에 인도 식당이 밀집해 있기는 하지만

인도인이 밀집해 거주하지는 않으며, 퀸스의 플러싱에 있는 힌두교 사원을 중심으로 인도인 이민자들이 다수 모여 살기는 하지만 이웃한 중국인이나 한국인과 비교해 미미한 규모다. 퀸스에 사는 인도인은 비교적 근래에 미국으로 이주한 사람들이다. 사회 경제적 수준이 높은 인도계 이민자는 미국의 중류층과 마찬가지로 교외에 흩어져 산다. 이 점은 필리핀 인도 마찬가지다. 뉴욕 어디에도 필리핀 이민자가 크게 무리지어 사는 곳은 없다. 이민자가 몰려 사는 이유는 미국 생활에 적응하는 데서 겪는 어려움을 공동체를 구축해 함께 극복해나가기 위한 것이다. 그러나 인도인과 필리핀 인은 언어 장벽이 없기 때문에 미국 생활에 적응하는 데서 경험하는 어려움이 덜해 자신들만의 공동체를 구축할 필요가 없는 것이다. 한인 신문에 많이 나는 광고 중 하나가 영어 교습 광고인데, 그곳에는 한인 1세대의 영어에 대한 고민이 적나라하게 드러나 있다. 미국 사회에서 인도인의 성공을 보면서 거꾸로 한인들의 고달픔을 떠올린다.

4. 퀸스, 세계 모든 나라 이민자들이 함께 어울려 사는 곳

QUEENS PEOPLE

퀸스 사람들은 '아메리칸드림'에 취해 영어도 못하면서
몸이 부서지게 열심히 일하며 살아간다.

맨해튼에서 동쪽으로 강을 건너 있는 퀸스는 뉴욕 시의 다섯 개 자치구 중 면적이 가장 넓으며 인구도 가장 많다. 퀸스는 인구가 밀집해 있기로 미국 내에서 다섯 손가락 안에 꼽힌다. 퀸스는 특이한 곳이다. 미국에 있지만 진짜 미국인은 소수다.

이곳에는 근래에 이민 온 사람이 많이 산다. 퀸스에 사는 사람 중 47%가 외국 태생이며 44%는 집에서 영어 이외의 언어를 사용한다. 이민자 2세까지 합친다면 퀸스에 사는 사람 세 명 중 두 명은 이민자 가족일 것이다. 퀸스는 세계의 모든 나라에서 온 사람이 함께 어울려 산다는 점에서도 특이하다. 영국이나 프랑스에도 이민자가 많지만 이들 나라에는 과거 그들의 식민지였던 나라 출신이 많다. 영국에는 인도인이 많고 프랑스에는 북아프리카 인이 많으나 퀸스에서는 모든 나라 사람을 찾을 수 있다. 퀸스는 미국의 다른 대도시의 이민자 사회와도 다르다. 예컨대 미국의 남서부는 멕시코 인이 주종을 이루며, 서해안 지역은 아시아 인, 플로리다의 마이애미는 쿠바 인이 주종을 이루는 식으로 각 지역의 이민자 사회에서 한 인종이나 민족이 다수를 차지한다. 반면 퀸스 주민의 구성에서 나타나는 인종과 민족의 다양성은 극에 달한다. 어느 특정 인종이나 민족도 다수를 차지하고 있지 않다. 아시아 인에서부터 중동인, 유럽 인, 남미인, 아프리카 인에 이르기까지 모두가 고루고루 살고 있는 이곳은 강 건너 맨해튼에 있는 유엔 본부를 확대한 버전이라고 할 수 있다.

퀸스에는 백인보다 유색인이 압도적 다수를 차지한다. 퀸스의 주민 중 백인은 46%로 절반에도 못 미친다. 이중 유럽계 백인은 30%밖에 안 되며 나머지 16%는 비유럽계 백인이다. 히스패닉 27%, 아시아 인 22%, 흑인 19% 순이다. 특히 뉴욕에 거주하는 아시아 인의 절반이 이곳에 있다. 중국인, 한국인, 필리핀 인, 베트남 인, 인도인, 방글라데시 인, 파키스탄 인이 많이 산다. 서부의 해안 도시를 제외하고 미국 전역에서 가장 많은 아시아 인이 이곳에 있다. 히스패닉 중에는 멕시코 인, 푸에르토리코 인, 엘살바도르 인, 도미니카 인이 많다. 이곳에는 미국의 전통적인 흑인도 있지만 자메이카 인, 아이티 인, 에티오피아 인, 케냐 인 등 세계 각지에서 온 흑인이 모여 있다.

백인 주민의 구성 또한 복잡하다. 유럽계가 아닌 중동에서 온 백인이 적지 않다. 이란, 이라크, 아프가니스탄, 이집트, 시리아, 중앙아시아에서 온 백인을 이곳에서 흔히 본다. 이곳에 사는 유럽계 백인 중에는 동유럽이나 남유럽에서 근래에 이민 온 사람이 많다. 러시아, 폴란드, 슬로바키아, 그리스 등에서 근래에 온 이민자들이다. 막상 미국 사회의 주류 집단인 북서유럽계 백인은 이곳에서 찾아보기 쉽지 않다. 아일랜드 인은 그래도 가끔 만나지만 영국계나 독일계 백인은 드물다. 이곳 주민 중 다수가 근래에 이민 온 사람들이므로 소득이 높지 않다. 이곳 주민의 연평균 가구 소득은 3만 7,000달러로 뉴욕 시 평균보다 낮다.

퀸스는 19세기 말까지 롱아일랜드 섬에 있는 조용한 전원 도시였다. 20세기 초 뉴욕 맨해튼과 연결되는 다리가 건설되고 전철이 개통되면서 뉴욕 시의 번잡한 일상에 편입되었다. 1920년대부터 퀸스의 인구가 급증했으며, 그 무렵 세계 박람회가 이곳에서 열렸다. 남쪽으로 이웃한 브루클린과 마찬가지로 19세기 말에서 20세기 초반에 남유럽과 동유럽에서 밀려온 거대한 이민의 물결을 수용하는 곳이었다. 이탈리아 인, 아일랜드 인, 폴란드 인, 러시아 인 등 유럽의 이민자들이 이곳에 둥지를 틀었다. 이 시기에 이민 온 유럽계 이민자는 현재도 이곳 건물의 주인인 경우가 많지만 막상 그들은 교외로 이주해 산다.

퀸스의 5Pointz

퀸스에서 뜻하지 않게 스프레이 낙서의 메카로 소문난 곳에 가게 되었다. 건물의 벽 전체가 스프레이 낙서로 도배질이 되어 있다.
내가 찾던 날에도 두세 명의 젊은이가 열심히 벽에다 그림을 그리고 있었다.

오늘날의 퀸스는 20세기 초반에 온 유럽계 백인 이민자보다는 20세기 후반에 시작된 비유럽계 이민자들이 주도하고 있다. 1965년 이민법의 개정으로 비유럽계 이민자에게 문호가 개방되면서 아시아 인, 중남미인, 중동인, 아프리카 인 등 세계의 여러 나라 사람들이 엄청나게 밀려왔다. 퀸스에 새로이 정착하는 이민의 물결은 근래에도 가라앉지 않고 있다. 오히려 근래로 올수록 이민자의 수는 늘어난다. 미국 전체로 볼 때 1970년대 10년간 430만 명에 달하던 이민자는 1980년대에는 720만 명, 1990년대와 2000년대에는 각각 900만 명으로 늘어났다. 지난 30년간 한국 인구의 절반을 넘는 2,500만 명이 미국으로 이민을 온 것이다.

근래로 오면서 이민자의 출신 국가는 훨씬 다양해졌다. 과거에 이민자를 별로 배출하지 않던 나라에서 근래에 많은 사람들이 건너오는 반면, 과거에 이민을 많이 오던 나라에서 근래에는 별로 오지 않기도 한다. 예컨대 1970년대만 해도 아시아 인 중 방글라데시 인이나 파키스탄 인은 별로 없었다. 그러나 근래에는 이 나라에서 많은 사람들이 온다. 반면 1970년대 미국 전체 이민자 출신국에서 4위를 차지했던 한국은 2000년대 들어 10위권 밖으로 밀려났다. 또한 아프리카에서 온 이민자는 다수가 1980년대 후반 이후 이주한 사람들이다. 이들은 흑인에 대한 인종 차별로 이민 비자를 받기 어려웠으며 다른 인종보다 미국에서 정착하기 더 힘들었기 때문에 미국으로의 이민이 뒤늦게 시작된 것이다.

1990년대 들어 뉴욕 경제가 부흥하면서 퀸스에 사는 이민자는 갈수록 늘고 있다. 19세기 미국의 산업화 시절에 온 유럽의 이민자들이 공장 노동자로 일했다면, 서비스 경제로 바뀐 지금의 이민자들은 레스토랑, 상점, 슈퍼, 호텔, 남의 집, 공사장, 사무실 등 인간의 손을 필요로 하는 온갖 곳에서 일한다. 과거의 이민자와 근래의 이민자의 공통점이라면 도시의 밑바닥 인생으로 출발해 아메리칸드림을 꿈꾸며 열심히 살아간다는 점이다. 100년 전에 건너온 유럽계 이민자들이 이제 전문 관리직이나 사업체의 주인으로 상승하면서, 새로 온 사람들은 그들이 소유한 집에 세들어 살며 그들의 고상한 생활을 뒷받침하기 위해 허리가 휘도록 열심히 일한다.

근래 미국에서는 이민자를 배척하는 경향이 부쩍 심해졌다. 최근 애리조나 주에서는 경찰이 길 가는 사람을 아무나 검문해 불법 이민자일 경우 추방시키는 법을 제정해 전국적으로 시끄러웠다. 이민자 배척 현상은 미국 경제와 밀접한 관련이 있다. 지난 30년간 미국 사회의 양극화가 심해지면서 부자들은 잘나갔지만 중하층의 생활은 어려워졌다. 남성의 실질 임금이 하락하고 실업률이 높아지면서 이민자가 자신의 일자리를 빼앗고 있다는 주장이 힘을 얻는다. 사실 이민자가 담당하는 힘들고 더럽고 낮은 임금의 일은 미국 토박이가 하고 싶어 하지 않는 일이므로 이민자들이 자신의 일자리를 빼앗아 간다는 주장은 타당하지 않다. 그러나 낮은 임금으로도 얼마든지 열심히 일하려고 하는 이민자들이 주변에 풍부하게 있는 한 미국 근로자의 임금이 올라가지 않는다는 주장은 맞다. 미국 경제가 지난 20년간 정보 기술의 발달과 세계화의 확대로 엄청난 성장을 기록했음에도 미국 남성의 실질 임금이 정체된 원인의 일부는 새로운 이민자들이 계속 들어오기 때문이다.

2010년 뉴욕의 최저 임금은 시간당 7달러 25센트로 OECD 유럽 회원국 평균의 3분의 2 수준에 불과하다. 미국의 물가는 다른 선진국보다 월등히 저렴하고 그 결과 같은 소득으로도 미국인이 다른 나라 사람보다 풍요롭게 살 수 있는 이유가 바로 이들 새로운 이민자들 때문이다. 민주당이나 공화당이나 이민을 제한하자는 주장은 말로만 하지 실제 행동에 옮기려 하지 않는다. 예컨대 이민자를 줄이는 획기적인 아이디어로 1990년대에 불법 이민자를 고용하는 고용주를 처벌하는 법안이 만들어졌다. 그러나 고용주들은 이 법을 무시하고 불법 이민자를 계속 고용하며 설사 단속에 걸린다고 해도 미미한 금액의 벌금을 물고 다시 고용하는 악순환을 되풀이하고 있다. 불법 이민자는 최저 임금 이하로도 불평 없이 묵묵히 일하며, 영어를 하지 못하는 이민자는 열악한 근로 조건에서도 쉽게 다른 곳으로 이탈할 염려가 없으니 고용주 입장에서는 최고의 일꾼이다. 정식으로 이민자 지위를 획득하거나 고용 허가를 얻기란 매우 힘들기 때문에 많은 외국인들은 불법 체류자로 일하며, 이들을 고용하고 싶어 하는 고용주는 얼마든지 있다.

이민자들이 계속 들어오지 않는다면 미국의 경제는 제대로 돌아가기 어렵다. 가끔씩 불법 이민자의 비인간적인 노동 상황이 미국 언론에 보도되곤 한다. 그러나 대다수의 미국인은 이를 시장 경쟁의 당연한 현상으로 받아들이는 분위기다. 즉, 열악한 환경에서도 자발적으로 일하려는 사람이 있는 한 사회가 그러한 일자리를 용인하는 것은 도덕적으로 문제가 없다는 생각이다. 최저 임금으로는 아무리 열심히 일해도 가난을 벗어나기 힘들다. 이러한 근로 빈곤 계층의 존재를 과거에는 예외로 취급했지만 중하층의 일자리 경쟁이 치열해지면서 이제는 상당수 미국인의 삶의 방식이 되었다.

열악한 작업 환경과 저임금을 마다 않는 새로운 이민자들이 없다면 미국의 중류층이 먹는 샐러드의 야채와 과일은 누가 수확하며, 그 넓은 잔디밭과 건물의 조경은 누가 돌보며, 슈퍼마켓의 물건은 누가 정돈하며, 레스토랑 주방의 허드렛일은 누가 하며, 어린아이는 누가 돌보며, 호텔의 시트는 누가 갈아치우겠는가? 뉴욕 중상류층의 유기농 식생활을 뒷받침하는 유기농 농업이 불법 이민자의 비인간적 노동에 의존한다는 것은 잘 알려진 사실이다. 유기농을 하는 농장은 화학 약품과 기계 대신 인간의 손이 더 많이 가야 하기 때문이다.

최근 불법 이민자를 척결하는 방편으로 이민자를 고용하는 고용주가 이민국의 데이터베이스에 접속해 이민자의 법적 지위를 확인하도록 의무화하는 법안이 의회에 제출되었다. 그러나 불법 이민자를 고용하지 않으면 미국의 농산물 가격은 현저히 상승할 수밖에 없고 미국 경제는 이를 지탱해내기 힘들므로 비현실적인 법안이라는 논란이 일었다. 미국인은 이민자가 가져다주는 이익, 즉 저렴한 야채와 저렴한 서비스의 편익은 누리고 싶어 하지만, 새로운 이민자가 초래하는 일자리 경쟁은 회피하려하는 모순을 안고 있다. 미국의 정치인들이 주장하듯이 새로운 이민자를 정말 매우 제한적으로 허용한다면 최저 임금은 올라갈 것이다. 그러면 물가는 전반적으로 상승할 것이며, 그에 따라 미국인이 누리는 풍요의 수준은 낮아질 것이다. 미국인은 이민자가 가져다주는 물질적인 풍요를 희생할 준비가 되어 있는 것 같지 않다. 퀸스에 사는 사람들은 월가의 금융인 못지않게 뉴욕이 잘 돌아가는 데 꼭 필요한 사람들이다.

퀸스 사람의 삶은 고달프다. 일전에《뉴욕타임스》에 보도된 퀸스의 이민자 가족의 생활을 들여다보자. 시간당 최저 임금 7.25달러로 한 주에 50~60시간 일하면 한 달에 최대 1,700~2,000달러를 벌 수 있는데, 매달 이만큼의 수입을 올리는 사람은 많지 않다. 퀸스에 사는 사람은 가족 중 일할 수 있는 사람은 모두 일한다. 4인 가족 중 성인 두 명이 모두 나가서 벌면 월 3,000달러 이상을 번다. 침실 하나 딸린 아파트 월세가 900달러쯤 되고 침실 두 개짜리 아파트는 1,500달러 정도다. 수입의 절반을 방값으로 지불하고 식대와 교통비, 전화비, 잡비 등으로 1,300달러 이상 지출하고 나머지를 저축한다. 한 달에 몇백 달러씩 저축해 고향에 있는 가족에게 송금하고, 아플 때 병원비로 쓰는 등등. 뉴욕의 생활이 계획대로 잘 풀리면 아메리칸드림의 첫 번째 항목인 자동차를 사는 꿈을 실현하기도 한다. 그러나 퀸스에 사는 사람 중 중고라도 자동차를 가진 가구는 3분의 1도 못 된다.

맨해튼에 사는 사람이 퀸스에 사는 이민자를 같은 사회에 속한 사람으로 생각할까? 영어도 잘 못하고 가난하고 교육받지 못한 사람들을 말이다. 뉴욕의 불평등도는 미국에서도 두드러지게 높다. 어퍼 이스트사이드의 연 소득이 20만 달러를 넘는 사람과 이곳에 2만 달러도 못 되는 사람 간의 간격은 매우 크다. 물론 퀸스의 이민자보다 할렘이나 브루클린의 흑인 슬럼가에 사는 사람은 더 가난하다. 뉴욕은 이러한 불평등을 지속하는 데서 오는 사회적 비용을 비싸게 치른다. 모든 건물 입구에서 수위가 감시하고, 모든 문마다 철창을 하고 자물쇠를 달아야 하는 것은 이들이 치르는 최소한의 비용이다. 뉴욕의 곳곳에는 치안을 유지하기 위해 수많은 경찰이 배치되며, 수많은 범죄자를 가두어두기 위해 엄청난 비용을 치른다.

뉴욕 사람은 언제든지 가진 자와 못 가진 자 간에 폭력이 분출될 수 있다는 것을 잘 안다. 1977년 도시 전체가 사흘 동안 정전이 되었을 때 무시무시한 아수라장이 되었던 사건은 많은 뉴욕 시민의 뇌리에 깊이 박혀 있다. 1,600개의 상점이 약탈되었으며, 1,000건 이상의 방화 사건이 발생하고, 3,700명이 검거되었으며, 500명 이상의 경찰이 상해를 입었다. 낮이 긴 7월 중순에 발생한 이 사건일 동안 날이 어두워지면 사방에서 총소리가 나고 시민들은 두려움에 떨면서 새벽이 오기를 초조하게 기다렸다. 요즘은 상황이 조금 나아졌지만 뉴욕 사람들은 언제 닥칠지 모르는 위험에 대한 정신적 스트레스와 불안을 안고 산다. 센트럴 파크에서도 인적이 드문 곳은 가지 말도록 조언하며, 흑인이 사는 곳을 차로 지날 때는 유리창을 올리고 문을 잠글 것을 권한다. 그런데 막상 살아보니 퀸스에서 사는 것은 생각보다 안전하다는 느낌이 드는 것은 왜일까? 비슷한 이방인들끼리 어울려 살아가기 때문은 아닐까?

퀸스로 가는 전철 풍경

맨해튼에서 지하철 7번 노선을 타면 퀸스로 간다. 이 노선의 종착역은 코리아타운이 있는 퀸스의 플러싱이다. 퀸스에 살 때 매일 아침저녁으로 이 전철을 타고 다녔다. 이 전철을 탈 때마다 내가 정말 미국에 와 있는지 헷갈린다. 주변에서 영어를 들을 수 없으며 백인을 별로 볼 수 없다. 뉴욕의 지하철은 휴대 전화가 통하지 않는데, 지하철이 맨해튼과 퀸스 사이의 강 밑 터널을 벗어나면 곧 지상으로 운행하는 전차가 된다. 그러면 사람들은 일제히 휴대 전화를 꺼내 내가 이해하지 못하는 온갖 언어로 전화를 해대기 시작한다. 중국어, 스페인 어, 아랍 어, 베트남 어, 러시아 어 등등. 그중에 한국어도 끼어 있다. 바벨탑의 도시에 온 것 같다.

이 지하철 벽에 어지럽게 붙어 있는 광고 중 흔히 보이는 것이 무엇인지 아는가? 영어 학원 광고다. 이들에게 영어를 잘하는 것은 가장 큰 선망이며 이루어질 수 없는 꿈이다. 그들은 대체로 영어가 별로 필요 없는 그런 일을 한다. 먹고살기 힘든데 언제 영어를 체계적으로 공부하겠는가. 영어가 필요한 곳에는 그들의 자식을 앞세워 데려간다. 병원이나 관공서에서 어린이나 청소년이 허름한 행색의 부모를 대신해서 무언가 말하고 있는 것을 본다.

광고를 보면 이 사람들의 생각이나 생활상을 알 수 있다. 영어 교습 광고 못지않게 전철에 많이 붙어 있는 광고는 직업 훈련 학원 광고와 병원 광고다. 이들은 지금 하는 일보다 조금 더 나은 일자리를 항시 찾고 있다. 없는 돈이지만 기술을 익혀 트럭을 운전하거나 미장원을 차리거나 간호조무사로 일하는 것이 이들의 꿈이다. 또 가난한 사람이 흔히 그렇듯 아파도 제대로 병원에 갈 수 없는 사람들이다. 이들 중 대다수는 의료보험이 없기 때문에 주위에 아픈 사람이 있을 때 싸게 고쳐준다는 광고는 이들 눈에 쉽게 들어올 것이다.

퀸스는 마치 한국의 달동네 느낌이다. 퀸스에서는 불량한 모습의 남자를 만나기 어렵다. 사

퀸스로 가는 7번 노선 전철

이 전철에는 가지각색의 인종이 타고 있다. 유럽계 백인만 빼고. 뉴욕의 진수를 보는 것 같다.

(사진 출처: flicker,com, 저작자 roeyahram)

람들은 아침 일찍부터 일하러 나가고 저녁 늦게 지친 얼굴로 일터에서 돌아온다. 흑인 슬럼가에서 느끼는 무기력을 이들에게서는 찾아볼 수 없다. 한 푼이라도 모아서 부족한 생활비에 보태고 고향에 남겨둔 가족을 불러들일 생각으로 머릿속이 꽉 차 있다. 퀸스에 사는 여자는 여성이 아니다. 생계가 최우선인 사회에서는 남성과 여성의 구별이 없다. 살아가기 위해 모두들 고달프게 일해야 하므로 여성스럽게 차린다는 것은 이곳에서는 누리기 힘든 사치다. 가슴이 깊게 파인 옷이나 하이힐을 신은 여성을 이곳에서는 만나기 어렵다. 대신 칭얼대는 어린애를 가슴에 안은 여성, 피곤에 지친 표정으로 내내 눈 감고 있는 여성, 전화로 싸우는 듯이 무언가 이야기하는 여성의 모습이 이곳에 어울린다. 물론 더운 여름날에 돈이 들지 않는 멋내기 방식인, 노출이 과한 옷을 입은 청소년은 이곳에도 많다.

퀸스의 청소년은 열심히 살아간다. 그런데 인종에 따라 청소년의 분위기가 약간씩 다르다. 아시아계 청소년은 책을 펴놓고 공부하느라 바쁜 반면, 히스패닉 청소년은 전화기를 가지고 장난하거나 열심히 거울을 들여다본다. 아니면 일에 지친 표정으로 멍하니 있다. 이곳의 청소년들은 제멋대로 젊음을 즐기며 성장할 여유가 없다. 가정 살림에 보태기 위해 장시간 일하고 기술 학원에 다닌다. 이들은 이민 1세대 부모의 노동 가치와 성취 지향을 물려받아 열심히 사느라 바쁘다.

퀸스에서는 청소년과 아이들을 많이 본다. 뉴욕의 부자 동네에서는 보기 드문 아이들이 퀸스에는 지천에 널려 있다. 이민자들은 젊고 아이를 많이 낳기 때문이다. 미국에서도 백인 중류층 여성의 출산율은 인구 대체 수준에도 미치지 못한다. 미래에 대해 낙관적으로 생각할 때 사람들은 아이 낳는 것을 가장 먼저 생각한다고 하는데, 이곳 이민자들이 바로 그런 사람들이다. 이들은 아메리칸드림을 꾸고 있기에 자녀를 많이 낳는다. 그런 반면 미국 토박이는 삶이 재미없어 정신 상담을 받거나 술과 마약에 의존하는 이가 많다. 경제적으로 또 물질적으로 풍부하다고 해서 행복한 것만은 아니다. 퀸스의 사람들에게는 삶의 분명한 목표와 일상의 도전이 있어 심심해할 겨를이 없다.

그렇다고 전철에서 만나는 퀸스 사람이 행복해 보이는 것은 결코 아니다. 그들 중에는 밀린 집세와 공과금 때문에 사는 집에서 쫓겨날 것을 걱정하는 사람도 있을 것이고, 일하는 곳이 영업이 안 되어 조만간 해고될 것을 걱정하는 사람도 있을 것이고, 아파서 집에서 쉬고 있는 남편과 아이 때문에 미래를 걱정하는 아낙네도 있을 것이다. 물론 학교를 잘 다니는 어린 자식을 생각하면서 위안을 얻는 사람도 있을 것이다.

퀸스로 가는 전철에서 이들을 보면서 과연 그들이 아메리칸드림을 성취할 수 있을까 하고 생각해본다. 최소한 자신의 나라에서 살 때보다 현재 물질적으로 더 낫게 살고 있다는 면에서 이들은 그들이 꿈꾸어 온 세계에 한 발은 들여놓았다. 그러나 질적인 측면에서 보면 자신의 나라에서 살 때보다 더 나은 삶을 살고 있지는 않다. 뉴욕 삶의 페이스는 눈이 핑핑 돌아가게 빠르고, 그런 불안정한 상태에서 일상의 스트레스를 받으며 매일, 매달, 매년을 지내야 한다. 이들에게 삶의 여유란 먼 나라의 이야기다.

1세대 이민자는 일생 영어를 제대로 구사할 수 없다. 때문에 미국의 주류 사회에 진입하지 못하고 고단하게 생을 마감할 것이다. 그러나 그들의 자녀 중 일부는 부모 세대보다는 한 단계 나은 자리로 이동할 것이며, 이민 올 때 가졌던 부모의 꿈을 실현하는 사람도 나올 것이다. 단, 이것은 새로운 이민자들이 계속 들어와 밑바닥을 채워준다는 전제하에 가능한 시나리오다. 지금까지 미국 이민자들의 지위가 상승하는 가장 큰 요인은 뒤로 새로운 이민자들이 들어와 이전의 이민자를 한 단계 위로 밀어 올린 것이다. 기존에 있는 이민자들만 놓고 보면 세대가 바뀐다고 해도 이들의 지위가 상승할 것이라고 보기는 어렵다. 사회학자들의 연구에 따르면 미국이 다른 나라보다 세대를 거치면서 지위 상승을 하기 더 용이한 것은 아니다. 오히려 미국보다는 북구의 스웨덴이 사람들 사이의 지위 이동이 더 활발하다. 지난 수십 년간 미국의 불평등도가 심해지면서 지위의 상승은 더 힘들어졌다.

퀸스 사람들을 보면서 어느 것이 진짜 미국인일까 질문해본다. 금융 위기의 주범인 월가 금융인들이 진짜 미국인일까, 아니면 아메리칸드림에 취해 영어도 못하면서 몸이 부서지게 열심히 일하는 이 사람들이 진짜 미국인일까? 물론 양쪽 다 진짜 미국인이다. 미국의 엄청난 다양성은 미국인을 한마디로 규정하는 것을 거부한다.

이현송

서울대학교 사회학과 졸업. 미국 오하이오 주립대학교 사회학 박사.
현재 한국외국어대학교 영어통·번역학부 교수.

저서 및 역서

『한국에서의 미국학』(2005, 공저), 『미국학의 이론과 실제』(2006, 공역),
『미국 문화의 기초』(2006)

뉴욕 사람들
미국학자가 쓴 뉴욕 여행
ⓒ 이현송, 2012

지은이 | 이현송
펴낸이 | 김종수
펴낸곳 | 도서출판 한울

편집책임 | 이교혜
편집 | 신희진
표지 | 이희영
본문 디자인 | 이희영·김현철

초판 1쇄 인쇄 | 2012년 7월 20일
초판 1쇄 발행 | 2012년 7월 30일

주소 | 413-756 경기도 파주시 문발동 출판문화정보산업단지 507-14
전화 | 031-955-0655
팩스 | 031-955-0656
홈페이지 | www.hanulbooks.co.kr
등록번호 | 제406-2003-000051호

Printed in Korea.
ISBN 978-89-460-4621-4 03940

*책값은 겉표지에 표시되어 있습니다.